제2판

법학입문

김민서 · 박지현 · 이주윤 · 정동원

INTRODUCTION TO LAW

三 英 社

머리말

법은 크게 두 갈래로 나뉘어 발전하였는데, 공법은 헌법, 행정법, 형법을 포함하여 정부와 사회를 규율하는 법 영역으로, 사법은 계약, 재산(부동산 포함), 불법행위, 상법과 같이 사인 간의 생활관계를 다루는 영역으로 발달해 왔다. 하지만 현대에 이르러서는 공법과 사법의 경계를 넘나드는 사회법도 등장했는데, 노동법, 사회보장법, 경제법이 그 대표적인 예이다. 이는 개인 간의 관계에 국가가 개입하여 권리와 의무를 설정하는 독특한 법체계로, 공법과 사법의 특성을 모두 가지고 있다. 국제법 역시 국제공법과 국제사법으로 나뉘는데, 국제공법은 국가와 국제기구, 그리고 예외적으로 개인과 비국가 행위자의 행동을 국제적으로 규율하는 법이며, 국제사법은 섭외적 사법 관계에 적용되는 규범을 설정한다.

흥미로운 사실은, 한 국가의 법이 다른 국가로 '수출'되기도 한다는 점이다. 우리나라 법체계는 독일법의 영향을 깊이 받았고, 이에 따라 민법 또한 독일 법체계를 바탕으로 제정되었다. 오늘날에는 유럽과 미국의 법적 요소가 우리나라 개별 법률에서 흔히 발견된다. 이러한 점에서 법체계를 이해하는 것은 단순히 법의 작동원리를 아는 데 그치지 않고, 각국의 정치, 경제, 문화, 사회를 이해하는 중요한 통로가 된다. 더 나아가, 각 나라의 고유한 법적 특징을 살펴보는 과정은 그 나라를 깊이 이해하는 값진 경험을 제공한다.

이 책 '법학입문'이 독자들에게 우리나라의 역사와 사회를 이해하는 특별한 여정을 시작할 수 있는 안내서가 되기를 바란다. 법은 역사적 흐름과 사회적 배경에 따라 다르게 형성되고 발전해 왔다. 그렇기에 오늘날 우리를 둘러싼 법이 '왜 이러한 모습으로 존재하는가?'라는 질문을 끊임없이 던지며 페이지를 넘겨보길 권유한다.

독일의 법학자 라드부르흐(Gustav Radbruch)는 법은 정의에의 의지이며, 법은 양극의 긴장 속에서 불안정하고 늘 위협받으면서도 항상 새롭게 회복되어야 하는 균형상태에 서 있다고 말했다. 그는 법의 이념으로 정의, 합목적성 그리고 법적 안정성의 세 가지를 들고 있으며 이들 간에는 긴장과 모순이 발생할 수 있다. 이 책에서도 다루고 있는 세 요소를 음미하면서 나무뿐만 아니라 법학의 숲을 보기 위한 여정을 시작하기 바란다.

이번 2판에서는 법 각 분야의 소송절차 흐름도를 추가하여 독자들이 더 입체적으로 법을 이해할 수 있도록 구성하였다. 또한, 한자를 삭제하여 가독성을 높이고, 독자의 이해를 돕기 위해 각주를 보강하였다. 국회와 법원조직 등 최근 법과 제도의 변화를 반영하여 독자들에게 더욱 완성도 높은 내용을 제공하고자 노력하였다.

이 책이 빛을 보기까지 많은 분들의 도움과 노력이 있었다. 특히, 책의 출간을 가능하게 해주신 고성익 사장님과 제작 및 편집에 애써주신 편집부 직원분들께 깊은 감사를 드린다. 더불어, 출판이라는 길을 통해 학문의 장을 넓혀주신 삼영사 고덕환 회장님의 '2024년 책의 날'에 은관문화훈장을 수훈하신 그분의 업적에 경의를 표한다.

2025년 1월 25일

김민서 · 박지현 · 이주윤 · 정동원

차례

제1부 법의 일반이론

제2부 헌법의 기본원리

제9장 통치구조 / 189

제3부 형법의 기본원리

제10장 형법의 의의와 특성 / 237

제11장 범죄의 성립요건과 종류 / 251

제12장 형벌의 종류와 유예 / 281

제4부 민법의 기본원리

부 록

참고문헌

김대순, 『국제법론』, 제20판, 서울: 三英社, 2019.

김용욱, 김종서, 윤부찬, 윤형렬, 이문지, 정순훈, 『사례중심 법과 생활』, 제2판, 서울: 법문사, 2001. (김용욱 외)

金元主・李喆周, 『法學槪論』, 3개정판, 서울: 한국방송대학교 출판부, 2000. (김원주・이철주)

김정오, 최봉철, 김현철, 신동룡, 양천수, 『법철학: 이론과 쟁점』, 제2판, 서울: 박영사, 2017. (김정오 외)

김준호, 『민법강의: 이론・사례・판례』, 제27판, 서울: 法文社, 2021.

金哲洙, 『憲法學槪論』, 新版重版, 서울: 博英社, 1983. (김철수)

박상기 외 12인, 『법학개론』, 전정2판, 서울: 박영사, 2014. (박상기 외)

박상기・전지연, 『형법학』, 제4판, 서울: 집현재, 2018.

사법연수원, 『형사판례 요약집 2018』, 고양: 사법연수원 출판부, 2018.

이재상, 『형사소송법』, 제9판, 서울: 박영사, 2012.

이형국, 『형법총론』, 제4판, 파주: 法文社, 2007. (이형국 I)

_____, 『형법각론』, 파주: 法文社, 2007. (이형국 II)

전광석, 『한국헌법론』, 제16판, 서울: 집현재, 2021.

鄭榮錫, 『法學通論』, 全訂重版, 서울: 法文社, 1982. (정영석)

崔鍾庫, 『法學通論』, 全訂新版, 서울: 博英社, 1999. (최종고)

허영, 『한국헌법론』, 전정15판, 서울: 박영사, 2019.

『현대사회와 법』, 대구: 경북대학교 출판부, 2003. (현대사회와 법)

홍성찬, 『법학원론』, 제9판, 서울: 박영사, 2021.

Burnham, William, *Introduction to the Law and Legal System of the United States*, 2nd ed., St. Paul, MINN.: West Group, 1999.

Cummings, Jr., Milton C. and David Wise, *Democracy under Pressure: An Introduction to the American Political System*, 7th ed., Fort Worth, Philadelphia: Harcourt Brace Colllege Publishers, 1993.

David, René and John E. C. Brierley, *Major Legal Systems in the World Today*, 3rd ed., London: Stevens and Sons, 1985.

Elliott, Catherine and Frances Quinn, *English Legal System*, 3rd ed., London: Longman, 2000.

Hartley, T. C., *The Foundations of European Union Law*, 7th ed., Oxford: Oxford University Press, 2010.

약어표

고법	고등법원
대법	대법원
민	민법
민소	민사소송법
상	상법
지법	지방법원
헌	헌법
헌재	헌법재판소
형	형법
형소	형사소송법
cf.	참조(confer) 또는 비교(compare)
e.g.	예를 들어(*exempli gratia*)

※ 법령 조문의 약어 표기는 다음과 같다.

(예)	제124조 제3항	124.3
	제124조 제3호	124/3
	제124조의3	124-3

제1부

법의 일반이론

법의 일반이론에서는 법의 각 분야에서 공통으로 다루는 사항을 여섯 가지로 나누어서 검토한다.

제1장 법의 개념에서는 법이란 무엇인가를 다룬다. 법의 개념을 이해하기 위해 자연법칙이나 다른 사회규범과 비교하면서 그 특징을 파악하고 도덕과의 차이를 비교하며, 자연법과 실정법의 관계를 살펴본다.

제2장 법의 이념에서는 법은 무엇을 위해 존재하는가를 다룬다. 법의 목적이라고도 할 수 있는데, 법의 이념으로서 정의와 법적 안정성을 검토한다. 여기서는 정의에 대한 다양한 논의를 다루는 대신, 법에서 사용하는 정의의 개념과 문제점만을 간략하게 정리한다. 그리고 법적 안정성을 다루면서 21세기 선진국을 지향하는 한국 사회에 법적 안정성이 지니는 역할과 중요성을 재검토하고 마지막으로 법이념의 상호관계를 다룬다.

제3장 법의 연원에서는 성문법의 연원과 불문법의 연원을 다룬다. 여기서 법은 실정법을 의미하고 국내법의 연원만을 대상으로 한다. 국제법의 연원은 법의 분류에서 국내법과의 차이점을 비교할 때 살펴본다. 또한 연원은 형식적 의미의 연원과 실질적 의미의 연원으로 나눌 수 있는데, 이 장에서 연원의 의미는 형식적 의미의 연원으로 사용하였다. 아울러 법의 연원과 연계하여 대륙법계와 영미법계의 차이점도 비교한다.

제4장 법의 해석과 적용에서는 사실관계의 확정과 법의 해석을 다룬다. 법률분쟁은 사실문제와 법률문제로 나눌 수 있다. 법원은 사실관계를 확정하고 법을 해석하여 확정된 사실관계에 적용한다. 그러나 사실관계는 항상 직접적으로 확인 가능한 것은 아니다. 이런 경우 사실관계를 확정하기 위해 법에서 사용하는 입증책임, 추정, 간주를 살펴본다. 법의 해석에서는 유권해석과 학리해석(무권해석)을 검토하고, 문리해석과 논리해석 등 해석방법의 여러 형태를 검토한다.

제5장 법의 분류에서는 국내법과 국제법, 공법과 사법, 일반법과 특별법, 강행법(강행규정)과 임의법(임의규정), 실체법과 절차법, 고유법과 계수법의 분류를 살펴본다. 법의 구분 실익이 무엇인지 그리고 그 내용을 검토한다.

제6장 법의 효력에서는 법의 실질적 효력과 형식적 효력을 다룬다. 법의 실질적 효력을 정당성 또는 타당성과 실효성으로 나누어 검토하고, 법의 형식적 효력은 시간적 효력, 장소적 효력, 인적 효력으로 나누어 살펴본다. 특히 법의 인적 효력은 국제법의 국가관할권의 법적 근거와 연결되는데, 형법의 적용범위에 대한 규정을 그 예로 검토한다.

제1장 법의 개념

법이란 무엇인가? 이 문제는 전통적으로 법의 개념에서 다루어진다. 이 장에서는 자연법칙이나 다른 사회규범과의 비교를 통해 법의 특징을 파악한다. 이어서 법과 도덕을 비교하여 양자의 차이를 파악하고, 법과 도덕이 별개의 사회규범이라는 점을 토대로 법과 도덕의 관계를 살펴본다. 마지막으로 자연법과 실정법의 특성과 문제점을 검토한 후 자연법과 실정법의 관계를 고찰한다.

1. 법의 특징

법의 특징으로는 여러 가지가 제시되나 여기서는 사회규범, 강제력, 재판규범이라는 세 가지 측면만을 다룬다. 법은 사회규범에 속하는데, 다른 사회규범과 달리 강제력을 가진다. 또한 법은 재판준칙으로 분쟁을 해결하므로 사회구성원에게 현실적이고 중요한 사회규범으로 작용한다.

(1) 법은 사회규범의 하나이다.

법은 사회규범의 일종이다.[1)] 사회규범이란 사회학에서 쓰이는 행

---

1) 김용욱 외, pp. 1~2; 김원주・이철주, pp. 7~9; 박상기 외, pp. 11~15; 정영석, pp. 32~34; 최종고, p. 28; 홍성찬, pp. 2~5. "사회가 있는 곳에 법이 있다."(*Ubi societas, ibi ius.*/Where there is a society, there is law.)는 법언도 법의 사회규범으로서의 특징을 잘 나타내준다. 이 법언은 원래 아리스토텔레스가 영감을 주었던 다음

위이론의 기초적인 개념으로 인간에게 일정한 행위를 당위적으로 요구하는 관념이다. 사람에게 작위 의무 또는 부작위 의무를, 즉 어떤 행위를 하도록 요구하거나 어떤 행위를 하지 않도록 요구한다. 사회규범으로는 법 이외에도 도덕, 관습, 종교 등이 있다.

사회규범은 자연법칙과 구분된다.[2] 사전적 정의에 따르면 법칙은 사회규범과 자연법칙 양자 모두에 사용될 수 있다. 모든 현상의 원인과 결과 또는 사물과 사물 사이에 내재하는 보편적이며 필연적인 규칙도 법칙이고, 지켜야 할 규범도 법칙이다. 그러나 사회규범과 자연법칙은 그 성격이 근본적으로 다르다.

사회규범이 당위의 법칙이라면, 자연법칙은 필연의 법칙이다. 전자는 '~해야 한다' 또는 '~해서는 안된다'라는 의무의 형식을 취하는데 반해, 후자는 '~이다.' 또는 '~아니다.'라는 존재의 형식을 취한다. 가령 '정직하라 또는 정직해야 한다'는 사회규범에 그리고 중력의 법칙의 한 예라고 할 수 있는 '물은 위에서 아래로 흐른다'는 자연법칙에 속한다.

사회규범은 의무의 형식을 띄지만, 역설적으로 위반이 가능하다. 위반에는 제재나 비난 같은 다양한 형태의 책임이 수반된다. 또한 외형상으로 위반에 속하더라도 예외에 해당하는 경우에는 이러한 책임이 면제된다. '예외 없는 규칙은 없다'라고 할 정도로 사회규범에는 보통 예외가 존재한다. 워낙 다양한 상황이 발생할 수 있기 때문에 현실적으로 그 모든 경우에 획일적으로 적용될 수 있는 단일한

과 같은 철학적 주장에서 유래하였다고 한다. "사람이 있는 곳에 사회가 있다. 사회가 있는 곳에 법이 있다. 따라서 사람이 있는 곳에 법이 있다."(*Ubi homo, ibi societas. Ubi societas, ibi ius. Ergo: ubi homo, ibi ius.*/Where the human being is, there is a society. Where there is a society, there is law. Therefore: where the human being is, there is law.) *David Heith-Stade's Blog*, https://davidheithstade.wordpress.com/2012/06/02/ubi-societas-ibi-ius/ (2021. 8. 31. 검색).

2) 정영석, pp. 32~33.

원칙을 두기 어려워서이다.

그러나 자연법칙은 위반이 가능하지 않고 따라서 예외를 허용할 필요도 없다. 이는 예외적인 자연법칙이 존재할 수 없다는 의미가 아니라 사회규범처럼 위반이 가능하지 않기 때문에 위반에 대한 책임을 면제시켜 주는 예외를 인정할 필요가 없다는 의미이다. 우리는 예외적인 자연법칙에 대해 그 전제가 되는 기본적인 자연법칙을 위반했다거나 책임이 면제된다고 하지는 않는다. 이런 의미에서 자연법칙은 위반이 가능하지 않으므로 예외가 인정될 필요도 없다.

사회규범은 인간이 제정하는 반면에 자연법칙은 인간이 단지 발견하고 확인할 수 있을 뿐이다. 지금까지 사회규범과 자연법칙을 세 가지 측면에서 비교해 보았는데, 이런 점에서 양자가 다르다는 것을 우리는 명확하게 확인할 수 있다. 이를 표로 정리하면 다음과 같다.

[표 1-1] 사회규범과 자연법칙의 비교

사회규범	자연법칙
당위의 법칙 (의무의 형식)	필연의 법칙 (존재의 형식)
위반 가능/예외 인정 (cf. 예외 없는 규칙은 없다)	위반이 가능하지 않음 따라서 예외도 가능하지 않음
인간이 제정	인간은 단지 발견하고 확인

인간의 사회공동체는 씨족사회에서 출발하여 부족사회를 거쳐 국가의 형태로 발전하였다. 또한 국가는 시대적으로 고대국가, 중세국가, 근대국가, 현대국가로 나눌 수 있다. 그렇다면 법은 어느 시기에 대표적인 사회규범으로 등장하였을까? 법은 고대국가가 출현하면서 대표적인 사회규범이 되었다.[3] 고대국가는 이전에 비해 인구가 많이 증가하였고 영토도 훨씬 넓어졌기 때문에, 사회질서를 유지하고

3) *Ibid.*, pp. 35~36 참조.

국민을 통치하기 위해 보다 강력한 사회규범이 필요하였으며 법이 주된 사회규범으로 등장하였다. 그러면 고대국가 이전의 대표적인 사회규범은 무엇인가? 씨족사회나 부족사회에서는 관습과 법이 융화된 채 관습으로 존재하며 대표적인 사회규범이었다.[4)]

법이 고대국가의 출현과 더불어 대표적인 사회규범이 되었다면 고대국가의 법이 지금까지 이어져 오는 것인가? 오늘날의 법은 주권국가를 토대로 확립된 근대국가와 연결된다. 주권(sovereignty)이란 대내적 최고권이면서 동시에 대외적 독립권을 뜻한다.[5)] 대내적 최고권이란 한 국가 내에서 주권보다 상위의 권력이 존재하지 않는다는 의미이고, 대외적 독립권이란 제3국의 간섭 없이 국가가 스스로 자기 의사를 결정한다는 의미이다.

주권의 개념은 처음에 군주주권론의 형태로 도입되었다.[6)] 서양의 중세는 군주와 국가보다 교황과 교회가 우위를 점하던 시대였다. 그러나 중세 말이 되면서 교황과 교회는 쇠락하였고 군주는 다시 세력을 강화하여 힘의 우위를 회복하였다. 원래 중세의 교황과 교회는 개인의 구원만이 아니라 정치, 경제, 사회, 문화 등 한 국가의 세속적인 모든 문제에 관여하였다.

그러나 군주주권론이 확립되면서 국가의 대소사는 이제 최고의 권력자인 주권자가 최종적으로 결정한다는 점이 명확해졌고 당시의 주권자는 군주였기 때문에, 결국 주권국가의 원칙에 기초한 근대의 전제군주국가가 확립되면서 교황과 교회는 다시 개인의 구원이라는 본연의 종교적 임무로 돌아가게 되었다.

군주주권론이 군주 및 국가와 교황 및 교회의 관계를 역전시켰다

---

4) 이연갑 외, 『법학입문』 (서울: 박영사, 2011), p. 2.
5) 김철수, pp. 84~87 참조.
6) 군주주권의 형태로 도입된 주권론은 보댕(Jean Bodin)에 의해 정립되고 홉스(Thomas Hobbes)에 의해 강화되어 당시 강력한 중앙집권제적 전제군주국가의 이론적 토대를 제공하였다.

기보다는 이미 힘의 역전이 이루어진 상태에서 그러한 군주와 국가의 우위를 법적 또는 이론적으로 뒷받침했다고 보는 것이 합리적이다. 이제 한 국가에서 군주가 최고의 의사결정권자인 것은 사실일 뿐만 아니라 옳은 것이고 정당한 일이 되었다.

군주주권론은 시민혁명을 통해 근대 시민사회가 확립되면서 국민주권주의로 전환되었다. 주권자가 군주에서 국민으로, 즉 주권자의 교체가 이루어진 것이다. 근대의 자연법사상은 시민혁명에 이론적 토대를 제공하고 정당성을 부여하였다.

근대의 자연법사상은 1) 천부인권사상, 2) 사회계약론, 3) 저항권으로 요약할 수 있는데, 천부인권사상이란 문자 그대로 인권을[7] 하늘로부터 부여받았다는 사상이다. 이는 인권을 군주나 국가로부터 부여받은 것이 아니며, 자연법상의 생래적 권리로서 사람은 누구나 인권을 갖고 태어난다는 의미이다.

그러나 홉스(Thomas Hobbes)가 말했던 것처럼 자연상태에서의 인간은 만인에 대한 만인의 투쟁상태(the war of all against all)로 약육강식의 법칙이 지배하는 혼란스러운 상황에 놓인다. 로크(John Locke)는 이런 상황에서 사람이 자신의 생명과 자유 그리고 재산을 지키기 위해 군주와 일종의 계약관계를 설정했다고 보았는데, 이것이 바로 사회계약론이다. 그러니까 이러한 계약을 통해 시민은 군주에게 통치권을 부여하고 대신에 군주는 시민의 생명과 자유와 재산을 보호하고 보장하는 의무와 책임을 지게 된다. 그런데 군주가 자신의 의무와 책임을 다하지 못한다면 사회계약상의 의무를 이행하지 못하는 것이기 때문에 시민은 군주에게 부여했던 통치권을 다시 가져올 수

---

7) '인권'은 인간의 권리의 줄임말이고 '기본권'의 사전적 정의는 기본적 인권이다. 「민중 엣센스 국어사전」, 제6판(서울: 민중서림, 2006), p. 363. 따라서 양자는 동일한 의미로 사용되며, 우리나라의 경우 법학에서는 전통적으로 기본권을, 그리고 언론이나 다른 분야에서는 인권이라는 용어를 주로 사용하였으나, 요즘은 법학에서도 인권이라는 용어를 많이 사용한다. 다만 인권과 기본권을 법적으로 구분하기도 한다. 전광석, pp. 209, 230~231 참조.

있을 뿐만 아니라 스스로가 통치하는 결정도 얼마든지 가능하다.

사회계약론은 실제로 군주와 국민 사이에 그런 계약이 체결되었다는 의미가 아니라 군주와 국민의 관계를 일종의 계약관계로 의제(간주)하는 것으로 일종의 허구적 또는 가정적 개념이라고 할 수 있지만, 이런 가정적 관계는 저항권의 행사를 정당화하는 중요한 전제로 작용한다. 따라서 또 하나의 자연법상의 권리인 저항권의 행사는 시민의 당연한 권리로서 시민혁명을 이론적으로 뒷받침하고 정당성을 부여하였다.

이제 시민혁명과 국민주권주의의 확립은 옳은 것이고 정당한 일이 되었고, 전제군주국가(군주국)는 근대시민국가(공화국)로 전환되었다. 역시 생각이 바뀌면 사람이 변하고 세상도 바뀐다. 21세기 선진국을 지향하는 대한민국이 선진국의 꿈을 이루기 위해서는 단지 경제성장만이 아니라 시민의식의 선진화가 무엇보다 중요하다는 것을 우리는 이런 인류의 역사에서도 확인할 수 있다.

(2) 국가권력에 의한 강제력

국가권력에 의한 강제력은 법과 다른 사회규범을 구분 짓는 중요한 잣대이다.[8] 관습, 도덕, 종교와 같은 사회규범도 강제력이 없다고는 할 수 없다. 이런 사회규범을 준수하지 않는 경우에도 사회적 또는 종교적 비난이나 책임에서 자유롭지 않다. 그러나 법은 국가권력에 의한 강제력을 가진다. 법의 준수는 국가에 의해 요구되는 것이고, 그 위반에 대한 책임도 국가기관에 의해 집행된다. 다만 강제력은 법의 종류에 따라 강약의 차이가 있어서[9] 강제력이 법의 모든 분야에서 동일하게 작용하는 것은 아니다.

법이 국가권력에 의한 강제력을 가진다는 점이 때론 강압적으로 느껴질 수 있지만, 국민주권주의의 원리에 기반한 민주주의 국가에

---

8) 정영석, p. 34.

9) *Ibid.*

서는 국민의 대의기관인 의회가 입법기관으로 그 임무를 수행하기 때문에 강제력에 대한 합리적이고 민주적인 통제가 이루어진다. 그러나 민형사상의 강제집행이나 행정규제는 법의 강압성을 느끼게 하는데, 다원주의 사회에서 다양한 구성원들이 평화적으로 공존할 수 있도록 합리적 수준의 국가권력에 의한 강제력을 법에 부여하는 것은 현실적으로 불가피한 측면이 있다. 가령 기본권의 제한을 다룰 때, 기본권은 필요한 최소한도로 법률에 의해 제한할 수 있다고[10] 말하는 것도 이런 측면과 무관하지 않다. 국가권력에 의해 뒷받침되는 법의 강제력은 너무 강력하기 때문에 우리가 법을 제정하고 집행할 때 법의 강제력이 미치는 사회적 영향을 항상 주의 깊게 고려해야 할 것이다.

법의 강제력이 국가권력에 기반한다는 점은 국가와 법의 긴밀한 관계를 확인시켜 준다. 고대국가가 출현하면서 법이 대표적인 사회규범이 되었고 법의 강제력은 국가에 의해 보장된다. 이는 국가와 법을 떼어서 생각할 수 없는 이유이다.

(3) 재판규범

분쟁해결은 법의 기능의 하나이다. 분쟁이 발생하는 경우 일차적으로 당사자는 협의를 통해 문제를 해결하려고 하지만, 협의를 통해 해결되지 않는 경우 사건은 어느 한쪽의 제소로 법원에 의해 최종적으로 해결된다. 이때 법원에서 사건의 해결을 위해 적용하는 재판준칙이 바로 법이다. 법관은 정의나 다른 사회규범이 아니라 법을 적용하여 재판한다. 따라서 재판규범으로서[11] 법은 사회구성원에게 현실적으로 중요한 사회규범이 아닐 수 없다.

---

10) 헌법 제37조 제2항.
11) 김원주・이철주, p. 10 참조.

2. 법과 도덕

흔히 법과 비교되는 것이 도덕이다. 법과 도덕 둘다 사회규범이긴 하지만 여러 가지 면에서 차이가 있다. 사회규범의 의미를 이해하기 위해 자연법칙과 비교했듯이 우리는 법과 도덕의 비교를 통해 법의 개념을 파악하는데 한 걸음 더 나아가고자 한다.

다른 한편으로 강조하고 싶은 것은 법과 도덕은 관련되어 있지만 별개의 사회규범이라는 점이다. 법은 법이고 도덕은 도덕이다. 결코 법과 도덕을 동일시해서는 안 된다. 그 이유는 무엇일까? 여기서 우리는 이런 문제를 검토한다.

(1) 법과 도덕의 비교

법과 도덕은 다음 몇 가지 측면에서 차이가 있다.[12)]

우선 법은 자기와 타인의 관계에서 주로 문제가 되는 데 반하여 도덕은 자기와 자기 자신의 관계에서 문제 된다. 따라서 법은 준수가 중요하지, 그것이 사회구성원의 자발적 의사에 기인한 것인지는 중요하지 않다. 자발적 의사와 관계없이 사회구성원은 법을 준수해야 하고 준수하도록 국가권력에 의해 강제된다. 따라서 법은 타율성에 근거하고 국가권력에 의한 강제력을 가진다.

반면에 도덕은 자율성에 근거하며 국가권력에 의한 강제력이 없다. 도덕은 기본적으로 자기와 자기 자신의 관계에서 자신에게 끊임없이 자신의 도덕률을 준수하도록 요구한다. 도덕률의 수준은 사람마다 다를 수 있는데, 모든 사람에게 획일적으로 강제되는 법과 차이가 있다. 자신의 도덕률이 사회의 일반적인 수준을 넘는다면 눈 한번 질끈 감았다고 뭐라는 사람도 없다. 사회적 또는 도덕적 비난도 받지 않는다. 도덕률의 준수가 기본적으로 자율성에 기반하기 때

12) 현대사회와 법, pp. 3~4.

문이다. 높은 수준의 도덕률 준수는 의미 있고 가치 있는 일이지만, 감당할 수 없는 수준인 경우에는 개인적으로 권하고 싶지 않다. 정신건강에 해롭기 때문이다.

법의 주된 관심의 대상은 외부로 표출된 행위인[13] 반면에 도덕은 내면의 의사에 초점이 맞춰져 있다. 도덕에서는 비도덕적 행위뿐만이 아니라 그런 생각을 갖는 것만으로도 문제가 되고 동등한 비난을 받을 수 있다.

마지막으로 도덕과 법은 모두 사회규범으로서 사회구성원에게 일정한 의무를 부과하지만, 법은 권리도 부여한다. 도덕과 대비해 이를 법의 양면성이라고 한다. 마치 분자가 원자로 구성된 것처럼 법은 권리와 의무로 이루어졌고, 권리의무관계는 법률관계의 또 다른 표현이라고 할 수 있다. 반면에 도덕은 끊임없이 자기 자신에게 도덕률을 준수하기만을 요구한다. 자신이 도덕률을 준수한다고 타인에게 동일한 수준의 도덕률을 준수할 것을 요구하는 권리는 발생하지 않는다. 이러한 도덕의 일면성은 파블로프의 조건반사에 익숙한 사람들에게는 영 구미가 당기지 않는 일일 수 있다. 도덕의 의미와 가치를 아는 일은 그래서 중요하다. 지금까지 비교한 법과 도덕의 차이를 표로 정리하면 다음과 같다.

[표 1-2] 법과 도덕의 비교

법	도덕
자기와 타인의 관계	자기와 자기 자신의 관계
타율성	자율성
국가권력에 의한 강제력	없음
외부로 표출되는 행위	내면의 의사
권리와 의무(양면성)	의무(일면성)

13) 이런 점에 주목하여 법의 특징의 하나로 행위규범을 드는 경우도 있다. 김원주・이철주, p. 10; 정영석, p. 32.

(2) 법과 도덕의 관계

법과 도덕은 별개의 사회규범이다. 따라서 법과 도덕을 동일시하지 않아야 한다. 현실에서 법과 도덕이 불일치하고 나아가 서로 충돌할 가능성을 배제할 수 없다. 그렇다고 법과 도덕이 상극이라는 말은 더더욱 아니다. 그저 법은 법이고 도덕은 도덕이라는 의미이다.

법과 도덕의 관계를[14] 흔히 부분적으로 겹치는 두 개의 원에 비유한다. 이때 관건은 두 개의 원이 겹치는 부분이다. 양자가 일치하는 경우 법과 도덕은 상호보완 관계를 가지므로 도덕에 법적 강제력이 더해지고 법에는 도덕성이 더해져서 양자의 실질적 효력이 강화된다. 반면에 양자가 충돌하는 경우 법은 도덕적 저항에 직면하게 되고 법의 실질적 효력은 약화한다. 이는 법과 다른 사회규범의 경우에도 마찬가지이다.

법과 도덕이 별개의 사회규범이라는 점을 확인할 수 있는 예로 1985년 베트남 보트피플 96명의 생명을 구한 전○용 선장의 사례를 들 수 있다. 대형 해운회사의 선장으로 안정적인 생활을 영위하던 그는 남중국해에서 부산으로 항해하던 중 보트피플(boat people)과 조우하였다. 대양의 거센 파도 속에 십수 명의 사람이 목격된 허름한 배는 위태로워 보였고, 구조의 손길을 호소하는 사람들을 외면하지 못한 선장은 선원들을 불러 모아 회의를 진행했다. 보트피플을 구조할지 결정하는 회의였다. 그러나 회의를 아무리 진행해도 결론이 나지 않자, 선장은 결단을 내렸다. 그는 자신이 모든 책임을 질 테니 사람들을 구조하자고 하였다. 선장의 결정을 선원들은 기꺼이 따랐고 모두 96명의 보트피플을 구조하여[15] 부산항에 입항하였다. 그리고 현실적인 문제들이 제기되었다.

---

14) 김원주·이철주, pp. 15~17; 정영석, pp. 39~40.

15) 구조된 사람의 수가 많이 증가한 이유는 그 많은 사람이 작은 배의 선상에 함께 있기도 어려울 뿐만 아니라 사람이 너무 많으면 구조를 포기할 수도 있다는 우려에 많은 사람이 선내에 있었기 때문이다.

우리가 잘 알다시피 외국인이 다른 나라에 입국하기 위해서는 그 나라의 비자(visa)를 발급받아야 한다. 보트피플의 경우 비자는 없지만 난민의 지위를 주장할 수 있는데, 우리나라가 난민의 지위를 인정하기 시작한 것은 1990년대부터이다.

우리가 해상에서 목숨이 위태로운 사람들을 목격한다면 구조하는 것이 당연한 도리일 것이다. 실제로도 조난한 선박이나 선원의 구조 소식을 우리는 언론을 통해 접할 수 있다. 법으로는 해난구조 제도가 마련되어 있다. 해상에서 조난한 선박을 발견하는 경우 다른 선박들은 난파된 선박의 선원 등을 구조하고 구조에 드는 비용도 보상받는다. 해상을 항해하는 누구나 조난을 할 수 있고 따라서 해난구조는 서로의 안전을 강화하는 방법이며 비용도 어느 정도 보상을 받으니 이런 법적 또는 제도적 뒷받침은 도덕률의 준수를 강화해 주고 수월하게 해주는 면이 있다.

보트피플은 해난구조의 대상과는 차이가 있다. 해난구조는 선박의 좌초와 같은 해난을 당한 사람을 구조하는 것이고 구조된 사람은 자신의 나라로 돌아간다. 그러나 보트피플은 해난을 당한 것이 아니라 생명의 위험을 감수하면서까지 자기가 살던 곳을 벗어나 다른 나라로 가기 위해 배를 타고 무작정 해상으로 나아간 사람들이다. 남중국해(South China Sea)의 보트피플은 1970년대부터 출현하였고 그 수가 증가하자 많은 나라와 기업들이 지침을 통해 공해상에서 보트피플을 조우하더라도 그냥 지나치도록 자국 선박에 지시하였다. 그와 선원들이 구조 여부를 논의한 것도 이런 이유 때문이었다. 미루어 짐작건대 이런 제한이 없었다면 논의도 필요 없이 선원들은 기꺼이 구조에 나섰을 것이다.

당시 한국은 군사정권의 서슬이 퍼런 권위주의 시절이었고, 옳고 그름을 떠나 정부의 방침을 따르지 않는 것 자체가 심각한 문제로 인식되었기 때문에 그는 수년 동안 다양한 수사기관의 소환에 응해야 했다. 그토록 오랜 조사에 응하면서 그가 새롭게 할 얘기가 과연 얼마나 있었을까?

이제 법과 도덕의 관계에서 이 사건을 되돌아보자. 당시 한국은 난민을 받아들이지 않던 시절이었고, 따라서 구조된 보트피플은 제3국이 난민으로 받아줄 때까지 한국에 체류하면서 생활하였다. (비록 난민제도가 마련되어 있지는 않았지만) 이들이 제3국으로 갈 때까지 수년 동안 인도적으로 보호할 책임은 한국 정부에 있는데, 여기에는 재정 능력도 요구된다. 만약 정부와 회사의 지침이 없고 그래서 많은 한국의 선박이 매년 수천 또는 수만 명의 보트피플을 공해상에서 구조했다면 그리고 제3국으로 출국할 때까지 아무런 기약 없이 한국에서 체류해야 한다면 한국 정부와 국민은 이를 감당할 수 있을까? '도덕에 대한 다음의 설명 중 어느 것이 옳을까 알아 맞혀 보세요'라는 시험문제의 정답을 맞히는 것과 자신의 도덕적 명령을 현실에서 행하는 것은 같은 것일까? 도덕적 명령을 따르지 않았다는 이유만으로 그 사람을 비난할 수 있을까? 도덕적 명령을 따르는데 자신의 희생이 요구된다면 여러분은 어떻게 할 것인가?

어쨌든 시간이 지나서 추억이 되었을 때 자기 자신에게 당당한 사람은 누구일까? 법과 도덕은 항상 일치하는가? 법과 도덕이 충돌할 때 법관은 어느 것을 따라야 하는가? 법인가 도덕인가? 법과 도덕의 충돌이 발생하는 경우 이 문제는 어떻게 해결되어야 하는가?

3. 실정법과 자연법

법을 자연법으로 이해하는가 아니면 실정법으로 이해하는가의 문제는 법의 역사와 함께 해왔다고 해도 과언이 아니다.[16] 자연법과 실정법이 충돌하는 경우 어느 것의 우위를 인정하는가? 전자의 법적 우위를 주장하는 학자는 자연법론자이고, 후자의 법적 우위를 주장

16) 김원주 · 이철주, pp. 17~22 참조.

하는 학자는 실정법론자[17] 또는 법실증주의자이다. 법의 역사는 자연법론자와 실정법론자의 대립 속에 발전하였다. 여기서는 자연법이 무엇이고 실정법이 무엇인지 살펴보고 양자의 관계를 검토한다.

(1) 실정법과 자연법의 비교

고대의 자연법사상은 자연법이 자연의 질서 또는 섭리에서 유래했다고 보았다. 자연법(natural law)이라는 명칭도 이런 고대의 자연법사상에서 비롯되었다고 할 수 있다. 과학기술이 발전하지 못했던 당시에 자연은 인간에게 경외의 대상이었다. 자연의 엄청난 파괴력은 인간을 공포에 떨게 하였고, 동시에 숭배의 대상이 되었다. 기나긴 가뭄이나 엄청난 홍수로 삶의 터전이 파괴될 때 그들은 신음하였고, 자연의 위력에 짓눌린 그들의 분노는 엉뚱한 희생양에게 분출되었다. 정말 동물을 희생양으로 사용한 경우는 그나마 나은 편이다. 아무튼 고대의 자연법사상은 자연의 지배를 받았던 당시의 상황이 반영된 결과라고 할 수 있다.

중세의 자연법사상은 신이 자연의 자리를 대신하였다. 서양의 중세는 유일신사상에 기반한 기독교가 지배하였다. 군주와 국가보다 교황과 교회가 우위였던 그 시절에 자연법이란 신의 의지에서 유래한 법이라고 할 수 있다. 당시에는 신의 목소리를 전달하는 신의 가장 가까이에 있는 사람이 신 다음의 지위를 갖는 것은 당연한 일이었고, 자연법도 신의 의지를 모방한 법으로 이해하였다.

오늘날 자연법은 자연의 질서나 신의 의지가 아니라 인간의 이성에 의해 인식되는 법으로 이해되는데, 이러한 정의는 근대의 자연법사상에서 비롯되었다. 신대륙을 발견하고 종이, 인쇄술, 항해술, 화약과 같은 신기술이 발명되었으며 르네상스 시대가 도래하면서 인간은 비로소 세상의 중심에 서게 되었다. 재생 또는 부활의 다시 태

17) 법실증주의자란 법학의 연구대상을 실정법에 한정하는 법사상을 지지하는 사람이라고 할 수 있는데, 이 책에서는 이러한 의미로 '실정법론자'를 사용하였다.

어난다는 의미(rebirth)의 프랑스어인 르네상스(renaissance)는 인본주의(人本主義/humanism)에 기반하였고, 이제 사람은 자연이나 신이 아니라 인간의 관점에서 세상을 바라보고 인간의 입장에서 평가하기 시작하였다. 르네상스 시대가 전개되면서 사람들은 삶의 주권을 회복하였고 비로소 자기 삶의 진정한 주인이 될 수 있었다. 역시 생각이 바뀌면 사람이 변하고 세상도 바뀐다.

자연법과 실정법의 성격은 대조적이다. 실정법이 경험적인 데 반하여 자연법은 선험적이다. 실정법의 존재는 경험을 통해 비로소 알 수 있지만, 자연법은 경험 이전 인간의 이성적 사유를 통해 인식된다. 대한민국의 실정법은 조선시대의 실정법이나 외국의 실정법과 다르지만, 자연법은 시대나 나라에 따라 다를 수 없다. 따라서 자연법은 시공을 초월하지만, 실정법은 어느 시대, 어느 나라의 법인지에 따라 그 내용이 다르므로 시공의 제한을 받는다고 할 수 있다. 이런 실정법의 존재는 인간의 이성을 통해 인식될 수 없고 경험으로 비로소 알 수 있다.

따라서 자연법은 보편타당하고 영구불변의 절대적 성격을 가지는 반면에 실정법은 상대적이고 불완전하다. 또한 실정법은 사람이 만들지만, 자연법은 사람이 만들 수 없고 이성적 사유를 통해 인식할 수 있을 뿐이다. 자연법과 실정법의 특징을 비교하면 다음과 같다.[18)]

---

18) 자연법을 경험적으로 이해하고자 하는 입장에서는 자연법의 특징에 대해 비판적인 견해를 제기하기도 한다. 내용가변의 자연법을 주장했던 슈탐믈러(Rudolf Stammler)는 법의 이념과 법의 개념을 구분하면서 법의 이념에 의해 규제되는 실정법이 정법(正法)이고, 그것은 내용이 변하는 자연법이라고 하였다. 또한 라드브루흐의 제자였던 카우프만(Arthur Kaufmann)은 자연법이 시공을 초월하는 영구불변의 절대적인 법이라는 점에 회의적인 입장을 견지하면서 법이 역사적이라는 것은 목표를 향한 도상에, 즉 자연법에의 도상에 있어야 한다는 것을 의미하고, 자연법과 법의 역사성은 상호 적대적인 것이 아니며 오히려 법의 역사성은 법이 자연법을 향하여 열려있는 것, 즉 도달할 수 없는 것에 주목하면서 시간에 맞는 정(正)한 법은 도달할 수 있다는 역사적 자연법을 주장하였다. 최태영, 『법철학: 서양법철학의 역사적 배경』(서울: 숙명

[표 1-3] 자연법과 실정법의 비교

자연법	선험적	시공초월	절대적	영구불변/보편타당	인간의 이성에 의해 인식
실정법	경험적	시공제한	상대적	불완전성	인간이 제정

자연법의 특징은 자연법의 정의와도 직결되는데, 자연법은 보편타당하고 영구불변의 절대적 성격을 가질 뿐만 아니라 동시에 이런 특징을 구비해야만 자연법으로 인정될 수 있다. 자연법은 정의상(by definition) 가변적이거나 상대적일 수 없기 때문이다. 그러나 문제는 지금까지 인류가 자연법을 규명하기 위해 끊임없이 탐구해 왔지만, 아직 그 누구도 자연법의 실체를 밝혀내지 못했다는 점이다. 이것이 자연법이라고 어떤 사람이 말하는 순간 그것은 그 사람의 주관이 개입된 자신만의 자연법이 되어버렸고 우리가 말하는 보편타당한 영구불변의 자연법은 아니었다. 누구나 자연법을 말한다. 그러나 지금까지 자연법의 실체를 세상에 드러낸 사람은 없다. 그렇다면 자연법은 실재하지 않는, 사람의 상상 속에서만 존재하는 법인가? 그렇게 단정할 수는 없다. 우리가 실정법을 논할 때, 때론 악법에 관해 얘기한다. 우리가 악법이라고 말하는 근거는 무엇인가?

자연법은 사람의 주관이 개입하여 그 실체를 규명하지 못하는 문제점이 있는 반면에 실정법은 악법의 문제가 발생한다.[19] 인간이 제정하는 실정법은 악의적인 경우뿐만 아니라 선의인 경우에도 악법의 발생가능성을 완전하게 제거할 수 없다. 인간의 불완전성을 생각한다면 당연한 일인지도 모르겠다. 아무튼 악법 또는 실정법의 불완전성을 보완하는 방법은 무엇인가? 사회의 시대적 변화와 개선 요구를 수용하기 위한 장치의 마련이 필수적이라고 할 수 있다. 법으

여자대학교출판부, 1977), pp. 301~302, 500 참조.

19) 최종고, pp. 95~97 참조.

로의 의지, 운용의 묘, 사회의 자율적 조정기능이 법규범과 법현실의 간격을 메우기 위한 효과적인 방법이 될 수 있다.

우선 법을 잘 만드는 것 못지않게 법을 제대로 실현하려는 의지가 중요하다. 법은 때로 사회적 저항에 직면하기도 하는데, 이때 쉽게 좌절하지 않고 사회구성원들이 입법의 효과를 공감할 수 있을 때까지 지속적이고 일관되게 법을 집행하려는 의지와 노력이 중요하다. 물론 여기에는 정책이 일정한 효과를 발휘할 때까지 인내하고 기다려 주는 국민의 성숙한 시민의식도 필요하다.

또한 좋은 법을 만드는 것 못지않게 운용의 묘를 살리는 게 중요하다. 개정이 능사는 아니다. 상대적으로 잦은 법의 개정은 법적 안정성을 해칠 뿐만 아니라 법의 통합(integrity)을 깨뜨려 법이 원래의 의도와 다르게 적용되거나 입법취지가 무색해질 수도 있다. 법은 제정단계로 끝나는 것이 아니다. 법은 제정된 이후에도 집행단계에서 제한적이지만 탄력적인 법의 해석과 적용을 통해 법규범과 법현실의 간격을 좁힐 수 있다.

마지막으로 사회의 자율적 조정기능이 중요하다. 아무리 최선을 다하더라도 모든 사항을 법에 담을 수 없고 그 내용 또한 완전할 수 없다. 법률만능주의의 오류에 빠지지 않아야 한다. 법에는 한계가 있다. 그렇다면 법의 한계 밖에는 무엇이 존재하는가? 무엇이 법의 한계를 보완해 주는가?

가령 헌법 제65조에 규정된 국회의 탄핵소추권을 생각해 보자. 대상 공무원의 탄핵은 국회의 소추와 헌법재판소의 결정으로 이루어진다. 국회와 헌재가 모두 위법한 직무집행이 있었다고 판단한 경우에만 해당 공무원은 탄핵당하고 공직으로부터 파면된다. 국회의 탄핵소추는 대통령의 경우를 제외하고 국회 재적의원 1/3 이상의 찬성으로 발의되고 재적의원 과반수의 찬성으로 의결된다. 그렇다면 탄핵소추의 단계에서 실체적 요건인 위법한 직무집행과 절차적 요건인 의결정족수 중에 어느 것이 현실적으로 더 중요하다고 할 수 있는가? 당연히 의결정족수이다. 어차피 위법한 직무집행의 여부는 사법기관인 헌법재판소가 최종적으로 판단한다. 국회는 정치적 기관이다.

이제 정부 또는 여당이 정치적 현안을 둘러싸고 야당과 대립하는 상황에서 탄핵소추안이 발의된 경우를 가정해 보자. 여기에 위법한 직무집행이 실제로 있었던 경우와 그렇지 않은 경우를 더하고 마지막으로 과반수의 의석을 여당이 차지하는 경우와 야당이 차지하는 경우로 나누어 보자.

실제로 위법한 직무집행이 있었다 하더라도 여당이 다수당인 경우에는 탄핵소추안이 의결될 가능성이 작다. 반면에 위법한 직무집행이 없더라도 여당이 소수당인 경우에는 탄핵소추안이 가결되는 것을 막을 수 없다. 어느 경우든 다수당의 권한 남용이라는 정치적 비판이 제기될 수 있지만 이러한 결정이 위법한 것일까? 위법이 아니라면 이런 권한의 남용은 누가 통제할 수 있는가? 바로 국민이다. 국민이 깨어 있어야 하고 언론이 본연의 역할에 충실해야 한다.

탄핵소추권의 적절한 행사 여부에 대한 국민의 심판은 여론과 선거를 통해 나타날 수 있다. 국회가 탄핵소추를 결정할 때 권한의 남용으로 비쳐질지를 고민하게 만드는 것은 법이 아니라 국민이다. 요컨대 민주주의 국가에서 사회의 자율적 조정기능은 법이 제대로 작동하도록 보장하며, 법의 한계를 보완해 주는 중요한 사회적 장치라고 할 수 있다.

(2) 실정법과 자연법의 관계

근대의 자연법사상은 전제군주국가에서 시민국가로 전환하는 데 중요한 역할을 했다.[20] 그렇다면 근대 시민국가 이후에도 여전히 자연법이 지배하는가? 국민주권주의에 기반한 근대 시민국가가 확립

20) 김원주 · 이철주, pp. 18~19 참조.

되면서 근대의 자연법사상은 실정법으로 수용되었다고 보는 것이 적절하다. 전제군주국가의 체제에서는 주권자를 합법적으로 군주에서 국민으로 교체하는 것이 실정법으로 가능하지 않았기 때문에 자연법에 근거하여 시민혁명을 통해 주권자를 교체했다. 그러나 국민주권주의를 토대로 통일적인 법체계를 구축한 시민사회국가에서는 실정법이 다시 전면에 등장하였고, 자연법은 이선으로 후퇴했다고 할 수 있다.

그렇다면 오늘날 자연법의 역할은 무엇인가? 우리는 실정법에 대한 다양한 평가를 볼 수 있다. 이런 평가는 무엇에 근거하는가? 바로 자연법이다. 자연법이 일선에서는 물러났지만, 실정법에 대한 비판의 척도 또는 판단기준의 역할은 여전히 유효하다. 그 밖에도 자연법은 실정법의 한계 또는 배척의 근거로 작용할 수 있고, 또한 실정법의 발전방향을 제시한다. 마지막으로 자연법과의 일치 여부는 실정법의 생명력을 결정한다. 실정법이 자연법에 배치되면 저항에 직면하게 되고 실질적 효력이 약화하는 것은 자명한 이치이다.

이 책은 실정법론자의 입장에서 서술되었다. 여기서 말하는 법은 특별한 경우가 아니면 실정법을 의미한다. 가령 법의 연원이라고 할 때의 법은 실정법의 의미로 사용되었다. 우리나라의 경우는 어떠한가? 우리나라도 위에서 서술한 서구의 경우와 비슷하다고 할 수 있다. 다만 그 시점을 언제로 볼 것인가?

1987년 6·10 민주항쟁을 하나의 전환점으로 볼 수 있다. 6월 항쟁은 권위주의체제에 맞서 국민들의 요구인 대통령 직선제를 관철했고 이는 제9차 개헌(1987)을 통해 실현되었다. 권위주의를 종식하고 진정한 민주주의 국가로 나아가는 출발점이 되었으며, 대한민국이 산업화에 이어 민주화라는 또 하나의 쾌거를 이룬 순간이었다. 이에 대한 정확한 평가는 후대의 역사가들이 하겠지만 여기서는 이런 관점에서 접근하였다.

따라서 대한민국도 이때부터는 실정법이 전면에 등장하였다고 할 수 있다. 그러나 민주화가 이루어졌다고 실정법의 불완전성이 사라지는 것은 아니다. 법을 운용하다 보면 여러 가지 현실적인 문제들이 발생한다. 그러나 민주화 이후의 법을 정의 또는 자연법에 반한다고 주장하면서 법의 효력 자체를 문제 삼는 것은 자기 모순적인 태도라고 할 수 있다. 비록 불완전하지만, 실정법은 민주적인 선거를 통해 선출된 국민의 대의기관인 국회가 제정한 것이고, 법규범과 법현실의 괴리가 발생하는 경우 법의 개정이나 헌재의 위헌 결정과 같은 민주적이고 적법한 절차에 따라 해결되어야 하기 때문이다. 대한민국에서 실정법이 전면에 등장하였다는 것은 바로 이런 의미이다.

제2장 법의 이념

법은 무엇을 위해 존재하는가? 법의 이념에서는 법의 목적 또는 존재이유를 다룬다. 법의 이념으로는 정의와 법적 안정성 두 가지가 중요하게 다루어진다.[1] 법의 목적은 정의의 실현이라고 할 수 있다. 그렇다면 정의란 무엇인가? 쉽게 답할 수 있는 문제가 아니다. 여기서는 법에서 사용하는 정의의 기본적인 개념과 문제점만을 간단하게 정리한다.

법의 또 다른 목적으로는 법적 안정성을 들 수 있다. 법에서 사회구성원이 준수해야 하는 사항을 규정하여 예측가능성을 제공하고 이를 통해 사회질서를 유지함으로써[2] 법은 민주주의 국가에서 다양한 이념과 가치를 가진 사회구성원이 안정적으로 공존할 수 있게 해준다.

1. 정의

법은 그 자체가 목적이 아니다. 법이 목적을 위한 수단이라고 할

1) 정영석, pp. 27~31. Gustav Radbruch, "Legal Philosophy", *The Legal Philosophies of Lask, Radbruch, and Dabin* (Cambridge, MASS.: Harvard University Press, 1950), trans. by Kurt Wilk, pp. 43~224; 김정오 외, pp. 91~117; 이재승, "칸트와 라드브루흐에 있어서 법이념", 『법철학연구』, 제8권 제2호 (2005), pp. 45~70; 조천수, "라드브루흐의 방법3원론, 법이념과 공식", 『법철학연구』, 제7권 제1호 (2004), pp. 121~148; 홍영기, "법개념요소의 법비판 작용: 법이념 간 우위관계 적용에 대한 비판", 『법철학연구』, 제8권 제2호 (2005), pp. 111~134 참조.

2) 정영석, pp. 27~28.

때 정의는 법의 대표적인 목적이라고 할 수 있다. 정의는 다양한 상황에서 다양한 의미로 사용되지만, 법에서는 일반적으로 평등의 측면에서 다루어진다. 또한 우리는 무엇이 정의롭지 못한 것인지에 대해서는 비교적 잘 알고 있지만 정작 정의를 정의하거나 구체적인 상황에서 무엇이 정의인지에 대해서는 각인각색의 해답을 제시할 뿐이다. 그렇다고 부정의가 아닌 것이 정의인 것도 아니다. 여기서 판도라의 상자를 열 생각은 없다. 정의의 개념과 문제점만 간단하게 살펴보자.

(1) 의의와 문제점

정의(正義/justice)란 무엇인가? 정의의 본질은 평등이고 형식은 보편성이다.[3] 사실 정의가 항상 평등과 관련되어 있다고 할 수는 없지만 적어도 법에서 정의는 평등에 기초한 의미로 사용된다. 또한 정의(justice)는 정의상(by definition) 보편성을 지녀야 한다.

아리스토텔레스가[4] 말한 평균적 정의(산술적 비례)와 배분적 정의(기하학적 비례)는 법에서 사용하는 정의의 대표적인 개념이다. 평균적 정의(commutative justice)는[5] '모든 것을 같게' 그리고 배분적 정

---

3) Radbruch, *supra* note 1, pp. 74~75, 90~91, 107~109 참조.

4) 일찍이 아리스토텔레스는 자신의 대표적 저서의 하나인 니코마코스 윤리학에서 정의에 대해 설파하였다. 평균적 정의와 배분적 정의 외에도 정의에 대한 다양한 논의를 담고 있는데, 법에서는 앞의 두 개념이 일반적으로 사용된다. Aristotle, *The Nicomachean Ethics*, trans. by David Ross, rev. by J. L. Ackrill and J. O. Urmson (Oxford: Oxford University Press, 1998), pp. 112~117. 법적으로 평등한 사람 사이에는 정의가 존재하고 정의롭지 못한 사람 사이에는 법이 존재한다는 취지의 내용도 이 책에 담겨 있는데, 법, 정의, 평등의 긴밀한 관계가 잘 드러나는 표현이라고 할 수 있다. 아리스토텔레스, 『니코마코스 윤리학』, 조대웅 편역, 개정판 (서울: 돋을새김, 2015), 제5권, 제6장 참조.

5) 다만 원문의 함의는 '이득과 손실의 균등화'에 더 가깝기 때문에 평균적 정의보다는 시정적 정의가 더 적절한 표현이라고 할 수 있다. 시정적 정의란 잘못으로 인해 발생한 손해를 원래의 상태로 복구하는 데에 따르는 공정한, 즉 적정하고도 수긍할 만한 비례가 있어야 한다는 의미이다.

의(distributive justice)는 '같은 것은 같게, 다른 것은 다르게' 대우한다는 의미로 사용된다.[6] 가령 만 18세 이상의 국민은 특별한 결격사유가 없는 한 나이나 성별 또는 재산과 관계없이 모두 한 표의 투표권을 가지는데, 이는 평균적 정의의 예라고 할 수 있다.

수영장에서 남녀는 모두 동일한 수영복을 입어야 정의로운가? 그렇지는 않다. 남녀 수영복 중에서 신체를 덮는 부분이 가장 넓은 여성용 원피스 수영복을 모두에게 입혀야 정의롭다고 생각하지는 않는다. (예외가 있지만 경한 요건과 중한 요건이 경합하는 경우 법에서는 보통 중한 요건을 적용함으로써 두 요건을 모두 충족한 것으로 이해한다. 따라서) 평균적 정의에 따라 단일한 기준을 적용한다면 이런 경우 모두에게 여성용 원피스 수영복을 입혀야 하는데, 사실 남성의 경우 더 입혔는데도 어색하다. 오히려 이런 경우에는 배분적 정의를 적용하는 것이 합리적일 수 있다. 다른 것은 다르게 대우하는 것이 적절하기 때문이다. 소득이 높을수록 더 높은 세율을 적용하는 누진 소득세율은 배분적 정의의 예라고 할 수 있다.

평균적 정의와 배분적 정의에 대한 간결하고 명확한 정의는 그 의미를 정확하게 전달하지만, 현실에서 실제로 적용하는 일은 쉽지 않다. 우리가 '같은 것은 같게, 다른 것은 다르게'라고 했을 때 과연 어디까지 같고 어디서부터 다른 것인가? 그리스의 철학자인 플라톤은 자신의 저서 '국가'(The Republic)에서 정의란 모든 사람이 자기 일을 하고 다른 사람의 일에 참견하지 않는 것이라고 하였다.[7]

그리고 모든 사람은 전체로서의 국가와 사회를 위해 자기 능력에 따라 역할하고 다른 사람의 것을 가지지 않아야 하며 자기의 것을 뺏겨서는 안 된다고 하였다.[8] 법 또는 정의가 약자의 편이라는 말은

6) Radbruch, *supra* note 1, p. 74.
7) *The Republic of Plato*, trans. by Allan Bloom, 2nd ed. (New York: Basic Books, 1991), 433a.
8) *Ibid.*, 433e.

단지 그가 약자이기 때문이 아니라 그 누구도 자기의 것을 박탈당해서는 안 되기 때문이 아닐까? '각자에게 각자의 것을'(to each his own)이라는 의미의 라틴어 '*suum cuique*'는 이런 정의의 의미와 연관된다.

'*suum cuique*'는 로마의 웅변가(orator)이면서 정치인이었던 키케로(Marcus Tullius Cicero)에 의해 널리 알려지게 되었다.[9] 이 표현은 이후 다양하게 사용되었는데, 그중에는 독일의 나치도 있었다. 나치의 친위대는 이런 의미의 독일어인 'Jedem das Seine'를 (재소자들이 볼 수 있도록) Buchenwald 강제수용소의 주출입문 안쪽에 적어 놓았을 뿐만 아니라 이를 지배민족(master race)이 다른 민족을 모욕하고 파괴할 수 있는 권리를 가진다는 의미로 해석하였다고 한다.[10] 부정의(不正義/injustice)가 정의로 둔갑하는 수준이라고나 할까? 이 경우처럼 배분적 정의도 그 의미는 명확하게 전달할 수 있지만, 그 명확한 의미만큼 실제에서도 그렇게 적용될 수 있는지는 의문이 아닐 수 없다.

정의란 올바른 것이고 보편성을 지닌다. 누가 정의에 맞서겠는가? 그러나 배분적 정의에서도 본 것처럼 현실 속에서 또는 구체적인 상

---

9) "그렇다면 각자에게 각자의 것을 부여하는 정의-이것이 신들과 무슨 상관이 있단 말인가?"("*Nam iustitia, quae suum cuique distribuit, quid pertinet ad deos?*"/Then justice, which assigns to each his own—what has this to do with the gods?). Cicero, *De Natura Deorum: Academica*, trans. by H. Rackham, rev. ed. (Cambridge, Mass.: Harvard University Press and London: William Heinemann Ltd., 1956), III, 38. "따라서 용기는 수고와 위험에서 나타나고 ... 정의는 각자에게 각자의 것을 주는 데서 나타납니다."("*... ut fortitudo in laboribus perculisque cernatur, ... iustitia in suo cuique tribuendo.*"/Thus Courage is displayed in toils and dangers, ... Justice in giving each his due.). Cicero, *De Finibus Bonorum et Malorum*, trans. by H. Rackham, 2nd ed. (Cambridge, Mass.: Harvard University Press, 1951), V. 67.

10) "Buchenwald concentration camp", *Wikipedia* (2024. 5. 27. 검색); Jessica Rapson, *Topographies of Suffering: Buchenwald, Babi Yar, Lidice* (New York: Berghahn Books, 2015), p. 51.

황에서의 정의는 사람마다 다르다. 갑에게는 정의가 을에게는 부정의일 수 있다. 어떤 사람이 정의를 말하는 순간 그 사람의 주관이 더해진다. 정의는 바로 정의(正義)의 정의(定義)가 문제이다. 자연법의 경우와 유사한 문제가 발생한다. 정의가 보편성을 지닌다고 하지만 (정의가 되기 위해서는) 사실은 보편성을 지녀야 한다는 의미이고, 현실에서 보편성을 지닌 온전한 모습의 정의를 제시한 사람은 없다고 할 수 있다.

정의와 보편성은 반비례 관계라고나 할까? 단편적인 수준의 정의일수록 보편성의 수준은 높을 수 있고 반대로 온전한 수준의 정의일수록 보편성의 수준은 낮아질 수 있다. 그러나 어두운 방에 들어가 아무것도 찾지 못했다고 그 방에 아무것도 없다고 할 수는 없지 않은가? 정의의 딜레마라고 할 수 있다.

(2) 라드브루흐의 법이념 3요소설과 합목적성

독일의 형법학자이면서 법철학자였던 라드브루흐(Gustav Radbruch)는 법의 이념으로 정의, 합목적성, 법적 안정성의 세 가지를 들었는데, 이를 법이념 3요소설이라고 한다.[11] 그중에서 합목적성은 그의 법철학적 관점이 투영된 독특한 개념이라고 할 수 있다.[12]

합목적성이란 어떤 사물이 일정한 목적에 적합한 방식으로 존재하는 성질을 의미하는데, 법의 이념으로서의 합목적성이란 국가 또는 사회가 추구하는 목적과 가치관에 따라 법이 내용과 수단 및 방법 등의 방향을 구체화해야 한다는 의미라고 할 수 있다.[13]

라드브루흐는 정의가 아니라 합목적성에 의해 비로소 법의 내용이 정해진다고 한다.[14] 합목적성에서 말하는 가치관의 유형 중 개

---

11) Radbruch, *supra* note 1, pp. 107~108.
12) 조천수, *supra* note 1, pp. 121, 123.
13) 최종고, p. 55; 김원주 · 이철주, p. 27; Radbruch, *supra* note 1, pp. 90~97 참조.
14) *Ibid.*, p. 91.

인주의에 의하면 법과 국가는 개인의 자유와 권리를 보장하기 위한 수단이며, 국가는 (실제가 아니라) 이론상 사회구성원 간의 계약에서 유래하는 것으로 본다. 반면에 초개인주의 또는 전체주의는 국가를 하나의 유기체에 비유하면서 전체가 개인을 위해서 존재하는 것이 아니라 개인이 전체를 위해서 존재한다고 본다. 개인주의적 가치관은 그 의미가 자유로 집약된다면 초개인주의적 가치관은 국가로 집약될 수 있다.[15]

라드브루흐는 정의를 아리스토텔레스가 제시한 평균적 정의와 배분적 정의로 나누면서 전자는 후자를 전제로 하기 때문에 배분적 정의가 정의의 원형이라고 한다.[16] 동시에 배분적 정의의 한계를 지적하였는데, 무엇이 같고 무엇이 다른지 그리고 각각 어떻게 다루어야 하는지에 대해 정의는 아무런 답도 주지 않는다. 정의는 절대적이고 보편성을 지니지만 그 누구도 객관적인 정의(objective justice)를 알 수 없기 때문에 정의는 형식적인 개념으로만 존재하고, 정의의 구체적 내용은 합목적성에 의해 비로소 정해진다. 합목적성은 상대적이며 어떤 가치관을 추구하느냐에 따라 다르다. 요컨대 정의는 법의 형식이고 합목적성은 법의 내용이라고 할 수 있다.[17] 따라서 그에게 합목적성은 정의에 더해지는 또 하나의 법의 이념으로서 법적 안정성과 함께 법의 이념을 완성하는 요소가 된다.

정의의 한계와 문제점에 대한 그의 인식은 정말 사람들의 공감을 자아내는 부분이 아닐 수 없다. 사실 (배분적) 정의는 우리에게 같은 것은 같게, 다른 것은 다르게 대우하라고 하지만, 정작 무엇이 같고 무엇이 다른지에 대해서는 침묵한다. 또한 같음과 다름의 관계만 결정하고 정작 어떤 대우를 부여해야 하는지는 아무런 언급이 없다.[18]

---

15) *Ibid.*, p. 94.
16) 홍영기, *supra* note 1, p. 114; Radbruch, *supra* note 1, p. 74.
17) *Ibid.*, pp. 74~75, 90~91, 107~109.
18) *Ibid.*, pp. 107~108.

정의(正義)는 정의의 정의(定義)가 문제이고 정의의 정의가 문제인 이유는 사람의 주관이 개입되기 때문인데, 이는 정의의 보편성과 모순된다. 인간의 불완전성, 그리고 다원주의를 전제로 하는 민주주의 국가에서 모든 사람이 동의하는 보편적인 정의가 실제로 가능할까? 그는 주관적이 아닌, 즉 누구나 동의할 수 있는 객관적인 정의가 현실적으로 불가능하다는 것을 인정한다. 오히려 이런 전제에서 출발한다. 따라서 정의의 구체적 내용을 다루지 않고 정의를 형식적인 개념으로만 다룬다.

그리고 정의의 구체적 내용을 다루기 위한 또 하나의 이념으로 합목적성을 제시한다. 다만 정의의 한계와 문제점을 보완 또는 해결할 방안으로 그가 제시한 합목적성이 법에서 (법의 이념에 관한) 일반적인 개념으로 다룰 수 있는지는[19] 검증이 필요한 부분이 아닌가 생각해 본다.

2. 법적 안정성

법적 안정성은 어느 시대, 어느 사회에나 존재했던 법의 이념이라고 할 수 있다. 이는 고유한 의미의 헌법이[20] 어느 시대, 어느 사회에나 존재했다고 말하는 것과 비슷한 이치이다. 법적 안정성은 국민주권주의가 확립된 근대 시민국가뿐만 아니라 전제군주국가에서도 법의 이념이었다. 법적 안정성이 법의 이념의 하나이지만, 법적 안정성만으로 법의 이념이 완전할 수 없는 이유이다.

그러나 법의 이념을 법의 실질적 효력과 연관 지어 본다면 권위주의체제와 달리 민주주의 국가에서 법의 정당성 또는 타당성은 합법성과 분리되어 다루어지지 않는다는 점을 고려할 때[21] 법의 이념에

19) 이재승, *supra* note 1, p. 62 참조.
20) 본서, p. 130, n. 7.

서도 법이 정의로워야 한다는 것은 당연한 전제이고, 실제에서는 법의 이념으로서 법적 안정성을 보장하고 정의와 법적 안정성의 조화로운 운영이 현실적으로 중요한 과제라고 할 수 있다. 법적 안정성이 결여된 정의로운 법이 현실에서 제대로 그 역할을 하기는 어렵기 때문이다.

(1) 의의

법적 안정성(法的 安定性/legal certainty)은 사회구성원이 준수해야 하는 사항을 법으로 규정함으로써 예측가능성을 제공하고 사회질서를 안정적으로 유지할 수 있게 해준다.[22] 권위주의체제에서 법적 안정성은 집권자의 이익을 공고히 하고 개인의 자유와 권리를 억압하는 수단으로 전락하여 정당성이 결여된 합법성을 뒷받침하고 합리화하는 도구로 사용될 수 있지만, 다양한 이념과 가치가 공존하는 다원주의 사회와 민주주의 국가에서 법적 안정성은 다양한 이념과 가치의 공존을 보장하는[23] 중요한 토대가 될 수 있다. 따라서 법적 안정성은 민주주의 국가에서 그 가치와 역할이 더 돋보인다고 할 수 있다.

한편, 법적 안정성이 유지되기 위해서는 1) 법이 명확해야 하고, 2) 법이 함부로 변경되지 않아야 하며, 3) 법이 실제로 행해져야 하

---

21) 한국은 권위주의체제도 경험하였고 또한 이를 극복하여 민주화를 이룬 국가이기도 하다. 권위주의체제에서 정당성과 합법성의 충돌은 악법도 법인가의 질문처럼 늘 법학자를 괴롭혔던 어려운 과제였다. 그러나 한국은 민주화를 이루었고, 그런데도 여전히 정당성과 합법성을 분리해서 다루어야 한다면 과연 이것이 민주주의 국가에서 적절한지 의문이 아닐 수 없다. 만약에 그렇다면 한국이 민주화를 이루었다 또는 민주주의 국가가 되었다는 것이 무슨 의미가 있겠는가? 물론 이는 민주주의 국가의 법이 완전하다는 의미가 아니다. 실정법의 불완전성은 부정하지 않는다. 다만 민주주의 국가는 이를 보완하기 위한 민주적이고 합법적인 절차를 두고 있고, 실정법의 불완전성은 이런 절차를 통해 보완되어야지 법 자체가 부정되어서는 안 된다는 의미이다.

22) 정영석, pp. 27~28.

23) Radbruch, *supra* note 1, p. 108 참조.

고, 4) 법이 국민의 의식에 합치되어야 한다고 본다.[24)]

(2) 한국 사회와 법적 안정성의 재조명

법적 안정성은 산업화와 민주화를 이룬 그리고 21세기 선진국을 지향하는, 부분적으로 선진국 단계에 진입한 한국의 입장에서 생각해 보아야 할 중요한 법의 이념이라고 할 수 있다. 상대적으로 잦은 법의 개정은 법적 안정성을 해친다. 특히 우리 사회에서 쉽게 목격하는 잦은 땜질식 법률 개정은 늘 파헤쳐져 있는 그리고 늘 노면 상태가 불만족스러운 한국의 도로 상황에 비유할 수 있다.

1970년대에 들은 얘기인데 아직도 변한 건 없다. 얘기인즉슨 도로 부지를 제대로 파서 충분한 골재를 넣으면 도로가 쉽게 파손되지 않고 노면의 상태를 고르게 유지할 수 있다고 한다. 그런데 도로를 이처럼 제대로 만들지 않기 때문에 도로 건설 후 얼마 지나지 않아 보수공사가 반복된다는 말이다. 상대적으로 적은 비용으로 신속하게 건설한 후 잦은 보수공사로 이어지는 한국의 도로와 상대적으로 높은 비용으로 제대로 만들어 오랫동안 그 상태를 유지하는 선진국의 도로 중에 여러분의 선택은 무엇인가?

날마다 시내의 도로를 지나면 청룡열차를 타는 기분이다. 아, 요즘 세대들은 청룡열차를 알까? 운전할 때마다 몸이 좌우로 흔들흔들, 앞으로 왔다 갔다 하는 선진국의 도로를 본 적이 있는가? 한번은 선진국 사람들과 2시간 동안 버스를 함께 탔는데 1시간 정도를 상당한 소음과 진동 속에 있은 적이 있다. 창피했다! 그 사람들은 어떤 생각을 했을까? 말은 없었다.

만약 이런 고질적인 사회적 병폐를 정말로 고치고 싶다면 우선으로 필요한 것이 인식의 전환이다. 도로가 쉽게 파손되고 노면 상태가 고르지 못한 한국의 도로 상황이 정말 문제라는 인식이 있어야

---

24) 정영석, pp. 28~29.

한다. 그리고 이걸 개선해야 한다는 사회적인 공감대가 필요하다. 생각이 바뀌면 사람이 변하고 세상도 바뀐다. 사실 한국의 경제는 이미 선진국 수준이다. 높은 비용을 감당할 충분한 능력이 있고 선진국 수준으로 건설할 수 있는 기술이 있다. 한국이 해결할 수 있는 능력을 갖추게 된 이 시기에 이를 개선하지 않는다면 온전한 선진국으로의 진입은 요원한 일이 될 것이다.

법도 마찬가지이다. 한국의 법이 선진국 수준으로 발전하기 위해서는 법의식이나 법문화도 개선되어야 한다. 사실 잦은 땜질식 법률 개정은 개악이 될 수도 있다. 법적 안정성뿐만 아니라 입법목적마저 훼손할 수 있기 때문이다. 언론과 여론이 관심을 두게 되면 정치인이 움직이고, 신속한 대응을 요구하는 사회적 분위기는 정부와 국회의 가시적인 조치를 재촉하여 졸속입법으로 이어질 수 있다. 신속성 또는 신속한 처리능력은 우리 사회의 장점이지만 이런 장점이 빛을 발하는 건 정확성이 수반되기 때문이다. 충분히 검토하고 제대로 (법을) 만들어야 올바른 해결책이 나올 수 있다.

입법부나 행정부가 사회적 분위기에 휘둘리지 않아야 하고 시간이 필요한 사안에는 인내력을 발휘하는 성숙한 시민의식도 중요하다. 이를 위해서는 언론과 여론의 합리적인 판단이 전제되어야 한다. 위원회 같은 새로운 조직을 만든다거나 법을 개정한다고 하여 능사가 아니다. 지금은 1970·80년대의 한국이 아니다. 사실 웬만한 사안에 대해서는 이미 이를 다루는 법과 제도가 마련되어 있다. 무슨 일만 생기면 지침을 고치고 새로운 조직을 만들며 법을 개정하는 시대도 이제는 지난 것 같다.

다시 말하지만, 개정이 능사가 아니다. 새로 만들고 허구한 날 고치는 것은 도로만이 아니다. 오죽하면 땜질 처방 또는 (개정을 부르는) 졸속입법이라는 말이 생겼을까? 법과 제도가 없는 게 아니라 제대로 작동하지 않아서 발생하는 문제도 있다. 충분히 검토해서 제대로 만들고 만든 이후에 제대로 시행하기 위해서는 법으로의 의지,

운용의 묘, 사회의 자율적 조정기능도 중요하다.

특히 법의 제정 또는 개정은 하나하나가 다양한 사회구성원의 이해관계가 복잡하게 얽혀있는 엄중한 사안이다. 새로운 필요에 의해 법을 개정하는 것이 중요한 만큼 기존의 법을 신뢰하고 성실하게 이행해 온 사람들의 입장도 존중할 필요가 있다. 합리적인 균형감각과 엄중한 책임의식이 요구되는데, 고치면 된다는 풍토에 익숙한 정치인들이 스스로 바뀌기는 어렵다. 먼저 언론과 여론이 합리적인 균형감각과 인내력을 발휘해야 한다. 그래야 정치도 바뀔 수 있다. 성숙한 시민의식과 성숙한 정치문화가 요구되는 시대이다. 민주화를 이루고 선진화를 지향하는 우리에게 법적 안정성은 권위주의 시절과는 이제 다르게 평가될 필요가 있다. 눈앞의 문제를 처리하는 데 급급한 땜질 처방 또는 졸속입법의 구태를 벗고 제대로 만들어서 잘 운영해야 하는 새로운 시대가 도래하였다.

(3) 법의 이념과 분쟁해결

법은 재판규범이고 분쟁해결은 법의 고유한 기능의 하나이다. 대륙법계에서는 법률이 법의 주된 연원을 형성하고 입법부와 사법부의 역할 분담이 비교적 명확하다. 의회는 입법을 통해 법적 안정성을 제공하고 법원은 판결을 통해 구체적 타당성을 기한다.[25)]

25) "법은 원칙적으로 불특정 다수인에 대하여 동일한 구속력을 갖는 사회의 보편타당한 규범이므로 이를 해석함에 있어서는 법의 표준적 의미를 밝혀 객관적 타당성이 있도록 하여야 하고, 가급적 모든 사람이 수긍할 수 있는 일관성을 유지함으로써 법적 안정성이 손상되지 않도록 하여야 한다. 그리고 실정법이란 보편적이고 전형적인 사안을 염두에 두고 규정되기 마련이므로 사회현실에서 일어나는 다양한 사안에서 그 법을 적용함에 있어서는 구체적 사안에 맞는 가장 타당한 해결이 될 수 있도록, 즉 구체적 타당성을 가지도록 해석할 것도 또한 요구된다. 요컨대, 법해석의 목표는 어디까지나 법적 안정성을 저해하지 않는 범위 내에서 구체적 타당성을 찾는 데에 두어야 할 것이다. 그리고 그 과정에서 가능한 한 법률에 사용된 문언의 통상적인 의미에 충실하게 해석하는 것을 원칙으로 하고, 나아가 법률의 입법 취지와 목적, 그 제・개정 연혁, 법질서 전체와의 조화, 다른 법령과의 관계 등을 고려하는 체계적・논리적 해

의회는 사회구성원이 준수해야 하는 사항을 법률로 제정함으로써 예측가능성을 제공하여 사회를 안정적으로 유지하고 개인 간에 발생하는 법률분쟁은 법에 대한 최종유권해석 권한을 가진 법원이 구체적인 사건을 검토하고 판결을 통해 구체적 정의를 도모한다. 그러니까 의회의 입법을 통해 분쟁의 발생을 사전에 방지하고 발생한 분쟁은 법원의 판결을 통해 사후적으로 구제한다.

분쟁해결이 법의 이념으로 다루어지는지에 관계없이 우리는 분쟁해결이 법의 기본적이고 고유한 역할이라는 점을 잊지 않아야 한다.

3. 법이념의 상호관계

법의 이념은 상호긴장 관계에 있다.[26] 동시에 상호보완 관계이기도 하다. 땜질 처방 또는 졸속입법도 그 목적이나 동기는 정의의 실현에 있다고 할 수 있다. 그러나 잦은 땜질식 법률개정이나 후속 개정을 초래하는 졸속입법은 법적 안정성을 해치고 나아가 원래의 입법목적마저 훼손할 수 있다. 다른 한편으로 법적 안정성만을 내세우는 경우 과거 권위주의체제에서 정의가 유린당하고 심각하게 파괴되는 상황을 우리는 이미 경험했다.

정의가 결여된 법적 안정성이나 법적 안정성이 결여된 정의가 제 역할을 할 수 없다는 건 너무나 자명하다. 정의와 법적 안정성은 법

석방법을 추가적으로 동원함으로써, 앞서 본 법해석의 요청에 부응하는 타당한 해석이 되도록 하여야 할 것이다.
한편, 법률의 문언 자체가 비교적 명확한 개념으로 구성되어 있다면 원칙적으로 더 이상 다른 해석방법은 활용할 필요가 없거나 제한될 수밖에 없고, 어떠한 법률의 규정에서 사용된 용어에 관하여 그 법률 및 규정의 입법 취지와 목적을 중시하여 문언의 통상적 의미와 다르게 해석하려 하더라도 당해 법률 내의 다른 규정들 및 다른 법률과의 체계적 관련성 내지 전체 법체계와의 조화를 무시할 수 없으므로, 거기에는 일정한 한계가 있을 수밖에 없다." 대법 2009. 4. 23. 선고 2006다81035 판결.

26) 김원주・이철주, pp. 29~30.

이 추구하는 두 개의 법이념이지만 상호긴장 관계에 있기 때문에 충돌할 수 있고, 따라서 법이념의 조화로운 운영이 무엇보다 중요하다. 그러나 모든 사안에 동등한 수준으로 개개의 법이념이 반영되어야 하는 것은 아니다. 어떤 사안은 정의에 더 큰 비중을 둘 수 있고, 다른 어떤 사안은 법적 안정성에 더 큰 비중을 두어야 하는 경우가 있다. 법이념의 조화가 쉬운 일은 아니지만 할 수 있고 또 해야 하는 작업이다.

다른 한편으로 법이념은 상호보완 관계에 있다. 정의는 법적 안정성이 뒷받침될 때 비로소 제 역할을 다할 수 있고, 법적 안정성은 정의를 위한 것이어야 그 가치를 인정받을 수 있다. 힘 없는 정의와 힘 있는 부정의 중에 나을 건 없다. 그렇다면 힘 있는 정의와 힘 없는 부정의는 어떠한가? 힘 있는 정의, 우리의 선택은 자명하다. 선진국을 지향하는 민주주의사회에서 정의와 법적 안정성은 더 이상 선택의 문제가 아니다. 권위주의체제처럼 법적 안정성으로 족하거나 전환기의 사회처럼 법적 안정성을 소홀히 할 수 없다. 요컨대 정의와 법적 안정성의 조화로운 추구만이 우리 사회가 나아갈 길이다. 바로 이런 관점에서 민주화를 이룬 우리는 법적 안정성의 역할과 중요성을 재고할 필요가 있다.

제3장 법의 연원

법의 연원(法의 淵源/sources of law)이란 무엇인가? 여기서 법은 실정법을 의미하고 연원이란 법의 성립형식(존재형식) 또는 제정방식을 말한다. 따라서 법의 연원 또는 법원이란 (실정)법으로 인정되는 법의 성립형식 또는 제정방식을 말한다. 연원의 이러한 정의는 형식적 의미의 연원(formal sources of law)에 해당한다. 이 장에서 연원은 형식적 의미의 연원으로 사용되었다.

형식적 의미의 연원은 실질적 의미의 연원과 대비된다. 형식적 의미의 연원에서는 내용과 관계없이 일정한 형식을 구비해야 법으로 인정되는 반면에, 실질적 의미의 연원(material sources of law)에서는 형식이 아니라 내용으로 법의 연원 여부가 결정된다. 가령 법원의 판결을 예로 들어 보자. 영미법계의 경우에는 판례법이 (형식적 의미의) 법의 연원이다. 판례법은 법원의 일련의 판결을 통해 확립된다. 반면에 대륙법계에 속하는 우리나라는 판례법이 형식적 의미의 연원이 아니기 때문에 판례법 대신 판례라는 용어를 사용한다. 판례법처럼 판례도 법원의 판결을 통해 확립된 사법해석이라는 점은 다르지 않다. 형식적 의미의 연원은 아니지만 판례 또는 법원의 판결도 대륙법계에서 실질적 의미의 연원은 될 수 있다.

법의 연원은 성문법의 연원과 불문법의 연원으로 나눌 수 있는데, 성문법은 문자로 이루어진 법이라는 의미이고 불문법은 그렇지 않은 법을 말한다. 따라서 성문법의 경우에는 법의 해석과 적용이 중요한 데 반해 불문법은 입증이 관건이다.

법의 연원은 또한 법의 계통과 연결된다. 역사적으로 제2차 세계대전 이후 동서냉전체제(1947~1991)가 종식될 때까지 국제사회를 세 개의 블록으로 나누어 설명하기도 했다. 그중에서 제1세계는 미국을 중심으로 한 서구 자본주의국가로 그들의 정치체제는 민주주의이고 경제체제는 시장경제였으며, 제2세계는 소련(1922~1991)을 중심으로 한 동구 사회주의국가로 정치체제는 사회주의이고 경제체제는 계획경제였다. 제3세계는 1960년대 이후 국제사회에 대거 등장한 아시아와 아프리카의 신생독립국으로 과거 식민 지배를 받은 역사적 경험과 경제적으로 낙후되었다는 공통점을 가졌다.

오늘날 대표적인 법의 계통, 즉 법계로는 대륙법계와 영미법계를 들 수 있는데, 양자 모두 제1세계에 속하는 서구 자본주의국가의 법계에 속한다. 대륙법계의 주된 법의 연원은 성문법이고 영미법계는 불문법이어서 양자를 묶어 대륙법계의 성문법주의국가와 영미법계의 불문법주의국가라고도 한다. 우리나라는 대륙법계의 성문법주의국가에 속한다. 대륙법계와 영미법계는 여러 가지 면에서 대비되는데, 그 차이점이 무엇인지 검토해 본다.

1. 성문법의 연원

성문법의 연원으로는 헌법, 법률, 명령 또는 규칙, 자치법규(조례 또는 규칙)가 있다. 각각의 연원마다 제정권자가 다르고 법적 지위도 다르다. 헌법이 최상위의 연원이고 헌법-법률-명령/규칙-자치법규(조례-규칙)의 순으로 법적 지위가 인정된다. 상위법은 하위법의 법적 근거인 동시에 한계로 작용한다. 동위의 연원 간에는 신법이 구법보다 우선하는 신법우선의 원칙과 특별법이 일반법보다 우선하는 특별법우선의 원칙이 적용된다.[1)]

1) 신일반법은 구특별법을 개폐하지 못한다. 특별법이 일반법에 우선하기 때문에 신일반법이 시행되더라도 구특별법의 효력에는 영향을 주지 않기 때문이라고 한다. 정영

헌법은 하위법에 대한 상위법의 우위와 통일적 적용을 보장하기 위해 위헌법률심사제도와 위헌위법명령규칙처분심사제도를 규정하였다. 법률의 위헌 여부가 재판의 전제가 된 경우에 법원 또는 당사자의 제청으로 헌법재판소가 위헌심판을 한다. 반면에 명령, 규칙, 처분의 헌법 또는 법률 위반 여부가 재판의 전제가 된 경우에는 법원이 심사하며 최고법원인 대법원이 최종적인 심사권을 가진다.

(1) 헌법

헌법은 기본권과 통치구조를 다루는 국가의 최고법규범이다. 민주주의 국가에서 헌법의 제정권력 또는 개정권력의 주체는 주권자로서의 국민이지만, 실제로 헌법이 제정되거나 개정되는 방법은 나라마다 다르다. 우리나라의 헌법은 1948년 5월 10일 총선거를 통해 선출된 임기 2년의 국회의원들로 구성된 초대 국회에서 제정되었고, 1948년 7월 17일 국회의장의 공포를 통해 같은 날 발효하였다. 헌법의 제정이 초대 국회에서 이루어졌기 때문에 이를 제헌국회, 그리고 초대 국회의원을 제헌의원이라고도 한다. 헌법의 개정절차는 헌법 제128조부터 제130조에 규정되어 있으며, 지금까지 모두 아홉 차례에 걸쳐 개정되었다.

오늘날 대부분의 국가는 성문헌법국가에 속하며 성문헌법이 없는 영국이나 뉴질랜드 같은 일부 국가가[2] 불문헌법국가에 속한다. 성문헌법의 유무는 성문법체계에 영향을 주는데, 성문헌법이 없는 영국의 경우 법률이 최고법의 지위를 가지며 위헌법률심사제도도 존재하지 않기 때문에 법률의 개정 또는 폐지, 즉 법률의 개폐는 의회

석, p. 74; 김원주·이철주, p. 39. 그러면 특별법과 특별법 간에는 어느 것이 우선하는가? 어폐가 있는 질문인데, 일반법과 특별법의 구분은 상대적이기 때문에 양자의 관계에서 어느 것이 특별법의 지위를 가지는지를 판단해서 특별법우선의 원칙을 적용할 수 있다.

2) 허영, p. 36.

만이 가능하다. 따라서 영국의 의회는 이런 점에서 다른 나라의 의회보다 상대적으로 우위에 있다고 할 수 있다.

(2) 법률

성문법의 대표적 연원인 법률의 제정권자는 의회이다. 헌법 제40조도 "입법권은 국회에 속한다."고 하여 입법권이 국회의 고유한 권한임을 확인하고 있다. 입법권을 넓은 의미로 이해할 때는 법률의 지위를 갖는 대통령의 긴급재정경제명령 및 긴급명령이나 법률보다 하위인 대통령, 국무총리, 각 부 장관의 법규명령 또는 국내법과 같은 효력을 가지는 조약도 포함된다고 할 수 있으나, 국회의 입법권은 위와 같은 법규범 중에서 형식적 의미의 법률을 제정할 권한을 의미하는 것으로 해석된다.[3] 헌법과 달리 법률의 제정절차와 개정절차는 동일하다.

국회도 행정기관의 명령과 동등한 지위를 갖는 규칙제정권이 있지만, 이는 헌법 제64조에 별도로 규정되어 있다. 헌법 제64조 제1항은 "국회는 법률에 저촉되지 아니하는 범위 안에서 의사와 내부규율에 관한 규칙을 제정할 수 있다."고 하여 상위법인 법률에 저촉되지 않아야 한다는 점을 분명히 하였다.

(3) 명령 또는 규칙

명령은 행정기관이 제정한 법이고 규칙은 다른 국가기관이 제정한 법인데 양자는 동등한 지위를 가진다. 헌법은 국회, 대법원, 헌법재판소, 중앙선거관리위원회가 법률과 저촉하지 않는 범위 내에서 규칙을 제정할 수 있다고 규정하였다.[4]

명령은 제정 주체에 따라 대통령령, 총리령, 부령으로 나누고,[5]

---

3) 전광석, p. 626.

4) 헌법 제64조 제1항, 제108조, 제113조 제2항, 제114조 제6항.

5) 헌법 제75조와 제95조. 행정법의 경우 보통 해당 법률과 함께 시행령과 시행규칙이

대외적 구속력의 유무에 따라 법규명령과 행정규칙으로 나눈다. 법규명령은 대외적 구속력이 있으며 그 성격에 따라 위임명령과 집행명령으로 구분된다. 위임명령은 상위 법령에 근거하여 제정되며 위임된 범위 내에서 새로운 입법사항을 정할 수 있는 반면에, 집행명령은 법률을 집행하기 위하여 필요한 경우에 제정되며, 법률의 수권 없이도 가능하나 위임명령과 달리 새로운 입법사항을 정할 수는 없다.[6)]

행정규칙 또는 행정명령은 행정조직의 내부질서를 유지하기 위해 제정되는 것으로 그 내용이 상위법에 저촉되지 않는 이상 상위법의 수권 없이도 제정될 수 있으며, 국민과는 직접적인 관계가 없어 대외적 구속력이 없고 원칙적으로 사법심사(司法審査/judicial review)의 대상이 아니다.[7)]

(4) 자치법규

자치법규에는 지방의회가 제정하는 조례와 지방자치단체의 장이 제정하는 규칙이[8)] 있다. 헌법 제117조 제1항은 "지방자치단체는 … 법령의 범위 안에서 자치에 관한 규정을 제정할 수 있다."고 하여 법령, 즉 법률과 명령의 범위 안에서 자치법규를 제정하도록 규정하였고, 따라서 법률뿐만 아니라 명령도 자치법규의 상위법임을 확인할 수 있다. 특히, 조례는 규칙보다 상위이고 기초자치단체의 자치

제정된다. 예를 들어 건축법의 경우 국회가 제정한 법률인 건축법을 토대로 (행)정부는 건축법 시행령과 건축법 시행규칙을 만드는데, 시행령은 대통령령으로 그리고 시행규칙은 주무부처인 국토교통부의 장인 국토교통부 장관의 부령으로 제정된다.

6) 김원주·이철주, p. 43; 김남철, 『행정법 강론』, 제10판 (서울: 박영사, 2024), pp. 296~313 참조.

7) 김원주·이철주, p. 43; 김남철, *supra* note 6, p. 321 참조.

8) 지방자치단체의 장이 제정하는 규칙은 명령과 동등한 지위를 갖는 국회 등의 규칙 또는 행정법 분야에서 흔히 볼 수 있는 시행규칙과 전혀 다른 법의 연원이지만 한자까지 똑같다. 하나의 단어를 둘 이상의 의미로 사용하는 것은 특이한 일이 아니지만, 각 경우에 규칙이라는 용어가 어떤 의미로 사용되는지 주의할 필요가 있다.

법규보다 광역자치단체의 자치법규가 우선한다.[9]

2. 불문법의 연원

불문법의 연원으로는 관습법, 판례법, 조리가 있다. 관습법과 조리는 문자로 이루어지지 않았기 때문에 불문법의 연원이라는 점을 우리가 쉽게 이해할 수 있고 이는 판례법도 다르지 않다. 얼핏 보면 판례법은 판결에 기초하고 판결은 문자로 이루어진 문서이니 판례법도 성문법의 연원이 아니냐고 생각할 수 있지만, 판례법은 일련의 판결을 통해 확립된, 즉 판결문에 담겨 있고 판결문에 나타나는 사법해석이지, 판결문 그 자체가 아니기 때문에 판례법도 불문법의 연원이긴 마찬가지이다.

판례법은 판결 또는 판결문과 구분된다. 우리가 쉽게 상상할 수 있는 것처럼 판결 또는 판결문에는 특정 사건과 사건 당사자의 구체적 사실관계와 이에 대한 법원의 판단이 모두 담겨 있지만, 판례법은 판결문 그 자체가 아니라 (판결문에 나타난) 그 사건의 법적 쟁점에 법원이 적용한 법리로 이루어지기 때문이다.

(1) 관습법

관습법은 관행에 법적 확신이 부여되어 성립한다. 관습법의 객관적 요건이라고 할 수 있는 관행은 동종의 행위가 반복되어 성립하며 동일성과 계속성을 구비해야 한다. 즉 동일성을 지닌 것으로 볼 수 있는 행위가 시간의 경과에도 계속되어야 한다. 법적 확신(法的 確信/*opinio juris*)은 관습법의 주관적 또는 심리적 요건이다. 관행을 따르는 이유가 상대방의 존중 또는 편의 때문이 아니라, 관행의 준수가 법적 의무라고 생각하거나 준수하지 않는 경우 처벌을 받거나 법적

9) 지방자치법 제29조와 제30조.

책임이 발생한다고 믿기 때문에 관행을 준수할 때 우리는 관행에 법적 확신이 부여되었다고 한다. 관습법은 법적 확신이 결여된 관습이나 예양(禮讓/comity)과 구분된다.

관습법의 성립요건에 대해서는 관행설, 법적 확신설, 국가승인설이 있는데,[10] 관행과 법적 확신을 성립요건으로 주장하는 법적 확신설이 통설이다. 흥미로운 것은 국가승인설인데, 이 학설은 관습법이 성립하기 위해서는 국가의 승인이라는 세 번째 요건이 필요하다고 주장한다. 여기서 우리가 한 가지 생각해 볼 것은 관행이 확립되고 법적 확신이 부여되어 새로운 관습법이 성립했다 하더라도 그 누가 단정적으로 이것을 관습법이라고 말할 수 있겠는지 그리고 관습법으로 인정받을 수 있는가 하는 점이다.

반면에 새로운 관습법을 의회가 법률로 명문화하거나 법원의 판결에서 인정하는 경우 새로운 관습법의 존재는 명확해진다. 요컨대 국가의 승인이 관습법의 성립요건은 아니라 하더라도 실제에서 관습법의 존재는 의회의 법률이나 법원의 판결을 통해 명확해진다. 그러나 법률로 규정되거나 판결로 확인되면 관습법에 법률이나 판례법의 지위가 부여되기 때문에 관습법만의 규범성이 독자적으로 문제가 될 여지는 많지 않다.

민법 제1조는 "민사에 관하여 법률에 규정이 없으면 관습법에 의하고 관습법이 없으면 조리에 의한다."고 하여 관습법을 (또 하나의 불문법의 연원인) 조리보다 상위의 연원으로 규정하였고, 상법 제1조는 상법에 "규정이 없으면 상관습법에 의하고 상관습법이 없으면 민법의 규정에 의한다."고 하여 상관습법이 일반법인 민법보다 우선한다고 규정하였다. 관습법의 예로는 종중(宗中), 사실혼, 분묘기지권 등이 있다.[11]

---

10) 김원주 · 이철주, pp. 46~48; 홍성찬, p. 43, n. 1.

11) 김준호, pp. 7~9. 종중의 법적 성격은 권리능력 없는 사단이지만 판례는 관습법에 의해 규율되는 것으로 본다. *Ibid.*, p. 9.

판례를 통해 관습법을 비롯한 불문법의 연원을 다룬 실제 사례를 살펴보자. 한 사건에서 갑(원고/상고인)은 종중을 상대로 종원(종중 회원)의 지위 확인을 구하는 소송을 제기하였다. 당시 종중규약 제3조는 후손들이 성년이 되면 회원의 자격을 가진다고만 규정하여 그 자격을 남성으로 제한하고 있지 않으므로 여성도 종원이 될 수 있다고 주장하였다. 이에 대해 전원합의체로 구성된 대법원은 상고인의 청구를 인용하여 여성도 종원이 될 수 있다고 판결하면서 사건을 원심법원에 (파기)환송하였다.[12]

이 사건에서 대법원은 종중의 회원자격을 남성으로 제한하는 (기존의) 관습법은 개인의 존엄과 양성의 평등에 기초한 우리의 전체 법질서에 부합하지 않기 때문에 더 이상 효력이 없다고 판시하였고, 적용할 수 있는 법적 기준이 존재하지 하는 상황에서 종중의 회원자격은 민법 제1조에 따라 조리에 의해 판단할 수밖에 없으며, 결론적으로 종원은 성별의 구별 없이 성년이 되면 당연히 그 구성원이 된다고 보는 것이 조리에 합당하다고 판시하였다.

이 사건에서 대법원이 법적 근거로 조리를 원용한 것은 흥미롭다. 관습법이 (조리에 의해 무효가 된 것이 아니라) 효력을 상실하여 법의 흠결이 발생했기 때문에 조리를 적용하게 되었다는 논리이다. 개인의 존엄과 양성의 평등을 보장하는 상위법이 남성으로 종원의 자격을 제한하는 관습법을 무효로 하는 근거로는 인정되지만 (보다 적극적으로) 종원 자격의 법적 근거가 될 수 없는 이유는 무엇인가? 기존 관습법의 효력이 상실되었다면 종중규약을 그대로 적용하면 되는 것은 아닌가? 이때 남녀 모두에게 종원 자격을 부여하기 위해 조리와 같은 추가적인 법적 근거가 필요한가? 어쨌든 이 사건에서 법의 흠결이 발생하는 경우에 최후의 수단으로 적용될 수 있는 법의 연원이 조리임을 확인할 수 있다.

---

12) 대법 2005. 7. 21. 선고 2002다1178 전원합의체 판결.

대법원이 이 사건을 전원합의체로 재판한 이유는 종전에 대법원에서 판시한 헌법, 법률, 명령 또는 규칙의 해석 적용에 관한 의견을, 즉 판례를 변경할 필요가 있다고 인정했기 때문이며, 실제로 종원의 자격을 남녀 모두에게 인정하는 새로운 판례를 확립하였다. 상소에는 항소와 상고가 있다. 항소는 1심 판결에 대한 상소이고 상고는 2심 판결에 대한 상소이다. 파기환송이란 상고심에서 상고가 이유 있다고 판단하여 원심의 판결을 취소하면서 원심법원에서 재판하도록 사건을 다시 돌려보내는 것을 말한다.[13] 반면에 파기자판은 원심법원의 판결을 취소하면서 상급심법원이 직접 판결하는 것을 말한다.[14]

(2) 판례법

대륙법계에서 법을 배우는 학생들은 관습법을 불문법의 대표적인 연원으로 오해하기 쉽다. 그러나 불문법의 대표적인 연원은 판례법이지 관습법이 아니다. 영미법계의 법의 역사는 영국법에서 비롯되는데, 영국법의 역사는 1066년에 전환점을 맞이한다. 프랑스 노르망디공국의 영주, 즉 바이킹의 후손으로 프랑스의 귀족이었던 정복왕 윌리엄(William, the Conqueror)이 영국의 왕이 되었다. 우리가 'common law'라고 부르는 영국법의 역사가 시작된 것도 바로 이때부터이다.

'common law'는 지역관습법(local customs)에 대비되는 용어로 사용되었는데, 그 뜻은 영국 전역에 공통으로 적용되는 법(the law common to all England)이라는 의미이다.[15] 그러니까 이전에는 영국 전역에 동일하게 적용되는 법이 없이 지역마다 상이한 관습법이 적용되었는데, 1066년에 비로소 전 지역에 동일하게 적용하는 법과 그 법을 적용하는 법원(common law court)이 만들어지게 되었다.

---

13) 민사소송법 제436조.
14) 민사소송법 제437조.
15) David and Brierley, pp. 312~313.

오늘날 'common law'는 보통 세 가지 의미로 사용되는데, 하나는 입법기관이 만든 성문법인 제정법(statute)에 대비되는 의미(judge-made law)로 사용되고, 둘은 대륙법계(civil law legal system)에 대비되는 의미(common law legal system)로 그리고 마지막은 형평(equity) 또는 형평법(law of equity)에 대비되는 의미로 사용된다. 그러니까 우리말로 옮기면 불문법, 영미법(계), 판례법이라고 할 수 있다.[16]

오늘날 영국에는 풍부한 판례법이 존재하지만 1066년 당시에는 어땠을까? 판례법은 일련의 판결을 통해 확립된다. 물론 단일한 하나의 판결로도 판례법이 성립할 수는 있다. 어느 경우든 선례가 존재해야 하는데, 이제 막 시작한 법원에 선례가 존재할 리 만무하다. 그러나 법원에 사건이 제기되면 적용할 선례 또는 판례법이 존재하지 않는다고 재판을 거부할 수는 없다. 이런 경우 판사들은 어떻게 재판했을까?

판사들은 이전의 재판준칙이었던 지역관습법을 고려하였고 자신의 이성적 판단에 기초하여 판결하였다. 그러나 판사가 자신의 판단에 따른 판결이었다고 밝히는 순간 그 판결은 판사의 주관이 개입된 불공정한 재판으로 비칠 수 있다. 이런 상황의 발생을 방지하기 위해 판사들이 상투적으로 원용한 것이 바로 일반관습법(general customs 또는 general immemorial custom of the realm)이다.[17]

그러니까 판사들은 자신의 이성에 기초하여 사건을 판단한 후 판결문에는 기억할 수 없는 아주 오래전부터 존재했던 일반관습법에 근거하여 재판한다고 판시하였다. 따라서 이때 재판준칙으로 원용된 일반관습법은 말하자면 의제된 것으로, 실재하는 것이 아니라 사

16) S. H. Bailey and M. J. Gunn, *Smith & Bailey on the Modern English Legal System*, 3rd ed., (London: Sweet & Maxwell, 1996), pp. 4~8; Jacqueline Martin, *The English Legal System*, 2nd ed. (London: Hodder & Stoughton, 2000), pp. 14~15.

17) David and Brierley, p. 323; Martin, *supra* note 16, p. 13.

후에 판사들에 의해 고안된 하나의 허구적인 개념이라고 할 수 있다.[18)]

판례법이 법의 연원으로 인정되려면 선례구속의 원칙(先例拘束의 原則/doctrine of *stare decisis*)을 인정해야 한다. 대륙법계 국가는 반대로 선례불구속의 원칙을 적용하고 있으므로 불문법의 연원 중에서 판례법만큼은 형식적 의미의 연원으로 인정하지 않는다.

판결의 기판력과 선례구속의 원칙은 구분된다. 기판력은 영미법계뿐만 아니라 대륙법계 법원의 판결에도 인정된다. 따라서 영미법계든 대륙법계든 법원의 판결은 당해 사건과 그 사건의 당사자에게 모두 구속력, 즉 기판력이 있다.[19)] 사실 기판력이 인정되지 않는다면 사건의 당사자가 법원에 제소할 필요가 있을까? 그러나 선례의 구속력은 영미법계에서만 인정된다. 따라서 영미법계에서는 판례법이 형식적 의미의 연원이고 법원의 판결은 동일한 사안에 대해 이후의 법원을 기속한다.

영미법계와 대륙법계는 선례구속의 원칙에 대해 정반대의 원칙을 적용한다. 그렇다면 실제의 결과도 원칙의 차이만큼 상반될까? 결론부터 말하면 그렇지는 않다. 대륙법계에서도 판례는 존중되며, 따라서 실제의 차이는 크지 않다고 할 수 있다.

우리나라의 경우를 예로 들어 보자.

대법원은 대법관 4인으로 구성된 부(部)에 의한 재판을 하는 경우를 제외하고는 (대법관 전원의 3분의 2 이상으로 구성된) 전원합의체로 재판을 한다. 따라서 전원합의체가 원칙인 것 같지만 실제에 있어 대부분의 사건은 부에서 재판한다. 그런데 전원합의체로 판결해야 하는 사건의 하나가 바로 대법원이 종전의 입장, 즉 판례를 변경하

---

18) David and Brierley, pp. 322~323, 386~388, 391~392; Michael Zander, *The Law-Making Process*, 6th ed. (Cambridge: Cambridge University Press, 2004), pp. 448~449; Martin, *supra* note 16, pp. 13~15.

19) 민사소송법 제216조와 제218조.

는 경우이다.[20] 그러니까 판례의 변경, 즉 종전의 선례 변경을 법률에 따라 전원합의체의 결정으로만 할 수 있게 하였다.

헌법재판소의 경우도 마찬가지이다. 헌법재판소는 과반수의 찬성으로 결정하는 것이 원칙이지만 헌법재판관 6인 이상의 찬성을 얻도록 요구하는 예외가 적용되는 경우가 많기 때문에[21] 실제로 과반수로 결정하는 사건은 권한쟁의심판 정도이다. 그런데 헌법재판소가 판례를 변경하는 경우에도 헌법재판관 6인 이상의 찬성을 얻도록 가중된 의결정족수를 적용하고 있다.[22]

(3) 조리

조리(條理/Natur der Sache)는 사물의 본성이나 사물의 이치[23] 또는 정의에 기초한 법의 일반원칙[24] 등으로 표현되며 판례에서 사용하는 경험칙이나 신의칙도 이와 연계된 개념이라고 할 수 있다. 정의는 정의가 어렵고 조리는 조리 있게 설명하기가 어렵다. 사실 추상적인 개념에 대해 합의된 정의가 없을 경우 그 개념을 간명하게 설명하기 어렵지만, 굳이 말한다면 조리란 이성을 통해 인식된 법원칙이라고 할 수 있다. 조리가 자연법에 기초한 개념이라고 할 수 있지만 실정법의 연원이라는 점은 주의를 요한다.

조리를 (형식적 의미의) 연원으로 인정한 데에는 현실적인 이유가 있다. 법의 흠결을 방지하기 위해서이다. 적용할 법률도 없고 판례

---

20) 법원조직법 제7조 제1항은 "종전에 대법원에서 판시(判示)한 헌법·법률·명령 또는 규칙의 해석 적용에 관한 의견을 변경할 필요가 있다고 인정하는 경우" 전원합의체로 재판하도록 규정하였다.

21) 헌법 제113조 제1항, 헌법재판소법 제23조 제2항.

22) 헌법재판소법 제23조 제2항은 "종전에 헌법재판소가 판시한 헌법 또는 법률의 해석 적용에 관한 의견을 변경하는 경우" 과반수가 아니라 헌법재판관 6인 이상의 찬성이 있어야 한다고 규정하였다.

23) 정영석, p. 49; 최종고, pp. 84~85.

24) 홍성찬, pp. 48~49.

법도 존재하지 않는 사건이 법원에 제기되는 경우, 형사사건은 죄형법정주의의 원칙에 따라 무죄로 판결이 나겠지만 민사사건의 경우에는 적용할 법이 없다고 법원이 재판을 거부할 수는 없다. 따라서 이런 경우에 적용할 재판준칙이 필요하게 되는데, 조리가 당해 사건에 적용할 수 있는 최후의 연원으로 기능한다. 이를 다른 관점에서 보면 적용할 재판준칙이 없는 경우, 판사는 자신의 양심과 이성에 따라 재판하겠지만 그 판결은 판사의 주관이 개입된 부적절한 판결로 비난받을 수 있다. 반면에 동일한 상황에서 판사가 조리를 동 사건의 재판준칙 또는 법의 연원으로 제시하는 경우 판결의 공정성과 객관성에 대한 논란을 방지할 수 있다.

법의 연원으로서 조리가 지닌 문제점은 주관이 개입된다는 점이다. 실제에서 적용되는 조리는 당해 사건의 판사가 생각하는 조리이다. 이 과정에서 판사의 주관이 개입될 수 있고, 따라서 법의 다른 연원과 달리 객관성이 결여될 수 있다. 입법기관이 법적 절차에 따라 제정하는 성문법만이 아니라 관습법이나 판례법은 어느 정도의 객관성을 지닌다. 관습법도 동일성과 계속성을 지닌 관행이 확립되고 법적 확신이 부여되어야 하며, 판례법도 이전의 선례를 적용하는 데 반해, 조리는 전적으로 당해 사건의 판사가 적용할 조리의 내용을 판단한다.

역사적으로 보면 조리를 법의 연원으로 인정할지에 대해 자연법론자와 실정법론자의 대립이 있었다. 자연법론자는 자연법에 기초한 조리를 법의 연원으로 인정하는 데 아무런 문제가 없었지만, 실정법론자는 판사의 주관이 개입될 수 있는 조리를 법의 연원으로 인정하는 데 부정적이었다. 그럼에도 불구하고 오늘날 조리가 법의 연원으로 인정된 데에는 역시 법의 흠결을 방지하기 위한 현실적인 필요성이 작용했다고 할 수 있다.

마지막으로 법의 연원으로 적용된 경우는 아니지만 경험칙 또는 조리와 관련된 일상의 예를 생각해 보자. 나에게도 경험칙이 하나 있다. 학교에서 수업하면서 성적에 대한 학생들의 반응을 보니 일관된 하나의 경험칙을 확인할 수 있었다. 그것은 학생들이 자신이 생각한 것만큼 성적이 나오지 않았을 때는 성적확인기간에 문의를 하지만, 생각한 것보다 잘 나왔을 때는 아직까지 성적을 문의하는 경우를 보지 못했다. 가령 자신은 80점 정도로 예상했는데 점수가 90점으로 나온 경우 자신이 생각한 것보다 점수가 높게 나왔으니 이를 80점으로 수정해달라고 요청하는 경우는 지금까지 없었다. 그래서 나는 학생들이 성적 문의를 하는 경우는 자신이 생각한 것보다 성적이 안 나왔을 때라는 경험칙을 갖게 되었다. 이런 개인적인 경험칙이 법과 무슨 관련이 있겠느냐고 생각하겠지만, 사실 여기에는 당사자의 이익이 행동을 결정하는 중요한 요소의 하나라는 점을 되새기게 한다.

다른 예는 인간의 달 착륙이다. 1969년 7월 20일 역사상 처음으로 인류가 달에 착륙하였다. 1969년부터 1972년까지 2인 1조의 6개 팀이 달에 착륙했고 지구로 모두 무사히 귀환했다. 그리고 그 후 50년이 넘는 지금까지 달에 착륙한 사람은 한 명도 없다. 국제사회는 인간의 달 착륙 이후 달의 탐사와 개발을 위해 소위 달 조약(Moon treaty)을 10주년이 되는 1979년에 체결하였고 이 조약은 1984년에 발효하였다. 그러나 1972년 이후 인류가 달에 간 적이 없기 때문에 이 조약이 적용될 일은 지금까지 발생하지 않았다. 그래도 (국제)법은 존재한다. 성문법이기에 가능한 일이다. 실제로 법률문제가 발생하고 일정한 기간의 경과가 요구되는 관습법이나 판례법의 경우에는 생각하기 어려운 일이다. 관습법이나 판례법이 경험적 요소가 강한 연원이라는 점을 새삼 되새기게 한다.

인류의 달 착륙에 대해서는 많은 음모이론(conspiracy theory)이 있다. 이를 둘러싼 과학적인 공방도 오랫동안 이어져 왔다. 여기서는 과학기술이 아닌 조리의 측면에서 생각해 보자. 합리적으로 의심하라. 의심이 사라질 때까지 의심하라. 인류의 과학기술 역사에서 인간이 할 수 있게 되었는데, 그리고 그것이 인류에게 유해한 것이 아니며 오히려 그 능력을 신장시키기를 원하는데 50년 넘게 후속 실험이 중단된 경우가 있었는지 묻지 않을 수 없다. 조리 또는 경험칙에 비춰본다면 오히려 인간의 달 착륙 이후에는 보다 안전하게, 보다 많은 사람과 물자를 싣고, 보다 적은 비용으로, 보다 신속하게 이동할 수 있는 기술을 개발하고 적용하려는 시도가 이루어진다고 전망하는 것이 합리적이고 일반적인 추론이 아닌가 생각해 본다.

많은 과학자가 화성에 우주기지를 만드는 이야기를 하면서 정작 그런 계획의 완성도를 높여줄 달 착륙 실험은 중단되었다. 혹시 다른 존재가 이미 (달에) 다녀간 것일까? 아니면 이를 감추기 위한 것인가? 상상의 나래는 끝이 없다. 물론 인류가 달에 갔다 왔으니 갔다 왔다고 하지 않겠나? 그러나 경험칙에 딱 들어맞지는 않는다. 그래서 개인적으로 내린 결론은 인류가 다시 한번 달에 갔다 온다면 그때는 확실하게 믿을 수 있을 것 같다. 그러니까 인류의 달 착륙은 검증되어야 하는 사실인 셈이다. 다행히 많은 나라들이 최근에 유인 우주선을 달에 보낸다고 하니 검증은 시간문제일 것 같다.[25)]

인간의 달 착륙에 대해 소위 '조리설'은 인간의 달 착륙을 긍정하는 것도, 그렇다고 부정하는 것도 아닌 일종의 절충설인 셈인데, 실제에서는 두 가지 경우 중에 어느 하나만 존재할 수 있지만 학설에서는 이처럼 (현실에서는 존재하기 어려운) 제3의 가능성이 인정될 수 있다는 점도 흥미롭다.

25) 실제로 미국은 2025년까지 인류를 달에 보내는 아르테미스 계획(Artemis program)을 진행 중이다. 원래는 2024년을 목표로 했는데 최근에 최소 1년 이상 연기하였다. Jeff Foust, "NASA delays human lunar landing to at least 2025", *SpaceNews*, 9 November 2021.

3. 대륙법계와 영미법계의 비교

법계(法系/legal system)는 기준에 따라 여러 경우로 나눌 수 있는데, 그중에서도 대륙법계(civil law legal system)와 영미법계(common law legal system)가 널리 알려진 대표적인 법계라고 할 수 있다. 대륙법계와 영미법계의 비교를 여기서 함께 다루는 이유는 양자의 중요한 차이의 하나가 법의 연원이기 때문이다.

성문법은 대륙법계의 주된 연원이고 불문법은 영미법계의 주된 연원이다. 물론 오늘날에는 영미법계에도 많은 법령이 존재한다. 또한 대륙법계와 영미법계는 서구자본주의 국가의 철학사조인 합리론(관념론) 및 경험론과 연계된다. 대륙법계는 정의의 구현이 법의 주된 목적 또는 존재이유라고 할 수 있는 반면에 영미법계는 분쟁해결 수단으로서 법의 역할에 주목하였다.

대륙법계에서 대륙은 유럽대륙을 말한다. 서구자본주의 국가 중에서 독일, 프랑스, 이탈리아, 스위스 등 유럽대륙의 국가가 여기에 속한다. 대륙법계는 로마법을 계수하였고 법전화(法典化/codification)를[26] 이루었다. 성문법의 연원 중에서도 법률이 가장 대표적인 연원이라고 할 수 있다.

법률은 일반적이고 추상적인 형식으로 제정된다. 법률을 제정하고 그 규정을 개별적이고 구체적인 사건에 적용한다. 합리론의 연역적인 접근방법과 닿아 있다. 연역적인 접근방법의 단적인 예가 삼단논법이다. 우리가 잘 알고 있는 것처럼 삼단논법은 대전제(예: 사람은 죽는다.)로 시작해서 소전제(예: 갑은 사람이다.)를 거처 (소)결론(예: 그러므로 갑은 죽는다.)에 이른다. 대륙법계의 법률은 삼단논법의 대전제처럼 작용한다.

---

26) 영미법계에서 'codification'은 불문법을 성문법으로 전환하는 성문화(成文化)의 의미로 사용한다.

영미법계는 영국법에서 비롯되었다. 이후 영국을 비롯한 유럽의 이주민들이 세운 미국, 캐나다, 호주, 뉴질랜드 등이 여기에 속한다. 불문법의 연원 중에서도 판례법이 대표적인 연원이다. 영미법계는 경험론의 귀납적인 접근방법과 연계된다.

귀납적인 접근방법은 연역적인 접근방법과 정반대로 작동한다. 갑은 죽었다. 을도 죽었다. 병도 죽었다. 갑, 을, 병은 사람이다. 그러므로 사람은 죽는다. 오감을 통해 개별적이고 구체적인 사건을 경험하고 이런 경험을 분석하여 개별적이고 구체적인 사건에 공통으로 적용된 하나의 원칙이 도출된다. 개개의 사건이 법원에 제기되면 판사들이 판결을 내리고 그런 판결을 토대로 판례법이 확립된다. 동종의 행위가 반복되면 관행이 확립되고 여기에 법적 확신이 더해져 관습법이 만들어진다. 이처럼 관습법이나 판례법도 경험에 기초하고 귀납적으로 형성된다.

영미법계에서 법률의 역할과 특징은 대륙법계와 다르다. 영미법계의 법률은 구체적이고 기술적이다. 원래 영미법계의 법률은 판례법을 수정하고 보완하는 역할을 한다.[27] 오늘날 영미법계에서 차지하는 법률의 역할과 중요성을 고려한다면 지금 언급한 법률의 역할과 특징은 영미법계의 법률에 고유한 전통적인 특징과 역할이라고 하겠다.

백문이 불여일견. 아무래도 우리에게는 생소하니 사례를 보는 게 낫겠다. 미국의 국가행위이론(國家行爲理論/act of state doctrine)을 둘러싼 법원과 의회의 공방을 살펴보자. 국가행위이론은 미국을 비롯한 영미법계의 국가에서 인정되어 온 헌법 관행의 하나이다. 미국의 법

27) 대법원은 더 이상 선례구속의 원칙이 적용되지 않는다는 1966년 선언이 있기 전까지 영국에서는 최고법원인 대법원조차 선례구속의 원칙이 적용되었었다. 그러나 선례를 파기하는 경우가 흔하지는 않다. Elliott and Quinn, pp. 8~9; Richard Ward, *Walker and Walker's English Legal System*, 8th ed. (London, Edinburgh, Dublin: Butterworths, 1998), p. 74.

원은 외국 정부가 자국 내에서 행한 행위에 대해서는 재판을 하지 않으며 결과적으로 그런 행위의 효력이 미국 내에서 인정될 수 있다. 일종의 사법자제설(司法自制說/judicial restraint)이라고 할 수 있는데, 국가행위이론이 적용되는 경우 법원은 본안 심리에 들어가지 않고 사건을 각하(却下)하게 된다.

국가행위이론의 법적 근거는 헌법의 기본원리의 하나인 권력분립의 원칙이다. 행정부가 나서서 외교적 방법을 동원해 포괄적으로 해결해야 할 사안을 사법부인 법원이 개별적으로 제기된 개개의 사건에 법적 잣대를 들이대 단편적으로 해결하는 방법은 적절하지 않다고 보았다. 권력분립의 원칙을 법적 근거로 제시한 판례가 *Sabbatino* 사건인데,[28] 의회와 법원의 공방이 이 판결 이후에 전개되었다.

Sabbatino 사건은 쿠바의 사탕수수에 대한 미국의 쿼터 축소의 보복조치로 쿠바에 소재하는 미국인의 재산을 국유화한 쿠바 정부의 조치에서 비롯되었다. 수용 또는 국유화는 국제법상 공공의 필요성이 인정되고 비차별적으로 이루어져야 하며 특정 국가의 국민만을 대상으로 행하지 않아야 한다. 국유화 조치로 회사 갑은 쿠바의 국영회사 을이 되었고, 갑과 이전부터 거래하던 미국의 중개회사 병은 을과 다시 새로운 계약을 체결하여 갑의 설탕을 수입하여 판매하였다. 그런데 병은 설탕의 판매로부터 얻은 수익금을 을이 아니라 보상(indemnification)의 약속을 해준 갑에게 전하였다. 이에 쿠바국립은행은 갑의 임시관재인인 Sabbatino를 상대로 (선하증권의 소유권을 침해한 것에 대해 그리고) 수익금의 처분을 금지하는 소송을 법원에 제기하였다. 갑은 쿠바의 국유화 조치가 국제법 위반으로 무효이며, 설탕에 대한 정당한 소유권이 여전히 자신에게 있다고 주장하였다.

미국 대법원은 권력분립의 원칙을 근거로 국가행위이론을 적용

28) Supreme Court of the United States, *Banco Nacional de Cuba v. Sabbatino*, 376 U.S. 398 (1964).

하여 이 사건을 (파기하여) 환송하였다. 이 판결은 여론을 자극하였고, 의회는 국가행위이론이 적용되지 않는 예외를 규정하는 소위 'Second Hickenlooper Amendment'로 불리는 법률을 제정하였다.

이 법률의 규정은 다음과 같다.

> "법률의 다른 규정에도 불구하고 미국의 법원은 이 관(this subsection)에서 정해진 배상과 그 밖의 기준에 대한 원칙을 포함하여 국제법원칙을 위반하는 국가의 행위로 1959년 1월 1일 이후의 몰수나 그 밖의 수용에 근거하여 (또는 비롯된) 외국(또는 이러한 국가를 통해 주장하는 당사자)을 포함한 당사자가 재산(property)에 대한 소유권이나 그 밖의 권리를 주장하는 사건에서 연방의 국가행위이론을 이유로 국제법의 원칙에 효력을 부여하는 본안에 대한 판단을 거부하지 않는다. 다만 1) 외국의 행위가 국제법이나 또는 몰수나 그 밖의 수용 이전에 신의성실하게 발행된 기간이 최소 180일 이상인 취소할 수 없는 신용장에 따라 취득한 재산에 대한 소유권이나 그 밖의 권리에 대한 주장에 반하지 않는 경우, 또는 2) 대통령이 미국의 외교정책적 이해관계로 특정한 사건에서 국가행위이론의 적용이 요구된다고 결정하고 이러한 취지의 제안이 대통령을 대신하여 해당 사건의 법원에 제출된 경우에는 그러하지 아니하다."[29]

---

29) "Notwithstanding any other provision of law, no court in the United States shall decline on the ground of the federal act of state doctrine to make a determination on the merits giving effect to the principles of international law in a case in which a claim of title or other rights to property is asserted by any party including a foreign state (or a party claiming through such state) based upon (or traced through) a confiscation or other taking after January 1, 1959, by an act of that state in violation of the principles of international law, including the principles of compensation and the other standards set out in this subsection: Provided, That this subparagraph shall not be applicable (1) in any case in which an act of a foreign state is not contrary to international law or with respect to a claim of title or other right to property acquired pursuant to an irrevocable letter of credit of not more than 180 days

이 규정은 보상 등에 관한 국제법 원칙을 위반하여 1959년 1월 1일 이후에 취해진 몰수(수용)에 대해 법원은 국가행위이론을 적용하지 않아야 한다는 내용이다. 법률은 판례법에 우선한다. 대법원의 판결에 대해 비판적인 여론이 들끓었고 국민의 대의기관인 의회가 이런 여론을 반영하는 입법을 통해 판례법을 수정하고 보완하였다. 법률의 내용이 구체적이고 기술적이다. 판결의 적용범위를 제한하는 입법이니 어찌 보면 당연한 일이다. 판결이 있고, 이후에 이를 수정하고 보완하는 법률이 제정되었다. 법률이 제정되고 이후에 법원의 해석을 통해 법률이 적용되는 대륙법계의 경우와는 상황이 다르다. 물론 오늘날에는 영미법계에서도 성문법인 법령 또는 제정법의 역할이 중요해졌고, 이 경우에 법원의 역할 또는 의회와 법원의 관계는 대륙법계와 유사하다.

그러나 미국의 법원은 의회의 입법에 순응하지 않았다.[30] 의회의 법률은 판례법을 수정하였지만, 이런 법률을 해석하고 적용하는 권한 역시 법원이 가지기 때문이다. 이 사건에서 국유화 조치의 국제법 위반 여부에도 불구하고 법원이 국가행위이론을 적용한 이유는 법적 기준을 적용하여 단편적으로 처리하기보다는 행정부가 외교적 역량을 동원하여 근본적으로 문제를 해결하는 것이 낫다는 판단에 따른 것이기 때문에, 이런 대법원의 판결을 수정하는 의회의 입법 조치에 대해 법원은 호의적이지 않았다.

법원은 '재산에 대한 소유권 또는 그 밖의 권리'(title or other rights to property)라는 규정을 엄격하게 해석하여 청구권적 권리를 배제하

---

duration issued in good faith prior to the time of the confiscation or other taking, or (2) in any case with respect to which the President determines that application of the act of state doctrine is required in that particular case by the foreign policy interests of the United States and a suggestion to this effect is filed on his behalf in that case with the court." 22 U.S.C. 2370(e)(2).

30) "Acts of State", *Encyclopedia of Public International Law*, vol. I. 1992, pp. 17~20.

는 판결을 함으로써[31] 규정의 적용범위를 제한하였고, 그 결과 법률의 입법취지는 약화하였다. 법원의 반발은 그 영향이 제한적일 수 있지만 입법의 효력을 반감시킨다. 따라서 이런 가능성을 줄이기 위해 의회도 입법할 때 가능한 한 그 내용을 명확하게 규정하여 해석의 여지를 줄이려고 한다.

대륙법계의 법률은 사회 변화의 수단이 될 수 있다. 판례법을 수정하고 보완하는 것이 법률의 전통적 역할인 영미법계와 달리 이념적 요소의 반영이 수월하다. 의회가 입법을 하고 그 후에 법원이 법률을 적용한다. 사건이 발생해야 비로소 법이 형성되는 영미법계와 달리 대륙법계는 사건의 발생 가능성만으로도 법이 만들어질 수 있다. 바로 의회의 법률이다. 불문법은 이런 점이 구조적으로 가능하지 않다. 대륙법계의 법률은 연역적 적용을 통해 사회적 합의에 기초한 개혁 입법으로 사회를 개선하고 발전시킬 수 있다.

사건의 발생 가능성만으로 입법이 가능한 예로 대륙법계의 법률과 유사한 조약의 경우를 이미 앞에서 언급했다. 국제사회는 달 조약을 1979년에 체결하였지만 50년 넘게 개점 휴업상태이다. 이런 경우가 법률에서도 발생할 수 있다. 연역적으로 적용되는 대륙법계의 법률은 사회를 개선하고 발전시키기 위한 내용을 입법에 담을 수 있다. 법은 국가권력에 의한 강제력의 힘으로 법규범과 법현실의 간극을 메우면서 현실을 규범의 수준으로 끌어올릴 수 있다. 다만 법규범과 법현실의 간극이 큰 경우에는 목적을 이루지 못한 채 많은 상처와 부작용만 남길 위험성도 동시에 존재한다.

미국의 금주법이 그렇다. 빈곤과 사회 문제를 악화시키는 술의 판매를 금지해야 한다는 세계적인 금주운동(temperance movement)은 미국에서도 큰 호응을 얻었다. 미국은 헌법을 개정하여 1917년 (술의

---

31) *Libyan American Oil Co. v. Socialist People's Libyan Arab Jamahirya*, 482 F. Supp. 1175 (D.D.C. 1980); *French v. Banco Nacional de Cuba*, 242 N.E.2d 704 (N.Y. 1968); "Acts of State", *supra* note 30, p. 17.

소비는 불법이 아니지만) 술의 제조, 운송, 판매를 금지하는 수정조항 제18조(Amendment XVIII)를 도입하였다. 후속 법률이 제정되어 1920년부터 시행되었는데 술의 소비는 감소하였지만, 불법적으로 술을 판매하는 곳이 등장하였고 밀수와 불법적으로 술을 유통하는 사업이 범죄조직의 중요한 수입원이 되었다. 결국 대중의 강력한 반발에 부딪혀 미국은 수정조항 제18조를 폐지하는 수정조항 제21조(Amendment XXI)를 1933년에 채택하였고, 같은 해에 발효하였다. 미국 헌법의 27개 수정조항 중에 폐지된 조항은 수정조항 제18조가 유일하다.

대륙법계 법원은 (성문)법을 해석하고 적용한다. 의회는 입법을 통해 법적 안정성을 제공하고 법원은 그 법률을 적용하는 과정에서 구체적 타당성을 기한다. 영미법계 법원도 성문법을 해석하고 적용하는 역할을 한다. 그러나 이는 부차적인 역할이다. 영미법계 법원의 주된 역할은 역시 판례법(judge-made law)의 형성이다.

얼핏 보면 선례구속의 원칙이 적용되는 후속 사건에서 법원의 역할을 기계적인 것으로 오해할 수 있지만, 실제로 후속 법원은 선례에 생명력을 불어넣는 역할을 한다. 영미법계 법원의 판결문은 내용상 판결이유(*ratio decidendi*)와[32] 부수적 의견(*obiter dictum*)으로 나눌 수 있는데, 판결이유만이 선례로서 구속력을 가진다. 그렇다고 판결문에 판결이유와 부수적 의견이 항목으로 정해져 있는 게 아니다. 따라서 판결이유가 무엇인지는 판결문(선례)에서 읽고 찾아야 한다.

대륙법계 변호사가 성문법의 해석과 적용을 법정에서 다투는 데 반해, 영미법계 변호사는 선례의 어떤 내용이 판결이유인지에 대해 공방한다. 누가 최종적으로 판단하는가? 바로 판사이다. 이런 과정을 통해 선례는 후속 법원의 판사에 의해 재해석되고 평가되며 생명

32) 판결이유는 '*ratio decidendi*'를 직역한 것으로 선례로서 구속력을 가지는 판결문의 부분을 의미하며, 우리 판결문의 판결이유와는 다르다. 우리 판결문의 본문은 판결주문과 판결이유로 구성되어 판결이유가 판결문의 구성항목이다.

력이 더해진다. 공감을 얻는 선례는 폭넓게 원용되고 강력한 지지를 받아 생명력이 강화되는 반면에 그렇지 않은 선례는 원용에 소극적이거나 원용되더라도 제한적으로 적용되면서 생명력이 약화한다.

영미법계에서는 불문법이 주된 법의 연원이다 보니 'finding the law'와 같이 법을 찾는다는 말을 자주 한다. 말하자면 관습법도 찾고 선례를 찾아 판결문에서 판결이유(*ratio decidendi*)도 찾고 조리도 이성적 사유를 통해 찾는다. 대륙법계에서는 법을 찾지 않는다. 법은 법전에 나와 있다. 대륙법계에서는 법을 찾는 대신 법전을 읽고 해석한다.

대륙법계에서는 모든 법의 분야가 성문법으로 되어 있는 데 반해, 영미법계에서는 원래 공법과 절차법을 중심으로 성문법이 제정되었다. 또한 대륙법계는 법학 분야의 전통적인 여론주도층이 법학자인 데 반해 영미법계는 판사이다. 대륙법계의 대표적 연원인 법률을 제정하기 위해 의회가 위원회를 구성하는 경우 위원장과 위원의 다수를 저명한 학자를 중심으로 구성했었고, 영미법계는 대표적 연원인 판례법을 만드는 주체가 판사라는 점을 생각하면 이는 당연한 결과라고 할 수 있다. 다만 오늘날에는 위원회의 구성에 다양성을 추구하고 또한 영미법계에서도 성문법의 역할과 비중이 증가하는 추세여서 이런 특징은 약화하였다고 할 수 있다.

[표 3-1] 대륙법계와 영미법계의 비교

대륙법계	영미법계
합리론(관념론)	경험론
연역적인 접근방법	귀납적인 접근방법
정의	분쟁해결
성문법(법률)	불문법(판례법)
• 법률: 주된 법의 연원 • 법률의 내용은 일반적·추상적 • 사회의 변화 수단 (이념적 요소의 반영이 수월, cf. 미국의 금주법) • 의회는 입법을 통해 법적 안정성을 제공하고 법원은 사건의 판결을 통해 구체적 타당성 추구	• 법률: 판례법의 수정 또는 보완 • 법률의 내용은 구체적·기술적 • 법률은 매우 구체적이고 상세하여 법원의 해석 여지를 가능한 한 제거 • 법률은 법원의 해석, 즉 판결을 통해 비로소 법률의 의미가 확정됨
• 법원: 성문법의 해석과 적용	• 판례법의 형성(judge-made law) • 성문법의 해석과 적용
• 변호사: 성문법의 해석과 적용	• 불문법의 확인(finding the law) • 입증(cf. *ratio decidendi* v. *obiter dictum*)
모든 분야의 법이 성문법	공법, 절차법
법학자	판사

우리나라는 대륙법계의 성문법주의 국가에 속한다. 성문법이 주된 법의 연원이고 그중에서도 법률이 대표적인 연원이라고 할 수 있다. 판결의 기판력은 인정하지만[33] 선례불구속의 원칙을 적용하기 때문에 판례법만큼은 형식적 의미의 연원으로 인정하지 않는다. 그러나 실제에서 판례는 존중되며 판례법의 연원성을 인정하는 경우와 그 차이는 크지 않다.

대륙법계에서는 실체법과 실체적 정의에 방점이 찍히는 경향이 있는데, 현실에서는 실체법의 목적을 달성하고 실체적 정의를 구현

33) 민사소송법 제216조와 제218조.

하기 위해서라도 절차법과 절차적 정의가 중요한 역할을 할 수 있다는 점을 간과해서는 안 된다. 결론적으로 양자의 균형과 합리적인 조화가 필요한데, 여러분의 이해를 돕기 위해서 사과의 비유를 예로 들어본다.

여기 두 사람이 있고 여러분은 중재자로서 하나의 사과를 두 사람에게 공정하게 나눠 줄 책임을 맡고 있다고 가정하자. 어떻게 나누어 주는 것이 공정한가? 두 사람에게 하나의 사과를 각각 반으로 나눠줘야 한다는 데는 별다른 이견이 없을 수 있다. 문제는 그다음이다.

중재자 갑에게는 1/2이 전혀 답이 아닐 수 있다. 실제의 적용에서 여전히 해결해야 할 문제가 남아 있기 때문이다. 1/2을 부피를 기준으로 적용할 것인가 아니면 무게를 기준으로 적용할 것인가? 사과를 사료로 쓴다면 무게를 기준으로 하는 것이 적절할 수 있다. 그러나 사람의 경우에도 무게를 기준으로 하는 것이 적절한가? 아니면 (씨를 제외한) 과육의 부피를 기준으로 하는 것이 적절한가? 음료수의 원료로 사용하는 경우에는 무게를 기준으로 해도 무방하지 않은가? 아니면 사과의 가공방법, 용도, 소비자에 따라 그 기준이 달라야 하는가? 중재자 갑은 (구체적 또는 실체적인) 1/2의 보편타당한 의미를 도출하기 위해 끊임없이 사색할 수 있다.

중재자 을은 절차적인 방법을 사용하였다. 1/2의 구체적 의미를 도출하려는 대신에 제비뽑기를 통해 한 사람에게 사과를 반으로 나누게 하고 다른 사람에게는 선택권을 주었다. 다른 사람이 선택권을 가지니 자신이 1/2을 갖고 싶다면 사과를 자르는 사람은 가능한 한 1/2에 가깝게 자르려고 할 것이다. 현실적으로 정확하게 1/2로 나누는 것이 가능한가? 현실에서 정확하게 1/2로 나누는 것이 언제나 유의미한가? 절차적인 해결방법은 1/2의 구체적 의미를 도출하는가 아니면 분쟁을 만족스럽게 해결하려고 하는가? 보다 현실성 있는 비교를 위해 미국의 연방선거제도와 독일의 연동형 비례대표제를 검토해 보는 것도 한 방법일 수 있는데, 이 부분은 여러분의 몫으로

남겨두겠다.

실체적인 접근방법은 궁극적으로 공정하고 객관적인 판단의 곤란성을 수반하고 판단권자의 중요성을 부각한다. 가령 민법은 제103조에서 선량한 풍속 기타 사회질서를 위반한 행위를 무효로 한다. 무엇이 선량한 풍속 기타 사회질서를 위반하는 행위, 즉 반사회적 행위인가? 반사회적 행위에 대한 공정하고 객관적인 판단기준은 무엇인가? 누가 판단하는가? 반면에 절차적인 접근방법은 가치중립적이고 객관적인 판단이 용이하다는 장점이 있다. 실체법 또는 실체적 정의와 절차법 또는 절차적 정의의 균형과 조화가 필요하다.

제4장 법의 해석과 적용

법률분쟁은 사실문제를 다투는 경우와 법률문제를 다투는 경우로 나눌 수 있다. 사실문제는 당사자 간에 다투어지는 사실관계를 말하고, 법률문제는 당사자 간에 다투어지는 법률관계를 말한다. 민사사건의 경우 법원은 당사자의 주장을 듣고 다툼이 있는 사항에 대해[1] 증거에 기초하여 사실관계를 확정하고, 확정된 사실관계에 법률의 해석을 적용한다. 최고법원인 대법원을 법률심이라고 하는 이유는 사실문제가 아닌 법률문제를 다루기 때문이다. 반면에 하급심법원인 지방법원이나 고등법원은 사실문제와 법률문제를 모두 다루며 사실문제에 대한 판단권을 가짐으로써 최고법원이 직접 다루지 않는 자신만의 영역을 확보하여 그 나름대로 대법원과 역할을 분담한다.

사실문제는 법원이 당사자의 주장과 증거에 기초하여 판단하지만, 항상 사실관계가 명확하게 입증되는 것은 아닌데, 이런 경우 사실관계를 확정 짓기 위해 법에서 사용하는 기술적인 방법으로 입증책임, 추정, 간주(의제)가 있다. 법률문제는 적용 법률의 해석이 문제

1) 민사사건에서 당사자 간에 다툼이 없는 사항은 불요증사실로 증명을 필요로 하지 않는다. 민사소송법 제288조. 반면에 형사사건은 다툼이 없는 사실이더라도 증거에 의하지 않으면 인정할 수 없다. 즉 형사사건에서 사실의 인정은 모두 증거에 의해야 한다. 형사소송법 제307조. 이재상, pp. 477~478 참조. 불법행위뿐만 아니라 적법행위가 주된 대상인 민사법과 달리 형사법은 반사회적 행위인 범죄와 형벌을 다룬다는 점을 고려할 필요가 있다. 입증의 수준도 형사사건이 민사사건보다 높다. 형사사건에서는 피고인이 범죄를 저질렀다는데 합리적인 의심의 여지가 없어야(beyond reasonable doubt) 유죄 판결이 나는데 반해, 민사사건은 사실의 개연성(probability)을 입증하면 된다.

되는 데 법의 해석에 대한 당사자의 주장과 근거를 검토한 후 법원이 최종적으로 판단하며 최고법원인 대법원이 최종유권해석 권한을 가진다. 다른 한편으로 사법부가 이원화되어 있는 우리나라의 경우 대한민국의 최고법인 헌법에 대한 최종유권해석 권한은 헌법재판소가 행사한다.

1. 사실관계의 확정

법원에 제기된 사건에 법을 해석하여 적용하기 위해서는 우선 사실관계가 명확해야 한다. 그러나 재판과정에서 사실관계가 항상 명확하게 입증되는 것은 아니다. 이런 경우에는 사실관계를 기술적으로 정하는 경우도 있다. 입증책임, 추정, 간주가 바로 그러한 예이다.

(1) 입증책임

입증책임 또는 거증책임의 정의를 보면 소송법상의 증거 의무로서 의무자가 법원을 설득할 수 있는 증거를 제출하지 않을 때 입게 되는 소송상의 불이익이라고 되어 있다. 책임에 대해 불이익이라고 정의하니 얼핏 그 의미가 이해되지 않을 수도 있다. 입증책임의 정의에 많은 의미를 함축시키다 보니 생긴 일인데, 여기서는 양파껍질 벗기듯 하나하나 살펴보자.

우선 개인적인 경험을 하나 얘기하면 우리나라에 한때 작은 병맥주의 마개를 손으로 돌려서 열 수 있게 만든 맥주가 유행한 적이 있다. 외국 맥주를 따라서 만든 것인데, 병따개 없이도 마개를 열 수 있으니 소비자의 반응이 좋았다. 그리고 역시 외국처럼 작은 맥주 6개를 하나의 단위로 포장하여 판매하는 방식이 새롭게 선보였다. 문제는 기술력이 불완전해서 여섯 개들이 하나를 사면 이 중 한 병 정도는 병마개를 여는 과정에서 이가 깨져 맥주를 버리는 일이 적지 않았다.

그러던 어느 날 병마개를 여는 과정에서 6개 중의 3개나 이가 깨지는 일이 발생했다. 이건 그냥 지나칠 수 없다고 생각했고 물건을 구입한 대형마트에 교환을 요구하기로 결심했다. 드디어 주말에 맥주를 교환하러 가는 날, 깨진 3개의 병맥주를 6개들이 포장에 담아 차에 싣는데, 주행 중에 맥주가 쓰러질 수 있다는 생각이 문득 들었다. 그래서 일부러 맥주를 다 비우니 (맥주를 엎지르지 않고) 안전하게 가져갈 수 있었다. 그날따라 안 쓰던 잔머리도 쓰고 나름 잘했다고 흡족해하면서 매장에서 교환을 요구했는데, 날아온 답변은 교환이 어렵다는 것이었다.

6개들이 맥주의 반이나 이가 깨져서 가져간 거니 판매자의 잘못은 아니지만 제조사의 중대한 잘못이고, 따라서 사과의 표시와 함께 신속하게 교환해 줄 줄 알았는데, 현실은 그렇지 않았다. 상황을 추론해 보니 판매자는 맥주병의 이가 마개를 돌리는 과정에서 깨졌는지 아니면 맥주를 다 마신 후 소비자가 고의로 깨트린 건지 알 수 없는 일이라는 반응 같았다. 차라리 맥주를 비우지 않고 가져갔다면 내가 얻은 이익이 없으니 내 말에 좀 더 힘이 실렸을지 모르겠다.

물론 나중에는 교환해 주겠다고 담당자가 말했지만 이미 그때는 교환하려는 생각이 사라진 뒤였다. 졸지에 맥주 3병을 더 얻으려고 상대를 속이는 사람이 된 기분이었다. 아마 정밀 감정을 하면 이것이 병마개를 돌리는 과정에서 깨진 것인지 아니면 다른 물건으로 가격해서 깨지게 한 것인지 알 수 있을지 모르겠다. 잘못은 제조사에 있는데 손해는 왜 소비자가 보아야 하는지 원망스러운 생각도 들었다. 금전적인 손해는 문제도 아니다. 그날 겪은 황망하고 당황스러웠던 기억은 잊지 못할 평생의 추억이 되었다. 타인과의 관계에서는 진실에 증거가 더해져야 한다. 진실만으로는 충분하지 않을 수 있다. 법률관계에서는 진실을 뒷받침하는 객관적인 증거가 필요하다.

입증책임이란 글자 그대로 (사실을) 증명할 책임 또는 (사실을 증명하기 위해) 증거를 제시해야 하는 책임이다. 그러면 입증책임은 누가 부담하는가? 주장하는 자가 책임을 지는 것이 입증책임의 기본원칙이다. 이는 법의 모든 분야에 적용되는 대원칙의 하나라고 할 수 있다. 위의 경우처럼 제조상의 문제로 마시지 못하게 된 맥주를 교환하고 싶은 소비자는 맥주병의 파손이 제조상의 잘못이라는 점을 입증해야 한다. 입증하지 못하면 그 불이익 또는 (배상받지 못하는) 결과는 입증책임을 부담하는 사람이 감수해야 한다.

입증책임의 이해를 돕기 위해 수염의 비유와 밥솥의 예를 들어보자. 수염을 기를지에 대해 우리는 세 가지 경우를 생각해 볼 수 있다. 첫 번째는 수염을 기르는 경우이다. 두 번째는 수염을 자르는 경우이다. 세 번째는 어떤 경우일까? 첫 번째에도 해당하지 않고 두 번째에도 해당하지 않는 경우가 존재하겠는냐는 의문이 들지도 모르겠지만 존재한다. 바로 수염을 자르지도 그렇다고 기르지도 않는 경우이다. 그래도 수염은 자란다. 물론 수염을 기르는 경우에는 자신이 원하는 대로 관리하겠지만 세 번째 경우에도 오랜 시간이 지나면 그 나름의 형태를 가질 수 있다.

문제는 세 번째 경우이다. 이론상 세 가지 경우가 가능하지만, 실제에서 첫 번째와 세 번째는 외관상 구분이 어려울 수 있다. 더욱이 수염을 기르면서 세 번째 경우라고 말하는 사람이 있을 수도 있고 세 번째 경우인데 상대방이 그렇게 믿지 않을 수도 있다. 세 번째 경우는 어떻게 다루어지는가? 수염의 비유는 의사결정, 법의 해석, 입증책임의 기본원리를 이해하는데 실마리가 될 수 있다.

의사결정의 예를 들어보자. 50명으로 구성된 모임에서 의사결정은 과반수로 하고 구성원은 찬성, 반대, 기권 중에 하나를 선택할 수 있다. 기권은 찬성도 아니고 반대도 아닌 수염의 세 번째 경우에 해당한다. 실제에서 기권은 그러한 효과를 가지는가? 가령 투표 결과 찬성이 24표, 반대가 20표, 기권이 6표이면 과반수의 찬성을 얻지 못했으므로 안건은 부결된다. 기권은 의결정족수(50표)에 포함되지만, 찬성에는 포함되지 않기 때문이다.[2] 기권의 취지를 살린다면 오히려 의결정족수에 포함하지 않아야 하는 것은 아닌가? 아무튼 기권이 의결정족수에 포함되는 경우 기권은 실제에서 (약한) 반대의 효과를 가지며 기권의 의미와 실제의 결과에는 차이가 발생한다.

법의 해석의 예로 형사사건에서 유죄와 무죄의 의미를 살펴보자.[3] 검사가 피고인의 범죄를 합리적으로 의심할 여지가 없을 정도로 입증하면 법원은 유죄판결을 내린다. 반대로 피고인이 범죄를 저지르지 않았다는 것이 입증되면 무죄이다. 그러면 유죄 또는 무죄가 입증되지 않은 경우에 피고인은 무죄인가? 우리 언론에서는 이런 경우도 무죄라고 표현하는 경우를 자주 본다. 이런 경우 무죄에는 정말 죄를 짓지 않은 경우뿐만 아니라 유죄 여부가 입증되지 않은 (수염의 세 번째 비유에 해당하는) 경우가 포함된다.

반면에 영어권에서는 유죄(有罪/guilty) 또는 유죄가 아니라는 의미의 '비죄'(非罪/not guilty)라는 표현을 사용한다. 따라서 정말 죄가 없는 경우에만 무죄(innocent)라고 표현할 수 있다. 이처럼 법의 해석에서 수염의 세 번째 경우는 어떤 관점에서 접근하느냐에 따라 다르게 표현되고 해석될 수 있다. 우리도 정말 죄가 없다고 판결하는 경우에만 무죄를 사용하고 유죄가 입증이 안 된 경우에는 비죄 또는 유죄가 아닌 것으로 판결했다고 하면 어떨까? 여전히 혐의가 있지만 유죄의 입증이 안 되었다고 판결했을 뿐인데 무죄(innocent)라고 말하는 사람을 볼 때면 사실 화가 난다.

법률의 규정은 기본적으로 두 가지 경우, 즉 해당 규정이 적용되는 경우와 그렇지 않은 경우를 규율한다. 당연하지만 전자를 규정함

2) 기권의 이런 효과 때문에 국제연합 총회의 경우에는 표결할 때 불참이나 기권을 의결정족수에 포함하지 않는다. 물론 이런 조치는 안건의 가결 가능성을 높이기 위해서이다.

3) (형사사건에서의) 유죄와 무죄의 의미는 법의 해석의 비유적인 예라고 하겠고, 이어지는 대통령의 법률안거부권이 보다 직접적인 예라고 할 수 있다.

으로써 후자의 의미가 수반된다. 즉, 후자는 반대해석을 통해 확인할 수 있다. 가령 민법 제124조는 "대리인은 본인의 허락이 없으면 본인을 위하여 자기와 법률행위를 하거나 동일한 법률행위에 관하여 당사자 쌍방을 대리하지 못한다."고 규정하였는데, 이 규정은 본인의 허락을 얻으면 자기계약이나 쌍방대리도 가능하다는 의미가 수반된다. 그러니까 민법 제124조는 두 가지 경우, 즉 본인의 허락이 없는 경우와 있는 경우를 규율한다.

그러나 사안에 따라서는 세 번째 경우가 존재할 수 있다. 대통령의 법률안거부권을 예로 들어보자. 우선 대통령이 법률안거부권을 행사하는 경우와 그렇지 않은 경우를 생각해 볼 수 있다. 그런데 세부적인 규정을 보면 세 번째 경우가 존재한다. 헌법 제53조는 국회가 의결해서 정부로 이송한 법률안은 대통령이 15일 이내에 국회로 환부하여 재의를 요구하거나 그렇지 않으면 공포하도록 규정하였다. 그런데 대통령이 15일 이내에 법률안거부권도 행사하지 않고 그렇다고 공포도 하지 않는다면 법률안은 어떻게 되는가? 물론 이 경우는 사안이 중대해서 헌법 제53조 제5항에[4] 명확하게 그 기준을 규정했지만, 보통은 명문의 규정이 없어 법의 해석을 통해 적용 기준을 도출하는 경우가 많다.

마지막으로 입증책임의 경우이다. 갑은 밥솥을 구입해서 오랫동안 잘 사용하던 어느 날 갑자기 밥솥이 폭발하였다. 갑은 밥솥을 통상의 용법에 따라 사용하였고 자기 잘못으로 폭발한 게 아니기 때문에 제조회사인 을에게 손해배상을 받고 싶었다. 갑이 을로부터 손해배상을 받기 위해서는 을의 잘못(귀책사유)으로 밥솥이 폭발했다는 것

4) "대통령이 제1항의 기간 내에 공포나 재의의 요구를 하지 아니한 때에도 그 법률안은 법률로서 확정된다." 헌법 제53조 제5항. 국회에서 의결한 법률안은 정부로 이송되어 15일 이내에 대통령이 공포하게 되어 있는데, 제53조 제5항에서 말하는 제1항의 기간은 이 15일의 기간을 의미한다. 본서, pp. 148~149 참조. 또한 민법 제30조의 동시사망 추정 규정도 수염의 비유의 세 번째 경우에 대한 명확한 규정을 두어 분쟁의 발생을 사전에 방지하려는 경우라고 할 수 있다.

을 입증해야 한다. 주장하는 자가 입증책임을 진다. 갑이 을에게 손해배상을 청구(주장)하니 갑이 을의 잘못을 입증해야 한다.

세 가지 경우를 가정해 볼 수 있다. 첫 번째는 을의 잘못을 입증한 경우이다. 물론 이때 갑은 배상을 받는다. 두 번째는 을의 잘못이 아니라는 것이 입증된 경우이다. 이때는 배상받지 못한다. 문제는 역시 세 번째이다. 을의 잘못인지 아닌지가 입증되지 않은 경우이다. 이 경우에 갑은 배상받지 못한다. 자동차 급발진의 경우를 떠올리면 쉽게 이해할 수 있다.[5] 을의 잘못을 입증할 책임이 갑에게 있는데, 갑이 입증하지 못했기 때문이다. 결론적으로 말하면 세 가지 중에서 갑은 을의 잘못을 입증한 경우에만 배상을 받는다.

입증책임의 존재이유는 입증되지 않은 경우, 즉 세 번째 경우에 그 결과 또는 불이익을 누가 부담 또는 감수해야 하는지를 정하기 위해서이다. 첫 번째와 두 번째 경우, 즉 을의 잘못으로 입증된 경우든 아니면 을의 잘못이 아닌 것으로 입증된 경우든 입증된 경우에는 입증책임의 문제가 발생하지 않는다. 입증된 대로 법적 효과가 발생하기 때문이다. 역설적이지만 입증책임은 입증되지 못한 경우에 의미가 있다. 입증책임이 불이익으로 정의되는 이유가 여기에 있다. 아무런 설명 없이 입증책임의 목적까지 정의에 포함하려다 생긴 불상사라고나 할까?

5) 우리나라와 달리 미국은 제조물 책임법의 입증책임 전환을 인정하고 있다. 즉, 급발진 사건에서 소비자가 제품 결함을 입증하는 것이 아니라 제조사가 결함이 없다는 걸 입증해야 한다. 국내에서도 관련 논의가 이루어지고 있으나, 개정 가능성은 좀 더 두고 봐야 할 일이다.

[표 4-1] 입증책임의 경우의 수

경우의 수	을의 귀책사유	배상
1	O	O
2	X	X
3	△	X

소비자가 생산자의 귀책사유, 즉 제조상의 고의 또는 과실을 입증하는 것은 수월한가? 제품에 대한 지식과 정보, 배상에 대한 이해관계, 법적 대응능력에서 보통 생산자가 소비자보다 우위에 있다. 소비자보호제도가 필요한 이유이기도 하다.

일반적으로 소비자는 제품을 이용하는 정도의 능력이면 충분하지만, 생산자는 그런 제품을 직접 만드는 당사자이니 제품에 대한 지식과 정보의 격차는 현저할 수 있다. 200g의 용기에 150g만 들어 있는 치약이 기계의 오작동으로 3개월간 생산되었다고 가정하자. 갑은 그런 치약 4개들이 한 상자를 대형마트의 할인행사를 통해 정상가의 2/3 가격으로 구입하였다. 갑이 배상을 통해 받을 수 있는 금액은 얼마인가? 3개월간 생산된 치약을 모두 배상하는 경우 을이 배상해야 하는 금액은 얼마인가? 갑은 정말 배상받을 수 있을까? 배상에 대해 합의가 이루어지지 않는 경우 소송은 갑에게 비용효과적인 방법인가? 소송에서 지는 경우 누가 더 큰 부담을 가지는가? 누가 법적 대응에 더 적극적인가? 변호사비용이나 소송비용은 누구에게 더 부담스러운가? 소송의 경험이 생경한 쪽은 누구인가?

소비자 보호 차원에서 입법을 통해 제조자에게 입증책임을 부담시키면 어떻게 될까? 법에서는 이를 입증책임의 전환이라고 하는데, 입법을 통해 입증책임이 생산자로 전환되면 생산자는 자기 잘못이 아니라는 것을 입증했을 때만 배상하지 않을 수 있다. 첫 번째와 두 번째는 입증책임이 전환되더라도 결과에 차이가 없다. 입증책임의 전환 효과는 세 번째 경우에서 발생한다. 입증책임을 부담하는 생산자가 자기 잘못인지 또는 자기 잘못이 아닌지를 입증하지 못했기 때문에 소비자에게 배상할 책임이 발생한다.

입증책임의 전환이 문제의 해결책인가? 입증책임을 전환하면 생산자는 이전보다 배상하는 경우가 증가할 수 있고, 배상금액의 증가는 제품의 비용에 반영되어 제품의 가격을 상승시킬 수 있다. 입증책임의 전환은 이런 문제를 함께 고려해서 결정해야 할 문제이다.

(2) 추정

민법 제30조는 “2인 이상이 동일한 위난으로 사망한 경우에는 동시에 사망한 것으로 추정한다.”고 규정하였다. 추정의 한 예인데, 추정이 어떤 역할을 하는지 잘 보여준다. 예를 들어, 갑에게 배우자 을과 직계비속인 병(자녀) 그리고 직계존속인 정(부모)이 있다고 가정하자. 갑이 주말에 병과 함께 차를 타고 가다 미끄러져 난간을 들이받고 추락하여 갑과 병이 모두 사망하였다. 갑에게는 집이 하나 있었는데 그 집의 법정상속권은 누가 가지는가? 갑과 병의 사망순서가 법정상속권에 영향을 주는가?

민법은 법정상속권자를 4순위까지 규정하였는데,[6] 1순위는 (직계비속이 있는 경우) 직계비속과 배우자이고, 2순위는 (직계비속이 없는 경우) 직계존속과 배우자이다. 그런데 이 사건의 경우 갑과 병의 사망순서에 따라 법정상속분의 결과가 달라진다. 갑이 먼저 사망한 경우에는 갑의 사망 시에 병은 생존해 있었으므로 갑의 집을 을과 병이 공동으로 상속하고 이후 병도 사망하였으므로 병의 상속분을 다시 (병의 직계존속인) 을이 상속하여 결과적으로는 을이 갑의 집을 단독으로 상속하게 된다. 반면에 병이 먼저 사망한 경우에는 갑의 사망 시에 직계비속이 없는 경우에 해당하여 을과 정이 갑의 집을 공동으로 상속한다.

---

6) 민법 제1000조.

민법 제30조는 동일 위난으로 갑과 병이 사망하였지만, 사망 순서를 알 수 없는 경우에 동시에 사망한 것으로 추정하는 규정이다. 이 경우에는 갑이 사망할 당시 병도 사망한 것으로 추정되어 직계비속이 없는 경우로 다루어지기 때문에 갑의 집을 을과 정이 공동으로 상속하게 된다. 실제에서 갑과 병이 분초까지 같은 시각에 사망할 가능성은 거의 없다. 그러나 사망의 순서를 알 수 없기 때문에 민법은 법률의 규정을 통해 동시에 사망한 것으로 다루었다. 그러나 갑이나 병이 먼저 사망했다는 반대의 증거, 즉 반증(反證)이 있는 경우에는 추정된 사실이 번복될 수 있고 사망한 순서에 따라 법정상속이 결정된다. 이처럼 법률관계에 영향을 미칠 수 있는 추정의 효과는 법률의 규정이 있는 경우에만 인정된다.

(3) 간주

민법 제28조는 "실종선고를 받은 자는 전조의 기간이 만료한 때에 사망한 것으로 본다."고 규정하였다. 법인(法人/legal person)이 아닌 자연인(自然人/natural person)의 사망은 심폐기능이 더 이상 작동하지 않는 경우(호흡맥박종지설)와 실종선고가 이루어진 경우에 법적으로 인정된다. 그중에서 실종선고는 당사자의 실제 사망 여부와 관계없이 법적으로 사망했다고 간주 또는 의제하는 경우이다.

간주도 추정과 마찬가지로 법률의 규정이 있는 경우에 인정되지만, 반증만으로 사실관계가 번복되지 않는 차이가 있다. 예를 들어, 실종선고의 경우 당사자가 살아 돌아온 사실만으로 실종선고가 번복되지 않으며 법정절차에 따라 실종선고가 취소되어야만 사실관계를 되돌릴 수 있다.[7] 간주나 의제라는 용어 외에 "~로 본다."라는[8] 규정도 또한 간주에 해당한다.

7) 민법 제29조.
8) "미성년자가 혼인을 한 때에는 성년자로 본다." 민법 제826조의2.

2. 법의 해석

성문법은 법의 해석을 통해 실제의 사건에 적용된다. 성문법 규정의 의미가 비교적 명확한 경우에는 별다른 해석이 필요 없을 수도 있지만 언어의 추상성과 다의성은 흔히 법해석의 문제를 야기한다.

(성문)법은 사람마다 그 의미를 다르게 해석할 수 있다. 이런 해석의 상위는 어떻게 조정되는가? 국가기관 상호 간의 관계에서 법의 해석은 어떻게 다루어지는가? 학설, 즉 학리해석의 역할은 무엇인가? 언어의 일반적 의미에 따라 규정을 해석했는데도 여전히 그 의미가 불명확하거나 글자 그대로 적용하는 경우 명백히 불합리한 결과가 발생할 때는 어떻게 하는가?

(1) 유권해석과 학리해석

법의 해석은 구속력의 유무에 따라 유권해석과 학리해석으로 나눌 수 있다.[9] 유권해석은 법적 구속력이 있다. 국가기관에 따라 유권해석은 다시 입법해석, 행정해석, 사법해석으로 나뉜다.

입법해석은 입법기관의 해석으로 법령의 규정을 통해 확인할 수 있다. 민법 제98조는 물건을 유체물 및 전기 기타 관리할 수 있는 자연력으로 규정하였고, 제99조에서는 토지와 그 정착물을 부동산으로 그리고 부동산 이외의 물건을 동산으로 규정하였다. 이러한 용어의 의미는 사전적 정의와 다를 수 있지만 입법해석에 기초한 법률규정으로 구속력이 있다. 사전에서는 유체물을 전제로 물건을 정의하기 때문에 전기 등이 포함되지 않는다.

또한 법에서는 식재된 상태의 나무와 토지로부터 분리된 상태의 나무의 법적 지위가 다르다. 전자는 부동산이고 후자는 동산이다. 건물뿐만 아니라 식재된 나무도 토지의 정착물이고 민법은 토지와

9) 현대사회와 법, pp. 19~20; 정영석, pp. 78~85; 홍성찬, pp. 220~228.

그 정착물을 부동산으로 보기 때문이다. 물론 이런 규정이 없는 경우에는 보다 사전적 의미에 충실하게 법을 해석하게 된다. 규정의 의미를 명확하게 하거나 특정한 의미를 부여하기 위해 법령에 이런 규정을 두는 경우가 있는데, 이를 입법해석이라고 한다.

행정해석은 행정기관의 해석을 말한다. 주의할 점은 행정해석도 유권해석이지만 최종해석은 아니라는 것이다. 상급행정기관이 하급행정기관을 지휘하기 위해 발하는 훈령(訓令), 하급행정기관의 신청 또는 질의에 답하기 위해 발하는 지령(指令), 민원인의 허가 신청에 대해 허가 처분을 하거나 불허가 처분을 하는 과정 등에서 행정기관은 다양한 법령을 해석하고 적용한다. 민원인의 허가 신청에 대해 행정기관이 불허가 처분을 하는 경우 민원인은 법원에서 처분의 적법성을 다툴 수 있고 이에 대한 최종 판단은 법원이 한다.[10] 이러한 사법심사를 통해 법치주의에서 말하는 법치행정과 사법적 권리구제가 보장된다.

사법해석은 사법기관의 해석으로 법원의 판결이 전형적인 경우이다. 입법기관은 법률을 제정하고 행정기관은 법을 집행하는 것이 주된 임무라고 할 수 있는 데 반하여, 법의 해석과 적용은 사법기관의 고유한 역할이라고 할 수 있다. 사법해석은 유권해석일 뿐만 아니라 최종해석이라는 점에 주의할 필요가 있다. 선례불구속의 원칙을 적용하기 때문에 판례법을 법의 연원으로 인정하지는 않지만, 법원의 판결을 통해 확립된 판례는 최종유권해석의 결과물로 실제에서 법의 해석과 적용에 중요한 역할을 한다.

학리해석은 무권해석이라고도 하는데 학자의 주장, 즉 학설이 여기에 해당한다. 학리해석은 법적 구속력이 없는데 무슨 의미가 있는가? 이런 의문은 유권해석은 항상 바람직한 답안을 제시하느냐는 질문과 연결해서 생각해 보면 쉽게 풀릴 수 있다. 법을 존재하는 법

10) 정영석, p. 80 참조.

(*lex lata*/the law as it exists)과 존재해야 하는 법(*lex ferenda*/'future law' used in the sense of what the law should be)으로 구분한다면 유권해석은 전자 그리고 학리해석은 후자와 비교될 수 있다.[11)]

실정법과 자연법의 관계에 비유해 볼 수도 있는데, 학리해석은 유권해석에 대한 비판과 견제의 역할을 수행하고 유권해석이 존재하지 않는 경우에 중요한 해석의 기준을 제시하며 또한 법해석의 바람직한 방향을 제시한다. 제13장 권리의 주체에서 보겠지만 태아의 권리능력을 정지조건부로[12)] 인정할지 아니면 해제조건부로 인정할지에 대한 판례와 학설의 대립은 양자의 차이를 단적으로 보여준다.

유권해석과 학리해석을 비교할 때 고려해야 할 사항의 하나는 현실적인 제약이다. 유권해석은 이해당사자에게 직접적인 영향을 미친다. 따라서 유권해석이 자신에게 유리한 방향으로 이루어지도록 국가기관을 상대로 다양한 로비를 전개하기도 하는데 이러한 여러 이익집단의 압력 속에 유권해석이 내려진다.

반면에 학리해석은 현실적인 제약으로부터 비교적 자유롭다. 또한 법적 구속력이 없기 때문에 직접적인 영향을 주지 않는다. 따라서 보다 자유로운 여건에서 학자는 자신이 옳다고 생각하는 주장을 전개할 수 있다. 물론 주관적이다. 이런 과정을 통해 시장에는 다양한 학설이 제공되고 그중에서 지지를 얻는 학설이 통설 또는 다수설이 되며 유권해석으로 수용될 수도 있다.

예를 들어 영공주권의 원칙이 성립되는 과정을 보자. 영역은 영토와 영해 그리고 이들의 상부공간인 영공으로 이루어진다. 이 중에서 영공의 법적 지위는 가장 최근에, 즉 제1차 세계대전을 겪으면서 확립되었다. 물론 전부터 기구가 있었지만, 영공에 대한 통제력을 확보하는 수준은 아니었다. 1903년 라이트형제(Wright brothers)가 세계

11) 물론 이러한 비교가 절대적인 것은 아니다. 실제에서 유권해석이 존재해야 하는 법과 항상 불일치하는 것도 아니고 학리해석이 법률이나 판례로 수용되는 경우도 많다.

12) 법원이 정지조건부로 태아의 권리능력을 인정하는 게 적절한지는 의문이다.

최초로 동력비행에 성공한다. 불과 1분도 안 되는 시간이었다. 그 후 제1차 세계대전(1914~1918)에서 완전한 비행능력을 보여주는 복엽기(biplane) 또는 삼엽기(triplane)의 항공기가 새로운 전쟁수단으로 사용되었다. 비로소 인간은 영공에 대한 통제능력을 확보하게 되었고, 영공의 법적 지위가 현실적으로 문제되었다.

그 과정에서 다양한 학설이 제기되었다. 프랑스의 Paul Fauchille는[13] 영공자유의 원칙을 제창하였고, 영국의 John Westlake는 영공주권의 원칙을 주장하였다. 또한 영공의 고도에 따라 양자를 나눠서 적용하자는 절충설도 제시되었다. 제1차 세계대전에서 교전국의 항공기는 중립국의 영공을 무단으로 넘나들었고 때로는 중립국 상공에서 교전국의 항공기 간에 전투행위가 벌어지기도 하였다. 이에 대해 중립국은 자국의 동의 없는 상공비행을 저지하기 위해 기관포 등의 무력으로 대응하였다.

국제사회에서 무력의 사용은 가장 강력한 국가의 대응이다. 이러한 중립국의 대응을 통해 (무해통항권으로 주권이 제한되는 영해와 달리) 영공은 고도와 관계없이 영토와 동일한 수준의 완전하고 배타적인 주권이 국가에 인정되는 영공주권의 원칙이 국제관습법으로 확립되었고, 이 원칙은 1919년 파리협약(Convention Relating to the Regulation of Aerial Navigation)에서 성문화되었다.[14]

(2) 해석방법

법의 해석방법은 문리해석과 논리해석으로 나눌 수 있다.

---

13) I. H. Ph. Diederiks-Verschoor, *An Introduction to Air Law*, 6th rev. ed. (The Hague: Kluwer Law International, 1997), p. 2.

14) *Ibid.*, pp. 4~6, 12.

① 문리해석

문맥(context)을 고려하여 언어의 일반적 의미에 따라 법을 해석하는 방법으로 법해석의 기본원칙이다. 다의적인 언어의 의미는 문맥을 고려할 때 보다 명확해진다. 예를 들어 부정행위는 그 주체가 학생, 배우자, 공무원 중에 누구인지에 따라 그 구체적 의미가 다르다. 다만 특정한 의미로 사용된 경우에는 그러한 의미로 해석된다. 법률용어로서 '선의' 또는 '악의'는 착하거나 악하다는 것이 아니라 당사자가 어떤 사실을 모르는 경우를 선의라고 하고, 아는 경우를 악의라고 하는 것이기 때문에 일반적 의미와 차이가 있다. 업무상 과실치상의 경우에도 '업무상'이란 직업상이란 의미가 아니라 사람이 그 사회생활상의 지위에 기하여 계속적으로 종사하는 사무를 의미하기 때문에 운전이 직업인 경우뿐만 아니라 출퇴근용으로 차를 운전하다 사람이 다친 경우에도 형이 가중되는 업무상 과실치상에 해당한다.

② 논리해석

문리해석에도 불구하고 여전히 그 의미가 불명확하거나 글자 그대로 적용하면 말도 안 되는 결과가 발생하는 경우에 부차적인(2차적인) 방법으로 사용하기도 하고, 문리해석의 의미를 재확인하거나 강화하는 보충적인 방법으로도 사용된다. 글자 그대로 해석하면 말도 안 되는 결과가 발생하는 경우로 미국 대통령의 국군통수권을 들 수 있다. 우리 헌법처럼 대통령이 국군통수권을 가진다고 규정했으면 발생하지 않을 문제인데, 미국 헌법은 대통령이 육군과 해군 그리고 주의 민병대의 통수권자라고 규정하였다.[15]

그렇다면 대통령은 공군에 대한 통수권도 가지는가? 아니면 헌법 개정을 통해 공군을 반드시 포함해야만 하는가? 물론 미국 대통령

15) "The President shall be Commander in Chief of the Army and Navy of the United States, and of the Militia of the several States ...." 미국 헌법 제2조 제2절 제1항.

은 공군에 대한 통수권도 가진다. 이를 위해 반드시 헌법을 개정해야 하는 것도 아니다. 물론해석은 이처럼 터무니없는 결과의 발생을 방지할 수 있다. 이런 상황은 미국의 연방헌법이 1787년에 제정되었는데 반해, 항공기와 공군은 20세기 이후에 만들어졌다는 역사적 사실에 기인한다. 또한 미국 헌법의 개정방식은 우리와 달리 수정조항(amendments)을 더하는 증보의 형식이기 때문에 수정조항을 통해 개정할 만한 사항이 아니라고 생각할 수도 있다.

논리적 해석에는 그 밖에 축소해석, 확대해석, 반대해석, 목적해석, 유추해석, 입법자의 의도에 관한 해석[16] 등이 있다.

축소해석은 말 그대로 규정의 의미를 일반적인 의미보다 좁게 해석하는 방법이다. 제한능력자의 속임수를 규정한 민법 제17조를 보자. 민법은 혼자서 법률행위를 할 수 없는 제한능력자를 보호하는 제도를 두고 있는데, 제17조는 미성년자 등의 제한능력자가 속임수를 쓴 경우 그 보호를 받을 수 없다는 내용이다. 판례는 속임수의 의미를 좁게 해석하여 제한능력자가 적극적인 기망행위를 한 경우, 예를 들어 미성년자가 신분증을 위조 또는 변조하여 성인으로 행세하거나 허위로 동의서를 만들어 제출하는 등의 경우에만 제17조를 적용한다.

확대해석은 축소해석의 반대이다. 민법 제752조는 사망사고의 경우 망자의 배우자, 직계존속, 직계비속은 정신적 손해를 입증할 필요 없이 당연히 위자료 청구권을 가진다고 규정하였다. 민법에서 배우자는 원칙적으로 법률혼의 배우자를 의미한다. 그렇지만 판례는 이 경우에 사실혼의 배우자가 포함되는 것으로 해석하여 배우자의 의미를 넓게 적용한다.

---

16) 입법자의 의도에 관한 해석은 논리적 해석의 방법이라기 보다는 문리적 해석이 아니라는 의미에서 논리적 해석의 방법에서 함께 다루었다.

반대해석은 규정이 적용되지 않는 경우는 반대로 해석된다는 방법으로 유추해석과 대비된다.[17] 규정과 반대되는 경우를 가정하여 규정을 해석한다. 헌법 제84조는 내란 또는 외환의 죄를 범한 경우를 제외하고 대통령은 재직 중 형사상의 소추를 받지 않는다고 규정하여 대통령의 형사상의 특권을 규정하였다. 형사소추가 안 된다면 형사소추 이외의 제소, 가령 민사소송은 가능한가? 형사상의 특권을 가진다고 규정하였으므로 (재직 중이라 하더라도 대통령에 대한) 민사소송은 가능한 것으로 해석될 수 있다.

목적해석(teleological interpretation)은 규정이 달성하고자 하는 목적 또는 목표를 고려하여 법을 해석하는 방법이다. 목적해석을 적용하는 대표적인 경우로 EU사법재판소(Court of Justice of the EU)를 들 수 있다.[18] 한 예로 *Parti écologiste "Les Verts" v. European Parliament* 사건에서 유럽의회는 EU의 예산으로 정당에 보조금을 지급하는 결정(decision)을 채택하였다. 명목상으로는 1984년 유럽의회 선거에서 유럽의회의 활동을 홍보하라는 취지였고 실제로는 정당의 선거비용을 보조하였다.

문제는 결정에 담긴 정당보조금의 지급 기준이었다. 기성 정당에 유리했고 프랑스의 녹색당처럼 처음 후보를 내는 신생정당에는 차별적으로 적용되었다. 녹색당은 EEC조약 제173조에 근거하여 EU사법재판소에 유럽의회의 결정을 취소해달라는 소송을 제기하였다. EEC조약 제173조는 EEC의 이사회나 집행위원회의 행위에 대해서는 취소소송을 제기할 수 있다고 규정하였지만, 유럽의회는 취소소송의 대상으로 규정되지 않았다.

EEC조약은 제173조에서 이사회와 집행위원회에만 피고로서 당사자능력을 인정하였는데, 그럼에도 불구하고 규정에 없는 유럽의회

17) 최종고, p. 133.
18) Case 294/83, ECLI:EU:C:1986:166; T. C. Hartley, pp. 71~76.

도 피고로서 당사자능력을 가지는가가 쟁점이었다. 문리해석대로 하면 당연히 유럽의회의 당사자능력은 부정되어 아예 피고의 지위를 가질 수 없게 된다. 그러나 EU사법재판소는 목적해석을 적용하여 명문의 규정이 없음에도 불구하고 유럽의회가 피고로서 당사자능력을 가진다고 판결하였다.

재판소는 네 가지의 순차적 논거를 제시하였다. 첫째 EU는 법치주의의 원리에 기초하고 있고, EU 기관의 행위, 즉 EU에서 하위법(secondary law)의 지위를 갖는 이사회, 집행위원회, 유럽의회의 명령(regulation), 준칙(directive), 결정(decision)은 상위법(primary law)인 EEC조약을 준수해야 하며, 이를 보장하기 위해 재판소의 사법심사를 통해 EEC조약의 위반 여부가 판단될 수 있어야 한다. 둘째 제173조에서 유럽의회를 규정하지 않은 이유는 EEC조약이 채택될 당시 유럽의회는 제3자의 권리에 영향을 줄 수 있는 조치를 취할 권한이 없었기 때문이다. 셋째 그 후 EEC조약의 몇 차례 개정을 통해 유럽의회에는 이러한 권한이 새롭게 부여되었다. 넷째 그럼에도 불구하고 유럽의회의 행위를 사법심사의 대상에서 제외한다면 이는 EEC조약의 정신과 체제에 반하게 된다고 결론지었다. 유럽의회의 행위는 사법심사의 대상이어야 하고, 따라서 사법심사의 대상이 된다는[19] 논리적 당위성에 근거한 법리이다. 존재해야 하는 법이기 때문에 존재하는 법이 되었다. 이러한 해석방법은 널리 인정되는 것은 아니고 최고법원이 정책법원의 역할을 하는 경우에 나타난다. 미국 헌법의 묵시적 권한(implied powers)의 이론도 이런 맥락에서 이해할 수 있다.

EU라는 국제기구의 사법기관인 EU사법재판소는 정책법원의 역할을 수행하기 위해 목적론적 해석을 중요한 수단으로 사용한다. 재판소의 정책은 1) EU, 특히 연방적 요소의 강화, 2) EU법의 범위와

19) *Ibid.*, p. 73.

유효성 증대, 3) EU 기관의 권한 확대와 이를 통한 유럽의 통합 촉진이 재판소의 궁극적인 목적이라고 할 수 있다. EU사법재판소는 목적해석을 통해 (회원국과의 관계에서) EU와 EU 기관의 권한을 강화하였고, 미국의 대법원은 (주정부와의 관계에서) 연방정부의 권한을 강화하였다. 두 사법기관이 지구상에서 가장 강력한 사법부로 손꼽히는 이유이다.

목적해석에서 입법목적은 해당 사건을 담당하는 판사가 결정한다. 판사의 주관이 개입될 수 있고 해석의 공정성과 객관성이 문제될 수 있다. 나아가 법치주의와 충돌할 수도 있다. 규정의 문언상 의미와 상충하는 해석이 가능하기 때문이다. 따라서 목적해석에 대해서는 많은 비판과 부정적 평가 또는 우려가 제기되지만, 해석방법의 하나로 목적해석 자체가 부정되지는 않으며, 특히 정책법원의 역할을 수행하는 최고법원의 경우 중요한 해석방법의 하나로 사용된다.

흥미로운 것은 EU사법재판소의 경우 목적해석의 수준 또는 정도는 문제되지 않는다는 점이다. 실제에서 재판소가 목적해석을 적용하는 경우에 중요하게 고려하는 것은 목적해석의 정도가 아니라 회원국의 반응이다. 회원국이 지지하지 않더라도 별다른 반응을 보일 것 같지 않은 경우에는 목적해석을 적용하는 데 주저함이 없다. 반면에 회원국의 반발이 예상되는 경우에는 소극적인 태도를 보이는 경향이 있다.[20]

유추해석이란 당해 사건을 규율하는 규정은 없고 유사한 성격의 규정만 있는 경우에 그 유사한 규정을 적용하는 해석을 말한다. 유추해석은 규정의 의미를 넓게 해석하는 확대해석과 구분되며 준용과도 다르다. 준용은 법의 해석방법이 아니라 중복을 방지하여 규정을 간소화하는 입법기술의 하나이다. 준용에서 주의할 점은 준용 규정이 전적으로 동일하게 적용되는 것은 아니라는 점이다. 한 예로

20) *Ibid.*, p. 147 참조.

민법 제562조는 사인증여에 유증에 관한 규정을 준용하도록 하였지만, 사인증여는 계약이고 유증은 단독행위로 양자의 법적 성격이 다르기 때문에[21] 유증의 방식에 관한 민법 제1065조~제1072조는 사인증여에 적용되지 않는다.[22]

유추해석이 인정되지 않은 사례를 통해 유추해석의 의미를 생각해 보자. 형법은 제243조에서 음화를 반포하는 등의 행위를 범죄로 규정하면서 음화를 음란한 문서, 도화, 필름 기타 물건으로 정의하였다. 청소년기에 '음란'이라는 단어를 처음 접했는데 누가 설명하지 않아도 그 뜻을 이해하였고 음란이라는 말보다 더 음란한 표현은 없다고 생각하였다. 대법원은 제243조의 적용에 있어 "컴퓨터 프로그램파일은 ... 문서, 도화, 필름 기타 물건에 해당한다고 할 수 없으므로 피고인들의 위와 같은 행위에 대하여 전기통신기본법 제48조의2의 규정을 적용할 수 있음은 별론으로 하고 원심이 형법 제243조의 규정을 적용하여 유죄의 판결을 한 데에는 위 형법 제243조의 음화판매죄의 법리를 오해한 위법이 있다."고 판시하였다.[23]

인터넷에서 유포되는 음화(pornography)는 물건의 형식이 아니고 프로그램파일의 형식이기 때문에 전기통신기본법 제48조의2(지금의 정보통신망 이용촉진 및 정보보호 등에 관한 법률 제44조의7 제1항 제1호와 제74조 제1항 제2호)로 처벌하는 것은 가능하지만, 형법 제243조로는 할 수 없다는 취지이다. 문서, 도화, 필름 기타 물건에서 핵심 규정은 물건이다. 문서, 도화, 필름은 물건의 예시에 불과하다. 따라서 프로그램파일이 물건인지 아닌지가 쟁점인데, 대법원은 프로그램파일이 물건에 포함되지 않는다고 판시하였다. 물론 물건에 담겨 있지

21) 계약은 상반되는 두 개의 의사표시의 합치로 이루어지는 법률행위이고 단독행위는 하나의 의사표시를 법률요건으로 하는 법률행위이다. 단독행위에는 상대방이 있는 단독행위와 상대방이 없는 단독행위가 있다.

22) 김준호, p. 23.

23) 대법 1999. 2. 24. 선고 98도3140 판결.

않더라도 컴퓨터에서 프로그램파일을 작동시키면 동일한 내용을 확인할 수 있다.

그러나 대법원은 형법 제243조를 음란한 물건에만 적용되는 것으로 해석하고 (내용상으로는 다르지 않은) 프로그램파일에 유추 적용하는 것을 허용하지 않았다고 할 수 있다. 여기서 또 하나 고려해야 할 사항은 유추해석금지의 원칙이 죄형법정주의의 파생원칙의 하나라는 점이다. 형법에서는 원칙적으로 유추해석을 허용하지 않는다. 이 사건은 형법 제243조의 유추해석을 인정하지 않았지만, 별도의 규정이 있어서 처벌에 어려움이 없다.

또 다른 예로 국제민간항공의 초창기에 발생한 *United States v. Cordova and Santano* 사건을[24] 살펴보자. 뉴욕을 목적지로 푸에르토리코의 수도 산후안에서 출발한 미국 항공사 여객기에서 폭행사건이 발생하였다. 출발 전에 탑승객과 환송객을 위한 파티가 열렸고 도수가 높은 카리브해의 럼주도 제공되었다. 또한 승객이 원하면 럼주를 가지고 탑승해서 마실 수도 있었다. 1948년 8월 2일 60명의 승객과 승무원을 태운 항공기가 이륙하여 1시간 반 정도 지난 후 공해상을 비행 중에 잃어버린 술병을 두고 후미에 있던 두 남성 간에 다툼이 발생하였고 이를 구경하려고 승객이 몰리자, 자동항법장치로 비행 중이던 항공기의 기수가 들렸다. 기장은 비행 상태를 정상화한 후 부기장에게 운항을 맡기고 객실로 나가보았다. 갑은 진정이 되었지만, 을은 기장의 어깨를 가격하였고 여승무원을 때려눕혔다. 사람들에 의해 결국 을은 제압되었고 갇힌 상태에서 뉴욕에 도착하였다. 검찰은 갑과 을을 기소하였고 이후 갑에 대한 기소는 철회하였다.

재판이 진행되었고 법원은 무죄를 선고하였다. 을의 범죄 혐의는 인정되지만, 미국 법원의 재판관할권이 인정되지 않았기 때문이다. 당시 미국에는 공해상의 선박에서 동일한 행위가 발생한 경우에 적

24) *United States v. Cordova et al.*, 1950, 89 F. Supp. 298.

용할 법이 있었지만, 이 사건은 선박이 아니라 항공기에서 발생했기 때문에 적용할 수 없다고 판시하였다.

관련 규정은 공해상의 선박에서 발생한 범죄(offences committed on a vessel upon the high seas)에 적용되는데, 항공기는 선박(vessel)이 아니고 항공기는 공해의 수면이 아니라 그 상공(over the high seas)을 비행하기 때문이다. 국내외의 비판적인 여론이 들끓었고 의회는 신속하게 관련 법률을 제정하였다. 의회 입법의 촉구가 판사의 의도였을까? 또한 이 사건도 형사사건이기 때문에 유추해석금지의 원칙이 적용된다는 점을 고려할 필요가 있다.

입법자의 의도(intention of the legislature) 또는 입법의도(legislative intent)에 관한 해석은 영미법계에서 사용하는 해석방법이다. 대륙법계는 일단 입법이 되면 입법자의 의도와 무관하게 법률은 자기 생명력을 가지며 그 자체로 해석되어야 한다고 본다. 따라서 법의 해석에서 입법자의 의도는 중요하지 않다. 또한 제정 당시에 존재했던 입법자의 의도는 이후 변화하는 사회의 요구를 반영하는데도 적절하지 않다고 본다.[25]

반면에 영미법계, 특히 미국의 법원은 의회가 제정한 법률을 해석할 때 문리해석으로 해결되지 않는 경우 입법자의 의도를 확인한다. 입법자의 의도는 입법자료(legislative history)를 통해 확인할 수 있다. 법률안을 검토했던 위원회의 보고서나 회의록 또는 법률의 제안 이유서가 대표적인 문서이다. 또한 (나중에 최종안에 포함된) 수정안을 제출한 직후에 이루어진 대표자 발언이나 본회의의 논의과정에서 행한 발언들도 유용한 자료이다.[26]

그러나 입법자료는 조작될 수 있으므로 신뢰할 수 없다는 비판도 제기된다. 각종 이익집단이 고용한 로비스트의 집요한 요구로 이루

25) 정영석, pp. 83~84; 최종고, pp. 131~132; 홍성찬, p. 225 참조.
26) Burnham, pp. 53~54.

어진 의원의 발언이 보고서나 회의록에 기록되면 이후 재판에서 자신에게 유리한 주장의 근거로 삼을 수 있기 때문이다.[27] 다른 한편으로 입법자의 의도에 관한 해석은 국제법에서 조약의 부차적(secondary) 또는 보충적인(supplementary) 해석수단으로 사용된다.[28]

27) 최종고, pp. 131~132; Burnham, p. 54 참조.
28) 조약법에 관한 비엔나협약 제32조.

제5장 법의 분류

법은 여러 가지 기준에 따라 분류할 수 있다. 국내법과 국제법도 그중의 하나이다. 사실 제3장에서는 국내법의 연원만을 다루었다. 국제법의 연원은 이와 다르다. 우리가 흔히 접하는 법이 국내법이기 때문에 일단 국내법의 연원에 대해서만 살펴보았다. 그러나 우리가 법의 전반에 대해 이해하려면 물론 국제법도 알아야 한다.

국내법과 국제법은 여러 가지 면에서 차이가 있다. 이 장에서는 국내법과 국제법뿐만 아니라 대륙법계에서만 인정되는 공법과 사법 그리고 일반법과 특별법, 강행법(강행규정)과 임의법(임의규정), 실체법과 절차법, 고유법과 계수법의 분류를 검토한다. 각 법의 분류는 그 나름의 목적과 이유가 있는데, 분류의 내용과 함께 구분 실익도 살펴본다.

1. 국내법과 국제법

법은 국내법과 국제법으로 나눌 수 있다. 양자의 특성과 체계가 다르기 때문이다. 대륙법계와 영미법계의 구분이나 이후에 보는 다른 법의 분류는 모두 국내법을 전제로 한 것이다. 여기서는 법의 주체, 법의 연원, 법의 대상(객체)의 측면에서 양자를 비교해 본다.

국내법의 주체는 자연인과 법인이다. 반면에 국제법의 주체는 국가와 국제기구이다.[1] 국내법의 주체가 되기 위해서는 법인격(法人格/legal personality) 또는 권리능력(權利能力/legal capacity)을 가져야 하는데, 국제법도 국제법의 주체가 되기 위해서는 국제법인격(international legal personality) 또는 국제법능력(international legal capacity)을 가져야 한다.

국내법에서 권리능력은 행위능력과 구분되는데, 권리능력은 법의 주체가 될 수 있는 지위 또는 자격을 말하고 행위능력은 단독으로 법률행위를 할 수 있는 지위 또는 자격을 의미한다. (국내)법에는 권리능력이나 행위능력 외에도 범죄자의 책임이 성립하기 위해서 요구되는 책임능력이나 소송에서 원고나 피고가 될 수 있는 당사자능력, 증거능력 등과 같이 능력이라는 표현을 많이 사용하는데, 이는 대단한 능력자를 요구하는 것이 아니라 지위 또는 자격의 의미로 이해하면 된다. 가령 당사자능력이란 원고 또는 피고가 될 수 있는 지위 또는 자격을 말한다. 그리고 증거능력도 증거로서 인정될 수 있는 지위 또는 자격을 말하고, 증거는 증거능력이 있어야 재판에서 비로소 증거로 인정받을 수 있게 된다.

자연인의 권리능력은 아무런 제한이 없는 데 반해 법인은 정관의 목적 범위로 권리능력이 제한된다.[2] 다른 한편으로 자연인의 경우에는 행위능력이 제한되는 미성년자 등의 제한능력자가 있는 데 반해 법인의 행위능력은 제한되지 않는다. 국제법에서는 국내법처럼 권리능력과 행위능력을 구분하지 않지만, 국가와 국제기구의 차이는 자연인과 법인의 차이에 비교되기도 한다.[3] 흥미로운 비교인데, 국가를 자연인에 그리고 국제기구를 법인에 비유한다. 왜냐하면 국가는 국제법인격에 아무런 제한이 없는 데 반해 국제기구는 국제사법재판소(International Court of Justice: ICJ)의 판례를[4] 통해 명확하

---

1) 개인도 제한된 범위 내에서 국제법주체성이 인정되지만 여기서는 생략한다.

2) 민법 제34조. 법인을 설립하려면 정관을 작성해야 하고 정관에는 (법인의) 목적, 명칭, 사무소, 자산, 이사의 임면 등에 관한 사항이 기재되어야 한다.

3) 충남대학교 법학전문대학원의 이재곤 교수님은 국가와 국제기구를 자연인과 법인에 비교하여 설명한다.

4) *Reparation for Injuries Suffered in the Service of the United Nations*, ICJ,

게 확인된 것처럼, 국제법인격이 국제기구의 목적과 임무의 범위로 제한된다. 또한 역사적으로 보면 자연인의 필요에 의해 법인이 또 하나의 주체로 인정된 것처럼 국제기구도 결국은 국가의 필요에 의해 또 하나의 주체로 인정된 점도 유사하다.

예를 들어 영유권의 경우 국가는 당연히 영유권의 주체이지만 아직 국제기구에 영유권이 인정된 사례는 없다. 영유권은 국내법의 소유권 차원을 뛰어넘는 개념으로, 국가는 영역에 대한 권한(영토고권), 그 영역에 거주하는 주민에 대한 권한(대인고권)과 영역에 대한 주권을 보유하는 것을 의미한다. 이와 동시에 이러한 영토, 국민, 주권은 국가의 성립요건이기도 하다. 국제기구는 과거의 신탁통치지역처럼 영역을 관리하는 권한을 가질 수는 있지만 영유권이 인정된 적은 없으며, 영유권이 인정된다면 국가와의 구분도 모호해질 수 있다.

국제법과 국내법은 또한 연원이 다르다. 국제법의 연원으로는 조약, 국제관습법, 법의 일반원칙이 있다.[5)] 그밖에 강행규범(强行規範/*jus cogens*)이 새롭게 인정되는데, 강행규범의 법적 형식은 국제관

Advisory Opinion of 11 April 1949; *Legality of the Use by a State of Nuclear Weapons in Armed Conflict*, ICJ, Advisory Opinion of 8 July 1996.

5) WTO법은 국제통상을 다루는 국제법의 중요한 일부로, 1994년 4월 15일에 체결되어 1995년 1월 1일에 발효된 WTO설립협정과 부속서를 주된 연원으로 한다. 이 부속서에는 GATT 1994를 포함한 상품 무역에 관한 다자협정, 서비스 무역에 관한 일반협정, 무역 관련 지식재산권에 관한 협정, 분쟁해결양해, 무역정책검토제도와 복수국간 무역협정이 포함된다. 또한, WTO 가입의정서 및 WTO협정과 함께 채택된 각료 결정과 선언 역시 이에 해당한다. WTO법의 다른 연원으로는 분쟁해결기관인 패널과 상소기구의 보고서, WTO 기관의 행위, WTO 체제 내에서 체결된 협정(무역원활화협정과 현재 협상 중인 환경상품협정 등), 국제관습법, 법의 일반원칙 그리고 관련 국제협정(베른협약, 파리협약 등)이 있다. 특히, 조약 해석에 관한 국제관습법은 WTO 차원에서 적용되고 있으나, 다른 국제관습법의 WTO법상 지위는 명확하지 않다. 패널과 상소기구가 판정의 근거로 삼는 법의 일반원칙으로는 적법절차, 비례성의 원칙, 사법경제의 원칙 등이 있다. Peter Van den Bossche and Werner Zdouc, *The Law and Policy of the World Trade Organization*, 4th ed. (Cambridge: Cambridge University Press, 2017), pp. 43~64.

습법의 형태를 띠는 것으로 추론된다. 그러니까 국제관습법은 강행규범의 지위를 가지는 국제관습법과 그렇지 않은 국제관습법으로 나누어진다. 조약은 성문법의 연원이고 국제관습법은 불문법의 연원이며 법의 흠결을 방지하기 위해 도입된 법의 일반원칙은 조리에 비유될 수 있다. 연원의 상호관계는 조약과 국제관습법이 동위의 연원이고 법의 일반원칙이 하위의 연원이며 강행규범이 최상의 연원이다.

국제법의 대상 또는 객체도 국내법과 다르다. 예를 들어 국제법의 주체는 조약을 체결하지만, 국내법의 주체는 계약을 체결한다. 국가나 국제기구는 국제법의 주체일 뿐만 아니라 법인으로서 국내법의 주체이기도 하다. 예를 들어 국가가 외국에 외교공관을 두기 위해 그 나라의 토지를 구입하는 계약을 체결하는 행위는 국내법의 주체로서 행한 (국내법상의) 법률행위지만, 그 나라와 조약을 체결하는 행위는 국제법상의 행위이다.

국제재판소에서는 국제법의 주체만이 국제법상의 당사자능력을 가진다. 국내법원에서는 국내법상의 당사자능력이 요구되며 자연인과 법인뿐만 아니라 국가나 국제기구도 소송의 당사자가 될 수 있다. 국가나 국제기구도 국내법상으로는 법인에 해당하기 때문이다. 따라서 국제형사재판소(International Criminal Court: ICC)에서 자연인 갑이 피고가 되는 것은 국제법상 피고로서의 당사자능력이 인정되기 때문이며 적어도 그 범위 내에서 갑은 (국가나 국제기구가 아니지만) 제한된 국제법인격 또는 국제법능력이 인정된다. 이처럼 국제형사재판소는 개인이 저지른 (국내법 위반이 아닌) 국제법 위반행위에 대한 (국내법상의 형사책임이 아닌) 개인의 국제책임을 다루는 국제재판소이다.

국제법과 국내법의 관계에 대해 일원론과 이원론의 대립이 있다. 이원론(dualism)에 의하면, 국제법과 국내법은 완전히 별개의 법체계로서 각각의 법의 연원과 대상을 향유한다. 즉, 국제법은 주권국가 상호 간의 관계를 규율하는 법이고, 국내법은 특정 국가의 영역 내에서 그 국가와 국민 간의 활동을 규율하는 법이므로 한 법률체계가 다른 법률체계를 수정하거나 새 법률을 창설하거나 종료시킬 수 없다. 따라서 국제법이 국내법으로 효력을 발생하기 위해서는 해당 국가에 의한 변형행위가 필요하며, 그러한 변형행위를 통하여 국내법상 효력을 가지게 된 국제법은 국내법과 충돌하는 경우 국제법이 우위에 있게 된다.[6] 일원론(monism)에 의하면, 국제법과 국내법은 하나의 단일 법률체계 내에 존재하고 있으며, 국제법은 국내법의 일부로서 자동적으로 수용되며, 국제법 그 자체로서 적용된다.[7] 일원론은 다시 국제법우위론(國際法優位論)과 국내법우위론(國內法優位論)으로 나뉘는데, 법의 체계를 고려한다면 국제법우위의 일원론이 논리적이지만[8] 실제 국가의 관행은 다양하다.

먼저 미국의 경우를 보면, 국제관습법은 조약이 부재하거나 통제적 성격의 행정부 또는 입법부의 행위나 사법 결정이 없는 경우에

---

6) 김정건 외, 『국제법』 (서울: 박영사, 2010), pp. 123~124.

7) 김대순, p. 243; 일원론을 채택한 국가에서 조약이 국내법 질서 속에서 작동하는 과정을 이해하기 위해서는 조약의 직접적용성(direct applicability)과 직접효력(direct effect)에 대해 언급할 필요가 있다. 조약의 직접적용성이란 조약이 별도의 이행입법 없이 그 자체로서 국내법상 적용되는 것을 의미하며, 조약의 직접효력이란 개인이 국내법원에서 국제조약을 근거로 권리와 의무를 다툴 수 있음을 뜻한다. 이주윤, “대한민국 법원에 의한 인권조약의 이행”, 『법학연구』, 제18권 제1호(2008), pp. 325~326; EU사법재판소는 일정한 요건을 충족하는 경우 EU법의 직접효력을 인정하였다. 즉, 해당 규정이 분명하고 정확하며, 회원국에 어떠한 재량도 부여하지 않고, 무조건적이며, EU나 회원국에 의한 추가적인 이행이 요구되지 않는다면, 그 규정은 직접효력을 갖는다. 그러나 EU사법재판소는 WTO법에 대해 직접효력을 인정하는 데 있어 엄격한 입장을 취하고 있다. 한국의 대법원 역시 WTO협정의 직접효력을 명시적으로 부인하고 있다(대법원 2009. 1. 30. 선고 2008두17936 판결). 그러나 국가배상청구소송에서는 처분의 근거가 된 국내법이 WTO법을 명백히 위반한 경우, 취소소송과 달리 WTO법의 직접효력을 인정하여 금전적 손해를 입은 개인의 피해를 배상하거나, 조약합치해석의 원칙을 통해 간접적으로 WTO법을 적용하는 방안도 고려될 수 있다. 이주윤, “WTO법의 직접효력에 관한 최신 CJEU의 입장”, 『국제법학회논총』, 제56권 제1호(2011), pp. 87~116 참조.

8) 김대순, pp. 234~235 참조.

한해, 별도의 입법조치 없이 미국법의 일부로 인정된다. 이러한 도입방식을 수용이론(doctrine of incorporation)이라 한다. 조약은 연방헌법 제6조 제2항에 따라 연방헌법, 연방법률과 함께 국가의 최고법(supreme law of the land)을 구성한다. 대통령이 조약체결권을 가지는데, 이때 출석한 상원의원 3분의 2가 찬성할 것을 조건으로 상원의 '조언과 동의'를 얻어야 한다. 미국 법원은 조약규정을 자기집행적 조약규정(self-executing treaty provisions)과 비자기집행적 조약규정(non-self-executing treaty provisions)으로 구분하고 있는데, 예컨대 조약의 내용이 예산의 지출을 필요로 하는 경우와 같이 이행법률을 필요로 하거나 특정한 승인행위를 필요로 하는 경우에는 비자기집행적인 것으로, 조약 그 자체로서 완전할 때에는 자기집행적인 것으로 본다. 전자의 경우에는 국내입법조치에 의하여 법으로 될 수 있는 반면, 후자의 경우에는 그러한 절차 없이 법으로 될 수 있다. 전자와 같이 국내법으로 채택되어야 국내법질서의 일부가 될 수 있는 도입방식을 변형이론(doctrine of transformation)이라 한다. 조약과 법률이 충돌하는 경우 '신법우선의 원칙'이 적용되며, 주정부는 연방정부가 체결한 조약에 구속된다.[9)]

영국은 국제관습법과 관련하여 일부 판례를 제외하고는 수용이론을 채택하고 있다. 이는 국제관습법이 의회가 제정한 법률이나 유권적인 법원의 판결과 충돌하지 않는 한 자동으로 국내법의 일부가 된다는 것을 의미한다. 그러나 국제관습법이 영국 의회제정법(Act of Parliament)과 상충할 경우, 의회주권의 원칙에 따라 영국 법원은 국제법이 아닌 국내법에 구속된다. 반면, 조약의 경우에는 변형이론이 적용된다. 행정부가 체결하는 조약이 영국 국내법으로 적용되기 위해서는 의회를 통해 입법화되어야 한다.[10)] 예를 들어, 영국은 EU(당시는 유럽공동체)에 가입하면서 1972년 유럽공동체법(European Communities

9) 김대순, pp. 255~257, 283~296 참조.
10) *Ibid.*, pp. 252~253, 262~269 참조.

Act 1972)을 제정하였으며, 이후 EU 탈퇴 과정에서 해당 법을 폐지하고 2018년 EU탈퇴법(European Union (Withdrawal) Act 2018)을 제정하였다.

독일의 국내법과 국제법의 관계는 국제법친화주의를 통해 두 법체계 간의 충돌을 최소화하려는 것이라 할 수 있다. 구체적으로 살펴보면, 국제관습법에 관해서는 기본법 제25조에서 "국제법의 일반규칙은 연방법의 필수적 부분이다. 이는 법률에 우선하며 연방영토의 주민에게 직접적으로 권리와 의무를 창설한다."라고 규정하고 있다. 이 조항은 국제관습법이 국내법(연방법과 주법)에 우선한다는 점을 확인해 주며, 국제관습법의 직접적용성을 규정하고 있다. 또한, 국제관습법은 헌법과 일반법 사이에 위치한다고 간주된다. 연방헌법재판소의 판례와 유력설에 따르면, '국제법의 일반규칙'은 대다수 국가에 의해 구속력을 가지는 것으로 승인된 규범을 의미하며, 여기에는 관습법 및 문명국에 의하여 일반적으로 승인된 원칙이 포함된다. 조약과 관련해서는 독일 기본법 제59조 제2항에서 "연방의 정치적 관계를 규율하거나 연방의 입법문제와 관련된 조약은 연방법의 형태로 그러한 연방법률의 제정을 위한 경우 권한 있는 기관의 동의 또는 참여를 필요로 한다."고 규정하고 있다. 연방법률의 형식에 의거한 의회의 동의, 즉 '동의법'(Zustimmungsgesetz)은 연방대통령에게 조약을 비준할 권한을 부여하며, 조약에 국내법적 효력을 부여하는 역할을 한다. 따라서 조약은 국내법으로 변형된 연방법률로서의 효력을 가지며, 연방의 '선행'법률에 대해서만 우선한다. 국내법상 조약의 지위와 관련해서는 완화된 형태의 변형이론과 집행이론이 주장되고 있다. 집행이론은 변형이론과 유사하게 조약이 국내에서 적용되기 위해서는 조약에 효력을 부여하는 국내 기관, 특히 의회의 결정이 필요하다고 본다. 이때 의회의 행위를 조약에 국내법적 효력을 부여하는 '집행명령'(Vollzugsbefehl)으로 간주하지만, 이러한 명령이 조약의 국제법적 성격을 변화시키지는 않는다고 본다. 독일의 국가 관행과 연방헌법재판소의 태도를 고려할 때, 어느 한 이론이 절대적으로 우선한다고 보기는 어렵다.[11] 한편, 독일 연방헌법재판소는 Görgülü 사건에서 기본법 제20조 제3항에 명시된 법치주의 원칙이 유럽인권협약의 보장과 유럽인권재판소의 판결을 고려하도록 요구하고 있으며, 이러한 고려가 결여될 경우 법치주의와 기본권을 침해하는 것이며, 행정부와 사법부는 유럽인권협약과 유럽인권재판소의 판결을 준수해야 한다고 판시하였다. 이러한 결정은 유럽인권협약에 대해서는 독일법상 연방법 이상의 헌법적 지위를 가지고 있음을 보여준다.[12]

한국의 경우를 살펴보면, 헌법 제6조 제1항에서 "헌법에 의하여 체결·공포된 조약과 일반적으로 승인된 국제법규는 국내법과 같은 효력을 가진다."라고 명시하고 있다. 여기서 '일반적으로 승인된 국제법규'는 국제관습법을 의미하는 것으로 널리 인정되고 있다. 한국은 국제관습법뿐만 아니라 조약의 국내 적용에 있어서도 수용이론을 채택한 것으로 간주된다. 이처럼 단순한 수용이론의 채택은 조약에 대해 변형이론을 채택한 많은 국가와는 대조적이다. 다양한 성격의 국제조약을 국내법상 일률적으로 적용하고, 그 법적 위계를 정하는 것은 문제가 있을 수 있다. 한편, 조약의 국내법상 지위에 대해서는 조약이 법률과 동등한 효력을 가진다는 법률적 효력설이 통설로 자리잡고 있다. 또한, 조약이 국내법으로서 효력을 가지려면 그 체결·공포절차 및 내용이 헌법에 합치되어야 한다.[13] 독일이 유럽인권협약에 대해 주목할 만한 판결을 내린 것처럼, 국제인권법의 핵심을 이루는 강행규범에 대해 법률보다 우위에 두거나 헌법적 지위를 부여하는 방안을 검토할 필요가 있다.[14]

---

11) 이주윤, "독일 국내법상 국제법의 지위", 『법학연구』, 제27집(2007), pp. 433~458 참조.
12) 이주윤, "유럽인권협약의 헌법적 기능", 『법학연구』, 제39집(2010), pp. 373~375.
13) 이주윤, "대한민국 법원에 의한 인권조약의 이행", 『법학연구』, 제18권 제1호(2008), pp. 324~325.

2. 공법과 사법

공법과 사법을 구분하는 이원론은 대륙법계에서만 인정된다. 영미법계는 공법과 사법을 구분하지 않는 일원론을 취한다. 대륙법계와 영미법계는 은근히 달라 양자가 차이를 보이는 경우를 심심치 않게 볼 수 있다. 공법으로는 헌법, 행정법, 형법, 민사소송법, 형사소송법, 행정소송법, 가사소송법 등이 있고, 사법으로는 민법과 상법이 대표적이며, 후술하는 사회법으로는 경제법, 노동법, 사회보장법 등이 있다.

공법과 사법의 구분기준으로는 이익설, 주체설, 법률관계설, 생활관계설이 있다.[15] 이익설 또는 목적설은 공익을 보호하기 위한 법이 공법이고 사익을 보호하기 위한 법이 사법이라고 한다. 주체설은 법의 주체가 국가나 공공단체이면 공법이고 개인이면 사법이라고 한다. 법률관계설 또는 성질성은 수직적인 법률관계를 규율하는 법이 공법이고 수평적인 법률관계를 규율하는 법이 사법이라고 한다. 생활관계설은[16] 국민으로서의 생활관계를 규율하면 공법이고 개인으로서의 생활관계를 규율하면 사법이라고 한다.

이러한 학설은 공법과 사법의 차이를 부분적으로 보여주지만, 어느 것도 완전한 구분기준을 제시하지 못한다는 한계가 있다. 가령 이익설의 경우 사법은 사익 보호를 목적으로 한다고 하지만 공익을 보호하는 측면도 있기 때문이다. 그러나 실제에서 학설의 한계로 인한 문제는 발생하지 않는다. 우리는 이미 어떤 법이 공법이고 또 어떤 법이 사법인지 알고 있기 때문이다.

공법과 사법을 구분하는 실익은 일반적인 법률행위에서는 인정되지 않는 우월적인 효력이 행정행위에 인정되기 때문이다. 행정행위

14) 김대순, pp. 259, 301.
15) 정영석, pp. 51~54; 홍성찬, p. 51, n. 2.
16) 최종고, p. 107.

는 다양한 의미로 사용되는데, 여기서는 가장 좁은 의미의 행정행위를 말한다. 또한 이런 행정행위에 대한 다툼에는 민사소송법이 아니라 행정소송법이 적용된다. 최협의의 행정행위 또는 처분이란 구체적 사실에 대해 법을 집행하기 위해 행정기관이 행하는 공권력의 행사로 행정기관 또는 행정청의 권력적 단독행위를 말한다.

행정행위에는 행정기관의 우월적 지위에서 비롯되는 여러 가지 특권적 효력이 인정되지만 여기서는 그중에서 공정력과 집행력을 보기로 한다. 가령 구청에서 납세자 갑에게 다른 변동사항이 없는 상황에서 예년보다 두 배 높은 재산세를 부과하였다고 가정하자.

갑은 재판을 통해 구청의 조세부과처분을 다투기로 하였다. 이때 갑은 법원의 판결이 나올 때까지 재산세를 납부하지 않아도 될까? 그렇지 않다. 행위행위의 공정력 때문이다. 공정력이란 하자가 있는 경우라도 행정행위의 하자가 중대하고 명백하여 당연무효가 아닌 한 법원 등의 권한 있는 기관이 취소할 때까지는 유효성이 인정되는 행정행위의 효력을 말한다. 따라서 갑은 기한 내에 재산세를 납부하면서 조세부과처분의 위법성을 다투어야지, 그렇지 않으면 승소하더라도 재산세 외에 가산세 등을 납부할 수도 있다.

행정행위는 또한 집행력이 인정된다. 민사사건은 민사재판절차와 강제집행절차로 나누어진다. 민사재판절차를 통해 확정된 판결을 패소한 당사자가 이행하지 않는 경우 판결을 집행하기 위해서는 승소한 당사자가 다시 강제집행절차를 진행해야 한다. 법원에서 집행문을 부여받아 집행문이 부기된 판결(채무명의)의 정본을 제출하면 법원의 집행관이 강제집행을 진행한다. 그러나 행정행위는 집행력이 인정되기 때문에 별도의 강제집행절차 없이 행정기관이 직접 집행할 수 있다.

행정행위의 위법 여부에 대한 재판은 행정소송법에 따라 행정법원에 제기된다. 다만 우리나라의 경우 행정법원은 아직 서울에만 설치되어 있기 때문에 다른 지역에서는 원칙적으로 지방법원 본원에서 사건을 처리한다.

제2차 세계대전을 겪으면서 대륙법계에는 공법도 아니고 사법도 아닌 제3의 사회법이 출현하였다.[17] 사회법은 이전에 사법의 영역에 속했던 사항에 공법적 요소가 반영되어 출현한 법이다. 이는 자본주의의 역사와 무관하지 않다. 자본주의는 16세기 상업자본주의의 형태로 시작해서 산업혁명을 거치면서 산업자본주의로 확립되었고, 이후 독점자본주의로 발전하면서 국내외의 사회적 갈등을 초래하였다.

자본주의는 자본가가 부를 거머쥐는 경제체제로 자본주의가 발달하면서 부의 집중과 편중으로 부자는 더 부유해지고 빈자는 더 가난해지는 부익부빈익빈 현상이 초래되었다. 이로 인해 서구자본주의 국가는 사회계층 간의 갈등이 심화하였고 사회가 불안정해졌으며, 대외적으로는 자본주의가 내부의 구조적 모순으로 붕괴하고 결국 전 세계가 공산화될 거라고 외치는 사회주의 혁명이 1917년 러시아에서 성공하였으며, 양차 세계대전 사이에는 러시아에 인접한 동유럽이 공산화되었다. 이후에 실제로 붕괴한 것은 사회주의체제였지만, 당시 서구자본주의 국가는 위기의식이 팽배하였고 제2차 세계대전을 겪으면서 독점자본주의의 폐해를 시정하기 위해 경제체제를 수정자본주의로 전환하였다.

수정자본주의란 자본주의에 사회주의적 요소를 가미한 경제체제로 개인의 능력과 관계없이 요람에서 무덤까지 인간다운 생활을 위해 필요한 최소한의 의식주를 국가가 보장하는 복지국가와 사회법의 출현을 초래하였다.[18]

국민주권주의가 확립된 근대 시민국가는 국가의 간섭으로부터 개인의 자유와 권리를 보장하는 것을 최우선의 가치로 생각하였다. 이런 배경에서 탄생한 근대 입헌주의적 의미의 헌법은 기본권을 보장하고 법치주의를 확립하였으며, 근대 형법은 국가 형벌권의 남용으

17) 정영석, pp. 54~55 참조.

18) *Ibid.*, p. 54.

로부터 개인의 자유와 권리를 보장하기 위해 죄형법정주의를 확립하였고, 사적 자치의 원칙은 근대 민법의 기본원칙이 되었다. 개인의 사생활에 대한 간섭을 최소화하면서 개인이 제공할 수 없는 서비스, 즉 국방, 외교, 치안 등을 국가가 맡는 야경국가가 당시의 이상적인 국가로 인식되었다.

그러나 자본주의가 발달하면서 상황은 변화되었다. 개인의 자유와 권리를 보장하기 위해 도입된 사적 자치의 원칙은 경제력의 차이를 반영하지 못하였다. 대기업과 중소기업 또는 사업자와 근로자는 경제적으로 대등하지 않았고, 양자의 계약은 경제적 강자인 대기업 또는 사업자가 요구하는 대로 체결되기 일쑤였다. 사적 자치의 원칙은 경제적 강자에게 일방적으로 유리한 불공정 계약을 합리화하는 수단으로 전락하였다. 경제사회 분야는 이전에 국가가 관여하지 않던 개인의 활동영역이었으나, 독점자본주의의 폐해가 발생하면서 이를 시정하기 위한 국가의 적극적인 개입이 사회적으로 요구되었다.

사회법도 이런 배경에서 출현하였다. 경제법이 독과점기업의 시장에 대한 지배적 지위의 남용을 막기 위해 도입되었고, 근로자를 사업자와 보다 대등한 관계로 끌어올리기 위해 단결권, 단체교섭권, 단체행동권이라는 노동3권을 부여하는 노동법이 제정되었으며, 경제적 능력과 관계없이 누구에게나 의료서비스를 제공하고 노후에 소득원이 사라진 이후에도 생활에 필요한 최소한의 소득을 보장하기 위해 사회보장법이 시행되었다.

3. 일반법과 특별법

일반법과 특별법의 구분은 상대적이다. 상법은 민법과의 관계에서는 특별법이지만 어음법 또는 수표법과의 관계에서는 일반법의 지위를 가진다.[19] 비교의 대상 중에서 상대적으로 그 적용대상과 범위가 더 제한되는 법이 특별법이고 덜 제한되는 법이 일반법이다. 일반인이 아닌 군인이나 군무원 등에게만 적용되는 군형법, 19세 미만의 소년만을 대상으로 하는 소년법, 상인의 행위나 상법이 규정한 상행위를 대상으로 하는 상법은 적용대상의 제한이 없는 형법 또는 민법에 대해 특별법의 지위를 가진다. 일반법과 특별법을 구분하는 실익은 두 법이 충돌할 때, 특별법우선의 원칙에 따라 특별법이 우선 적용되기 때문이다.

4. 임의법과 강행법

당사자의 의사와 법률의 규정이 충돌하는 경우 임의법은 전자가 우선하고 강행법은 후자가 우선한다.[20] 여기서 임의법이나 강행법은 임의규정 또는 강행규정과 동일한 의미로 사용하였다. 법이 강행규정으로만 되어 있거나 아니면 임의규정으로만 되어 있는 경우를 실제에서 찾기는 어렵기 때문이다. 그리고 개개의 법 자체가 아니라 개개의 규정이 임의규정인지 강행규정인지가 실제에서 중요하다.

한 예로 민법에서 "선량한 풍속 기타 사회질서에 위반한 사항을 내용으로 하는 법률행위는 무효로 한다."고 규정한 제103조나 "당사자의 궁박, 경솔 또는 무경험으로 인하여 현저하게 공정을 잃은 법률행위는 무효로 한다."고 규정한 제104조는 강행규정에 속한다. 반면에 "다른 의사표시가 없으면 손해는 금전으로 배상한다."고 규정한 제394조나 "채권자나 채무자가 수인인 경우에 특별한 의사표시가 없으면 각 채권자 또는 각 채무자는 균등한 비율로 권리가 있고 의무를 부담한다."고 규정한 제408조는 임의규정에 속한다.

우리 민법은 성별이 같은 동성 간의 혼인을 인정하지 않는다.[21]

19) *Ibid.*, p. 56.
20) 홍성찬, pp. 56~58.

따라서 혼인신고를 할 수 없고 법률상의 부부로 인정되지 않는다. 그래서 갑과 을은 혼인신고를 하지 못하고 사실상의 부부로 결혼생활을 유지하였다. 그러던 어느 날 갑은 을의 부정행위를 알게 되었고 을을 상대로 법원에 위자료와 재산분할을 청구하는 소송을 제기하였다. 이에 대해 법원은 동성혼은 민법 제103조 위반으로 무효이므로, 위자료청구권이나 재산분할청구권이 인정되지 않는다고 판시하였다.[22] 이 경우처럼 당사자 간에 하자 없는 진정한 의사의 합치가 있더라도 강행규정과 충돌하는 경우에는 당사자의 의사보다 법률의 규정이 우선한다.

5. 실체법과 절차법

실체법은 당사자 간의 법률관계 또는 권리의무관계를 규율하는 법이고, 절차법은 권리 또는 의무를 실현하는 절차를 규정한 법이

---

21) 대법원 2011. 9. 2. 자 2009스117 전원합의체 결정; 헌법재판소 1997. 7. 16. 선고 95헌가6 결정과 헌법재판소 2011. 11. 24. 선고 2009헌바146 결정 참조; 서울서부지방법원 2016.5.25. 자 2014호파1842 결정에서, 법원은 헌법이나 민법 등이 명시적으로 혼인이 남자와 여자의 결합이라고 규정하지는 않았지만, 혼인과 가족생활에 있어서 남녀의 구별과 남녀의 결합을 전제로 한 성구별적 용어를 사용한다며 동성 간의 결합을 법률상 혼인으로 인정하지 않았다. 또한, 이 문제는 사법부의 새로운 해석 내지 유추해석을 통하여 해결할 수 있는 문제가 아니라 국회의 입법적 결단을 통해 결정해야 한다고 판시하였다; 2023년 5월, 민법상 혼인의 성립을 이성 또는 동성의 당사자 쌍방의 신고에 따라 성립하는 것으로 규정하도록 개정하는 법이 21대 국회에서 발의된 바 있다.

22) 인천지방법원 2004. 7. 23. 선고 2003드합292 판결; 대법원 전원합의체(주심 김선수 대법관)는 2024년 7월 18일 동성혼의 동반자를 '부부 공동생활에 준할 정도의 경제적 생활공동체'라고 판단하여 동성혼의 동반자를 피부양자로 인정하지 않는 것은 위법하다고 판시하면서 국민건강보험공단을 상대로 제기한 보험료 부과 처분 취소 소송에서 원고 승소로 판결한 원심을 확정했다. "전합, 동성 동반자에 건강보험 피부양자 자격 첫 인정", 『법률신문』, 2024년 7월 18일, https://www.lawtimes.co.kr/news/199989 (2024. 8. 16. 검색).

다.[23] 민법, 상법, 형법, 행정법, 헌법 등이 실체법이고 민사소송법, 형사소송법, 행정소송법, 가사소송법, 파산법, 부동산등기법 등이 절차법이다.[24] 절차법은 공법에 속한다.

6. 고유법과 계수법

자신만의 독창적인 내용으로 이루어진 법이 고유법이고, 다른 법을 모델로 하여 제정된 법이 계수법이다. 가령 세계 최초로 대통령중심제를 도입한 1787년 미국의 연방헌법은 고유법에 속하고 독일의 헌법재판소제도를 따른 우리의 헌법재판소법은 계수법에 속한다. 계수법은 연구방법에 있어 보통 자법이라고 할 수 있는 계수법뿐만 아니라 계수법의 모델이 된 모법에 대한 연구가 수반된다.[25]

---

23) 홍성찬, pp. 55~56.

24) 정영석, p. 58.

25) *Ibid.*, p. 60. 계수법의 적절한 연구방법에 대한 논의를 예로 들면 다음과 같다. 계수법으로서 우리 민법은 1) 민법전의 편찬을 계기로 단숨에 외국법을 계수하였고, 2) 한 국가의 민법을 그대로 모방한 것이 아니라 유럽 대륙의 여러 국가의 민법을 혼합 계수하였으며, 3) 유럽 대륙의 민법을 수정하여 도입한 일본 민법 또는 일본 민법학을 받아들인 2차적인 계수법으로서의 특징을 가진다고 평가하면서 이런 이유로 우리 민법학의 연구는 1) 혼합계수라는 점에서 이질적인 요소가 민법에 존재할 수 있으므로 이러한 요소를 체계적으로 조화시켜야 하고, 2) 우리 민법의 모델이 되었던 유럽 대륙의 민법이 어떤 배경에서 그러한 내용을 가지게 되었는지 그리고 일본 민법학에서 어떻게 수정되었는지를 확인해야 하며, 3) 이러한 기초 연구를 토대로 그러한 제도 등이 우리의 실정에 맞는지를 검토해야 한다고 한다. 김준호, pp. 16~17.

제6장 법의 효력

법의 효력은 실질적 효력과 형식적 효력으로 나눌 수 있다. 법의 실질적 효력은 정당성과 실효성으로 이루어지고, 법의 형식적 효력은 법의 적용범위를 다루는 데 시간적 효력, 장소적 효력, 인적 효력으로 나눌 수 있다. 전자는 개개의 법률에 공통된 법 자체의 효력 문제를 당위적 측면 또는 사실적 측면에서 다룬다. 반면에 후자는 개개의 법률에 따라 구체적 범위가 다른데 여기서는 법의 형식적 효력에 적용되는 원칙을 중심으로 살펴본다.

1. 법의 실질적 효력

법이 실질적 효력을 갖기 위해서는 정당성과 실효성을 가져야 한다. 정당성이 결여되면 법은 악법이 되고 실효성이 결여되면 법은 사문화된다. 따라서 법이 온전하게 효력을 갖기 위해서는 정당성과 실효성을 모두 갖춰야 한다.

정당성 또는 타당성은 당위적 측면에서 법의 효력을 말한다. 정당성은 법이 효력을 가져야 하는 이유 또는 목적이다. 권위주의 국가에서는 정당성과 합법성이 충돌할 수 있다. 권위주의 국가에서 합법적인 법률은 정당성이 결여되었다는 비판과 함께 국민적 저항에 직면할 수 있다. 반면에 민주주의 국가는 정당성과 합법성을 분리하여 다루지 않는다고 할 수 있다.[1] 민주적인 선거를 통해 선출된 국회의원으로 구성된 국민의 대의기관인 국회에서 제정한 법률은 합법적

일 뿐만 아니라 정당하다. 물론 민주적인 절차를 통해 제정되는 입법이 완전하다는 의미가 아니다. 비록 불완전하고 정당성의 측면에서 비판할 수 있지만, 이는 역시 민주적이고 합법적인 절차에 따라 법의 개정을 통해 해결해야 할 문제이다. 권위주의 국가에서처럼 근본적으로 법의 정당성을 문제 삼으면서 법 자체의 효력을 부정할 수는 없다.

실효성은 사실적 측면에서 법의 효력을 말한다. 법이 실제 어느 정도로 현실에서 적용되고 있는지에 대한 문제이다. 여기서 한 가지 생각해 볼 것은 법의 실효성과 중형의 관계이다. 형벌이 무거울수록 법의 실효성은 증가하는가? 사회적인 문제가 언론이나 세간의 관심을 끌게 되면 정치인이 움직인다. 이때 흔히 제시되는 해결방법의 하나가 중형으로 처벌하는 방안이다. 법이 개정되어 형이 전보다 무거워졌으니, 처벌이 무서워 그런 일이 감소할 것이라는 논리이다. 보통 세상의 관심은 이 정도에서 끝난다. 그러면 그 후 실제로 사건의 발생은 감소하는가? 사안에 따라 다를 수 있다.

원산지허위표시의 경우를 생각해 보자. 우리가 선진국이 맞는지 의심하게 만드는 단적인 사례이기도 한 농수산물의 원산지허위표시는 우리 사회에 만연해 있는 고질적인 문제의 하나이다. 물론 일부에서는 이를 개선하려는 희망적인 노력도 이어지지만, 원산지허위표시가 법으로 처벌하고 있는 불법행위가 맞는지 의문이 들 정도로 시민들도 별다른 문제의식이 없어 보인다. 식당에서 국산 소고기를 맛있게 먹은 뒤 가격이 저렴하면 수입산일 수도 있겠다는 정도로 넘어가는 것은 아닐까? 얼마 전까지만 해도 일 년에 두 번 정도 원산지를 단속하는 뉴스는 명절 전에 흔히 볼 수 있는 언론의 단골 뉴스거리였다. 그리고 그게 전부였다.

그러면 단속에서 적발된 상인은 자신이 잘못한 일이니, 처벌을 달

1) 본서, p. 39, n. 21 참조.

게 받을까? 혹시 상인이 억울하게 생각한다면 여러분은 이해할 수 있을까? 물론 자신이 법을 위반했으니, 잘못을 뉘우치고 처벌받는 것이 당연한 일이다. 그러나 그중에는 억울하다고 생각하는 상인도 있을 수 있다. 앞집도 그렇고 뒷집도 그런데 자신만 단속에 걸렸으니 억울하다는 얘기이다. 또한 수십 년 동안 단속이 이루어졌는데 전혀 개선되고 있지 않은 현실은 단속에 대한 회의적인 반응을 넘어 부정적인 평가와 저항으로 이어질 수도 있다.

당국에 실효성 있는 단속을 요구하면 흔히 돌아오는 답변은 인력의 부족이다. 그렇다면 선진국은 단속인력이 우리보다 많은 것인가? 단속을 자주 해야만 위반자가 줄어드는가? 또한 이런 상황에서 처벌을 무겁게 하면 할수록 오히려 부정에의 유혹은 커질 수 있다. 사전에 단속정보를 얻거나 처벌을 피하기 위해 필사적으로 불법적인 청탁에 매달릴 수 있고, 이 과정에서 공무원은 부정의 위험에 노출된다. 게다가 중형은 죄형법정주의의 원칙에 반할 수 있다. 죄형균형의 원칙은 형벌이 범죄에 비례할 것을 요구한다. 따라서 과도한 형벌은 국가 형벌권의 남용으로 죄형법정주의에 반한다.

어디 그뿐이겠는가? 소매상인이 생계형이라면 도매상인이 거머쥐는 엄청난 범죄수익은 공정한 경쟁을 위해 노력하는 그 많은 사람의 땀과 노력을 근본적으로 부정하고 시장경제의 근간을 훼손한다. 가령 친환경농산물의 허위표시가 횡행한다면 신념을 갖고 더 많은 시간과 비용을 들여 제대로 된 친환경농산물을 소비자에게 제공하려는 농민은 경쟁력이 떨어져서 설 자리를 잃게 되고 그로 인한 피해는 고스란히 소비자와 우리 사회가 떠안게 된다.

중형으로 처벌하면 과연 원산지허위표시가 줄어들까? 그렇지 않다면 해결책은 무엇인가? 위반자에 대한 중형이 아니라 단속기관의 일관성 있고 실효적인 관리와 감독이 무엇보다 중요하다. 요컨대 원산지허위표시를 근절하기 위해서는 마치 관습법의 성립에 법적 확신이 필요한 것처럼 상인들의 마음속에 (중형으로 처벌되는 것이 아니

라) 위반하면 반드시 처벌된다는 확신이 들게 하는 수준의 실질적인 관리와 감독이 필요하다. 여기에 충분한 사회적인 공감대가 형성되고 시민의식이 더해진다면 그 힘은 배가될 것이다.

시민의식의 선진화는 선진국이 되기 위한 필요조건이다. 정말 원산지허위표시가 잘못된 행위이고 더 이상 방관할 수 없다는 데 대한 사회구성원의 충분한 공감대가 형성되어야 한다. 상투적인 말처럼 들리겠지만 선진국이 되기 위해서는 정말 정직과 시민의 준법정신이 중요하다. 공정은 시대의 화두가 되었는데 정직이 그렇지 못한 것은 우리만의 아이러니 같다. 어려서부터 공부와 돈뿐만 아니라 정직의 가치와 중요성을 가르쳐야 한다. 또한 시민의 준법정신은 선진국으로 가기 위한 선결조건이다. 이런 법의식의 변화와 함께 내부고발자 보호 그리고 단속기관의 일관성 있고 실효적인 감독과 관리가 이루어진다면 원산지허위표시와 같은 사회적 문제는 충분히 해결될 수 있고, 대한민국이 선진국에 안착하는 지름길이 될 것이다.

그렇다면 정치인들이 법의 개정을 통해 중형으로 처벌하는 방식을 선호하는 이유는 무엇일까? 법률의 개정은 그들이 할 수 있고 또한 그들만이 할 수 있다. 또한 국민의 관심과 지지를 토대로 하는 경우 별다른 노력이나 비용 없이 수월하게 입법할 수 있고 가시적인 결과물을 통해 자신의 정치적 성과를 과시할 수도 있다. 그러나 우리는 법의 위반을 방지하는 게 목적이지 처벌 그 자체가 목적은 아니기 때문에 중형이 아니라 법률 위반행위를 방지하는 실효적인 수단이 무엇인지를 고려해야 한다.

2. 법의 형식적 효력

법의 형식적 효력은 법의 적용범위를 의미한다고 할 수 있다. 법의 시간적 효력은 시간적 적용범위, 장소적 효력은 장소적 적용범위, 인적 효력은 인적 적용범위를 의미한다. 법의 형식적 효력은 개개의 법률마다 다를 수 있는데, 여기서는 법의 형식적 효력에 적용되는 원칙을 중심으로 살펴본다.

(1) 시간적 효력

법의 시간적 효력은 법이 적용되는 시간적 범위의 문제이다. 시간적 효력은 불소급이 원칙이다. 흔히 법률불소급의 원칙으로 표현되는데, 물론 이때의 법률은 법의 의미로 사용된 것이고, 국회가 제정한 법률에 국한되지 않는다. 법률불소급의 원칙은 사실 행위시법주의의 파생원칙이라고 할 수 있다. 행위시법주의는 입증책임의 기본원칙처럼 국내법 또는 국제법의 구분 없이 법의 모든 분야에 적용되는 대원칙의 하나라고 할 수 있다. 행위시법주의는 시제법(時際法/inter-temporal law)의 기본원칙으로 행위 당시의 법과 이후의 법이 다를 때 행위 당시의 법이 적용되어야 한다는 의미이다. 따라서 법률은 법이 발효한 이후에 발생한 사건에만 적용되고 이전의 행위에 소급되지 않는다는 법률불소급의 원칙은 행위시법주의가 적용될 때 발생하는 부수적인 효과의 하나이다.

형법은 법률불소급의 원칙이 엄격하게 적용된다. 소급효금지의 원칙은 죄형법정주의의 파생원칙의 하나이다. 그도 그럴 것이 소급효가 인정된다면 우리는 행위 당시에 범죄가 아니었던 행위에 대해 (소급 적용되는) 이후의 입법으로 언제든지 처벌받을 수 있는 위험에 처하게 된다. 이는 범죄와 형벌을 미리 법률로 정해 국가 형벌권의 남용을 방지하고 개인의 자유와 권리를 보장하려는 죄형법정주의에 근본적으로 배치된다.

헌법 제13조 제1항은 “모든 국민은 행위 시의 법률에 의하여 범죄를 구성하지 아니하는 행위로 소추되지 아니 … 한다.”라고 하고, 형법 제1조 제1항도 “범죄의 성립과 처벌은 행위 시의 법률에 의한다.”라고 하여 행위시법주의를 천명하였고, 아울러 소급효금지의 원칙을 보장하였다. 다만 행위자(범죄자)에게 유리한 경우에는 예외적으로 소급효를 인정하였다. 범죄 후 법률이 변경되어 그 행위가 범죄를 구성하지 아니하게 되거나 형이 구법보다 가벼워진 경우에는 신법에 따르고,[2] 재판이 확정된 후 법률이 변경되어 그 행위가 범죄를 구성하지 아니하게 된 경우에는 형의 집행을 면제한다.[3]

법률불소급의 원칙이 절대적인 것은 아니다.[4] 필요에 따라서는 소급효를 규정하기도 한다. 민법 부칙(법률 제471호, 1958.2.22.) 제2조는 "본법은 특별한 규정이 있는 경우외에는 본법 시행일전의 사항에 대하여도 이를 적용한다. 그러나 이미 구법에 의하여 생긴 효력에 영향을 미치지 아니한다."라고 하였고, 상법시행법 제2조 제1항도 "상법은 특별한 규정이 없으면 상법시행전에 생긴 사항에도 적용한다. 그러나 구법에 의하여 생긴 효력에 영향을 미치지 아니한다."고 규정하였다.

소급효는 진정소급효와 부진정소급효로 나눌 수 있다. 진정소급효는 소급효 규정을 명시한 것을 말하고, 부진정소급효는 소급효 규정이 없지만 사실상 소급 적용되는 것을 말한다.[5] 가령 대학교 학칙

2) 형법 제1조 제2항.

3) 형법 제1조 제3항.

4) 정영석, p. 74.

5) 소급효와 관련하여 헌법재판소는 소급입법을 진정소급입법과 부진정소급입법으로 구분하여 다음과 같이 정의하였다. "소급입법은 새로운 입법으로 이미 종료된 사실관계 또는 법률관계에 작용하도록 하는 진정소급입법과 현재 진행중인 사실관계 또는 법률관계에 작용하도록 하는 부진정소급입법으로 나눌 수 있는바, 부진정소급입법은 원칙적으로 허용되지만 소급효를 요구하는 공익상의 사유와 신뢰보호의 요청 사이의 교량과정에서 신뢰보호의 관점이 입법자의 형성권에 제한을 가하게 되는 데 반하여, 진정소급입법은 개인의 신뢰보호와 법적 안정성을 내용으로 하는 법치국가원리에 의하여 특단의 사정이 없는 한 헌법적으로 허용되지 아니하는 것이 원칙이나 예외적으로 국민이 소급입법을 예상할 수 있었거나, 법적 상태가 불확실하고 혼란스러웠거나 하여 보호할 만한 신뢰의 이익이 적은 경우와 소급입법에 의한 당사자의 손실이 없거나 아주 경미한 경우, 그리고 신뢰보호의 요청에 우선하는 심히 중대한 공익상의 사유가 소급입법을 정당화하는 경우에는 허용될 수 있다." 헌재 2011. 3. 31. 선고

을 2021년에 개정해서 졸업이수학점을 140학점에서 160학점으로 늘렸다고 가정하자. 새롭게 개정된 학칙을 2022년에 입학하는 신입생부터 적용한다면 소급효의 문제는 발생하지 않는다. 그러나 개정된 학칙을 신입생뿐만 아니라 졸업하지 않은 모든 재학생에게 적용할 때 부진정소급효가 발생한다. 반대로 2021년 졸업이수학점을 160학점에서 140학점으로 개정하고 개정된 학칙을 졸업하지 않은 모든 학생에게 적용하는 게 아니라 2019년에 입학한 학생부터 적용한다고 규정하면 진정소급효가 발생한다. 소급효는 사안에 따라 법적 안정성을 해칠 수 있고 기득권(旣得權/vested rights)이나[6] 정당한 기대(正當한 期待/legitimate expectation)의[7] 보호 문제를 초래할 수 있다.

법의 시간적 효력은 보통 부칙이나 (상법시행법처럼) 별도의 시행법으로 규정한다. 그리고 구법과 신법이 모두 적용할 수 있는 사항에 대해 어느 법을 적용하는지의 경과조치를 다루는 경과규정도 마찬가지이다.[8]

한편, 헌법재판소 홈페이지에 따르면, 위헌 결정으로 인해 이미 법령의 효력이 상실되었음에도 불구하고 정리가 되지 않은 법령이 24건에 달하며, 헌법불합치 결정에 따라 개정이 이루어져야 하지만 아직 개정되지 않은 법령도 23건에 이르고 있다.[9] 지금은 그 어느

2008헌바141 등 결정. 다만 진정소급입법의 소급효가 현재 진행 중인 사실관계 또는 법률관계에 미칠 수 없는지는 의문이다.

6) 기득권은 일상에서 부정적 의미로 많이 사용하지만, 법에서는 법에 의하여 이미 부여된 권리라는 의미이다.

7) 정당한 기대의 원칙(the doctrine of legitimate expectation)은 행정기관이 국민에게 행한 발언을 무효로 할 때 절차적인 또는 실체적인 이익을 보호하기 위해 사법심사의 사유로 영국법에서 처음 확립되었다. 정당한 기대의 근거는 자연적 정의(natural justice)와 공정이며 행정기관의 권한 남용 방지를 추구한다. 영국에서는 실체적인 측면과 절차적인 측면에서 모두 인정되지만, 다른 영미법계 국가에서는 절차적인 측면에서 인정되고 있다. 대륙법계의 신뢰보호의 원칙과 비교된다.

8) 민법 부칙(법률 제471호, 1958. 2. 22.) 제8조, 형법 부칙(법률 제293호, 1953. 9. 18.) 제4조, 상법시행법 제4조 참조.

때보다 국회의원의 성실한 직무 수행이 절실히 요구되는 시기이다.

(2) 장소적 효력

법의 장소적 효력은 법이 적용되는 장소적 범위의 문제이다. 한 나라의 법은 원칙적으로 그 나라의 전 영역, 즉 영토, 영토의 인접수역인 영해, 영토와 영해의 상부공간인 영공에 미친다. 반면에 자치법규는 해당 자치단체의 행정구역에만 적용된다.

국회가 제정한 법률은 원칙적으로 대한민국의 전 영역에 적용되는 데 반해, 자치법규는 해당 자치단체의 행정구역에만 적용된다. 그렇다면 장소적 적용범위가 제한적인 자치법규가 특별법으로서 법률보다 우선하는가? 특별법 우선의 원칙은 동등한 지위의 연원인 경우에 적용되는 원칙이고, 법률은 자치법규보다 상위법이니 언제나 법률이 자치법규보다 우선한다.

(3) 인적 효력

법의 인적 효력은 법이 적용되는 인적 범위의 문제이다.[10] 법의 인적 효력에 적용되는 기준으로는 속지주의 등이 있는데, 이는 국제법의 국가관할권의 법적 근거와 상통한다. 국제법에서는 단지 사람만이 아니고 사물과 사건에도 적용되는 개념으로 사용하지만, 여기서는 적용대상을 사람에게 국한하여 검토한다. 인적 효력의 예로 형법의 적용범위를 규정한 형법 제2조부터 제7조까지의 규정을 들 수 있는데, 이 규정들을 중심으로 법의 인적 효력을 정리해 본다.

인적 효력의 기본원칙은 속지주의이다. 속지주의는 영토고권을 토대로 한 국가의 법이 국적과[11] 관계없이 자국 내에 소재하는 모든

9) 헌법재판소 미개정 법령현황, https://www.ccourt.go.kr/site/kor/ex/bbs/List.do?cbIdx=1111# (2024. 8. 20. 검색).

10) 정영석, p. 75.

11) 국적은 개인과 국가 간의 법적 연결로서, 국제공동체에서 국적국은 국적인을 보호할

사람에게 적용된다는 의미이다. "본법은 대한민국영역내에서 죄를 범한 내국인과 외국인에게 적용한다."고 규정한 형법 제2조는 속지주의의 한 예라고 할 수 있다. 주의할 점은 속지주의가 인적 효력의 기본원칙이지만, 이는 좌표의 원점처럼 기준점의 역할을 하는 것이지 속인주의 등의 다른 원칙보다 상위의 원칙이라는 의미는 아니다. 형법 제2조부터 제6조까지는 순차적으로 적용되는데, 이는 속지주의가 상위의 원칙이어서가 아니라 불필요한 중첩을 막기 위해서이다.

속인주의는 대인고권을 토대로 한 국가의 법이 소재지와 관계없이 자국민에게 언제나 적용된다는 의미이다. "본법은 대한민국영역외에서 죄를 범한 내국인에게 적용한다."라고 규정한 형법 제3조는 속인주의의 한 예이다. 형법 제3조에서 대한민국 영역 외로 장소적 범위를 제한한 이유는 제2조와의 불필요한 중첩을 막기 위한 것이며, 속인주의 자체는 이런 장소적 범위로 제한되지 않는다.

기국주의는 자국에 등록된 선박이나 항공기에 등록국의 법이 적용된다는 의미이다. 따라서 국적과 관계없이 선박이나 항공기에 탑

권리가 인정되고, 국적인은 자신의 국적국에 대하여 충성을 다할 의무를 갖는다. 국적문제는 주로 국내법의 문제로 간주되어 왔으나, 국제법상으로도 국가의 외교적 보호행사의 기본요건으로서 의미가 있다. 또한 국적의 충돌문제에 관한 조약에서 시작하여 무국적자의 감소 및 보호, 다국적의 감소 및 병역문제, 여성과 아동의 국적문제를 거쳐 1997년에는 일반적인 국적문제를 다룬 「국적에 관한 유럽협약」이 채택되어 현재 이행되고 있다. 우리나라의 경우 1948년에 국적법을 제정하여 여러 차례 개정을 통해, 부모양계혈통주의와 단일국적의 원칙을 채택하고 있다. 1997년 전문개정을 통해, 우리 국적법은 우리나라가 가입하고 있는 국제인권조약에 합치되는 방향으로 변화하였으나 여전히 해결되지 않은 문제들이 남아 있다. 이주윤, "국제법적 시각에서 본 대한민국의 국적문제", 『법학연구』, 제29집(2008), pp. 375~396 참조; 한편, 2010년 국적법 개정을 통해 '외국국적불행사서약'방식을 도입하여 제한적으로 복수국적이 허용되었다. 또한, 병역준비역에 편입된 복수국적자가 국적 선택 기간 내에 국적 이탈을 신고하지 않은 경우에는 그 사유를 불문하고 병역의무가 해소될 때까지 국적 이탈을 할 수 없도록 하는 규정이 국적 이탈 자유를 과도하게 침해한다는 헌법재판소의 헌법불합치결정(헌법재판소 2020. 9. 24. 선고 2016헌마889)을 반영하여, 2022년에는 주된 생활의 근거가 외국에 있는 복수국적자에게 예외적으로 국적 이탈을 허가하는 절차를 신설하는 개정이 이루어졌다.

승한 모든 사람에게 (선박이나 항공기) 등록국의 법이 적용된다. "본법은 대한민국영역외에 있는 대한민국의 선박 또는 항공기내에서 죄를 범한 외국인에게 적용한다."고 규정한 형법 제4조는 기국주의의 한 예이다. 다만 제4조에서 대한민국 영역 외로 제한한 이유는 제2조와의 중첩을 피하기 위해서이고, 외국인으로 제한한 이유는 제3조와의 중첩을 피하기 위해서이다. 가령 우리나라에 등록된 항공기가 국내에 소재한 국제공항에 있는 경우에는 속지주의를 규정한 제2조가 적용되므로 기국주의를 규정한 제4조의 적용 여부를 검토할 필요가 없다. 이전에는 선박 등을 부동의 영역으로 보아 속지주의의 연장선상에서 접근하기도 하였지만, 기국주의가 명확한 접근방법이라고 할 수 있다.

보호주의는 국가가 자국의 국가안전이나 경제적 신용을 보호하기 위해 인정되는 원칙으로, 속지주의나 속인주의가 적용되지 않는 외국인의 국외범에 적용된다. 형법 제5조도 보호주의의 한 예이다. 형법 제5조(외국인의 국외범)는 대한민국 영역 외에서 내란의 죄, 외환의 죄, 국기에 관한 죄, 통화에 관한 죄, 유가증권, 우표와 인지에 관한 죄, 문서에 관한 죄 중 제225조 내지 제230조, 인장에 관한 죄 중 제238조의 죄를 범한 외국인에게 적용한다고 규정하였다. 그중에서 국기에 관한 죄는 보호주의와의 관련성이 상대적으로 적다고 할 수 있다.

수동적 속인주의는 행위자가 아니라 행위의 대상자, 즉 범죄의 경우 가해자가 아니라 피해자가 자국민인 경우에 적용된다. 즉 피해자의 국적국 법이 가해자인 외국인의 국외범에게 적용되는 경우이다. 이와 구분하기 위해 앞서 언급한 속인주의를 능동적 속인주의 또는 적극적 속인주의라고도 한다. "본법은 대한민국영역외에서 대한민국 또는 대한민국 국민에 대하여 전조에 기재한 이외의 죄를 범한 외국인에게 적용한다. 단 행위지의 법률에 의하여 범죄를 구성하지 아니하거나 소추 또는 형의 집행을 면제할 경우에는 예외로 한다."

고 규정한 형법 제6조는 수동적 속인주의의 한 예이다. 수동적 속인주의는 보호주의가 적용되지 않는 외국인의 국외범에 적용된다.

보편주의 또는 보편관할권은 예외적으로 인정된다. 국제법에서 인정되는 경우로 해적행위, 평화에 대한 죄(平和에 對한 罪/crimes against peace), 전쟁범죄(戰爭犯罪/war crimes), 인도에 대한 죄(人道에 對한 罪/crimes against humanity)를 들 수 있다. 해적행위는 공해상에서 발생한 경우를 말하고 영해에서 발생한 경우는 속지주의가 적용되기 때문에 여기에 포함되지 않는다. 국내법의 예로는 "이 법은 대한민국 영역 밖에서 집단살해죄등을 범하고 대한민국영역 안에 있는 외국인에게 적용한다."고 규정한 국제형사재판소 관할 범죄의 처벌 등에 관한 법률 제3조 제5항을 들 수 있다.[12)]

보편주의를 제외한 다른 원칙은 자국의 법을 적용하기 위해 그 사람이 자국의 영토, 선박, 항공기에 있다든가, 가해자 또는 피해자가 자국민이라든가, 자국의 국가안전이나 경제적 신용이 침해되었다든가와 같이 법을 적용하려는 국가와 일정한 연결고리(link)가 있어야 하는데, 보편주의는 이런 조건이 요구되지 않는다. 보편주의가 적용되는 범죄를 저지른 사람에 대해서는 어떤 국가든 국가이기만 하면 처벌할 수 있다. 실제로 보편주의가 적용되는 행위를 저지른 외국인의 국외범을 국가가 처벌하기 위해 국내법적 근거가 필요한지에 대해서는 학설의 대립이 있으나, 국내법적 근거가 필요한 것으로 해석된다.

대륙법계와 영미법계가 은근히 다르다는 점은 인적 효력에서도 확인할 수 있다. 하나는 속인주의에 대한 태도이다. 속지주의와 속

12) 외국인이 대한민국 국민을 상대로 저지른 경우는 제3조 제4항에서 규정하고 있기 때문에 해석상 피해자가 대한민국 국민인 경우는 제3조 제5항에 포함되지 않는다. 다른 한편으로 약취, 유인 및 인신매매의 죄를 대한민국 영역 밖에서 범한 외국인에게도 적용하도록 규정한 형법 제296조의2(세계주의)는 보편주의를 적용하려는 취지로 보이나, 문언상으로는 수동적 속인주의와 구분되지 않아 죄형법정주의의 명확성의 원칙에 부합하는지 의문이다.

인주의는 국가주권의 원칙에 기초하기 때문에 인적 효력의 법적 근거로 가장 확고하다고 할 수 있다. 속지주의를 원칙으로 하지만 대륙법계에서 속인주의가 그보다 덜한 법적 근거는 아니다. 영미법계도 속인주의에 근거한 법의 적용을 인정한다. 그러나 영미법계는 속인주의를 적극적으로 적용하지 않는다. 미국의 경우 원칙적으로 자국민이 해외에서 저지른 범죄에 대해 국내 법원의 형사재판관할권이 인정되지 않는다. 따라서 행위지에서만 처벌할 수 있고 행위지에서 처벌받지 않으면 달리 처벌되지 않는다. 생소할 수 있지만 그렇다고 비합리적이라고 할 수도 없다. 용의자를 자국 법정에 세운다고 유죄가 입증되는 것은 아니기 때문이다. 유죄를 입증할 수 있는 증거는 보통 행위지에 있고, 따라서 행위지 법원이 사건을 제일 잘 판단할 수 있기 때문이다.

다른 하나는 수동적 속인주의에 대한 태도이다. 대륙법계는 수동적 속인주의를 인정하지만, 영미법계는 부정한다. 따라서 수동적 속인주의는 인적 효력에서 적용할 수 있는 원칙의 하나로 여기서 얘기하지만, 다른 원칙과 달리 국제법적 구속력을 가지는 원칙은 아니다.

수동적 속인주의에 대해 대륙법계 국가의 입장은 둘로 나뉜다. 하나는 제한적으로 적용하는 경우이고 다른 하나는 아무런 제한 없이 수동적 속인주의를 적용하는 경우이다. 우리나라는 전자에 속한다고 할 수 있다. 형법 제6조에서 행위지의 법률에 의하여 범죄를 구성하지 아니하거나 소추 또는 형의 집행을 면제할 경우에는 적용하지 않는다고 규정하여 우리나라와 행위지에서 모두 처벌할 수 있는 경우에만 수동적 속인주의를 적용하기 때문이다.

형사사건에서 외국인이 국외범인 경우에 적용되는 보호주의와 수동적 속인주의를 실제로 적용하기 위해서는 전제조건이 충족되어야 한다. 우선 용의자의 신병을 확보해야 한다. 또한 유죄의 입증을 위한 증거가 보통 행위지에 있기 때문에 사법공조가 필요하다. 이를 위해서는 (자국민불인도의 원칙이 적용되는 경우 적용상의 한계가 있지만)

범죄인인도조약이나 국제사법공조조약이 필요할 수 있다.

백문이 불여일견! 수동적 속인주의가 적용된 선상반란사건을 예로 들어 보자. 공해상에 있는 온두라스 선적의 원양어선에서 중국의 국민이 한국과 인도네시아의 국민을 살해하는 사건이 발생하였다. 온두라스와 중국 그리고 한국은 각각 자국의 법을 적용하기 위해 어떤 원칙을 주장할 수 있는가? 결국 이 사건을 한국에서 재판하게 되었는데, 한국의 법원은 중국의 국민이 인도네시아의 국민을 살해한 혐의에 대해서도 재판할 수 있는가? 할 수 없다. 한국 형법의 인적 적용범위에 포함되지 않기 때문이다.

형법 제7조는 "죄를 지어 외국에서 형의 전부 또는 일부가 집행된 사람에 대해서는 그 집행된 형의 전부 또는 일부를 선고하는 형에 산입한다."라고 규정하였다. 한국인 갑이 나국에서 차량을 운전 중에 교통사고를 냈다고 가정해 보자. 자국의 법을 적용할 수 있는 국가는 어디인가? 한국과 나국 모두 자국의 법을 적용하여 갑을 처벌할 수 있다. 나국은 속지주의에 따라 그리고 한국은 속인주의에 따라 하게 된다. 사고 발생 당시 갑이 나국에 있으니 특별한 사정이 없는 한 갑은 나국에서 먼저 처벌받게 된다.

문제는 갑이 귀국한 후에 한국에서도 처벌받느냐이다. 한국도 처벌할 수 있다. 헌법 제13조 제1항은 "동일한 범죄에 대하여 거듭 처벌받지 아니한다."고 규정하여 형사사건에 적용되는 일사부재리의 원칙을 천명하였다.[13] 한국도 처벌한다면 일사부재리의 원칙에 반하는가? 그렇지 않다. 일사부재리의 원칙은 국내법의 원칙이다. 한국에서 동일 사건에 대해 다시 재판할 수 없다는 의미인데 한국에서 두 번 재판하는 것이 아니기 때문이다. 그러나 갑의 입장에서는 (한국에서 두 번 처벌받는 것은 아니지만) 하나의 행위로 나국과 한국에서 처벌받기 때문에 실질적으로 두 번 처벌받는 결과가 된다. 바로 이

13) 형사소송법 제326조 제1호 참조.

런 경우에 발생할 수 있는 형평의 문제를 해결하기 위해 형법 제7조가 도입되었다.

현재의 규정은 2015년 5월 28일에 내려진 헌법재판소의 헌법불합치 결정에[14] 따라 2016년 12월 20일 법률 제14415호로 개정된 조항이다. 개정 전에는 "범죄에 의하여 외국에서 형의 전부 또는 일부의 집행을 받은 자에 대하여는 형을 감경 또는 면제할 수 있다."라고 하여 임의적 감면사유로 규정했었다. 피고인의 입장 또는 형평의 관점에서 본다면 미흡한 규정이 아닐 수 없다. 헌재가 나섰고 적절하게 개정되었다. 나비효과인가? 알 수 없는 일이다.

14) 헌재 2015. 5. 28. 선고 2013헌바129 결정.

제2부
헌법의 기본원리

헌법은 기본권과 통치구조를 다루는 국가의 최고법규범이다. 제2부에서는 헌법의 기본원리를 세 개의 장으로 나누어 살펴본다.

제7장 헌법의 의의와 특성에서는 우선 헌법의 개념을 다룬다. 오늘날 대다수의 국가가 성문헌법을 가지고 있지만 그렇지 않은 불문헌법 국가도 있고 반드시 성문헌법이 있어야만 하는 것은 아니다. 그러나 성문헌법의 존재 여부는 국가의 국내법체계와 입법부, 행정부, 사법부의 삼각관계에 직접적인 영향을 준다. 사실 헌법처럼 법의 존재형식 자체가 실질적인 영향을 미치는 경우도 드물다. 이 장에서는 헌법을 형식적 의미의 헌법과 실질적 의미의 헌법으로 구분하여 그 의미와 차이를 검토한 후 헌법의 역사적 발전과정을 검토한다. 헌법은 역사적으로 고유한 의미의 헌법, 근대 입헌주의적 의미의 헌법, 현대 복지국가적 의미의 헌법의 세 단계에 걸쳐서 발전하였는데, 헌법의 역사적 개념이 변화하고 발전하게 된 배경과 특징을 고찰하고 아울러 국가의 구성요소와 유형도 함께 살펴본다. 이어서 헌법의 분류, 헌법의 제정과 개정, 헌법의 특성, 헌법의 기본원리, 헌법의 기본질서를 순차적으로 정리해 본다.

제8장 기본권에서는 개별적인 기본권이 아니라 기본권의 일반이론을 다룬다. 기본권의 법적 성격에서는 기본권의 이중적 성격 또는 양면성의 의미를 살펴보고 이어서 기본권의 종류를 간단하게 정리한다. 우리 헌법의 기본권은 인간의 존엄과 가치, 행복추구권, 평등권, 자유권적 기본권, 정치적 기본권(참정권), 청구권적 기본권, 사회적 기본권으로 나눌 수 있다. 기본권의 주체에서는 국민과 외국인, 자연인과 법인의 차이를 비교해 본다. 기본권의 효력에서는 개인과 개인의 관계에서 발생하는 기본권의 침해를 다루는 기본권의 대사인적 효력 또는 제3자적 효력을 중심으로 검토한다. 기본권의 내재적 한계와 제한에서는 기본권이 제한되는 세 가지 경우, 즉 기본권의 내재적 한계, 기본권의 헌법적 한계, 법률유보를 살펴보고 이들의 상호관계를 검토한다. 아울러 국민의 의무에 대해서도 간단하게 정리한다.

제9장 통치구조에서는 통치의 형태, 통치의 작용, 통치의 기구를 검토한다. 통치의 형태는 정부형태에 따라 차이가 있는데, 민주주의 국가의 정부형태로 의원내각제, 대통령중심제, 이원집정부제를 살펴보고 그 차이점을 비교해 본다. 통치의 작용에서는 삼권분립의 원칙에 따라 입법(작용), 행정(작용), 사법(작용)으로 나누어 차이를 비교하고 그 특성이 입법부, 행정부, 사법부에 미치는 영향을 검토한다. 우리 헌법은 단원제 국회, 의원내각제가 가미된 대통령중심제의 대통령, 법원과 헌법재판소로 이원화된 사법부를 규정하였다. 따라서 통치의 기구에서는 국회, 정부, 법원, 헌법재판소의 구성과 권한을 살펴보고 이들의 상호관계를 검토한다.

제7장 헌법의 의의와 특성

헌법이란 무엇인가? 이 장에서는 헌법의 개념을 정의하고 형식적 의미의 헌법과 실질적 의미의 헌법의 차이를 검토한다. 특히 형식적 의미의 헌법, 즉 법률보다 상위의 지위를 가지는 성문헌법이 존재하는지는 국내법의 연원 체계에 영향을 줄 뿐만 아니라 입법부, 행정부, 사법부의 삼각관계를 설정하는 토대가 된다. 따라서 우리는 여기서 대륙법계에 속하는 한국과 성문헌법이 없는 영국 그리고 영미법계에 속하지만 성문헌법을 가진 미국의 경우를 비교하면서 성문헌법의 존부가 각국의 국내법체계와 통치구조에 미치는 영향을 검토한다.

그리고 헌법의 역사적 발전과정을 살펴본다. 역사적으로 헌법은 세 단계로 발전하였는데, 고유한 의미의 헌법에서 시작해서 근대 입헌주의적 의미의 헌법을 거쳐 오늘날 현대 복지국가적 의미의 헌법에 이르렀다. 각 단계의 성립배경과 특징에 대한 이해를 통해 헌법의 존재이유와 목적을 생각해 보자. 이 외에도 헌법의 분류, 헌법의 제정과 개정, 헌법의 특성, 헌법의 기본원리, 헌법의 기본질서를 간략하게 검토하고 이를 통해 헌법의 의의와 특성을 파악한다.

1. 헌법의 개념

헌법은 기본권과 통치구조를 정하는 국가의 최고법규범이다.[1] 그러나 헌법의 최고규범성은 성문헌법을 전제로 한다. 성문헌법이 없는 불문헌법국가의 경우에는 기본권과 통치구조를 다루는 실질적 의미의 헌법은 존재하지만 형식적 의미의 헌법은 없다. 따라서 성문헌법이 없기 때문에 법률이 최상위법이고 위헌법률심사제도가 없다.

(1) 형식적 의미의 헌법과 실질적 의미의 헌법

헌법은 형식적 의미의 헌법과 실질적 의미의 헌법으로 나눌 수 있다. 법의 연원에서처럼 전자는 형식을 기준으로 헌법 여부를 판단하고 후자는 내용을 기준으로 한다. 따라서 형식적 의미의 헌법은 기본권과 통치구조에 관한 내용이 아니더라도 성문헌법에 담긴 내용은 모두 헌법의 지위가 인정된다. 반면에 법률 등에 담긴 내용이더라도 기본권과 통치구조에 대한 것은 실질적 의미의 헌법이 될 수 있다.

성문헌법은 그 존재만으로도 한 국가의 국내법체계와 입법부, 행정부, 사법부의 삼각관계에 영향을 미친다. 대륙법계에 속하고 독일식 위헌법률심사제도를 운영하는 한국과 성문헌법을 갖고 있지 않은 영국 그리고 영미법계에 속하면서 성문헌법을 가지고 있는 미국의 경우를 비교하면서 성문헌법이 지닌 의미를 검토해 보자.

첫째, 성문헌법과 헌법의 최고규범성은 위헌법률심사제도의 필요조건이다. 위헌법률심사제도란 법률이 헌법에 위배되는지를 심사하는 제도이기 때문에 법률보다 상위의 지위를 가지는 성문헌법이 존재해야 가능하다. 한국과 미국은 모두 성문헌법이 있고 헌법의 최고규범성이 인정된다. 양국 모두 위헌법률심사제도를 운영하는데, 우리는 독일식 헌법재판소제도를 운영하는 점이 다르다. 최고법원인 대법원과 별도로 헌법에 대한 최종유권해석 권한을 가지는 헌법재판소를 설치하여 운영한다. 따라서 한국에서 위헌법률의 문제는 국

1) 김철수, p. 3; 전광석, p. 3.

회의 법률 개정 외에 헌법재판소가 위헌 결정으로 해결하는 방법이 있다. 한국은 사법부가 대법원을 정점으로 하는 법원과 헌법재판소로 이원화되어 있다고 할 수 있다. 조직과 규모에서는 비교가 되지 않지만, 위헌법률심사제도를 통해 규범통제를 하는 헌법재판소의 역할이 고려될 필요가 있다.

반면에 미국은 별도의 헌법재판소 없이 법원에서 심사한다. 권력분립의 원칙에 따라 법을 해석하고 적용하는 권한은 사법부인 법원에 있고 헌법도 법이기 때문에 국가의 최고법인 헌법에 대한 해석의 권한은 법원이 가지며[2] 최종적인 판단은 최고법원인 대법원이 하게 된다. 미국에서도 우리처럼 위헌법률의 문제는 의회가 스스로 법률을 개정하거나 대법원이 위헌으로 판결하는 두 가지 방법이 있다. 미국도 영미법계에 속하는 국가이고 판례법이 대표적인 연원이지만 판례법은 의회의 법률보다 하위이다. 그러나 법률의 위헌 여부가 문제 되었을 때는 헌법에 대한 최종유권해석 권한을 토대로 대법원이 판결로 결정한다. 사법부가 이원화되어 있는 한국과 달리 위헌법률심판권도 가지는 미국의 최고법원인 대법원은 세계에서 가장 강력한 사법부의 하나로 평가된다.

영국은 성문헌법이 없는 불문헌법국가에 속한다. 따라서 영국에서는 의회의 법률이 사실상 최고법의 지위를 가진다. 위헌법률심사제도도 없고 법률에서 발생하는 문제는 의회가 스스로 개정하는 방법을 통해서만 해결될 수 있다. 게다가 의원내각제의 정부형태여서 의회 의석의 과반수를 차지하는 단독정당 또는 연립정당이 행정부를 차지한다. 대통령중심제와 달리 의원의 장관 겸직이 일반적으로 인정된다. 법원의 위헌법률심판권도 없고 헌법재판소도 없다. 세계에서 강력한 의회로 손꼽히는 이유이다. 의회주권(議會主權/parliamentary sovereignty) 또는 의회우위(議會優位/parliamentary supremacy)의 원칙

2) *Marbury v. Madison*, 5 U.S. (1 Cranch) 137 (1803).

은 이런 상황을 표현하는 용어라고 할 수 있는데, 의회가 행정부나 사법부 등의 다른 국가기관보다 우위에 있으며 어느 정도 절대적이고 무제한한 권한(입법권)을 가진다는 의미로 사용된다.

둘째, 법률유보와 기본권의 헌법적 한계의 차이를 들 수 있다. 법률유보란 법률에 의한 기본권의 제한을 말하고, 헌법유보란 헌법에 의한 기본권의 제한을 말한다. 위헌법률심사제도는 하위법인 법률이 상위법인 헌법에 위배되는지를 심사하는 제도이기 때문에 헌법에서 직접 기본권을 제한하는 헌법유보의 경우에는 위헌의 문제가 발생하지 않는다. 따라서 기본권을 제한하는 동일한 규정이더라도 헌법에 명시된 경우와 법률에 명시된 경우는 법적 효력에 차이가 있다. 다만 헌법유보는 이전에 사용하던 용어이고[3] 요즘은 보통 기본권의 헌법적 한계라고 한다.

법률유보와 기본권의 헌법적 한계의 차이를 단적으로 보여주는 사례가 헌법 제29조 제2항이다. 제2항은 "군인·군무원·경찰공무원 기타 법률이 정하는 자가 전투·훈련등 직무집행과 관련하여 받은 손해에 대하여는 법률이 정하는 보상 외에 국가 또는 공공단체에 공무원의 직무상 불법행위로 인한 배상은 청구할 수 없다."고 하여 제1항에서 기본권으로 보장하는 국가배상청구권이 군인, 경찰, 군무원, 법률에서 정한 예비군 대원[4] 등에게는 인정되지 않는 예외를 규정하였다. 따라서 이런 경우에는 관련 법률에서 정한 보상이 불충분하게 생각되더라도 국가배상법이나 민법에 따른 손해배상을 청구할 수 없다. 그러나 법률유보가 아니라 기본권의 헌법적 한계에 속하기 때문에 위헌의 문제는 발생하지 않는다.

헌법재판소는 "헌법은 전문과 단순한 개별조항의 상호관련성이 없는 집합에 지나지 아니하는 것이 아니고 하나의 통일된 가치체계를 이루고 있으며 헌법의 제규정 가운데는 헌법의 근본가치를 보다

---

3) 김철수, pp. 250~251 참조.

4) 국가배상법 제2조 제1항 단서.

추상적으로 선언한 것도 있고 이를 보다 구체적으로 표현한 것도 있으므로, 이념적·논리적으로는 헌법규범상호간의 가치의 우열을 인정할 수 있을 것이다. 그러나 이때 인정되는 헌법규범상호간의 우열은 추상적 가치규범의 구체화에 따른 것으로서 헌법의 통일적 해석을 위하여 유용한 정도를 넘어 헌법의 어느 특정규정이 다른 규정의 효력을 전면 부인할 수 있는 정도의 효력상의 차등을 의미하는 것이라고는 볼 수 없다."라고 하여 위 헌법 조항 부분에 대한 심판청구는 위헌심사의 대상이 될 수 없는 헌법의 개별 규정에 대한 것으로서 부적법한 것이라고 판단한 바 있다.[5)]

헌법 제29조 제2항은 1972년 제7차 개헌(유신헌법)에서 도입되었다. 이는 1971년에 발생한 (제1차) 사법파동으로 촉발되었다. 제7차 개헌 이전에는 군인이나 경찰 등의 경우에 국가배상청구권을 제한하는 규정을 헌법이 아닌 법률(국가배상법)에서만 두었다. 당시에는 법률의 위헌심판권이 법원에 있었다. 해당 규정의 위헌 여부가 법원에 제기되었고 하급심 법원은 이미 위헌으로 판결하였다. 대법원에서 최종적으로 확정되면 정부의 재정 부담이 예상되었고, 국회는 1970년 8월 7일 법률 제2222호로 법원조직법을 개정하여 제59조 제1항 단서에 대법원의 위헌 결정에는 대법원 판사 전원의 2/3 이상의 출석과 출석인원 2/3 이상의 찬성이 필요하도록 규정하였다.

1971년 6월 22일 대법원은 국가배상법 제2조 제1항 단서가 인간의 존엄, 평등권, 국가배상청구권을 침해하여 위헌이고 법원조직법 제59조 제1항 단서도 위헌이라고 판결하였다.[6)] 국가배상법 규정은 16명의 대법원 판사 중에서 9명이 위헌이라고 판단하였고 7명이 반대의견이었다. 당시로선 획기적인 일대 사건이 아닐 수 없었다. 그리고 사법부가 잇단 시국 사건에서 구속영장을 기각하거나 무죄를 선고한 것도 정부와 법원 간의 긴장을 고조시켰다.

5) 헌재 1996. 6. 13. 선고 94헌마118 등 결정.
6) 대법 1971. 6. 22. 선고 70다1010 판결.

1971년 7월 6일 서울지검의 공안부 검사가 비리 혐의로 서울지방법원의 판사와 직원에 대한 구속영장을 청구하자 법원이 이를 기각하였다. 판사들은 이를 검찰이 기소한 공안사건에서 법원이 무죄 판결을 내린 것에 대한 보복조치로 간주하고 집단으로 사표를 제출하였는데 전체 판사의 1/3 이상이 참여하였다. 이에 대통령이 법무부장관에게 수사 중지를 지시하고 대법원장이 중재에 나서면서 사태는 일단 진정되었다. 그 후 1972년 제7차 개헌을 통해 유신헌법으로 개정되면서 위헌법률심판권은 헌법위원회의 권한이 되었고, 국가배상청구권을 제한하는 규정이 헌법에 명문화되었다. 1973년에는 법원조직법을 개정하여 기존의 판사들을 모두 재임용의 대상으로 삼았고 위헌 의견을 냈던 9명의 대법관은 모두 재임용에서 탈락하였다.

셋째, 헌법상의 기관과 법률상의 기관의 차이이다. 국무총리는 헌법상의 기관이지만 각부장관은 법률상의 기관이다. 국무총리는 헌법 제86조에 규정되어 있지만 각부의 장관은 임명절차만 규정하고(헌94) 행정각부의 설치, 조직과 직무범위는 법률로 정하도록(헌96) 규정하였다. 따라서 행정각부를 몇 개로 할지 또는 직무범위를 어떻게 나눌지에 대해서는 법률인 정부조직법에서 다룬다. 법률상의 기관은 국회의 법률 개정으로 변경이 가능하지만 헌법상의 기관은 헌법 개정이 필요하다. 헌법의 개정은 법률의 개정보다 훨씬 까다롭다. 그만큼 헌법상의 기관은 법률상의 기관보다 강력한 지위가 보장된다고 할 수 있다. 요컨대 기본권 제한의 경우처럼 헌법에 규정되었는지에 따라 국가기관의 법적 지위에 차이가 발생한다.

(2) 헌법의 역사적 발전과정

헌법의 역사적 발전과정은 고유한 의미의 헌법, 근대 입헌주의적 의미의 헌법, 현대 복지국가적 의미의 헌법의 세 단계로 나눌 수 있다. 그중에서 고유한 의미의 헌법은[7] 어느 시대 그리고 어느 사회에나 존재했다고 할 수 있다. 고유한 의미의 헌법은 국가의 통치구조를 정하는 법이라고 할 수 있다. 이러한 의미는 헌법을 뜻하는 'constitution'이라는 용어에 잘 나타난다.

'constitution'은 '구성하다' 또는 '조직하다'라는 의미의 'constitute'에서 왔다. 그러니까 헌법은 기본적으로 조직규범의 의미를 가지며 국가를 구성하는 또는 조직하는 법이라는 의미로 'constitution'이 사용되었다고 할 수 있다. UN헌장이나 WTO협정 같은 국제기구 설립 조약을 해당 국제기구의 헌법이라고 부르는 것도 같은 맥락에서 이해할 수 있다. 요컨대 어느 시대 그리고 어느 사회에나 존재했던 고유한 의미의 헌법은 국가의 통치구조를 정하는 법이다.

근대 입헌주의적 의미의 헌법은[8] 국민주권주의를 토대로 확립되었다. 근대의 자연법사상에 기초하여 주권자가 군주에서 국민으로 교체되었고 전제군주국가는 근대시민국가로 전환되었다. 근대시민국가의 헌법이 바로 근대 입헌주의적 의미의 헌법이다. 국민이 주권자가 되면서 개인의 자유와 권리를 보장하는 기본권 보장이 근대 헌법에 새롭게 도입되었고 나아가 국가 또는 헌법의 존재이유 또는 목적이 되었다(기본권의 보장). 기존의 헌법에서 다루던 통치구조에 대해 새롭게 도입된 기본권의 우위가 인정되었다.

국민이 주권자이지만 국민이 직접 국가의 정책을 결정하는 직접 민주주의는 대부분 국가에서 기술적으로 가능하지 않다. 따라서 국민을 정치적 또는 이념적으로 대표하는 국민의 대의기관으로 의회를 두게 되었고(의회주의), 정치는 의회를 통해 간접민주주의 또는 대의민주주의의 방식으로 이루어지게 되었다.

전제군주제의 폐해를 경험했던 국민은 권력을 주되 나누어서 서로 견제하게 하는 권력분립의 원칙을 적용하였고, 법 위에 군림하는 군주가 다스리는 인치주의가 아니라 법이 지배하는 법치주의를 확립하였다. 개인의 자유와 권리의 제한은 의회가 제정한 법률에 의해

7) 김철수, p. 5.
8) *Ibid.*, p. 6.

야 하고 행정은 법률에 따라 이루어지며(법치행정), 법원은 사법재판을 통해 개인의 자유와 권리를 보장하였다.

요컨대 개인의 권리와 의무에 영향을 주는 행정행위는 반드시 의회가 제정한 법률에 근거해서 이루어져야 하고, 사법심사를 통해 행정행위의 위법 여부를 법원에서 다툴 수 있게 하여 개인에게 사법적 권리구제를 보장함으로써 공권력의 남용으로부터 개인의 자유와 권리를 보장하는데 법치주의의 주된 목적이 있다.

성문헌법과 (법률의 개정보다 헌법의 개정을 까다롭게 한) 경성헌법은 시민사회가 얻은 성과를 지키기 위한 합리적인 선택이었다. 근대 헌법은 성문헌법을 통해 국민주권주의의 원리에 기초한 기본권과 통치구조의 내용을 명확하게 하였고, 주권자의 교체라는 정치적 성과를 공고히 할 수 있는 경성헌법의 방식을 적용하였다.

국민주권주의, 기본권의 보장, 의회주의, 권력분립의 원칙(견제와 균형의 원리), 법치주의, 성문헌법, 경성헌법은 근대 헌법의 공통된 특징이다. 그중에서도 국민주권주의는 다른 특징들의 토대가 된 가장 중요한 변화라고 할 수 있다. 근대 헌법이 추구했던 이상적인 국가형태는 야경국가이고, 대표적인 예로 1776년 버지니아 권리장전, 1787년 미국의 연방헌법, 1791년 프랑스 헌법 등을 들 수 있다.[9]

현대 복지국가적 의미의 헌법은[10] 자본주의의 위기와 갈등 속에 하나의 대안으로 출현하였다. 국내적으로 부익부빈익빈 현상을 초래한 독점자본주의의 폐해로 계층간 갈등이 심화하고 사회가 불안정해졌을 뿐만 아니라 대외적으로는 자본주의에 적대적인 사회주의 정부가 러시아에 출현하여 인접한 동유럽 국가들을 공산화하면서 서구자본주의 국가는 위기의식을 느끼게 되었다. 서구자본주의 국

9) 범죄 등을 예방하기 위해 밤에 경계를 서거나 순찰하던 야경꾼처럼 야경국가란 국방, 외교, 치안처럼 개인이 제공할 수 없는 서비스를 국가가 맡고 개인의 생활에 대한 국가의 간섭은 최소화하는 것을 이상적인 형태로 생각하는 국가라고 할 수 있다.

10) 김철수, pp. 6~7.

가는 제2차 세계대전을 겪으면서 이에 대한 대응방안으로 자본주의에 사회주의적 요소를 가미한 수정자본주의로 경제체제를 전환하였고, 개인의 능력과 관계없이 요람에서 무덤까지 인간다운 생활을 위해 필요한 최소한의 의식주를 국가가 책임지는 복지국가를 이상적인 모델로 추구하게 되었다. 현대 헌법의 대표적인 예로는 1919년 독일의 바이마르헌법을 들 수 있다.

현대 (복지국가적 의미의) 헌법의 공통된 특징으로는 사회적 기본권, 사회적 시장경제질서, 국제평화주의, 행정국가화 경향, 정당국가화 경향을 들 수 있다. 이상적인 국가의 모델이 야경국가에서 복지국가로 전환되면서 사회적 기본권을 헌법에 새롭게 도입하였고 실질적 평등권과 실질적 법치주의를 강화하였다. 그리고 자유방임주의적 시장경제질서는 사회적 시장경제질서로 전환되었다.

헌법 제119조가 단적인 예이다. 제1항에서 개인과 기업의 경제상의 자유와 창의의 존중을 경제질서의 기본으로 하면서도 제2항에서는 “국가는 균형 있는 국민경제의 성장 및 안정과 적정한 소득의 분배를 유지하고, 시장의 지배와 경제력의 남용을 방지하며, 경제주체간의 조화를 통한 경제의 민주화를 위하여 경제에 관한 규제와 조정을 할 수 있다.”고 하여 우리 헌법이 사회적 시장경제질서를 택하고 있음을 분명히 하였다. 제2항의 가장 핵심적인 내용은 바로 국가가 경제에 관한 규제와 조정을 할 수 있다는 점이다. 이전의 야경국가에서는 생각할 수 없었던, 전적으로 개인의 영역에 머물러 있던 경제 분야에 대해 조화롭고 균형 있는 경제발전을 위한 적극적인 역할이 국가에 부여되었다.

국제평화주의는 두 번의 세계대전과 대량파괴무기의 개발로 촉발되었다.[11] 양차 세계대전은 일부 국가에서 비롯된 전쟁이 제3국의 참전으로 결국 전 세계가 전쟁의 소용돌이에 휩싸이는 경험을 두 번

---

11) Antonio Cassese, *International Law in a Divided World* (Oxford: Clarendon Press, 1986), pp. 57, 64.

이나 겪게 했다. 또한 핵무기나 생화학무기 같은 대량파괴무기는 전쟁의 양상을 바꿔놓았다. 이전의 재래식 무기의 파괴력은 교전 지역에 국한되었지만, 대량파괴무기는 교전 지역을 넘어 도시나 지역을 궤멸시킬 수 있는 엄청난 파괴력을 입증하였다. 따라서 대량파괴무기를 사용한 제3차 세계대전의 발발은 인류의 공멸을 초래할 수도 있다는 위기의식이 국제사회에 팽배하였다.

제1차 세계대전 이후 전쟁 자체를 위법화하기 위해 1928년에 체결된 부전조약 또는 켈로그-브리앙조약(Kellogg-Briand Pact)은 제2차 세계대전의 발발을 막지 못했다. 그러나 제2차 세계대전을 겪으면서 (대규모의 전면적인 무력충돌이라고 할 수 있는) 전쟁을 포함한 일체의 무력 사용 또는 무력을 사용하겠다는 일체의 위협을 금지하는 무력사용금지의 원칙이 국제관습법으로 확립되었고,[12] 1945년에 체결된 UN헌장은 제2조 제4항에서 이를 성문화하기에 이르렀다. 자위권과 같은 예외적인 무력 사용이 금지된 것은 아니지만 침략전쟁과 같은 무력 사용은 오늘날 명백하고 중대한 국제법 위반행위가 되었다. 헌법 제5조 제1항의 "대한민국은 국제평화의 유지에 노력하고 침략적 전쟁을 부인한다."는 규정도 이런 맥락에서 이해할 수 있다.

행정국가화 경향은 입법부나 사법부에 비해 행정부의 역할과 비중이 높아지는 현상을 말한다. 현대 국가와 헌법이 복지국가를 추구하고 경제 및 사회 분야에서 정부의 역할이 증대되면서 행정부의 영향력이 증가하였고, 이는 입법과정에도 반영되어 전문성이 뒷받침되는 행정부가 입법을 주도하고 의회가 통과 여부를 결정하는 식으로 권력분립의 원칙이 약화하는 상황을 초래하였다.

정당국가화 경향은 선거와 정치에서 정당의 역할이 증대하면서 정당이 정치의 중심이 되는 현상을 말한다. 오늘날 선출직 공무원의 대부분은 정당에 소속된 후보 중에서 선출된다. 현실적으로 무소속

12) *Case Concerning the Military and Paramilitary Activities in and against Nicaragua (Merits)*, ICJ Reports 1986, para. 188.

후보가 대통령으로 선출되기를 기대하기는 어렵고 무소속 국회의원 등도 자신의 정치적 신념에 따른 자발적인 결정이었다기보다는 특정 정당의 공천을 받지 못한 경우가 대부분이다.

정당의 정책을 중심으로 정치가 이루어지고 선거는 국민의 대표자 선출이라는 의미보다는 정당의 정책에 대한 국민의 신임투표 성격을 띠는 경향이 있다. 개개의 의원이 중심이 되어 입법 활동이 이루어지기보다는 정당과 (행)정부가 주도적인 역할을 하게 되었고, 이러한 행정국가화 현상과 정당국가화 현상은 의회민주주의 또는 대의민주주의의 약화를 초래하였다.

[표 7-1] 헌법의 역사적 발전과정

고유한 의미의 헌법	근대 입헌주의적 의미의 헌법	현대 복지국가적 의미의 헌법
어느 시대, 어느 사회에나 존재	근대의 자연법 사상 –천부인권사상, 사회계약론, 저항권	• 독점자본주의의 폐단 • 사회주의 국가의 출현
• 국가의 조직을 정하는 법 • 헌법(constitution)=통치구조 • 국민≠주권자 • 국민=통치의 대상	• 국민주권주의 • 기본권의 보장 • 권력분립의 원칙(견제와 균형의 원리) • 의회주의 (cf. 대의민주주의) • 법치주의 • 성문헌법 • 경성헌법	• 사회적 기본권의 보장 • 사회적 시장경제질서 • 국제평화주의 • 행정국가화 경향 • 정당국가화 경향
	야경국가	복지국가 (cf. 수정자본주의–사회주의적 요소의 반영)
전근대적 국가 또는 전제군주국가	• 1776년 버지니아 권리장전 • 1787년 미국연방헌법 • 1791년 프랑스헌법	1919년 독일의 바이마르 헌법

(3) 국가의 구성요소와 유형

국가의 구성요소 또는 성립요건은 영토, 국민, 주권이다. 내륙국처럼 영해가 없다고 국가가 아닌 것은 아니다. 영해는 연안국이 최대 12해리까지 설정할 수 있는 영토의 인접수역이고, 영토와 영해의 상부공간인 영공 및 영해, 그리고 영토의 관계는 종물과 주물의 관계와[13] 유사하다.

국제법에서는 영토, 국민, 정부, 대외관계를 설정할 수 있는 능력이라고 하여 네 가지를 들기도 하는데[14] 내용상의 차이는 없다. 정부와 대외관계를 설정할 수 있는 능력은 주권을 대내적 최고권과 대외적 독립권으로 분리한 개념이라고 할 수 있다.

정치학에서 식민지라고 하는 제국주의시대의 보호령(保護領/protectorate) 또는 피보호국(被保護國/protected state)이 국제사회에서 국가로 인정받지 못한 이유는 자치정부가 있더라도 대외관계를 설정할 수 있는 능력이 없기 때문이다. 대외적 독립권은 외교권으로 집약되는데, 보호령이나 피보호국의 경우에는 외교와 국방에 대한 권한을 보통 보호국 또는 종주국이 행사한다.

마리아나 제도는 그중에서 가장 큰 섬인 최남단의 괌과 사이판이 속해 있는 북마리아나 제도로 나뉜다. 1898년 미서전쟁(Spanish-American War)에서 스페인이 미국에 패배하면서 괌은 미국에 할양되었고 북마리아나 제도는 독일에 매각(할양)되었다. 이후 괌은 함께 할양된 푸에르토리코와 마찬가지로 미국에 편입되었다. 다른 한편으로 북마리아나제도는 제1차 세계대전에서 독일이 패망한 이후에

---

13) 민법 제100조 참조.

14) "Article 1. The state as a person of international law should possess the following qualifications: (a) a permanent population; (b) a defined territory; (c) government; and (d) capacity to enter into relations with the other states." 1933년 몬테비데오협약(Montevideo Convention on the Rights and Duties of States) 제1조.

국제연맹(國際聯盟/League of Nations)에서 일본의 위임통치지역이 되었고, 제2차 세계대전에서 일본이 패망한 이후에는 국제연합(國際聯合/United Nations)에서 미국의 전략적 신탁통치지역으로 있다가 신탁통치가 종료된 후에는 여전히 비독립지역(非獨立地域/dependent territory)의 상태에서 미국에 편입되었고, 푸에르토리코와 함께 미국의 'commonwealth'가 되었다.

괌, 북마리아나 제도, 푸에르토리코의 공통점은 미국의 영토로 편입되었지만, 'commonwealth'인지에 관계없이, 미국의 주(state)로 편입된 것은 아니라는 점이다. 따라서 자치정부는 있지만 주정부가 없고 연방정부의 관할에 속하며 미국의 헌법이 부분적으로 적용된다. 이들 지역을 'state'가 아닌 'territory'로 부르고 주민을 'citizen'이 아닌 'national'이라고 하는 이유는 바로 이런 법적 지위의 차이에 기인한다. 가령 북마리아나 제도의 경우 독립국가로 나아가거나 미국의 주로 편입되거나 아니면 당분간 현상을 유지하는 선택의 결정권은 여전히 주민에게 있다.

1) 국가의 유형

국가의 유형은 주권의 소재에 따라 군주국과 공화국으로 나뉜다. 군주국은 군주가 주권자인 국가이고 공화국은 국민이 주권자인 국가이다. 그러니까 대한제국은 군주국이고 대한민국은 공화국이다. 따라서 군주국은 군주가 상징적인 국가원수의 지위를 가지는 입헌군주제(constitutional monarchy)가 아니라 전제군주제(absolute monarchy)의 국가를 의미한다. 그러나 오늘날 대부분은 입헌군주제를 취하기 때문에 입헌군주국도 군주국이라고 하지만, 법적 의미의 군주국과 차이가 있다는 점에 유의할 필요가 있다.

국가는 또한 통합의 수준에 따라 단일국가와 연방국가로 나눌 수 있다. 한국, 영국, 일본 등이 전자에 속하고 미국, 독일, 스위스 등이 후자에 속한다. 단일국가가 연방국가보다 통합의 수준이 높다고 할 수 있는데, 우리가 쉽게 확인할 수 있는 차이는 주정부(州政府/state government)이다. 주정부는 연방국가에만 존재한다. 연방국가에도 우리의 자치단체에 해당하는 지방정부(local government)가 있다.[15] 미국의 경우 주를 구성하는 군(county)이나 군을 구성하는 시(city)가 우리의 광역자치단체 또는 기초자치단체에 해당한다.

비록 오늘날 복지국가 등의 영향으로 연방정부가 훨씬 강력해졌지만 적어도 법적으로 주정부는 (우리의 중앙정부에 해당하는) 연방정부(聯邦政府/federal government)와 동등한 지위를 가진다. 중앙정부와 지방자치단체처럼 수직적인 관계가 아니라 수평적인 관계인데, 이는 주정부가 연방정부로부터 권한을 위임받는 것이 아니라 연방정부와 마찬가지로 헌법으로부터 권한을 부여받기 때문이다.[16]

2) 분단국의 법적 지위

대한민국은 분단국(divided state)이다. 분단국이란 원래 하나의 국가였는데, 보통 이념을 달리하는, 서로 자신만이 합법적인 국가라고 주장하는 둘 이상의 체제가 존재하는 경우에 발생한다. 지금은 통일이 되었지만, 베트남, 독일, 예멘이 분단국이었고 현재 남아있는 국가로는 한국과 중국 정도가 있다. 사례도 많지 않아서 분단국에 일반적으로 적용되는 법원칙도 찾기 어렵다.

우선 분단국인 한국과 중국을 UN이 어떤 방식으로 승인했는지를 비교해 보자. UN은 1948년 12월 12일 총회의 결의문 제195(III)호로 한국 정부를 승인하였다. 다만 한반도 전역이 아니라 민주적인 선거가 실시된 이남 지역에서의 유일한 합법정부로 승인한 점은 유의할 필요가 있다.[17] 결의문 제2항은 합법적인 정부가 한국의 해당 지역

15) 전광석, p. 764 참조.

16) 미국 헌법 수정조항 제10조 참조.

17) "The General Assembly ... 2. Declares that there has been established a lawful government (the Government of the Republic of Korea) having effective control and jurisdiction over that part of Korea ... and that this is the only such

에(over that part of Korea), 즉 민주적인 선거가 실시된 이남 지역에 수립되었고 한국에서 그러한 유일한 정부(the only such government in Korea)라고 선언하였다. 이런 UN의 입장은 남북한의 UN 가입에서 재확인되었다. 만약 UN이 한반도 전역의 유일한 합법정부로 한국 정부를 승인했었다면 북한의 가입과 관련하여 UN은 기존의 입장을 수정했어야만 했다.

UN에서 중국 공산당 정부의 대표권이 검토되었다. 즉, 중국(China)이라는 국가를 본토에 있는 공산당 정부(People's Republic of China)가 대표하는지 아니면 대만 정부(Republic of China)가 대표하는지의 문제 말이다. 이에 대해 UN 총회는 1971년 10월 25일 결의문 2758(XXVI)을 통해 본토의 공산당 정부를 중국의 유일한 합법적 대표(the only legitimate representatives of China)로 승인하였다.[18)]

분단국의 현실적인 법률문제의 하나는 상대방의 법적 지위이다. 가령 한국의 입장에서 북한의 법적 지위가 문제된다. 헌법 제3조의 영토조항은 "대한민국의 영토는 한반도와 그 부속도서로 한다."고 규정하였다. 그러나 한국 정부의 통치권이 실제로는 이북지역에 미치지 않는다. 이북에는 북한 체제가 있다. 그래서 분단국이다. 그럼

Government in Korea ...." United Nations Documents, GA Res. 195(III), 12 December 1948.

18) "The General Assembly ... [d]ecides to restore all its rights to the People's Republic of China and to recognize the representatives of its Government as the only legitimate representatives of China to the United Nations, and to expel forthwith the representatives of Chiang Kai-shek from the place which they unlawfully occupy at the United Nations and in all the organizations related to it." United Nations Documents, GA Res. 2758(XXVI), 25 October 1971. 그동안 중국의 대표로 대만 정부가 UN에서 차지했던 자리는 순식간에 불법이 되었고 UN은 즉시 추방할 것을 명하였다. 국제사회의 냉엄한 현실을 보여주는 단면이라고 할 수 있다; 한편, 미중 갈등의 여파로 다음과 같은 보도도 나온 바 있다. 즉, 미국은 위 결의문 2785가 UN 내 대표권 문제만 해결한 것일뿐 대만의 법적 지위를 해결한 것은 아니므로 중국이 주장하는 '하나의 중국' 원칙은 별개의 문제라고 본다. 연합뉴스 2024년 6월 23일자 보도.

에도 불구하고 제3조가 지니는 중요한 헌법적 의미는 한반도에서 한국 이외의 존재를 국가로 인정하지 않는다는 점이다. 국가의 최고법인 헌법 제3조의 규정상 헌법의 개정 없이 우리는 북한을 국가로 인정하고 싶어도 할 수 없다. 그렇다면 헌법의 개정은 적절한 방안일까?

북한을 국가로 승인하지 않는 것은 지금까지 우리의 일관된 통일외교정책이다. 이는 1973년 박정희 대통령의 6·23선언에도 잘 나타나 있다. 한국 정부가 할슈타인 원칙을 폐기하여 남북한 교차승인을 천명하고 남북한 UN 동시 가입을 지지하는 이 선언문에는 본문에 이어 "나는 이상에서 밝힌 정책 중 대북한관계 사항은 통일이 성취될 때까지 과도적 기간중의 잠정조치로서, 이는 결코 우리가 북한을 국가로 인정하는 것이 아님을 분명히 하여 둡니다."라고 하여 국가만이 가입할 수 있는 UN의 동시 가입을 지지하면서도 북한을 국가로 인정하지 않는다는 것을 분명히 하였다.

할슈타인 원칙(Hallstein doctrine)이란 아데나워(K. Adenauer) 수상이 외교부 장관을 겸직하던 당시에 실질적으로 외교부를 이끌었던 할슈타인(W. Hallstein)의 이름을 딴 서독의 외교정책으로 서독만이 독일의 유일한 합법정부이고, (독일의 항복 이후 점령군의 하나였던 소련을 제외하고) 동독을 승인하거나 수교하는 국가와는 외교관계를 수립하지 않겠다는 내용을 말한다. 이 원칙은 1955년에 확립되었고 1969년에 브란트 수상이 집권하면서 폐기되었다. 한국 정부도 6·23선언 이전까지는 이 원칙을 따랐고, 중국은 말하자면 지금도 이 원칙을 대만과의 관계에서 고수하는 입장이라고 할 수 있다.

1991년 12월 13일에 채택된 남북기본합의서, 즉 '남북 사이의 화해와 불가침 및 교류·협력에 관한 합의서'에서도 확인할 수 있다. 합의서 전문에는 남과 북이 "쌍방 사이의 관계가 나라와 나라 사이의 관계가 아닌 통일을 지향하는 과정에서 잠정적으로 형성되는 특수관계라는 것을 인정"하였다. 또한, 제15조에서 남북의 물자교류를

"민족내부교류"로 규정하였다. 이는 남북한 상호간에 서로를 나라와 나라 사이의 관계가 아닌 것으로 본다는 의미이지만, 6·23선언이 우리의 일방적인 의사표시였다면 이것은 남북한이 합의한 문서라는 점에서 진일보한 측면이 있다. 남북기본합의서는 조약이 아니라 일종의 정치적 합의인 신사협정(紳士協定/gentlemen's agreement)인데,[19] 북한의 법적 지위와 관련해서는 (국제)법적 의미가 담긴 문서가 아닐 수 없다.

북한과는 직접적인 관계가 없지만 남북관계 발전에 관한 법률 제3조 제1항은 남북한 관계를 "국가간의 관계가 아닌 통일을 지향하는 과정에서 잠정적으로 형성되는 특수관계"라고 정의하여 6·23선언이나 남북기본합의서와 맥을 같이 하고 있다.

UN헌장 제4조를 통해 확인할 수 있듯이, UN에는 국가만이 가입할 수 있다. 한국 정부가 남북한의 UN 동시 가입을 지지하는 것은 간접적으로 북한을 국가로 인정하는 것인가? 그렇지 않다. 이런 문제는 UN 초기에 이미 UN의 관행으로 확립되었다. 아랍 국가들은 국가로 인정하지 않던 이스라엘이 UN에 가입 신청을 하자 반대의사를 표명하였다. 그러나 1949년에 이스라엘은 UN의 회원국이 되었다. 이때 이스라엘의 가입에 대한 UN의 승인이 이스라엘을 국가로 인정하지 않는 아랍 회원국들의 입장에도 영향을 주는지가 문제되었는데, 이는 별개의 문제로 다루어졌고 이후 UN의 관행이 되었다.[20] 한국이 동시 가입을 지지한 이유는 우리의 오랜 염원인 UN 가입을 위해 다른 방법이 없다는 현실적인 측면을 고려했기 때문이다. 남북한의 UN 동시 가입에 이어 채택된 남북기본합의서에서도

19) "남북기본합의서는 일종의 공동성명 또는 신사협정에 준하는 성격을 가짐에 불과하여 법률이 아님은 물론 국내법과 동일한 효력이 있는 조약이나 이에 준하는 것으로 볼 수 없다." 헌법재판소 2000. 7. 20. 선고 98헌바63 결정.

20) Gerhard von Glahn, *Law among Nations*, 7th ed. (Boston: Allyn and Bacon, 1996), p. 70, n. 9 참조,

나라와 나라의 관계가 아니라는 것을 양측이 확인하지 않았던가?

출입국관리법 제93조에 남북한 왕래 등의 절차를 별도로 규정한 이유도 북한은 국가가 아니고 군사분계선(휴전선)이 국경선이 아니기 때문에 내외국인의 출입국을 규정한 이 법에서 외국을 오가는 경우와 구분하기 위한 것이다. 남북교류협력에 관한 법률 제9조는 남북한주민의 왕래를 위해서는 외교부 장관이 아니라 통일부 장관의 승인이 필요하고 통일부 장관이 발행하는 방문증명서를 소지하도록 규정하였다. 남북한의 왕래는 여권이나 비자가 아닌 방문증명서로 이루어지며 법무부나 외교부가 아닌 통일부가 주무부처이다. 또한 남북관계 발전에 관한 법률 제3조 제2항, 남북교류협력에 관한 법률 제12조와 세계무역기구협정의 이행에 관한 특별법 제5조는 남북한의 거래를 "국가 간의 거래가 아닌 민족내부의 거래로 본다."고 규정하였다. 남북한 교역은 이러한 제도적 기반과 2000년 6월 남북정상회담을 계기로 본격화되었으나, 2010년 5월 24일 천안함 피격 사건에 대한 대응으로 교역이 중단되었고, 2016년 북한의 핵실험 등을 이유로 개성공단도 전면 중단되었다. 2018년 남북정상회담을 통해 학술, 문화유산 등의 교류가 재개되었으나, 2019년 미북정상회담 이후로는 소강상태가 이어지고 있다.[21] 한편, 남북 교역 당시 북한의 물품은 국가 간의 거래가 아니므로 무관세로 들여왔는데, 이는 WTO 회원인 한국이 북한 물품에만 관세를 부과하지 않게 되어 최혜국대우 의무를 위반할 가능성이 있었다. 과거 서독이 GATT에 가입할 당시 회원국 전체의 결정을 통해 동서독 교역에 대해 의무면제를 받아 무관세 교역을 인정받은 사례가 있다. 향후 남북 교역이 재개될 경우, WTO법 위반을 방지할 수 있는 거래 방안을 검토할 필요가 있다.[22]

---

21) 통일부 남북교류 개관, https://www.unikorea.go.kr/unikorea/business/cooperation/status/overview/ (2024. 8. 20. 검색).

22) 안덕근·박정준, "WTO체제에서의 남북한 교역과 개성공단 관련 통상쟁점 연구", 『국

그렇다면 한국의 입장에서 북한의 법적 지위는 무엇인가? 이런 경우에 생각해 볼 수 있는 사례가 바로 교황청과 대만이다. 교황청과 대만의 법적 지위에 대해서는 국가로 보는 견해와 특수실체(特殊實體/entities *sui generis*)로 보는 견해가 있다.[23)]

교황청 또는 바티칸시국은 국가의 성립요건 중에서 주권은 완벽하게 인정되고 행사되지만, 특히 국민(permanent population)의 요건이 문제된다. 국민은 계속성을 지녀야 하고 일반 국가는 세대가 이어지는 데 별다른 문제가 없지만 교황청은 종교적인 이유로 이것이 가능하지 않고 나아가 교황청의 국민이 되기 전에는 다른 국가의 국민이었다는 점이 문제된다.

반면에 대만의 경우에는 완전하게 국가의 성립요건을 갖추고 있지만 중국의 불승인정책으로 중국과 수교하는 국가는 대만과 단교해야 하기 때문에 (대만과 외교관계를 유지하는 국가는 별다른 문제가 없지만) 대만과 단교한 국가의 입장에서 대만의 법적 지위를 어떻게 보아야 하는지가 문제된다. 요컨대 국가로서의 지위를 인정하지 않는 경우에도 국가에 준하는 지위를 인정하는 법적 개념이 바로 특수실체이다. 특수실체의 가장 명확한 법적 의미 또는 효과는 적어도 국가로 인정하지 않는다는 것이며, 그렇다고 그 존재를 부정하는 것은 아니고 국가에 준하는 단체로 본다는 점이다.

결론적으로 한국의 입장에서 북한의 법적 지위는 이원적으로 다루어진다고 할 수 있다. 즉, 한국은 북한의 법적 지위를 북한과 제3국의 관계 그리고 분단의 당사자인 남북한 관계로 나누어 접근한다.[24)] 남북한의 교차승인을 천명한 한국의 입장에서 전자의 경우에는 국가와 국가의 관계를 부정하지 않으며, 이보다 중요한 것은, 후

제・지역연구』, 제23권 제4호, 2014, pp. 139~170 참조.

23) Lori F. Damrosch *et al.*, *International Law: Cases and Materials*, 4th ed. (St. Paul, Minn.: West Group, 2001), pp. 287~292.

24) 統一院, 『'南北基本合意書' 解說』 (서울: 統一院 統一政策室, 1992), p. 40.

자의 경우 적어도 국가와 국가의 관계가 아닌 특수한 관계로서, 전체적으로 본다면 한국의 입장에서 북한을 국가가 아닌 특수실체로 인정하는 것으로 평가된다.[25)]

통일은 분단 상황을 종식하는 유일한 방법인가? 그렇지 않다. 통일(統一/reunification)이[26)] 되면 더 이상 분단국이 아니지만 분단의 상황은 남북한이 서로를 국가로 승인해도 종료된다. 분단을 넘어 완전한 두 개의 국가가 되기 때문이다. 그래서 북한을 국가로 인정하는지가 중요한 문제이고 통일이 분단을 종식하는 유일한 방법이 아니라는데 유의할 필요가 있다.

통일은 통합을 보장하지 않는다. 통일이 물리적으로 하나였던 원래의 국가로 돌아간다는 의미라면 통합은 실질적인, 그리고 궁극적인 통일이라고 할 수 있다. 통합을 위한 노력은 통일 이전부터 이루어질 수 있고 또한 지금도 지속해서 이루어져야 하는 일이기도 하다. 통일뿐만 아니라 통합을 이루었다고 볼 수 있는 지표로는 무엇이 있을까? 서독의 함부르크에서 출생하였지만 동독에서 성장하여 동독 출신 정치인으로 평가받는 메르켈이 통일된 지 15년 뒤에 독일의 수상이 된 것도 그러한 예로 볼 수 있지 않을까? 다만 유일한 지표나 방법은 아니다.

남북한 관계의 발전에 따라 헌법 제3조의 영토조항을 개정할 필요가 있을까? 제3조의 개정은 이미 1990년대 이후 남북한의 교류가 활발해지면서 논의되었던 사안이다. 그때 개정했다면 남북관계가 경색된 지금 어땠을까? 헌법을 개정하는 일이 쉽지 않고 더욱이 개정했다가 다시 개정하는 일은 더 어렵다. 제헌헌법에서 처음 규정

25) 김민서, "남북기본합의서의 법적 재검토", 『국제법평론』, 통권 제14호 (2000-II), pp. 77~78.

26) 통일은 'unification'이 아니라 'reunification'이 정확한 표현이라고 할 수 있다. 단순하게 두 개가 하나로 합쳐지는 것이 아니라 원래 하나였던 것이 둘로 분리되었다가 다시 하나로 합쳐지는 것이기 때문이다. 따라서 'reunification'을 '재통일'로 옮기는 것이 적절한지는 의문이 아닐 수 없다.

(이때는 제4조)된 영토조항은 제9차 개헌을 통해 새롭게 도입된 제4조의 통일조항보다도 역사가 깊다. 게다가 남북관계가 워낙 유동적이라는 점을 고려한다면 제헌헌법 이래 한 번도 손을 대지 않았던 영토조항은 통일이 될 때까지 그대로 두는 것이 바람직하지 않나 생각해 본다.

2. 헌법의 분류

헌법의 분류는 전통적인 분류방법과 현대적인 분류방법으로 나눌 수 있다. 전통적인 분류방법은 헌법의 존재형식, 개정방법, 제정주체에 의한 분류를 말하고, 현대적인 분류방법은 이후에 새롭게 제기된 분류방법이다. 전통적인 분류방법 중에서 헌법의 개정방법은 헌법의 개정절차와 법률의 제정 또는 개정절차를 직접 비교하면서 구체적으로 살펴보고, 현대적인 분류방법은 여러 가지가 있지만 존재론적 분류방법만 검토해 본다.

(1) 전통적인 분류방법

전통적인 분류방법은 헌법의 존재형식에 따라 성문헌법과 불문헌법, 개정방법에 따라 경성헌법과 연성헌법, 제정주체에 따라 흠정헌법, 협약헌법, 민정헌법, 국약헌법으로 분류한다. 성문헌법이 없는 불문헌법 국가로는 영국, 뉴질랜드, 이스라엘 등을 들 수 있다. 경성헌법은 법률의 개정절차보다 헌법의 개정절차가 까다로운 편인데 반해, 연성헌법은 비슷한 편이다. 흠정헌법은 군주가, 협약헌법은 군주와 국민의 합의로, 민정헌법은 국민이, 국약헌법은 국가 간의 합의로 만든 헌법이다. 우리 헌법은 성문헌법, 경성헌법, 민정헌법에 속한다.

우리 헌법이 경성헌법인지를 확인하기 위해 구체적으로 양자를 비교해 보자. 헌법은 제128조~제130조에 헌법의 개정절차를 규정하였다. 헌법과 법률의 개정절차는 편의상 발의-의결-확정-공포-발효의 다섯 단계로 나눌 수 있다.

헌법개정안의 발의는 대통령 또는 국회재적의원 과반수로 할 수 있다.(헌128.1) 헌법개정안이 발의된 경우에는 20일 이상 공고하여야 한다.(헌129) 국회의 의결 전에 국민에게 널리 알리고 여론을 수렴하기 위해 공고한 날로부터 20일 이내에는 의결할 수 없게 하였다. 헌법개정안의 의결은 공고된 날로부터 60일 이내에 해야 하고, 국회재적의원 2/3 이상의 찬성을 얻어야 한다.(헌130.1) 헌법개정안의 확정은 의결 후 30일 이내에 국민투표에 붙여 국회의원 선거권자 과반수의 투표와 투표자 과반수의 찬성을 얻어야 한다.(헌130.2) 헌법개정이 확정되면 대통령이 즉시 공포하여야 한다. 헌법개정안의 발효에 대해서는 헌법에 명문의 규정이 없다.

실제에서 헌법의 개정을 좌우하는 결정적인 절차는 국회의 의결인가 아니면 국민투표인가? 답은 국회의 의결이다. 헌법개정안의 의결에 필요한 국회재적의원 2/3 이상의 찬성은 보통 야당의 찬성표가 없이는 불가능하다.[27] 따라서 여야가 합의하는 경우에만 현실적으로 헌법이 개정될 수 있고, 이렇게 여야가 개정에 합의한 경우

27) 2020년 4월 25일에 치러진 제21대 국회의원 선거는 모두의 예상을 뛰어넘는 여당의 압승으로 끝났다. 300석의 의석 중에 여당이 180석을 차지했고 제1야당은 불과 103석을 차지하여 겨우 개헌저지선(101석)을 확보하는 데 그친 기록적인 참패였다. 물론 이런 경우는 앞으로도 일어날 수 있지만 일반적인 경우라고 보기 어렵다. 당시에 제1야당은 지지층을 결집하는데 총력을 다했지만 중도층은 완전히 포기하는 듯한 선거전략을 구사하였다. 소선거구제/다수대표제의 선거에서 중도층을 포기하고 지지층만 결집하려는 선거전략이 얼마나 무모한지를 잘 보여준 선거라고 할 수 있다. 이를 반대로 해석하면 선거의 승패를 좌우하는 것은 역시 중도층이다. 아무튼 제21대 국회의원 선거는 예외적인 경우이고 보통은 여당의 입장에서 국회의원 과반수의 의석을 차지하면 성공적이고 적어도 제1당을 유지하는 것이 최소한의 목표라고 할 수 있다. 요컨대 헌법의 개정은 여야의 현실적인 의석 분포를 고려할 때 (여야의) 합의 없이는 가능하지 않다고 보는 것이 일반적이다.

국민투표에서 부결될 가능성은 높지 않다. 국민투표에서 현실적으로 중요한 문제는 과반수의 찬성이라기보다는 국회의원 선거권자 과반수의 투표를 확보하는 일이다.

헌법의 개정은 단계별로 일정한 시한을 두고 있고 일단 발의되어 3개월 정도면 헌법의 개정 여부가 확정된다. 헌법개정안의 의결은 공고한 날로부터 20일 후 그리고 60일 이내에 해야 하고, 국민투표는 헌법개정안의 의결로부터 30일 이내에 그리고 공포는 즉시 하도록 되어 있다. 그 이유는 반대의 경우를 가정하면 이해할 수 있다. 시한을 정하지 않으면 해당 기관이 임의로 절차의 진행을 지연하는 경우에 국론이 분열되고 사회적 혼란을 초래할 수 있기 때문이다. 헌법의 개정을 둘러싸고 여론이 찬반양론으로 나뉘는 것은 민주주의 국가에서 자연스러운 현상인데, 절차의 진행이 지연되면 이에 대해 양측의 갈등이 고조되고 이는 사회적 충돌로 이어질 수 있다. 이처럼 헌법의 개정을 둘러싼 사회적 갈등을 사전에 방지하기 위해 단계별 시한을 정하고 헌법개정안이 발의되면 신속하게 결정되도록 하였다.

헌법에서는 헌법개정안의 발효에 대해 아무런 규정도 두지 않았다. 따라서 헌법개정안의 발효를 헌법해석의 문제로 보아 공포하는 즉시 발효한다고 해석할 수도 있지만, 실제에서 헌법개정안의 발효를 헌법해석에 맡기기보다는 헌법개정안에 발효일자를 규정하여 처리하는 것이 현실적이고 합리적인 접근방법이라고 생각한다. 또한 실제의 관행도 헌법 부칙에서 헌법개정안의 발효일자를 규정한다. 헌법에서 헌법개정안의 발효일자를 규정하지 않는 이유는 발효일자를 획일적으로 정하는 것이 적절하지 않을 수도 있기 때문이다.

법률의 개정절차도 헌법에서 규정하였다. 법률의 제정절차는 법률의 개정절차와 동일하기 때문에 함께 보면 된다. 법률안의 발의는 국회의원 또는 정부가 할 수 있다.(헌52) 다만 국회법 제79조 제1항은 국회의원이 발의할 때 자신을 포함한 국회의원 10명 이상의 찬성을 얻도록 하고 있다. 법률안의 의결은 국회재적의원 과반수의 출석과 출석위원 과반수의 찬성으로 결정하고, 가부동수인 때에는 부결된 것으로 본다.(헌49) 헌법개정안과 법률안의 발의 또는 의결절차만 비교해도 헌법의 개정절차가 법률의 개정절차보다 까다롭다는 것을 확인할 수 있다. 게다가 헌법개정안을 확정짓기 위해서는 매번 국민투표를 실시해야 한다. 따라서 양자의 비교는 이 정도로 하고 지금부터는 법률의 개정절차를 마저 보기로 한다.

국회에서 의결된 법률안이 정부로 이송되면 대통령이 15일 이내에 공포하게 되어 있는데, 이때 발생할 수 있는 경우의 수는 세 가지이다.

첫 번째는 15일 이내에 대통령이 공포하는 경우이다.(헌53.1) 즉, 대통령이 서명하여 법률안을 확정하고 관보에 게재하여 공포한다. 관보에는 법률안과 함께 제정 또는 개정의 이유와 경위 그리고 공포일자와 대통령 및 국무총리와 관계 국무위원을 게재한다.

두 번째는 대통령이 법률안거부권을 행사하는 경우이다. 법률안거부권은 환부거부와 보류거부로 나뉘는데, 우리 헌법은 정부로 이송된 법률안을 15일 이내에 국회에 환부하도록 규정하여(헌53.2) 원칙적으로 환부거부만 인정한다. 국회는 환부된 법률안을 재의결할 수 있다. 다만 의결정족수가 가중되어 국회재적의원 과반수의 출석요건은 동일하지만 출석의원 2/3 이상의 찬성이 요구된다.(헌53.4) 이때에는 국회의 재의결로 법률안이 확정된다. 확정된 법률안은 다시 정부로 이송되고 이번에는 5일 이내에 대통령이 공포해야 하고 대통령이 공포하지 않으면 국회의장이 공포하도록 되어 있다.(헌53.6)

세 번째는 어떤 경우인가? 첫 번째도 아니고 두 번째도 아닌 경우이다. 수염의 비유를 연상시키는 세 번째 경우는 정부로 이송된 법률안을 15일 이내에 대통령이 공포하지도 않고 그렇다고 법률안거부권을 행사하지도 않는 경우이다. 보류거부에 해당하는 경우인데, 이때에는 15일을 경과함과 동시에 법률로 확정된다.(헌53.5) 보통 이런 경우에는 법률에 규정이 없어 법의 해석에 맡기는데, 헌법은 이에 대한 명문의 규정을 두었다. 사안의 중요성을 고려할 때 적절한 조치라고 할 수 있다. 이렇게 확정된 법률안을 다시 5일 이내에 대통령이 공포하지 않으면 국회의장이 공포한다.(헌53.6) 두 번째 경우와 동일하다. 다만 이 경우에는 예외가 있다. 원래 국회에서 의결된 법률안을 정부로 이송하면 대통령에게는 법률안을 공포할지 아니면 거부권을 행사할지에 대해 15일의 기간이 주어진다. 그런데 보류거부의 상태에서 15일이 경과하기 전에 국회의원의 4년 임기가 만료되면 이때에는 예외적으로 법률안이 폐기된다.[28] 결과적으로 이런 경우에는 보류거부가 인정된다.

확정된 법률안은 특별한 규정이 없는 한 공포 후 20일이 경과함으로써 효력을 발생한다.(헌53.7) 헌법의 개정절차와 법률의 개정절차를 표로 정리하면 다음과 같다.

[표 7-2] 헌법의 개정절차와 법률의 개정절차의 비교

<table>
<tr><th></th><th>발의</th><th>의결</th><th>확정</th><th>공포</th><th>발효</th></tr>
<tr><td>헌법개정</td><td>대통령
또는
국회(1/2)
(20일 이상
공고)</td><td>국회(2/3)
(공고한
날로부터
60일 이내)</td><td>국회의원
선거권자
(1/2 · 1/2)
(의결된
날로부터
30일 이내)</td><td>대통령
(즉시 공포)</td><td>공포 즉시
발효?
(헌법해석)
부칙에 명시</td></tr>
<tr><td rowspan="2">법률개정
(법률제정)</td><td rowspan="2">국회의원
(국회법79)
또는</td><td rowspan="2">국회
(1/2 · 1/2)</td><td>대통령 서명</td><td>대통령
(15일 이내)</td><td rowspan="2">공포 후 20일
경과시
(특별한</td></tr>
<tr><td>(환부거부)</td><td></td></tr>
</table>

28) "국회에 제출된 법률안 기타의 의안은 회기 중에 의결되지 못한 이유로 폐기되지 아니한다. 다만, 국회의원의 임기가 만료된 때에는 그러하지 아니하다."(헌법 제51조) 헌법 제51조는 회기계속의 원칙과 예외를 규정하였다. 법률안을 비롯해서 국회에 제출된 후 표결되지 않은 의안은 해당 국회의 4년 임기가 만료되는 날 모두 폐기된다. 보류거부도 제51조의 단서가 적용되는 경우이다.

	정부 (법제업무 운영규정)		국회 재의결 (1/2・2/3)	대통령 (5일 이내) 국회의장 (5일 경과시)	규정이 없는 경우)
			(보류거부) 정부이송 후 15일 경과시 (예외: 국회의원의 임기만료시)		

(2) 현대적인 분류방법

헌법의 전통적인 분류방법에 의하면 오늘날 대부분의 헌법은 민정헌법, 성문헌법, 경성헌법에 속한다. 따라서 헌법의 분류기준으로서 전통적인 분류방법은 현대에 와서 그 역할과 의의가 감소했다고 할 수 있다. 이에 여러 가지 새로운 분류방법들이 제시되었는데, 우리는 그중에서 한 예로 뢰벤슈타인(K. Löwenstein)의 존재론적 분류방법을 살펴본다.

뢰벤슈타인은 헌법규범이 헌법현실을 어느 정도로 규율하는지에 따라 헌법을 규범적 헌법, 명목적 헌법, 장식적 헌법으로 구분하였다. 헌법규범이 헌법현실을 제대로 규율하는 이상적인 경우를 규범적 헌법이라 하고, 헌법이 현실을 전혀 규율하지 못하는 헌법 따로 현실 따로인 상황, 그러니까 헌법이 하나의 장식과 같은 존재에 불과한 경우를 장식적 헌법이라고 한다. 양자의 중간에 명목적 헌법이 있다. 명목적 헌법은 마음은 규범적 헌법을 지향하지만, 아직 현실이 뒷받침되지 못하는 경우라고 할 수 있다.

현대적인 분류방법으로 뢰벤슈타인의 존재론적 분류방법을 소개하는 헌법 외적인 이유는 개인적으로 실생활에서 이런 비유를 자주 사용하기 때문이다. 가령 명목적 정수기의 예를 들어보자. 이미 여러분은 이 말만으로도 규범적 정수기와 장식적 정수기가 어떤 경우

인지를 쉽게 떠올릴 수 있다. 장식적 정수기는 정수기라고 하는 장치가 설치되어 있지만 전혀 정수기능을 하지 못하는 경우라고 할 수 있다.

그렇다면 명목적 정수기는? 우리나라에 처음 정수기가 본격적으로 도입되던 시기에 흔히 있던 일이다. 정수기의 생명은 필터이고 필터는 정기적으로 교체를 해줘야 정수기능이 제대로 이어지는데, 문제는 필터의 가격이 비싸기 때문에 전에는 지출 항목에 없었던 유지관리비를 새롭게 지출하는 게 부담스러웠다. 그러나 앞집 의원도 설치하고 옆집 체육관도 설치하는데, 경쟁관계에 있는 자신만 설치하지 않을 수도 없는 일이어서 너도나도 설치하던 그런 시기였다. 그러나 필터의 교체비용이 부담스러운 상황은 변함이 없었다. 그래서 교체시기가 지난 필터가 2년이 지나고 3년이 지나도록 정수기에 그대로 있었고 그런 명목적 정수기의 물맛은 수돗물도 아니고 그렇다고 정수한 물도 아닌 정말 오묘한 맛이었다. 그땐 그랬다.

역시 헌법 외적인 얘기지만 공중화장실의 슬픈 이야기를 하지 않을 수 없다. 1970년대인가 아니면 80년대인가 공중화장실이 만들어지기 시작했다. 게다가 화장실 세면대에는 냉수만이 아니라 온수가 나올 수 있는 별도의 배관과 수도꼭지가 설치되어 있었다. 정말 신기하고 놀라운 일이 아닐 수 없었다. 당시에는 집에서도 온수는 보통 물을 끓여서 사용하던 시절이었는데, 공중화장실에 냉수와 온수가 따로 설치되어 있으니 말이다. 그리고 수십 년이 지나 오래된 화장실은 새롭게 교체되었다. 이전에 설치되었던 공중화장실의 온수 배관과 수도꼭지는 한 번도 사용되지 않은 채 그렇게 사라져 버렸다. 슬펐다! 전국의 공중화장실의 수를 생각하면 이 얼마나 엄청난 예산의 낭비인가? 이런 일이 지금도 반복되고 있다면 한국의 미래는 아직 요원하다.

요즘 학생들이 하는 말처럼 내게도 인생격언이 있다. 바로 UN헌장 제4조이다. 제4조에는 UN 회원국으로 가입하기 위한 일곱 가지의 요건이 규정되었다. 그중에 두 가지가 UN헌장상의 의무를 이행할 의사와 능력이다. 의사와 능력은 별개의 두 가지 요건이다. 어떤 일이 제대로 이루어지기 위해서는 의사와 능력의 두 가지 요건이 모두 갖추어져야만 한다. 의사만 있거나 능력만 가지고서는 일이 제대로 이루어질 수 없다.

대부분의 야구장을 돔형으로 만들지 않은 것은 알맞은 선택이라고 할 수 있다. 모두가 원하지만, 유지관리가 어려운 상황에서 돔형의 야구장을 짓는 일은 이치에 맞지 않는 일이다. 작동하지 않는 핸드드라이어, 온풍이 너무 약해 건조가 되지 않는 핸드드라이어, 순식간에 작동이 종료되는 핸드드라이어, 왜 우리는 많은 비용을 들여 명목적 핸드드라이어를 설치하는 데 주저하지 않는 걸까? 우리 사회에는 합리적인 변화가 필요하다.

3. 헌법의 제정과 개정

헌법은 헌법제정권력과 헌법개정권력에 의해 제정되고 개정된다. 헌법제정권력과 헌법개정권력의 주체는 모두 주권자로서의 국민이지만 시원적 자율성, 창조성, 항구성, 권력의 불가분성과 불가양성을 특성으로 하는 헌법제정권력은 헌법제정권력에 의해 조직되고 제도화된 헌법개정권력보다 상위의 지위를 가진다.[29] 헌법의 개정이란 헌법의 개정절차에 따라 헌법의 동일성이 유지되는 범위 내에서 헌법의 일부를 변경하는 행위이다.

헌법제정권력의 한계가 존재하는지에 대해 이론의 대립이 있지만 현실적인 한계를 인정하기는 어렵고 반면에 헌법개정권력의 한계는 이론상으로 뿐만 아니라 실제에서도 한계가 존재한다고 보는 것이 통설이다.[30]

29) 김원주 · 이철주, pp. 91~95.

헌법의 변동은 헌법의 제정도 아니고 헌법의 개정도 아닌 경우를 총칭하는 의미로 사용된다. 헌법의 변동에는 기존의 헌법뿐만 아니라 헌법제정권력까지 배제된 헌법의 파괴(憲法의 破壞/Verfassungsvernichtung), 기존의 헌법은 배제되지만 헌법제정권력은 유지되는 헌법의 폐제(憲法의 廢除/Verfassungsbeseitigung), 헌법의 개정 없이 시간이 지남에 따라 헌법의 의미가 실질적으로 변화하는 헌법의 변천(憲法의 變遷/Verfassungswandlung), 헌법의 일부 규정의 효력을 일시적으로 중단시키는 헌법의 정지(憲法의 停止/Verfassungssuspension), 위헌임을 알면서도 헌법 규정을 위반하는 조치를 취하는 헌법의 침해(憲法의 侵害/Verfassungsdurchbrechung)가 있다.[31]

헌법의 변동을 논하는 이유는 헌법의 제정이나 헌법의 개정에 속하지 않는 헌법의 변경이 현실에서 발생하기 때문이다. 우리 헌법은 제헌헌법 이래 모두 9번의 개정이 있었는데, 현재의 헌법을 제6공화국 헌법이라고도 한다. 형식적으로는 헌법의 개정이었지만 3차 개헌(제2공화국 헌법), 5차 개헌(제3공화국 헌법), 7차 개헌(제4공화국 헌법), 8차 개헌(제5공화국 헌법), 9차 개헌(현행 헌법)의 경우에는 실질적으로 동일한 헌법이 아니라고 본다. 헌법의 개정에서 헌법의 동일성이 문제가 되는 경우는 우리도 쉽게 상상해 볼 수 있다. 앞으로의 헌법 개정에서 만약 국무총리 등의 의원내각제적 요소를 제거하고 미국식의 순수대통령제로 고치거나 아니면 헌법재판소를 폐지하고 위헌법률심판권을 법원이 가지도록 하는 등의 개정을 한다면 이는 헌법의 동일성이 유지되는 범위 내에서의 헌법개정인가?

(1) 우리 헌법의 제정과 개정

대한민국 헌법은 1948년 5월 10일에 시행된 총선거를 통해 선출된 임기 2년의[32] 국회의원(제헌의원)들로 구성된 초대 국회(제헌국회)

30) *Ibid.*, p. 94.
31) *Ibid.*, pp. 95~97; 김철수, pp. 883~888.

에서 제정되었고, 1948년 7월 17일 이승만 국회의장의 공포를 통해 같은 날 발효하였다. 제헌헌법에서 한 가지 생각해 볼 것은 정부형태이다. 일반적으로 제헌헌법의 정부형태는 대통령중심제로 알려져 있는데, 적어도 전형적인 대통령중심제는 아니라고 할 수 있다.

대통령중심제의 대통령은 별도의 선거를 통해서 선출하는 것이 중요한 특징이라고 할 수 있다. 그러나 제헌헌법에서는 대통령을 국회에서 선출하였다. 이런 경우에는 과반수 이상의 의석을 차지하는 단독정당 또는 연립정당의 후보가 대통령으로 선출되는데, 이는 의원내각제의 수상 선출 방법과 다르지 않다. 그러니까 수상을 대통령으로 명칭만 바꾼 셈이다. 원래 의원내각제에 기초하여 제헌헌법을 마련하였는데, 대통령중심제로 하려는 이승만 국회의장의 의도가 반영된 결과라고 할 수 있다.

그렇다고 제헌헌법의 대통령이 수상과 동일한 것은 아니다. 의원내각제는 행정부가 이원화되어 있어 수상이 정부수반이고 군주 또는 대통령이 상징적인 국가원수인데 반하여, 우리는 별도의 상징적인 국가원수 없이 대통령이 국가원수이면서 동시에 정부수반인 (행정부가 일원화된) 대통령중심제의 특징을 가지기 때문이다.

제헌헌법 이후 지금까지 모두 9차에 걸쳐 헌법이 개정되었다. 헌법의 개정에서 나타난 중요한 특징의 하나는 헌법 제128조 제2항으로 집약되는데, "대통령의 임기연장 또는 중임변경을 위한 헌법개정은 그 헌법개정 제안 당시의 대통령에 대하여는 효력이 없다."고 규정하였다. 이는 지금까지 헌법 개정의 주된 이유나 목적이 주로 개정 당시 대통령의 임기연장이나 중임변경이었기 때문에 이의 재발을 방지하기 위해 8차 개헌에서 도입되었다. 여기서는 이런 점을 중심으로 간단하게 헌법의 개정과정을 살펴본다.

1952년 7월 7일에 공포하여 같은 날 발효한 제1차 개헌(발췌개헌)

---

32) 제헌헌법 제102조 "이 헌법을 제정한 국회는 이 헌법에 의한 국회로서의 권한을 행하며 그 의원의 임기는 국회개회일로부터 2년으로 한다."

은 대통령직선제가 핵심이었다. 초대 국회의원의 임기는 2년이었고 1950년 5월 30일 임기 4년의 제2대 국회의원 선거가 실시되었다. 초대 선거와 마찬가지로 무소속의 국회의원이 제일 많이 당선되었다. 제2대 국회의원의 의석 분포로는 재선이 어렵다고 판단한 이승만 대통령은 1951년 8·15 기념사에서 대통령직선제로의 개헌 필요성을 역설하였다. 발췌개헌은 대통령직선제와 양원제를 골자로 하는 정부안과 의원내각제와 (국회) 단원제를 골자로 하는 국회안을 절충하여 통과시켰다고 해서 붙여진 별명이다. 발췌개헌안은 표결과정에서 계엄령의 선포와 국회의원의 감금 등 위헌적인 방법으로 통과되었다. 1952년 8월 5일에 실시된 제2대 대통령 선거에서 이승만 대통령은 연임에 성공하였다.

1954년 11월 29일에 공포하여 같은 날 발효한 제2차 개헌(사사오입 개헌)은 초대 대통령에 한해 중임 제한을 철폐하였다. 이전까지 대통령은 1회에 한해 연임이 가능했었다. 11월 27일 국회에서의 표결 결과 국회재적의원 203명 중 135명이 찬성하여 개헌에 필요한 2/3의 찬성, 즉 136표를 얻지 못했기 때문에 부결이 선포되었다. 그러나 2/3는 135.3이므로 사사오입하여 의결정족수는 135명이라는 주장을 제기하면서 헌법개정안을 가결된 것으로 번복하여 11월 29일 공포하였다. 사사오입개헌안은 내용상으로 초대 대통령에 한해 중임 제한을 철폐하여 평등의 원칙을 위반하였고, 절차적으로 의결정족수에 미달하는 위헌적인 개정이었다. 1956년 5월 15일에 실시된 제3대 대통령 선거에서 이승만 대통령은 3선에 성공하였다.

1960년 6월 15일에 공포하여 같은 날 발효한 제3차 개헌(제2공화국 헌법)은 3·15부정선거에 항거하는 4·19혁명에 의해 제1공화국이 붕괴한 상황에서 이루어졌으며 의원내각제의 정부형태를 취하였다. 3·15부정선거란 부정선거로 치러진 1960년 3월 15일 제4대 대통령 선거를 말하며, 이 선거를 통해 이승만 대통령은 다시 제4대 대통령으로 당선되었다. 그러나 3·15부정선거와 4·19혁명으로 상황이 악화하자 4월 26일 이승만 대통령은 대통령직의 사임과 제4대 대통령 선거의 재시행을 약속하는 대국민담화(하야성명)를 발표하였고, 다음날인 4월 27일에 사퇴서를 제출하였다. 그러나 제3차 개헌 등의 상황 변화로 제1공화국 헌법에 따른 대통령의 재선거는 시행하지 아니하였다.

1960년 11월 29일에 공포되고 같은 날 발효한 제4차 개헌(소급입법개헌)은 3·15부정선거 관련자와 반민주행위자의 공민권 제한과 부정축재자의 처벌을 위해 소급효금지의 원칙에 대한 예외의 헌법적 근거를 마련하기 위한 개정이었다. 그러나 이듬해인 1961년 박정희 장군이 주도한 5·16군사정변으로 제2공화국은 단명하였다.

1962년 12월 26일에 공포되고 1963년 12월 17일에 시행된 제5차 개헌(제3공화국 헌법)은 대통령중심제의 정부형태로 복귀하였다. 개정된 헌법에 따라 1963년 10월 15일에 실시된 제5대 대통령선거에서 국가재건최고회의 의장을 지낸 박정희 후보가 당선되었다.

1969년 10월 21일에 공포하고 같은 날 발효한 제6차 개헌(3선개헌)은 대통령의 연속 재임을 3회로 제한하였다. 이전까지 1회에 한해 연임이 가능했던 대통령의 임기는 2회까지 연임이 가능해졌고, 1971년 4월 27일에 치러진 제7대 대통령선거에서 당선됨으로써 박정희 대통령은 3선 대통령이 되었다.

1972년 12월 27일에 공포되고 같은 날 발효한 제7차 개헌(유신헌법)은 제4공화국 헌법으로 한국적 민주주의의 토착화를 표방하면서 신대통령제 또는 영도적 대통령제로 불리는 정부형태를 취하였다. 유신헌법의 정부형태는 입법, 행정, 사법의 삼권 위에 대통령이 존재하는 형태로 권력분립의 원칙에 기초한 민주주의 국가의 대통령중심제와는 전혀 다른 정부형태였다. 역사상 유래가 없는 통일주체국민회의라는 헌법상의 기관이 신설되었고, 이 기관에서 대통령과 국회의원 1/3을 선출하고 국회가 제출한 개헌안을 의결하도록 하였다. 이제 임기 6년의 대통령은 간선제로 선출되었고 연임 제한 규정이

철폐되었다.

개정된 헌법에 따라 1972년 12월 23일 제8대 대통령선거가 실시되었고, 통일주체국민회의에서 박정희 대통령이 선출되었다. 그리고 1978년 7월 6일에 실시된 제9대 대통령선거에서도 통일주체국민회의는 다시 박정희 대통령을 선출하였다. 그러나 1979년 10·26사건으로 박정희 대통령이 사망하면서 권력의 공백 상태가 발생하였고, 전두환 장군이 이끄는 신군부는 12·12군사반란을 통해 군을 장악한 후 1980년 5월 17일 비상계엄을 전국으로 확대하면서 실질적으로 국가권력을 장악하는 단계적 쿠데타에 성공하였다. 그러는 사이 1979년 12월 6일에 실시된 제10대 대통령선거에서 선출된 최규하 대통령은 1980년 8월 16일에 사임하였고, 동년 8월 27일에 실시된 제11대 대통령선거에서 통일주체국민회의는 국가보위비상대책위원회 상임위원장이었던 전두환 후보를 대통령으로 선출하였다.

1980년 10월 27일에 공포되고 같은 날 발효한 제8차 개헌(제5공화국 헌법)은 간선제로 선출되는 7년 단임의 대통령중심제 정부형태를 취하였고 보통 제3공화국 헌법과 비교된다. 대통령선거를 대통령선거인단에 의한 간접선거로 하면서 미국의 예를 들었으나 미국의 상황과는 달랐다.

미국은 연방국가이며, 연방헌법은 1787년에 제정되었다. 당시 대통령 선출방법에 대한 합의를 도출하는 데 어려움이 있었다. 연방헌법을 논의하는 과정에서 대통령직선제를 선호하는 의견이 제시되었으나, 이는 인구가 많은 주에 유리하다는 반론이 제기되었다. 결국 큰 주와 작은 주 간의 합의로 대통령 선거인단에 의한 간접선거 방식이 채택되었다.[33] 각 주는 자신에게 할당된 연방 상원의원 및 하원의원의 수와 동수의 대통령 선거인단을 선출하였고, 선출방법은 주의회가 결정하였다.[34] 처음에는 대부분 주의회에서 대통령 선거

33) Cummings and Wise, p. 346.

34) "Each State shall appoint, in such Manner as the Legislature thereof may di-

인단을 선출하다 이후에 국민들이 선출하게 되었다. 연방헌법의 제정회의(Constitutional Convention)에 참여했던 대표들 중에 대통령 직선제를 할 만큼 미국의 민주주의가 성숙했다고 보는 사람은 일부에 불과했다.[35)]

이러한 미국과 달리 한국은 간선제로 대통령을 선출해야 할 아무런 이유가 없었다. 따라서 우리의 대통령간선제는 국민을 위한 것이 아니라 당시에 서슬 퍼런 신군부가 지지하는 유력한 대통령 후보를 위한 선거제도라고 아니 할 수 없다. 단계적 쿠데타에 성공한 신군부는 대통령 선거도 2단계로 이루어진 대통령간선제를 통해 보다 예측 가능하고 안정적으로 실시하게 되었다. 이런 상황에서도 대통령의 임기를 단임제로 개정하고 대통령의 임기연장이나 중임변경에 대한 헌법 개정은 개정 당시의 대통령에게는 효력이 없다는 규정을 도입한 것은 (학습효과를 통해 얻은) 장기집권을 막기 위한 국민의 열망이 반영된 결과라고 할 수 있다. 개정된 헌법에 따라 1981년 2월 25일에 실시된 제12대 대통령선거에서는 다시 전두환 대통령이 선출되었다.

1987년 10월 29일에 공포되고 1988년 2월 25일에 시행된 제9차 개헌(제6공화국 헌법, 현행 헌법)은 5년 단임의 대통령직선제를 규정하였다. 대통령직선제로의 개헌 요구에 집약된 민주화에 대한 국민의 열망은 1987년 6월 민주항쟁으로 표출되었고 이에 대한 여당 대표의 6·29민주화선언으로 국민의 요구가 수용되었다. 여야의 합의로 개헌이 이루어졌고 대통령의 임기를 5년으로 단축하였다. 민주주의가 확립된 오늘날 대통령 단임제의 장점은 약화하였지만, 당시에는 군에서 민간으로, 여당에서 야당으로 정권교체의 길을 열어주면서

---

rect, a Number of Electors, equal to the whole Number of Senators and Representatives to which the State may be entitled in the Congress ...." 미국 헌법 제2조 제1절 제2항.

35) Cummings and Wise, p. 346.

한국 민주주의의 발전에 크게 기여하였다.

[표 7-3] 헌법의 제정과 개정

공포일자	주요 내용[36]	비고
제헌헌법 1948.7.17.	• 대통령 간선제 (4년 중임제) • 대통령과 부통령을 국회에서 선출 • 단원제 국회 • 국무원 (의결기관, 국무총리-부의장) • 헌법위원회 • 탄핵재판소	• 1대 국회의원(제헌의원)의 임기 2년 (헌102) • 제헌의원 200명 중 85명이 무소속 (42.5%) • 2대 국회의원(임기 4년) 210명 중 126명이 무소속 (60%) • "대한민국의 영토는 한반도와 그 부속도서로 한다."(헌4) • "이 헌법을 제정한 국회는 단기 4278년 8월 15일 이전의 악질적인 반민족행위를 처벌하는 특별법을 제정할 수 있다."(헌101)
1차 개헌 (발췌개헌) 1952.7.7.	• 대통령 직선제 • 양원제 국회 • 국회의 국무원 불신임제	• 1950년 6·25사변 (~1953년 7월 27일) • 1952년 5월 25일 부산 정치 파동 (~1952년 7월 7일) • 헌법개정안의 공고 절차 생략
2차 개헌 (사사오입개헌) 1954.11.29.	• 초대 대통령에 한해 연임 제한 철폐 • 국무총리제 폐지 • 주권의 제약 또는 영토의 변경을 가져올 국가안위에 관한 중대사항에 대한 국민투표제의 도입 (헌7-2) • 군법회의의 헌법적 근거 명시 (헌83-2)	• "이 헌법 공포 당시의 대통령에 대하여는 제55조 제1항 단서의 제한을 적용하지 아니한다." (헌법 부칙) • 국회의장의 표결 결과 번복 선포 • 의결정족수 미달
3차 개헌 1960.6.15.	• 의원내각제로의 전환 • 헌법재판소 (헌법 제8장) • 대법원장 및 대법관 선거제 • 지방자치 (헌법 제11장, 선거제)	• 1960년 4.19혁명과 이승만 대통령의 하야

36) 주요 내용과 비고는 일반적인 사항이 아니라 우리가 다루는 내용과의 관련성을 중심으로 정리하였다.

4차 개헌 (소급입법개헌) 1960.11.29.	• 소급 입법의 헌법적 근거 명시 • 특별재판소와 특별검찰부의 설치 근거 명시 (헌법 부칙)	• "이 헌법 시행 당시의 국회는 … 대통령, 부통령선거에 관련하여 부정행위를 한 자와 그 부정행위에 항의하는 국민에 대하여 살상 기타의 부정행위를 한 자를 처벌 또는 … 특정 지위에 있음을 이용하여 현저한 반민주행위를 한 자의 공민권을 제한하기 위한 특별법을 제정할 수 있으며 … 지위 또는 권력을 이용하여 부정한 방법으로 재산을 축적한 자에 대한 행정상 또는 형사상의 처리를 하기 위하여 특별법을 제정할 수 있다." (헌법 부칙)
5차 개헌 1962.12.26.	• 대통령중심제로의 회귀 • 국무회의 (심의기관, 국무총리-부의장) • 단원제 국회로의 회귀 • 헌법재판소의 폐지 • 법원 (위헌법률심판권 및 정당해산심판권) • 대법원장 및 대법원 판사 (임명제) • 탄핵심판위원회	• 1961년 5.16 군사정변 • 1961년 5월 19일 국가혁명위원회를 대신하여 입법, 행정, 사법의 삼권을 가진 국가재건최고회의 신설 (1961년 6월 6일 국가재건비상조치법, 국가재건최고회의령 제42호) • 국가재건최고회의의 주도로 이루어진 개헌 • 국회의 표결을 거치지 않은 개헌 • 최초의 국민투표를 통한 개헌
6차 개헌 (3선 개헌) 1969.10.21.	• 대통령 3선 연임 허용 • 국회의원의 국무총리 및 국무위원 겸직 허용 • 대통령에 대한 탄핵 소추 요건 강화	• 야당 의원 참석을 배제한 국회 표결 • 1969년 9월 14일 새벽 2시 30분경 국회 특별회의실에서 비밀리에 기습 통과 • 대통령이 월권한 개헌 발의 • "대통령의 계속 재임은 3기에 한한다." (헌69.3)

7차 개헌 (유신헌법개헌) 1972.12.27.	• 신대통령제 또는 영도적 대통령제 (≠대통령중심제) • 대통령 간선제 (임기 6년) 및 연임 제한의 폐지 • 대통령의 국회해산권, 국회의원 1/3 추천권, 긴급조치권, 법관 임명권 • 통일주체국민회의의 신설 (임기 6년) • 국회의 국정감사권 폐지 • 헌법위원회 • 헌법개정절차의 이원화 • 군인 등의 국가배상청구권 배제 (cf. 1971년 1차 사법파동, 헌26.2)	• 1972년 10월 17일 전국에 비상계엄을 선포하고 국회를 해산하며 정당 및 정치 활동의 중지 등 헌법 일부 조항의 효력을 정지시키는 10월 유신 단행 • 비상국무회의가 1972년 10월 18일부터 1973년 3월 11일까지 국회를 대신하여 입법권을 행사하고 헌법개정안을 발의 • 통일주체국민회의에서 대통령 선출 • 통일주체국민회의에서 대통령의 추천을 받아 국회의원 1/3 선출 • 유신헌법과 한국적 민주주의?
8차 개헌 1980.10.27.	• 대통령 간선제 (cf. 대통령선거인단) • 대통령 7년 단임제 • 통일주체국민회의 폐지 • 국정조사권 부활 • 구속적부심사제 부활, 연좌제 폐지 등 • 헌법개정절차의 일원화	• 1979년 12.12 군사반란과 1980년 5.18광주민주화운동 • 1980년 5월 31일에 설치된 국가보위비상대책위원회에서 헌법개정안 초안 작성 • 1980년 9월 29일 국가보위비상대책위원회는 국가보위입법회의로 확대 개편 • "대통령의 임기연장 또는 중임변경을 위한 헌법개정은 그 헌법개정 제안 당시의 대통령에 대하여는 효력이 없다." (헌128.2 신설) • 전통 문화의 계승·발전과 민족문화의 창달 (헌9 신설)
9차 개헌 1987.10.29.	• 대통령 직선제 (5년 단임제) • 대통령의 국회해산권 폐지 • 국정감사권 부활 • 대법원장의 판사 임명권 • 헌법재판소 부활과 헌법소원제도의 도입	• 1997년 6.10민주항쟁 • "대한민국은 통일을 지향하며, 자유민주적 기본질서에 입각한 평화적 통일정책을 수립하고 이를 추진한다." (헌4 신설)

(2) 현행 헌법의 개정론

현행 헌법의 개정론은 오래전부터 통치구조를 중심으로 다양한 논의가 제기되어 왔다. 여기서는 '정부형태와 개헌론'이라는 글로 현행 헌법의 개정론을 대신한다.

정부형태와 개헌론

지난 20년 이상 교양법률 과목을 수업하면서 1987년 헌법(9차 개정 헌법)에 규정된 정부형태의 개정 논의를 (수업의) 제2부 헌법의 기본원리의 "한국 헌법의 제정과 개정"에서 다루어왔다. 여기서는 그동안 수업에서 얘기해왔던 (헌법전문가는 아니지만 지금까지 1987년 헌법이 시행되어오는 과정을 지켜보고 또한 교양법률 과목을 수업하면서 느꼈던) 정부형태의 개헌론에 대한 단편적인 생각을 글로 정리하였다. (수업시간의 효율적인 운용을 위해 수강생들은 '헌법의 제정과 개정'을 수업하기 전에 이 글을 미리 읽어 오기 바랍니다.)

1. 왜 민주주의인가?

개인적으로는 민주공화국의 시민으로 사는 것보다 절대군주국의 귀족으로 태어났다면 더 좋았을 것이라는 발칙한 상상을 해본다. 멋진 저택에서 고급스러운 옷을 입고 좋은 음식을 먹고 산다면 때깔도 훨씬 좋아지리라. 잘 먹고 잘 살기 위해 민주공화국의 시민처럼 아등바등 살 필요도 없다. 대학 진학은 더 좋은 일자리가 아니라 진정으로 교양을 넓히는 기회로 여겨질 수 있고 넉넉한 여가 시간은 문학과 예술 그리고 스포츠를 제대로 음미할 수 있으리라. 그렇다고 모든 사람의 부러움의 대상이면서 동시에 많은 사람들의 공동의 표적이 되는 군주만큼 삶의 리스크도 크지 않다. 어디 그뿐이랴! 이러한 풍요로움이 나의 후손들에게 대대손손 이어질 것이니 이보다 더 좋을 순 없다. 그러나 문제는 이것이 나의 의지나 능력과는 무관하다는 점이다. 만약 노예로 태어난다면? 생각하기조차 싫은 일이다. 내가 아무리 좋은 체력, 명석한 머리, 예술적 감수성을 가졌더라도 소용이 없다. 게다가 후손들까지 굴레가 씌워진다면? 그렇다고 공산주의는 아닌 것 같다. 스스로가 실패했고 모든 사람에게 1/n의 삶에 만족하라고 강요할 수는 없지 않은가? 그래서 나는 민주주의를 지지한다. 그리고 민주공화국의 시민이어서 행복하다. 인간의 이기심을 인정하고 자신이 선택하는 삶을 살 수 있는 자유가 보장되는 민주주의는 최상의 정치체제는 아니라 하더라도 더 좋은 대안이 없는 한 현실적인 최선책이라고 생각한다.

2. 우리 사회에서 민주주의가 제대로 작동하기 위해 필요한 것들은 무엇인가?

내가 학부생일 때 헌법 교수님이 민주주의가 제대로 작동하기 위해 필요한 것이 무엇인지를 물으시고는 선거제도, 표현의 자유, 정당제도를 필요조건으로 답을 하셨다. 전적으로 공감하였다. 민주주의 국가에서 가장 확실하게 정치적 책임을 물을 수 있는 수단은 바로 선거이다. 진정으로 국가와 국민을 위하는 정치인이면 더 좋겠지만 그렇지 않더라도, 즉 자신의 욕망을 채우기 위해 나서는 일반적인 정치인이라 하더라도 당선 또는 재선이라는 보상을 통해 국민의 공복으로 제대로 일을 할 수 있게만 한다면 제 역할은 하는 게 아닌가?

다만 선거제도는 결정적인 단점이 있다. 바로 매일매일 선거할 수 없다는 점이다. 그래서 선거와 선거 사이에 표현의 자유와 정당제도가 중요할 역할을 맡는다. 정당은 각종 선거에 후보를 낸다. 그리고 그 후보의 일부가 대통령, 국회의원, 자치단체장과 지방의회 의원으로 선출된다. 정당제도가 확립된 현대의 민주주의 국가에서 무소속의 대통령 후보가 당선되기를 기대하기는 어렵다. 우리의 경우 무소속 국회의원의 대부분은 자신이 원하던 정당의 공천을 받지 못한 비자발적인 무소속 의원들이다. 국가의 통치권을 누가 행사하는가? 이렇게 선출된 공무원들이 바로 입법권과 행정권을 행사하고 그들 대부분이 정당에 소속되어 있다는 점을 생각해보면 민주주의 국가에서 정당제도가 갖는 현대적 중요성은 굳이 설명이 필요 없을 정도이다. (생략) 또한 표현의 자유는 주권자인 국민과 정치인뿐만 아니라 다원주의 사회의 모든 구성원들이 소통할 수 있는 중요한 통로이다. 따라서 선거제도, 표현의 자유, 정당제도는 민주주의가 원활하게 작동하기 위한 필수적 전제조건이라고 아니할 수 없다.

3. 선거제도의 중요성과 장단점을 고려할 때 미국의 선거제도는 모범답안의 하나라는 생각이다.

미국의 대통령과 연방의원의 선출방법은 선거제도의 중요성과 장단점이 잘 반영된 모범적인 사례의 하나라고 생각된다. 미국이 1787년 지금의 연방헌법을 만들 때 13개의 주는 선출방법에 대해 서로 입장이 달랐다. 으레 그렇듯이 각 주에 연방의원의 수를 할당하는데 있어 인구가 많은 주는 인구비례로 연방의원의 수를 정할 것을 주장하였고 인구가 적은 주는 주의 평등에 기초하여 각 주별로 동일한 수의 연방의원을 할당할 것을 주장하였다. 이러한 입장의 대립은 양원제의 형태로 해결되었다.

임기 6년으로 선출되는 연방 상원의원은 주의 평등에 기초하여 각 2명씩 할당되었다. 현재 미국의 주가 50개니까 모두 100명의 상원의원이 있게 된다. 그리고 이런 상원의원은 2년마다 대략 1/3씩 선거를 통해 교체된다. 반면에 임기 2년의 연방하원의원은 인구비례로 각 주별 하원의원의 수가 정해진다. 그리고 각 주는 적어도 1명의 하원의원을 선출할 수 있다. 그래서 인구가 적은 주는 상원의원은 2명인데 하원의원은 1명인 (가분수를 연상시키는) 경우도 있다. 결과적으로 하원의원은 그 수가 1명인 주도 있는 반면에 주민이 가장 많은 캘리포니아주는 하원의원이 50명을 넘는다. 미국의 대통령 선거인단의 총수는 연방상원의원과 연방하원의원의 합계보다 3명이 많다. 그 이유는 주는 아니지만 미국의 수도인 워싱턴 D.C.도 (각 주에 할당되는 최소 연방의원의 수와 동수인) 3명의 대통령 선거인단을 선출하기 때문이다. 따라서 각 주는 자신들이 선출하는 연방 상원의원과 연방 하원의원의 합과 동수인 대통령 선거인단을 선출한다. 그리고 1회에 한하여 연임이 가능한 4년 중임의 대통령을 선출한다. 대통령과 연방의원의 임기는 모두 2의 배수인데, 미국의 선거는 매 2년마다 동시에 전국적인 선거를 [실시하는] 방식으로 치러진다. 그러니까 2016년 선거에서 대통령을 포함하여 하원의원 전부 그리고 대략 1/3의 상원의원이 선출되었고 2020년에도 마찬가지로 진행된다. 그리고 대통령을 선출하는 2016년과 2020년 선거 사이에 하원의원 전원과 약 1/3의 상원의원을 선출하는 이른바 '중간선거'가 2018년에 치러진다.

미국에서는 매 2년마다 전국 규모의 선거가 치러지고 매 4년마다 대통령을 선출하는 보다 큰 선거를 진행함으로써 매일매일 선거할 수 없다는 선거제도의 단점을 양적 그리고 질적으로 보완하였다. 우선 선거 간격이 적절하다. 거기에 센박(대선)과 여린박(중간선거)의 박자까지 더해졌다. 4년의 임기(선거)는 간격이 너무 길고 1년의 임기(선거)는 너무 짧다. 공부도 하고 시험을 봐야지 매일매일 시험만 볼 수는 없지 않은가?

미국의 선거방식은 우리와도 무관하지 않다. 연식이 있는 분들은 직접 목격하기도 했던 것처럼 노태우 대통령 때부터 (임기 2년이 지나면) 야당과 재야에서는 끊임없이 중간평가를 요구했었다. 대통령으로 선출되면 임기 5년이 보장되는 체제이지만 이러한 정치적 요구는 당시의 대통령을 수세로 모는데 그 나름의 효과가 있었다. 역시 법과 정치는 다르다. 미국의 중간선거는 대통령에 대한 일종의 중간평가가 아니겠는가? 그리고 선거의 주기를 (센박-여린박-센박-여린박의 방식으로) 4년에서 2년으로 단축하였다. 매일매일 선거할 수 없다는 선거의 단점을 보완하는 동시에 잦은 선거의 시행도 방지하였다.

우리도 미국의 선거방식을 부분적으로 도입하였다. 바로 국회의원선거와 지방선거의 하모니이다. 우리의 국회는 양원제가 아니라 단원제이고 임기는 국회의원이나 자치단체장 또는 지방의원 모두 4년이며 미국과 달리 매 4년마다 전원을 새롭게 선출한다. 그러나 2016년에는 국회의원을 선출하고 2018년에는 지방선거를 실시함으로써 매 2년마다 전국적인 선거가 진행된다. 이것은 우연이 아니다. 선거간격을 2년으로 하기 위해 제1회 지방선거에 한해 임기를 3년으로 하지 않았던가?

미국의 대통령 임기는 4년 중임제이다. 원래는 3회 이상도 가능했었는데, 네 번째 집권에 성공한 프랭클린 루즈벨트 대통령이 취임 초에 사망하면서 1회에 한해 연임이 가능하도록 헌법이 개정되었다. 4년 중임제는 재선에 도전하는 현직 대통령의 프리미엄을 고려하면 대통령의 중임 가능성이 높다고 할 수 있다. 따라서 중임을 목표로 국정운영이 이루어지며 성공하는 경우 중장기적인 정책의 수립 및 집행이 가능해진다. 다만 입법권이나 사법권과 달리 다양한 이익집단의 이해관계 조정이 필수적인 행정권의 특성과 (정치현실과 정반대로) 유권자의 대통령에 대한 기대수준이 높은 우리나라에서 4년 중임의 대통령중심제를 도입하는 경우 초기에는 오히려 대통령의 재선이 쉽지 않을 수 있다.

4. 정부형태의 개헌론에 대해서는 4년 중임 정부통령 대통령중심제(순수대통령제)로의 개헌이 아니면 현행 유지가 바람직하다고 생각한다.

민주주의 국가의 대표적인 정부형태로는 의원내각제와 대통령중심제가 있다. 의원내각제는 행정부가 이원화되어 있고 입법부와 행정부의 관계가 긴밀하다. 입헌군주가 존재하는 경우에는(예를 들어 영국 또는 일본의 경우) 군주가 그리고 존재하지 않는 경우에는(예를 들어 독일 또는 이탈리아의 경우) 선출된 대통령이 (상징적인) 국가원수가 되고 수상은 정부수반이 된다. 따라서 국가원수와 정부수반이 분리되어 있고 이런 점에서 행정부가 이원화되어 있다. 그러므로 국가원수이면서 동시에 정부수반인, 즉 행정부가 일원화된 대통령중심제의 대통령과 구분된다. 따라서 의원내각제의 대통령과 대통령중심제의 대통령은 질적으로 다르다. 그러므로 우리나라의 경우 의원내각제를 채택했던 제2공화국 헌법에서의 대통령을 현재의 대통령과 동일선상에서 비교하는 것은 적절하지 않다. 오히려 제2공화국 헌법에서는 수상이 대통령중심제 대통령의 적절한 비교 대상일 수 있다. 행정권을 행사하는 최고의 의사결정권자는 대통령중심제의 대통령 또는 의원내각제의 수상이기 때문이다. 한 예로 전형적인 의원내각제의 정부형태에서 정상회담에 참석하는 당사자는 군주 또는 (의원내각제의) 대통령이 아닌 수상이다. 외교관계에서 자국을 대표하는 최고의 국가기관은 수상이기 때문이다. (지금부터 대통령은 별도의 설명이 없는 한 대통령중심제의 대통령을 일컫는 의미로 사용한다.)

의원내각제의 정부형태에서는 총선을 통해 의회가 구성된 후에 과반수이상의 의석을 차지하는 단독정당 또는 연립정당이 정부(행정부)를 구성한다. 그러니까 과반수이상의 의석을 차지하는 단독정당(예를 들어 영국 또는 일본의 대부분의 경우) 또는 연립정당(예를 들어 독일 또는 이탈리아의 경우)은 입법권뿐만 아니라 행정권을 갖게 된다. 따라서 수상은 안정적인 의회의 지원과 협력 속에 국정을 운영한다. 수상의 의회해산권과 의회의 내각불신임권은 의원내각제에 고유한 견제와 균형의 원리이다. 이원집정부제가 아닌 대통령중심제에서 대통령이 의회해산권을 갖는 것은 정부형태의 원리에 맞지 않다. 수상의 정책에 대해 야당뿐만 아니라 여당에서도 반대의 목소리가 나오는 경우 수상은 의회해산이라는 정면승부로 정치상황을 돌파하려고 할 수 있다. 새로운 의회의 구성을 위해 치러지는 선거를 통해 수상은 자신의 정책에 대한 국민의 심판을 받는다. 여당이 선거에서 승리하면 수상은 자신의 정책에 대한 국민의 신임을 얻는 것이고 패배하면 자연스럽게 의회의 과반수이상의 의석을 차지하는 새로운 단독정당 또는 연립정당이 수상과 새로운 내각을 구성하게 된다. 따라서 4년 또는 5년의 임기로 선출되는 의회 의원의 임기는 절대적으로 보장되는 것이 아니다. 이런 점에서 임기가 보장되는 대통령중심제의 의회 의원(우리의 국회의원)과 다르다.

대통령중심제는 대통령과 의회가 각각의 선거를 통해 선출되며 선거를 통해 당선된 대통령과 의회에게는 각각의 민주적 정당성이 부여된다. 의회해산은 가능하지 않으며 대통령과 의원은 각자의 임기가 보장된다. 따라서 의회에 기반하여 내각(행정부)이 구성되는 의원내각제와 달리 대통령과 의회는 독립적이다. 물론 정당제도를 통해 대통령과 의회(또는 여당)가 연결되지만 의원내각제의 수상과 의회만큼 긴밀하지 않다. 의원내각제와 달리 여소야대의 상황(분점정부, divided government)은 언제나 가능하다. 여소야대의 상황에서 대통령에 대한 의회의 견제는 강력하다. 대통령의 원활한 국정 수행을 위해서는 의회(또는 야당)와의 소통과 협력이 필수적이다. 이런 상황은 미국에서 드물지 않게 볼 수 있고 우리도 마찬가지이다.

서구자본주의국가의 대부분의 정부형태는 의원내각제이고 대통령중심제를 채택하고 있는 대표적인 국가로는 (우리가 잘 알고 있는 것처럼 영국으로부터 독립한) 대통령중심제의 원조인 미국이 있다. 사실 유일한 경우라고 할 수 있는데, 당시에 이처럼 독창적인 정부형태를 창안하여 200년이 넘게 성공적으로 운영하고 있는 미국의 국가적 역량은 평가할 만하다. 그런 미국보다 우리가 갖고 있는 대통령선거제도의 장점이 있는데, 그것은 대통령선거인단이 아니라 국민이 직접 선거를 통해 대통령을 선출한다는 점이다. 미국이 간접선거를 택한 것은 당시의 정치적 상황 때문이라고 할 수 있는데, 대통령선거제도의 이상적인 형태는 역시 국민에 의한 대통령의 직접선거라고 할 수 있다.

그 밖의 정부형태로 프랑스의 이원집정부제가 있다. 프랑스의 1958년 제5공화국 헌법(현행 헌법)에서 채택한 이원집정부제의 정부형태는, 요즘 젊은이들의 말로 표현하면, 대통령중심제인 듯 대통령중심제 아닌 대통령중심제 같은 정부형태라고 할 수 있다. 물론 프랑스에서 (여러 번의 헌법 개정이 있었지만) 수십 년 동안 유지되어온 정부형태라는 점에서 선택할 수 있는 정부형태의 하나라고 원론적으로는 말할 수 있지만, 마찬가지로 수십 년 동안 대통령중심제의 근간을 유지해온 한국에서 정부형태를 이원집정부제로 변경하는 것은 이해할 수 없는 일이다.

이원집정부제는 한국의 전문가에게도 생소하고 그동안 학계의 관심도 전혀 끌지 못했던 정부형태이다. 대통령은 평시에 외교와 국방에 대한 권한을 행사하고 수상은 내치를 담당하다 국가비상시에는 국가긴급권에 의거하여 행정권을 전적으로 대통령이 행사하는 정부형태라는 일반인의 상식과 크게 차이가 없다. 일반인뿐만 아니라 관련 전문가들도 이원집정부제를 잘 알지 못한다. 그런데 지금 국내 정치권 일부에서는 이원집정부제를 강력하게 주장하고 있다. 그러나 이런 주장이 얼마나 국민의 공감을 얻고 있는지는 의문이다.

한 예로 2017년 3월 15일 자유한국당, 국민의당, 바른정당은 4년 중임 분권형 대통령제 도입을 골자로 한 헌법 개정안에 잠정 합의하고 5월 9일의 대통령선거 때 개헌을 위한 국민투표를 함께 실시하는 방안을 발표했었다. 그리고 그뿐이었다. 그 후 대통령선거가 실시될 때까지 국민투표를 함께 실시하기 위한 이렇다 할 조치는 없었다. 정말 무책임한 모습이 아닐 수 없다.

대통령의 탄핵으로 (짧은 기간에) 치러지는 보궐선거에서 (충분한 사회적 논의도 없이) 개헌을 위한 국민투표를 함께 실시한다는 발상 자체가 매우 정치적이고 비현실적이다. 그런 그들이 집요하게 분권형 대통령제로의 개헌을 주장한다. 그들의 목적이 자신들의 정치적 이기심을 충족시키기 위한 것인지 아니면 진정으로 국민과 국가의 백년대계를 위한 것인지를 유권자들은 진지하게 생각해볼 필요가 있다. 우리의 미래와 직결된 중요한 문제이기 때문이다.

이원집정부제 또는 분권형 대통령제가 정말 우리 사회에 적합한 정부형태일까? 정치권 일부에서 이렇게 집요하게 분권형 대통령제를 주장하는 이유와 그 구체적인 내용을 깊이 있게 분석하여 그 문제점을 국민에게 제대로 알릴 필요가 있다. 이러한 정치권의 주장에는 국민을 제왕적 대통령제의 폐해 극복이라는 프레임에 가둬 호도하는 명분 뒤에 숨은 분명한 이유와 목적이 있다고 판단되기 때문이다. 경제의 독과점도 문제이지만 정치권력의 독과점은 더 큰 문제이다. 우리 사회의 문제점을 해결하기 위한 수단까지 상실하기 때문이다.

이원집정부제 또는 분권형 대통령제로 개헌하느니 차라리 현행 체제를 당분간 유지하는 게 낫다. 헌법의 개정이 개선책이어야지 개악이 되어서는 안 되기 때문이다. 이원집정부제가 행정권을 대통령과 수상에게 나누는 것이니 이 점만 생각한다면 의원내각제의 수상이나 대통령중심제의 대통령보다 행정부가 약하다고 할 수 있다. 이는 양원제보다는 단원제의 의회가 그리고 헌법재판소가 별도로 있는 것보다는 위헌법률심사권도 대법원이 갖는 사법부가 더 강력한 입법권과 사법권을 각기 행사하는 것과 같은 이치이다. 그러나 대통령과 수상의 권한을 명확하게 나누는 것이 현실적으로 어렵고, 입법부나 사법부와 달리 행정부는 국정 전반에 대한 상시적인 결정이 이루어지는 정책의 수립 및 집행 기관이라는 점을 고려할 때 대통령과 수상이 대립하는 경우 (의회와 대통령이 대립하는 경우보다) 그 파장은 더 크고 직접적일 수 있으며, 대통령과 수상이 동일한 정당 또는 (보수 또는 진보) 진영에 속하는 경우 행정권의 분권 효과를 기대하기 어렵다는 점을 생각할 필요가 있다.

프랑스가 (진보 또는 보수의) 상이한 진영의 대통령과 수상이 행정부를 구성하는 몇 번의 (좌우) 동거 정부(cohabitation)를 경험한 후에 그 문제점을 깨닫고 대통령의 임기를 7년에서 5년으로 단축하는 2000년 헌법 개정을 통해 하원의원의 임기와 일치시켜 2002년 선거부터는 (동시가 아니라) 같은 해에 대통령선거와 하원의원선거가 치러지게 함으로써 의도한대로 그 때부터 지금까지 더 이상 동거정부가 출현하고 있지 않다는 점에 주목할 필요가 있다. 요컨대 프랑스의 선택은 대통령과 수상이 오히려 동일한 정당 또는 적어도 동일한 진영에서 나오는 것이니 이원집정부제 또는 분권형 대통령제를 주장하는 한국의 일부 정치권은 이를 어떻게 설명할 것인가? 그리고 프랑스의 이원집정부제는 의원내각제로 운영되어오던 정부형태에 대통령중심제적 요소를 더한 것이지 대통령의 권한을 약화시키기 위해 대통령중심제로 운영하다 의원내각제적 요소를 가미한 것이 결코 아니다. 또한 국가의 최종적인 의사결정은 대통령중심제의 대통령 또는 의원내각제의 수상처럼 1인이 (주도적으로) 하는 것이 권한의 다툼을 방지하고 책임의 소재를 명확하게 하는 이점이 있다.

가장 우려되는 부분은 이원집정부제로 헌법을 개정한 후 시행하는 과정에서 앞서 지적한 문제점이 현실화되는 경우 그 사회적 비용과 혼란이 크다는 점이다. 즉 한국의 정치 현실에서 우리에게 생소한 이원집정부제의 선택은 리스크가 너무 크고 새로운 혼란의 시발점이 될 수 있다. 국회의원직 유지에 전전긍긍하면서 대통령의 눈치를 보며 따라가는 적지 않은 국회의원들의 입지와 역할을 강화하려다 소탐대실할 수 있다. 이원집정부제가 정녕 국민과 국가의 백년대계를 위한 것인지 아니면 정치인들 자신을 위한 것인지 묻지 않을 수 없다. 이원집정부제를 새롭게 시행해보고 안 되면 바꾸기에는 기회비용이 너무 크다. 우리는 실험용 동물이 아니다. 이원집정부제가 실패하는 경우 발생하는 사회적 비용은 고스란히 국민과 국가가 떠안아야 하는데, 하나의 새로운 시도로서 우리가 감당하기에는 그 비용이 너무 크다.

분권형 대통령제는 대통령중심제가 아니라 이원집정부제의 또 다른 명칭에 불과하다. 우리나라처럼 개명이 효과를 보는 나라가 또 있을까? 이름만 바꿨을 뿐인데 .... 분권형 대통령제라는 용어는 대통령제라는 단어를 사용해 마치 대통령중심제의 한 형태인 것 같은 인상을 주면서 동시에 분권형이라는 수식어를 통해 자신들이 설정한 제왕적 대통령제의 폐해 극복이라는 프레임이 해소되는 것 같은 환상을 갖게 하여 국민을 호도할까 염려된다. 가장 우려되고 경계하는 부분이다. 이원집정부제에 대한 생소함과 거부감을 없애면서 동시에 자신들이 설정한 제왕적 대통령제의 폐해 극복이라는 프레임을 분권형 대통령제라는 말 한마디로 해결하니 정말 놀랄만한 편법과 꼼수의 하모니가 아닐 수 없다. 정말 이원집정부제 또는 분권형 대통령제를 지지하는 사람들에게 묻고 싶다, "이원집정부제 또는 분권형 대통령제가 무엇인지 아냐?"고.

정경유착과 권력형 비리가 단순하게 정부형태를 바꾼다고 해결될 문제인가? 우리는 미국의 대통령중심제를 제왕적 대통령제라고 하지 않는다. 그리고 입법권까지 거머쥔 의원내각제의 수상이 4선을 바라보는 것은 어떻게 설명할 수 있을까? (생략) 정경유착이나 권력형 비리는 (정부형태가 아니라) 국회의원들이 자신의 본분을 다하고 언론이 살아 있어 국민의 관심과 지지 속에 우리 사회의 전근대성을 극복하여 합리주의가 정착될 때 비로소 해결될 수 있는 문제가 아닌가? 이에 대한 성숙한 시민의식과 유권자들의 냉철한 판단이 요구된다.

의원내각제는 합리주의가 정착된 서구자본주의국가의 지배적인 정부형태이다. 그러나 한국사회가 의원내각제를 선택하기 위해서는 우선 전근대적인 정치형태를 극복할 필요가 있다. 여야의 대표적인 정당들의 주요기반의 하나가 지역이고 이런 상황이 극복되지 않은 상태에서 특정 지역의 후보 공천은 국회의원 선거 또는 지방선거에서 당선의 보증수표와 같다. 게다가 특정 지역에서 지배적인 영향력을 행사하는 정치인이 당권을 쥐고 공천권을 후보 길들이기나 자기사람 만들기의 수단으로 이용할 때 공천권은 특정인의 정치력을 공고히 하고 영속화하는 수단으로 전락하게 된다. 즉 당이 아닌 인(人)의 지배가 부활한다. 우리는 지난 수십 년간 이런 상황을 목도해왔고 이것이 바로 우리의 정치현실이다. 따라서 당내 민주화와 공정하고 합리적인 민주적 절차에 의한 공천의 실현이 의원내각제 도입의 선결과제이다. 또한 수상은 행정권뿐만 아니라 입법권도 거머쥔다는 점에서 대통령중심제의 대통령보다 권한이 강력할 수 있고 연임을 특별히 제한하지 않는 경우 4선 또는 그 이상도 얼마든지 가능하다.

현재의 의원내각제적 요소가 가미된 대통령중심제를 4년 중임 정부통령 대통령중심제로 전환하는 것은 대통령중심제의 원형으로의 회귀이다. 따라서 국무총리제도, 국회의원의 국무총리 또는 국무위원 겸직, 국회의 국무총리 또는 국무위원의 해임건의권과 같은 의원내각제적 요소가 제거된다. 도대체 대통령중심제에서 국회의 국무총리 또는 국무위원의 해임건의권이라니 납득하기 힘들다. 대통령중심제에서 모든 행정권의 시작과 끝은 대통령이고 공과도 모두 대통령의 몫이다. 국무총리나 국무위원의 겸직 금지도 제 역할에는 관심이 없고 자신의 영향력 확대에만 몰두하는 그러한 전근대적 국회의원에게는 반갑지 않은 일일 것이다. (물론 장관의 임기는, 예외적인 경우를 제외하고, 대통령의 임기와 함께 할 필요가 있다. 회전문 인사 소리를 듣느니 (청와대가 아니라) 장관이 실질적으로 부처를 장악해서 대통령을 보좌할 수 있도록 임기가 사실상 보장될 필요가 있다.) 이러한 대통령중심제는 중임제를 통해 재선이라는 국민의 중간평가를 거쳐 최대 8년까지 집권이 가능하게 함으로써 보다 안정적[인] 토대에서 중장기적인 정책의 수립 및 집행이 가능해질 뿐만 아니라 대통령 궐위 시에 권한대행이 아니라 부통령이 대통령직을 승계함으로써 국정 공백 없이 보장된 임기동안 대통령의 직무수행이 안정적으로 이루어질 수 있다. 또한 21세기에 두 번이나 발생했던 대통령의 탄핵 정국은 대통령의 직무정지 또는 새 대통령의 선출까지 국정 운영에 커다란 어려움을 겪었던 우리에게 국무총리가 아니라 부통령이 필요한 이유를 실감하게 하였다. 게다가 순수한 대통령제의 도입은 상대적으로 리스크가 적다. 우리 국민에게 가장 익숙한 정부형태이기 때문이다. 한국의 정치상황에서 한가지 흥미로운 것은 정부통령제의 도입이 각 정당의 지역기반에 어떤 영향을 주는가이다. 지역주의를 완화하고 보수, 중도, 진보의 진정한 정책 대결을 통해 대통령을 선출하는데 정부통령제가 어떤 영향을 줄지 관심거리가 아닐 수 없다.

순수대통령제로의 개헌은 대법관의 임기 연장 문제를 제기한다. (또한 헌법재판관의 경우에도 유사한 문제가 발생한다.) 바로 사법권의 독립 때문이다. 미국의 대법관은 종신직이어서 문제가 되지 않지만 우리나라의 경우에는 현재 임기가 6년인데, 순수대통령제의 경우 8년까지 대통령의 임기가 연장될 수 있기 때문에 대법관의 임기가 연장되지 않으면 중임에 성공하는 대통령은 재임 중에 모든 대법관을 새롭게 임명하는 기회를 갖게 된다. 이는 사법권의 독립 측면에서 문제가 된다.

그 밖에 30년만의 개헌 논의이기 때문에 기본권을 포함한 헌법의 다양한 분야에 대한 개정요구가 분출할 수 있다. 따라서 정치권에서 논의의 대상이 어느 정도 정리가 되면 개헌의 범위를 정해 사회적 합의를 도출할 필요가 있다. 그리고 이번 기회에 "대한민국의 수도는 법률로 정할 수 있다."는 규정을 헌법에 두어 행정수도 이전의 문제를 종결지으면 어떨까?

5. 선거주기를 일정하게 유지하는 것은 의원내각제나 이원집정부제 또는 분권형 대통령제가 아니라 대통령과 의원의 임기가 보장되는 대통령중심제에서 의미가 있다.

순수대통령제를 도입하더라도 대통령선거를 국회의원선거와 지방선거 중 어느 선거와 동시에 치를지에 대한 선택의 문제가 남아 있다. 일반적으로 대통령의 지지율은 행정권의 특성상 시간이 지날수록 오르기보다는 내려가기 쉽다. 국회의원 선거의 이전 결과들을 보면 여당이 좋은 결과를 냈을 때가 과반수 의석을 약간 상회하는 수준이다. 따라서 지방선거와 대통령선거를 동시에 실시하는 경우에는 2년 뒤에 치러지는 국회의원 선거에서 구조적으로 여소야대 또는 분점정부가 초래될 가능성이 높다. 또한 국회의원과 대통령이 독립적으로 선출되기 때문에 양자가 대립하는 경우에는 국정이 마비된다. 따라서 대통령이 안정적인 정치적 기반을 토대로 국정을 운영할 수 있도록 하기 위해서는 국회의원선거와 동시에 실시하는 것이 바람직하다. 순수대통령제에서 대통령에 대한 강력한 견제수단의 하나는 역시 임기에 의한 제한과 재선이라는 점을 상기할 필요가 있다. 이렇게 되면 우리도 매 2년마다 센박(대통령선거와 국회의원선거)과 여린박(지방선거)의 선거가 전국적으로 치러지게 되고 지방선거를 통한 대통령의 중간평가가 가능하다. 야구에서 견제구는 주자를 아웃시키는 게 아니라 주자를 루에서 멀리 이탈하지 못하게 하는 견제 그 자체에 의미가 있다고 할 때 지방선거는 이런 수단으로 적절하다고 생각된다. 이러한 선거주기는 임기가 있지만 보장되지 않는 의원내각제에서는 의미가 없다. 그러나 의원내각제에서 선거주기는 의회가 자주 해산되지 않는 한 문제되지 않을 수 있다. 수상의 임기가 의원과 연동되어 있기 때문이다. 흥미로운 것은 이원집정부제인데 대통령을 강력하게 견제하려고 한다면 이원집정부제에서 대통령과 의원의 임기를 맞출 필요가 없다. 그런데 정작 프랑스는 2000년에 헌법을 개정해서 2002년 선거부터 대통령선거와 하원의원선거를 같은 해에 치르고 있으니 불가사의한 일이 아닐 수 없다.

2017. 5. 30.

경대사람 경대사랑[37)]

4. 헌법의 특성

헌법을 민법, 형법과 같은 다른 법 분야와 비교할 때 헌법의 특성으로는 최고규범성, 조직규범성, 권력제한규범성, 정치성과 역사성, 생활규범성 등을 들 수 있다.[38)] 우리는 이미 헌법의 개념을 정의할 때 국가의 최고법이라고 하여 (성문)헌법의 최고규범성을 언급하였고, 고유한 의미의 헌법에서 헌법의 조직규범성을 확인하였다.

헌법은 통치권을 국가기관에 부여하지만, 입법, 행정, 사법으로 나누어 서로 견제하게 함으로써 권력을 주되 제한하여 권력의 남용을 방지하고 국민의 기본권을 최대한으로 보장하는 권력제한규범으로서의 특성을 지닌다.

헌법은 다른 법과 비교할 때 정치적 성격이 강하고 역사성을 지닌다. 우리의 헌정사나 헌법의 제정과 개정의 역사를 보면 헌법 자체

37) 김박의 법학강좌, “정부형태와 개헌론”, https://blog.naver.com/mskim365/223403636984 (2024. 8. 16. 검색).

38) 김철수, pp. 14~16; 허영, pp. 23~32.

가 정치세력 간의 타협의 산물일 뿐만 아니라 헌법은 정치와 관련된 문제를 다루고 강한 정치적 영향력을 가진다는 점을 쉽게 확인할 수 있다. 대통령의 임기연장 또는 중임변경을 위한 헌법 개정은 개정 제안 당시의 대통령에 대하여는 효력이 없다고 규정한 헌법 제128조 제2항은 헌법의 정치성과 역사성을 보여주는 단적인 예라고 할 수 있다.

헌법은 국가적인 대소사를 다룬다. 그렇다고 해서 개개인의 일상생활과 단절된 규범은 아니다. 생활규범성은 헌법의 이런 측면이 간과되어서는 안 된다는 점을 강조한 것이라고 할 수 있다.[39] 한 예로 헌법재판소가 헌법불합치(위헌) 결정을 내린 민법의 동성동본금혼제도,[40] 형법의 간통죄,[41] 양심적 병역거부를 인정하지 않는 병역법의[42] 사례만 보더라도 헌법이 우리의 일상생활에 얼마나 밀접한 관련이 있는지를 쉽게 확인할 수 있다.

5. 헌법의 기본원리

헌법의 기본원리로는 국민주권의 원리, 민주주의의 원리, 법치주의의 원리, 복지국가의 원리, 국제평화주의, 문화국가의 원리 등을 들 수 있다. 헌법의 기본원리는 헌법이나 법령의 해석기준을 제공하고 입법이나 정책의 방향을 제시하며 헌법개정의 한계를 이룬다고 할 수 있다.[43] 그중에서도 민주주의의 원리를 실현하기 위한 제도로는 선거제도, 복수정당제도, 국민이 선출한 국회와 대통령에게 입법권과 행정권을 부여하여 상호견제하면서 임무를 수행하게 하는 대

39) 허영, pp. 28~30 참조.
40) 헌재 1997. 7. 16. 선고 95헌가6 내지 13 결정.
41) 헌재 2015. 2. 26. 선고 2009헌바17 등 결정.
42) 헌재 2018. 6. 28. 선고 2011헌바379 등 결정.
43) 김철수, p. 68; 허영, pp. 152~153.

의제도, 국민투표, 지방자치제도 등이 있다.[44)]

복수정당제도는 공산당에 의한 일당 독재가 이루어지는 사회주의 국가와 달리 민주주의 국가에서 민주주의의 원리를 실현하기 위한 필수적인 제도라고 할 수 있다. 정당 간의 자유로운 경쟁을 보장함으로써 선거 등을 통해 각 정당의 정책에 대한 선택의 기회를 국민에게 제공하여 민주주의가 제 역할을 할 수 있게 해준다. 정당은 국가기관이 아니라 국민의 이익을 위해 책임 있는 정치적 주장이나 정책을 추진하고 공직선거의 후보자를 추천 또는 지지함으로써 국민의 정치적 의사형성에 참여함을 목적으로 하는 국민의 자발적 결사체, 즉 자발적인 정치단체이다.(정당법2)

헌법 제8조 제1항은 "정당의 설립은 자유이며, 복수정당제는 보장된다."고 하여 정당설립의 자유를 통해 복수정당제도를 보장하였다. 나아가 현대 국가에서 차지하는 정당의 중요성을 고려하여 보조금의 지원 등 정당의 보호를 규정하고(헌8.3) 동시에 위헌정당해산제도를 규정하여(헌8.4) 정당의 목적이나 활동이 민주적 기본질서에 위배될 때에는 정부의 제소와 헌법재판소의 심판을 통해 해산시키도록 하였다.

지방자치제도는 헌법 제117조와 제118조에서 보장하였다. 지방의 행정을 그 지역의 주민이 선출한 기관이 처리하게 하는 지방자치제도는 중앙정부의 간섭으로부터 자치단체, 자치기능, 자치사무를 보장하는 데 주된 목적이 있다.[45)]

직업공무원제도는 민주주의와 법치주의를 실현하기 위한 제도이다.[46)] 헌법 제7조는 제1항에서 "공무원은 국민전체에 대한 봉사자이며, 국민에 대하여 책임을 진다."고 하고, 제2항에서 "공무원의 신분과 정치적 중립성은 법률이 정하는 바에 의하여 보장된다."고 하여

---

44) 허영, pp. 160~162 참조.

45) *Ibid.*, pp. 873~874.

46) 전광석, pp. 592~593; 허영, pp. 859, 861~862.

직업공무원제도를 보장하였다. 직업공무원제도의 근간은 공무원의 신분보장과 정치적 중립성이라고 할 수 있는데, 공무원의 신분을 보장해 주는 동시에 정치적 중립성을 유지하도록 하여 공무원이 정권의 하수인이 아닌 국민 전체에 대한 진정한 봉사자가 되게 하였다. 국민의 공무원 파면권 등이 인정되지 않은 우리의 경우 국민에 대한 책임은 원칙적으로 이념적 또는 정치적 책임을 의미한다.[47]

제도적 보장[48] 또는 제도보장이란 국가 존립의 기초가 되는 제도를 헌법이 특별히 보장하는 것으로 제도적 보장이 부여되기 위해서는 헌법 규정에 따라 비로소 창설되는 제도가 아니라 그 사회공동체에서 역사적 또는 전통적으로 형성된 기존의 제도이어야 한다. 헌법재판소가 인정한 제도적 보장의 예로는 직업공무원제도, 복수정당제도, 지방자치제도, 의무교육제도, 혼인제도 등을 들 수 있다.

6. 헌법의 기본질서

우리 헌법이 추구하는 기본질서를 정치, 경제, 외교(국제관계)의 세 가지 측면으로[49] 나누면 정치 분야는 민주적 기본질서, 경제 분야는 사회적 시장경제질서, 외교 분야에서는 평화적 국제질서라고 할 수 있다.

민주적 기본질서는 국민주권주의를 토대로 하여 기본권의 보장, 선거제도와 복수정당제도, 의회주의와 법치주의, 권력분립의 원칙, 국민투표, 직업공무원제도, 지방자치제도 등이 해당되며, 사회적 시장경제질서는 사회적 기본권의 보장과 복지국가의 원리 등이 해당된다. 그리고 평화적 국제질서를 추구하는 우리 헌법은 침략적 전쟁

---

47) 김원주・이철주, p. 115.
48) 허영, pp. 236~238 참조.
49) 김원주・이철주, pp. 109~111.

을 부인하고 국제평화의 유지에 노력하며(헌5.1) 평화적 통일을 지향하고(헌4) 조약을 비롯한 국제법의 국내법적 효력을 인정하며 외국인의 법적 지위를 보장한다.(헌6)

제8장 기본권

헌법은 제2장에서 기본권을 규정하였다. 여기서는 개별적 기본권이 아니라 개개의 기본권에 공통된 기본권의 일반이론을 다룬다. 기본권이 실정법상의 권리인지 아니면 자연법상의 권리인지, 기본권의 종류로는 어떤 것들이 존재하는지, 기본권의 주체로서 국민과 외국인 그리고 자연인과 법인의 차이는 무엇인지, 헌법에서 기본권을 보장하는 이유가 국가기관에 의한 기본권의 침해를 구제하기 위한 것인지 아니면 개인에 의한 침해를 구제하기 위한 것인지, 기본권은 무제한한 권리인지 아니면 일정한 제한 또는 한계가 존재하는지를 살펴보고, 아울러 국민의 의무도 간단하게 정리해 본다.

1. 기본권의 법적 성격

기본권은 자연법상의 권리이다. 헌법도 기본권이 자연법상의 권리라는 점을 인정한다. 헌법 제10조 제2문은 기본권이 침해할 수 없는 권리라는 점을 국가가 확인하고 보장할 의무가 있다고 하여 기본권이 국가 또는 헌법에 의해 비로소 보장되는 단순한 실정법상의 권리가 아니라 자연법상의 권리라는 점을 확인시켜 준다. 또한 제37조 제1항도 "국민의 자유와 권리는 헌법에 열거되지 아니한 이유로 경시되지 아니한다."고 하여 헌법에 명시되지 않은 기본권도 기본권으로 보장된다는 점을 분명히 하였는데, 이는 기본권이 자연법상의 권리이기 때문에 가능한 일이다.

기본권은 또한 주관적 공권일 뿐만 아니라 객관적 가치질서라는 이중적 성격 또는 양면성을 가진다.[1] 즉, 기본권은 국민 개개인이 향유하는 공법상의 권리로서의 성격뿐만 아니라 우리의 헌법질서를 이루는 민주주의적, 법치주의적, 복지국가적 질서의 토대가 되는 객관적 가치질서로서의 성격을 가진다. 헌법재판소는 직업선택의 자유가 "각자의 생활의 기본적 수요를 충족시키는 방편이 되고 개성신장의 바탕이 된다는 점에서 주관적 공권의 성격을 가지면서도 국민 개개인이 선택한 직업의 수행에 의하여 국가의 사회질서와 경제질서가 형성된다는 점에서 사회적 시장경제질서라고 하는 객관적 법질서의 구성요소이기도 하다."라고[2] 기본권의 양면성을 판시하였다.

기본권과 통치구조의 관계를 목적과 수단의 관계에 비유하면 기본권의 보장은 통치구조의 목적 또는 존재이유이고, 통치구조는 기본권의 보장을 위한 수단이라고 할 수 있다.[3] 다만 기본권과 통치구조의 관계가 이렇게 정립된 것은 국민주권주의의 토대에서 구축된 근대 입헌주의적 의미의 헌법에서부터이다. 이제는 역사적인 이야기가 되었지만 제5공화국 헌법(제8차 개헌) 당시만 하더라도 기본권과 통치구조는 수평적인 관계로 다루어졌고 사회적 기본권은 추상적 권리로 인정되었다. 기본권의 법적 성격을 프로그램적 권리와 법적 권리로 나누고, 법적 권리를 다시 추상적 권리와 구체적 권리로 나누면서 전통적 기본권은 구체적 권리이지만 사회적 기본권은 추상적 권리로 보았다. 추상적 권리는 입법을 통해 비로소 구체적 권리가 된다. 물론 민주주의가 확립된 오늘날에는 모든 기본권을 구체적 권리로 본다.[4]

---

1) 전광석, pp. 241~242; 허영, pp. 249~251 참조.
2) 헌재 1995. 7. 21. 선고 94헌마125 결정.
3) 허영, p. 254 참조.
4) 김철수, pp. 203~204 참조.

2. 기본권의 종류

헌법은 다양한 기본권을 유형별로 분류하여 규정하였다. 헌법에서 규정한 개별적 기본권을 성격과 내용에 따라 유형별로 분류하면 인간의 존엄과 가치, 행복추구권, 평등권, 자유권적 기본권, 정치적 기본권, 청구권적 기본권, 사회적 기본권으로 나눌 수 있다.

인간의 존엄과 가치는 헌법의 최고 가치이며 기본권의 이념적 전제라고 할 수 있다. 헌법에 규정된 다양한 기본권은 결국 인간으로서의 존엄과 가치를 위한 것으로 이에 포섭된다고 할 수 있다. 헌법에 명시되지 않은 기본권으로서 인간의 존엄과 가치에서 도출된 개별적 기본권으로는 인격권, 생명권, 초상권[5] 등이 있다.[6] 인간의 존엄과 가치를 규정한 제10조와 "국민의 자유와 권리는 헌법에 열거되지 아니한 이유로 경시되지 아니한다."고 규정한 헌법 제37조 제1항을 통해 우리는 헌법에 명시되지는 않았지만, 인간의 존엄과 가치를 보장하기 위해 필요한 기본권을 도출할 수 있다.[7] 또한 헌법 제37조 제2항에서 기본권제한입법이 침해할 수 없는 자유와 권리의 본질적인 내용이란 바로 인간의 존엄과 가치라고 할 수 있다.[8]

행복추구권은 헌법 제10조에서 인간의 존엄과 가치와 함께 규정되었지만, 별개의 기본권으로 다루어진다. 헌법재판소는 행복추구권을 국민이 행복을 추구하기 위하여 필요한 급부를 국가에 적극적으로 요구할 수 있는 권리가 아니라 국민이 행복을 추구하기 위한 활동을 국가권력의 간섭 없이 자유롭게 할 수 있다는 포괄적인 의미의 자유권으로서의 성격을 가진다고 하였다.[9] 자유권인 개별 기본

5) 대법 2006. 10. 13. 선고 2004다16280 판결.
6) 전광석, pp. 285~290.
7) *Ibid.*, p. 285; 허영, pp. 352~353.
8) 허영, p. 353.
9) 헌재 1995. 7. 21. 선고 93헌바14 결정.

권이 존재하는 경우 행복추구권은 보충적 성격을 가지기 때문에 특별히 위헌심사의 기준으로 적용되지 않는다.[10)]

평등권은 불합리한 차별을 받지 않고 평등한 대우를 요구할 수 있는 권리이다.[11)] 평등권은 헌법 제11조뿐만 아니라 고용, 임금 및 근로조건에서 여성의 부당한 차별을 금지한 제32조 제4항, 혼인과 가족생활에서 양성의 평등을 규정한 제36조 제1항 등의 규정에서도 확인할 수 있다. 제11조 제1항을 일반적 평등권이라고 한다면 제32조 제4항이나 제36조 제1항 등은 개별적 평등권이라고 할 수 있다.[12)] 역사적으로 법 앞에서의 평등은 법적용만의 평등을 의미하므로 행정과 사법에 대해서만 구속력을 가지고 입법에 대해서는 구속력이 없다는 주장이 있었지만, 오늘날 법의 적용뿐만 아니라 법의 내용(입법)도 평등해야 함은 물론이다.

일반적 평등권은 다른 기본권의 보장에 효과적인 수단이 될 수 있다. 개별적 평등권이나 다른 기본권처럼 구체적이고 실질적인 권리를 보장하는 것이 아니기 때문이다. 가령 미성년 자녀에 대한 친권을 부부의 합의가 이루어지지 않는 경우에 아버지가 행사할 수 있게 한다면 이는 혼인과 가족생활에서 양성의 평등을 보장하는 제36조 제1항의 개별적 평등권 위반이 된다. 그러나 역설적으로 일반적 평등권은 모든 분야에서의 차별을 금지하기 때문에 적용범위가 특정

10) 전광석, p. 293.

11) 외국인 지역가입자에 대하여 내국인등과 달리 과거 보험료 납부 횟수나 개별적인 경제적 사정 등을 전혀 고려하지 않고 예외 없이 1회의 보험료 체납 사실만으로도 보험급여를 제한하고, 체납한 보험료를 사후에 완납하더라도 예외 없이 소급하여 보험급여를 인정하지 않는 것은 평등권을 침해한다. 헌재 2023. 9. 26. 선고 2019헌마1165 결정; 특별교통수단에 있어 표준휠체어만을 기준으로 휠체어 고정설비의 안전기준을 정하고 있는 '교통약자의 이동편의 증진법 시행규칙' 제6조 제3항 별표 1의2는 합리적 이유 없이 표준휠체어를 이용할 수 있는 장애인과 표준휠체어를 이용할 수 없는 장애인을 달리 취급하여 평등권을 침해한다. 헌재 2023. 5. 25. 선고 2019헌마1234 결정.

12) 허영, p. 364.

되어 있지 않다. 가령 불합리한 기준에 의해 정부로부터의 지원을 적게 받았다고 생각하는 학술단체 또는 예술단체는 학문과 예술의 자유가 침해되었다는 주장과 함께 (일반적) 평등권도 침해되었다는 주장이 가능하다. 평등권의 침해 여부는 기본권의 내용에 대한 평가나 판단 없이 불합리한 차별 여부만 확인하면 되므로 객관적인 결정이 쉽고, 따라서 입증이 용이하기 때문에 평등권이 침해되었다는 판단을 끌어내 자신들이 침해되었다고 주장하는 기본권(학문과 예술의 자유)에 대한 구제를 받을 수 있다. 실제로도 기본권의 침해를 주장하는 경우에 (일반적) 평등권의 침해도 함께 제기하는 것이 일반적이다.[13] 한편으로 헌법재판소는 헌법소원심판 청구 사건에서 평등권 침해 주장이 다른 기본권 침해 주장과 구별되는 독자적 의미를 지닐 때 판단기준으로 삼는 경향을 보인다.[14]

독일의 공법학자였던 옐리네크(G. Jellinek)가 주장한 국민의 지위 이론은 기본권의 성격을 단적으로 표현하였다. 그는 국민의 지위를 소극적 지위, 능동적 지위, 적극적 지위, 수동적 지위로 구분하여 이러한 지위를 자유권적 기본권, 정치적 기본권, 청구권적 기본권, 국민의 의무와 연계하였다.

자유권적 기본권은 헌법 제12조부터 제23조에 규정되었다. 제12조와 제13조에 규정된 신체의 자유,[15] 거주・이전의 자유, 직업선택의 자유,[16] 주거의 자유, 사생활의 비밀과 자유, 통신의 비밀, 양심

13) 전광석, p. 294.

14) "청구인의 평등권 침해 주장은 승진임용에 평등한 기회를 제공하지 않는 것이 위헌이라는 것으로, 이 부분에 대한 판단은 공무담임권 침해 여부에 대한 판단과 중복되므로 별도로 다시 판단하지 않는다." 헌재 2018. 7. 26. 선고 2017헌마1183 결정.

15) 강제퇴거명령을 받은 사람을 보호할 수 있도록 하면서 보호기간의 상한을 마련하지 아니한 출입국관리법 제63조 제1항은 과잉금지원칙 및 적법절차원칙에 위배되어 피보호자(외국인)의 신체의 자유를 침해한다. 헌재 2023. 3. 23. 선고 2020헌가1, 2021헌가10 결정.

16) 변호사시험에서 코로나19 확진환자의 응시를 금지하고, 자가격리자 및 고위험자의 응시를 제한한 법무부공고는 감염병 확산 방지를 달성하면서도 응시 기회를 보장할 방

의 자유, 종교의 자유, 표현의 자유인 언론·출판·집회·결사의 자유,[17] 학문과 예술의 자유, 재산권의 보장이 여기에 속한다. 자유권적 기본권은 소극적 성격의 권리로 국가의 간섭으로부터의 자유를 의미한다.

정치적 기본권 또는 참정권으로는 제24조에 선거권과 제25조에 공무담임권을 규정하였고, 대통령이 회부할 수 있는 국가안위에 관한 중요정책에 대한 국민투표를 규정한 제72조와 헌법개정안에 대한 국민투표를 규정한 제130조도 여기에 속한다. 공무원은 선출직 공무원도 있지만 대부분은 임명직 공무원으로 공무담임권이 피선거권보다 포괄적인 개념이다. 정치적 기본권은 권리를 행사할 때 비로소 빛을 발하는 능동적 성격의 기본권이다.

청구권적 기본권은 제26조부터 제30조에 규정되었다. 청원권, 재판청구권, 형사보상청구권, 국가배상청구권, 범죄피해자구조청구권이 여기에 속한다. 청구권적 기본권은 국가에 대해 요구하는 적극적 성격의 기본권으로 소극적 성격의 자유권적 기본권과 상반된다.

사회적 기본권은 제31조부터 제36조에 규정되었다. 교육을 받을 권리, 근로의 권리, 근로자의 노동3권, 인간다운 생활을 할 권리, 환경권, 혼인과 가족의 보호가 여기에 속한다. 사회적 기본권은 전통적 기본권과 구분되는 현대적 기본권으로 현대 헌법이 복지국가를 추구하면서 새롭게 도입되었다. 개개의 사회적 기본권은 궁극적으로 인간다운 생활을 할 권리를 보장하기 위한 것으로 이에 포섭된다고 할 수 있다. 법률유보의 전통적 의미는 권리제한적 법률유보이지만, 사회적 기본권의 경우에는 입법을 통해 비로소 실현될 수 있기

법이 있는데도 이를 금지하거나 박탈함으로써 직업선택의 자유를 침해한다. 헌재 2023. 2. 23 선고 2020헌마1736 결정.

17) 대통령 관저의 경계 지점으로부터 100미터 이내의 장소에서는 옥외집회 또는 시위를 금지하고 위반시 형사처벌하는 집시법 조항은 과잉금지원칙에 위배되어 집회의 자유를 침해한다. 헌재 2022. 12. 22. 선고 2018헌바48, 2019헌가1 결정.

때문에 권리형성적 법률유보의 의미가 있다.

3. 기본권의 주체

헌법은 국민을 기준으로 기본권을 규정하였지만 외국인도 물론 기본권의 주체이다. 다만 법적 지위의 차이로 인해 기본권의 인정범위와 제한의 정도에는 차이가 있다. 헌법재판소는 기본권이 '인간의 권리'로서의 성격을 가질 때는 외국인에게도 보장된다는 취지로 판시하는 경향을 보인다. 무국적자는 외국인으로 포함된다. 외국인에게는 인정되지 않거나 현저하게 제한되는 경우로 선거권이나 직업선택의 자유를 들 수 있다. 외국인에게는 선거권이 인정되지 않는데, 인권 선진국에서는 영주권자 등 일정한 요건을 갖춘 외국인의 경우에 지방선거에서의 선거권을 인정한다.[18] 직업선택의 자유는 외국인에게도 인정되지만 현저하게 제한되는 경우라고 할 수 있다. 외국인은 비자의 유형에 따라 체류국에서 취업이 허용되는 경우와 금지되는 경우로 나눌 수 있다. 그러니까 후자의 경우에는 직업선택의 자유가 인정되지 않는다. 헌법재판소는 일정한 사유가 있는 경우에 외국인 근로자에게 3년의 체류기간 동안 원칙적으로 3회까지 사업 또는 사업장을 변경할 수 있도록 한 외국인 근로자의 고용 등에 관한 법률 제25조 제4항이 위헌이 아니라고 판시하였다.[19]

자연인뿐만 아니라 법인도 기본권의 주체이다. 다만 법인의 성격상 자연인만이 향유할 수 있는 기본권은 인정되지 않는다. 가령 생존권이나 선거권 등은 법인에 인정되지 않는다. 또한 법인은 인격권의 주체가 될 수는 있지만 양심의 자유는 인정되지 않는다.[20] 물론

18) 공직선거법 제15조 제2항 제3호, 주민투표법 제5조 제1항 제2호 참조.
19) 헌재 2011. 9. 29. 선고 2007헌마1083 등 결정.
20) 전광석, p. 238.

국민의 의무에서도 마찬가지이다. 가령 법인도 납세의 의무를 부담하지만 병역의 의무는 없다.

4. 기본권의 효력

헌법의 기본권 규정은 누구의 침해로부터 개인의 기본권을 보호하려는 것인가? 국가기관에 의한 침해인가 아니면 다른 개인에 의한 침해인가? 가령 갑의 회사에 을이 도청장치를 설치하였다. 을이 수사의 목적으로 감청을 하는 국가기관인 경우와 을이 경쟁회사로 갑의 영업 비밀을 수집하기 위한 경우는 구분되는가? 전자가 기본권의 대국가적 효력의 문제이고, 후자가 기본권의 대사인적 효력의 문제이다.

(1) 대국가적 효력

기본권의 대국가적 효력은 헌법의 기본권 규정이 국가기관에 대해 효력이 있고, 따라서 국가기관에 적용된다는 의미이다. 헌법에서 기본권을 보장하는 이유는 바로 국가기관에 의한 기본권의 침해를 방지하고 침해된 경우 법적 구제를 제공하기 위해서이다. 따라서 모든 기본권은 대국가적 효력을 가진다.

(2) 대사인적 효력

헌법에서 기본권을 보장하는 이유는 기본권에 대국가적 효력을 부여하기 위해서이다. 그런데 대국가적 효력에서 한 걸음 더 나아가 개인과 개인의 관계에서 발생하는 기본권의 침해에도 기본권의 효력을 인정할 수 있는지가 바로 기본권의 대사인적 효력 또는 제3자적 효력의 문제이다.

기본권의 대사인적 효력에 대해서는 직접적용설과 간접적용설이 있다. 직접적용설은 국가와 개인의 관계에서 기본권의 효력을 인정하는 대국가적 효력처럼 개인과 개인의 관계에서도 헌법의 규정이 직접 적용된다고 한다.[21]

간접적용설은 대국가적 효력과 달리 기본권의 대사인적 효력은 민법 제2조 또는 제103조와 같은 규정을 통해 간접적으로만 적용된다고 한다. 다만 헌법에서 직접 기본권의 대사인적 효력을 규정한 경우에는 예외적으로 대사인적 효력을 인정한다. "언론·출판이 타인의 명예나 권리를 침해한 때에는 피해자는 이에 대한 피해의 배상을 청구할 수 있다."고 규정한 헌법 제21조 제4항 제2문이 그런 경우이다. 또한 성격상 사인 간의 관계에 적용될 수 없는 기본권인 재판청구권, 국가배상청구권, 형사보상청구권, 범죄피해자구조청구권 등은 기본권의 대사인적 효력의 문제가 발생하지 않는다.[22]

5. 기본권의 내재적 한계와 제한

기본권의 보장은 헌법의 존재이유 또는 목적이라고 할 수 있지만 기본권이 무제한한 권리는 아니다. 또한 기본권의 무제한한 보장이 현실적으로 가능하지도 않다. 개인은 사회구성원으로서 모든 구성원의 기본권을 최대한 보장하기 위해 또는 공공의 필요에 의해 현실적으로 불가피한 제한이 이루어질 수 있다는 점을 우리는 부정할 수 없다. 다만 기본권이 제한되더라도 헌법이나 국민의 대의기관인 국회가 제정한 법률을 통해서만 가능하도록 하고, 기본권의 제한이 필요한 최소한에 그치도록 해야 한다.

21) 헌법재판소법 제68조 제1항은 헌법소원을 공권력의 행사 또는 불행사의 경우에만 인정한다. 따라서 사인의 행위에 대해서는 헌법소원이 인정되지 않는다.

22) 허영, pp. 272~282 참조.

기본권의 제한 또는 한계로는 법률에 의해 기본권을 제한하는 법률유보, 헌법에 의해 기본권을 제한하는 기본권의 헌법적 한계, 법률이나 헌법에 기본권을 제한하는 규정이 없음에도 불구하고 인정되는 기본권의 내재적 한계가 있다.

(1) 기본권의 내재적 한계

기본권의 내재적 한계란 헌법이나 법률에 기본권의 제한 규정이 없더라도 기본권의 성격상 당연히 인정되는 한계를 말한다. 이는 미국에서 전해지는 유명한 예시에서도 확인할 수 있다. 어느 날 다른 사람의 코를 가격해서 체포된 사람이 판사에게 자유주의 국가에서 팔을 마음대로 휘두를 자유도 없냐고 묻자, 판사는 "당신이 팔을 휘두를 권리는 바로 다른 사람의 코가 시작되는 곳에서 끝난다."(Your right to swing your arms ends just where the other man's nose begins.)고 대답하였다.[23]

"언론·출판은 타인의 명예나 권리 또는 공중도덕이나 사회윤리를 침해하여서는 아니된다."라고 규정한 헌법 제21조 제4항 제1문은 기본권의 내재적 한계를 헌법에 명시한 경우라고 할 수 있다. 그러니까 타인의 명예나 권리 또는 공중도덕이나 사회윤리를 침해하지 않아야 한다는 점은 내재적 한계로 다른 기본권에도 적용될 수 있다는 해석이 가능하다.

(2) 기본권의 헌법적 한계

기본권의 헌법적 한계란 헌법에서 직접 기본권을 제한하는 경우이다. 이전에는 '헌법유보'라고도 했는데, 헌법에서 기본권을 제한하

23) Zechariah Chafee, Jr., "Freedom of Speech in War Time", *Harvard Law Journal*, vol. 32 (1919), pp. 932, 958. 이 말은 미국의 유명한 대법관 Oliver Wendell Holmes, Jr., J. S. Mill, 링컨 대통령 등이 말한 것으로 알려져 있으나, 정확한 출처는 확인되지 않는다.

기 때문에 위헌의 문제는 발생하지 않는다. 군인 또는 경찰 등의 국가배상청구권을 제한하는 헌법 제29조 제2항 또는 법률이 정한 공무원에 한해 노동3권을 보장하는 헌법 제33조 제2항 등이 그러한 예이다.

(3) 법률유보

법률유보의 전통적 의미는 법률에 의한 기본권의 제한으로 권리제한적 법률유보를 말한다. 반면에 현대적 기본권인 사회적 기본권의 경우에 법률유보는 권리형성적 법률유보로 기능한다. 입법을 통해 사회적 기본권이 비로소 구체화하고 실현되기 때문이다.

법률유보는 개별적 법률유보와 일반적 법률유보로 나눌 수 있다. 개별적 법률유보란 특정 기본권에만 적용되는 법률유보로 신체의 자유를 규정한 헌법 제12조 제1항이 대표적이다. 반면에 일반적 법률유보란 모든 기본권에 적용될 수 있는 법률유보를 말한다. 우리 헌법은 제37조 제2항에서 일반적 법률유보를 규정하였다.

일반적 법률유보를 규정한 헌법 제37조 제2항은 "국민의 모든 자유와 권리는 국가안전보장·질서유지 또는 공공복리를 위하여 필요한 경우에 한하여 법률로써 제한할 수 있으며, 제한하는 경우에도 자유와 권리의 본질적인 내용을 침해할 수 없다."고 하여 그 요건을 명시하였다. 이 규정은 기본권제한입법의 법적 근거인 동시에 헌법적 한계라고 할 수 있는데, 헌법의 목적이 기본권의 제한이 아니라 보장이라는 점을 고려하여 기본권의 헌법적 한계라는 측면에서 보면 제2항의 요건을 목적상의 한계, 방법상의 한계, 형식상의 한계, 내용상의 한계의 네 가지로 나눌 수 있다. 기본권제한입법의 목적상의 한계란 기본권제한입법은 국가안전보장, 질서유지, 공공복리의 목적 중에서 적어도 어느 하나 이상의 목적을 위한 입법이어야 한다는 의미이다.

헌법재판소가 법률의 위헌 여부를 심사할 때 가장 중요한 역할을 하는 기준이 방법상의 한계이다. 비례의 원칙 또는 과잉금지의 원칙이라고도 불리는 방법상의 한계는 필요한 최소한의 경우에 한해서만 기본권제한입법이 허용된다는 의미이다. 우리는 자동차의 주행보조장치도 필요하고 운전대(steering wheel)도 필요하다고 말할 수 있다. 그러나 양자는 필요의 정도에 차이가 있다. 전자는 없어도 주행이 가능하기 때문에 유용한(useful) 장치라는 의미라면, 후자는 없으면 운전이 가능하지 않으므로 필수불가결한(indispensible) 장치라고 할 수 있다. 그렇다면 제37조 제2항의 필요한 경우는 어떤 의미로 사용되었을까? 우리는 방법상의 한계를 판단하는 데 있어 헌법재판소에 폭넓은 재량권이 부여되어 있음을 확인할 수 있다.

필요성 판단의 세부기준으로 목적의 정당성, 수단의 적절성, 침해의 최소성, 법익의 균형성이 요구되는데, 이는 기본권제한입법은 목적의 정당성이 인정되고 그 법률에 규정된 수단이 목적의 달성에 적절하며 그러한 수단으로 인한 사인의 피해가 최소한으로 제한되고 마지막으로 달성되는 공익과 제한되는 사익을 비교하였을 때 전자가 더 크다고 볼 수 있는 경우에만 허용된다는 의미이다. 기본권제한입법이 네 가지 요건 중에 어느 하나라도 충족하지 못하면 헌법재판소는 해당 법률에 위헌성이 있다고 판단하게 된다. 비례의 원칙은 법의 분야와 관계없이 널리 적용되는 법의 대원칙의 하나라고 할 수 있다.

형식상의 한계는 기본권의 제한을 국회에서 제정하는 법률의 형식으로만 할 수 있다는 의미이고, 내용상의 한계란 기본권을 형해화(形骸化)하는 기본권의 제한은 자유와 권리의 본질적인 내용을 침해하기 때문에 금지된다는 의미이다. 자유와 권리의 본질적인 내용이란 헌법 제10조의 인간의 존엄과 가치를 의미한다.

(4) 상호관계

기본권의 내재적 한계, 기본권의 헌법적 한계, 법률유보의 상호관계를 어떻게 볼 것인가? 기본권의 제한 규정을 폭넓게 해석하여 이중 또는 삼중의 제한을 허용할 것인가 아니면 제한 규정의 중복 적용을 방지하는 것이 바람직한가? 헌법의 존재이유 또는 목적이 기본권의 보장이라는 점을 고려할 때 현실적인 필요에 의해 기본권의 제한을 인정하더라도 그 제한은 필요한 최소한에 그쳐야 한다. 따라서 일반적 법률유보를 두어 어느 기본권이든 법률로 제한이 가능한 우리의 헌법 체계에서 기본권의 내재적 한계나 개별적 법률유보는 엄격하게 해석하는 것이 바람직하다.[24)]

6. 국민의 의무

국민의 의무 중에서 가장 고전적이고 대표적인 의무는 납세의 의무와 국방의 의무이다. 여기에 교육의 의무와 근로의 의무가 추가되었고, 비교적 최근에 환경보전 의무와 재산권 행사의 공공복리 적합의무가 더해졌다.[25)]

---

24) 최대권, "'기본권의 제한 및 한계'에 관한 연구", 『서울대학교 법학』, 제22권 3호 (1981), pp. 158, 169 참조.

25) 허영, pp. 663~674.

제9장 통치구조

헌법은 국가의 조직을 구성하는 법이다. 우리 헌법은 국민주권의 원리, 권력분립의 원리, 의회주의의 원리, 법치주의의 원리에 기초하여[1] 통치구조를 정하였다. 의원내각제가 가미된 대통령중심제의 정부형태를 취하였고, 의회는 단원제로 운영되며 사법부는 법원과 헌법재판소로 이원화하였다.

통치의 형태(정부형태)에서는 의원내각제와 대통령중심제의 비교를 중심으로 이원집정부제도 살펴본다. 통치의 작용에서는 입법작용(입법권), 행정작용(행정권), 사법작용(사법권)의 비교를 통해 그 특성을 파악한다. 통치의 기구로는 국회, 정부, 법원, 헌법재판소를 살펴본다.

1. 통치의 형태

통치의 형태는 민주주의 국가라 하더라도 어떤 정부형태를 취하느냐에 따라 차이가 있다. 의원내각제, 대통령중심제, 이원집정부제의 정부형태는 모두 권력분립의 원칙을 토대로 하지만 입법부와 행정부의 구성이나 상호간의 견제와 균형의 원리가 다르다. 여기서는 민주주의 국가의 세 가지 정부형태를 살펴보고 우리의 정부형태를 검토한다.

1) 김원주 · 이철주, pp. 150~152.

(1) 정부형태의 유형

의원내각제는 민주주의 국가의 대표적인 정부형태이다. 미국을 제외한 서구자본주의 국가의 대다수가 의원내각제를 취한다. 각 정당이 대표를 중심으로 총선거를 치르고 선거를 통해 과반수 이상의 의석을 차지하는 정당의 대표가 수상이 되며, 수상이 임명하는 의원들이 내각에 참여해서 정부를 구성한다. 총선거에서 승리하는 정당이 입법권뿐만 아니라 행정권도 거머쥔다. 따라서 의원내각제에서 의회는 행정부의 기반이 되며 내각은 의회에 대해 책임을 진다. 의원내각제를 내각책임제라고도 하는 이유가 여기에 있다.

과반수 이상의 의석을 차지하는 단독정당이 없는 경우에는 제1당이 보통 군소정당과 연립정부를 구성하여 의회에서 과반수의 의석을 확보한다. 영국이나[2] 일본처럼 (입헌)군주가 있는 경우에는 군주

---

2) 2010년에 이어 2015년 영국 총선에서도 승리한 보수당은 과반의 의석(330/650석)을 확보하였고, 보수당의 당수였던 캐머런(David Cameron)이 이번에도 영국의 수상이 되었다. 양원제의 영국에서 상원은 선출직이 아니기 때문에 총선은 임기 5년의 하원의원 선거를 의미한다. 당시 선거에서 공약으로 내세웠던 영국의 EU 탈퇴(Brexit)에 대한 국민투표를 2016년에 실시한 결과 (부결이 우세하다는 전망과 달리) 탈퇴안이 가결되었고, 이에 대한 정치적 책임을 지고 사임한 캐머런의 뒤를 이어 총리가 된 메이(Theresa May)는 브렉시트 절차에 힘을 싣고자 하원을 해산하고 2017년 조기 총선을 실시하였으나, 오히려 (1당은 유지하였지만) 과반 의석을 잃는 결과(317/650석)를 초래하였다. 2019년 7월 메리가 사임하였고, 그 뒤를 이어 존슨(Boris Johnson)이 보수당의 당수로 선출되어 총리로 임명되었다. 보완된 EU 탈퇴 협약을 10월 말까지 의회가 승인하지 않자 존슨은 조기 총선을 결정하였고, 12월에 치러진 하원 선거에서 과반의 안정적 의석(365/650석)을 확보하게 되었다. 그러나 2020년 코로나 봉쇄 기간 중 총리 관저에서 여러 번 파티를 열었다는 것이 알려지게 되었고, 사회적 거리두기법 위반으로 2022년 4월 존슨 총리에게 벌금이 통지되었다. 이에 대한 사회적 비판이 확산하여 6월에 재신임 투표가 진행되었으나, 재신임이 이루어지면서 결과는 존슨의 승리로 끝나는 듯했지만, 7월 후보자의 성추행 전력을 인지하고도 원내부총무로 임명한 것이 밝혀지면서 결국 사임하였다. 2022년 9월 당시 외무장관이던 트러스(Liz Truss)가 총리로 선출되었다. 그러나 두 달도 안 돼 금융위기를 촉발한 경제정책의 실책으로 당내 지지를 잃으면서 사임하였고, 그해 10월 수낵(Rishi Sunak)이 총리가 되었다. 이후 2024년에 총선이 실시되었고, 결과(412/650석)는 노동당의

가 그리고 독일이나 이탈리아처럼 군주가 없는 경우에는 대통령이 상징적인 국가원수이고 수상이 정부수반이 된다. 대외관계에서 국가를 대표하는 최고의 의사결정기관은 수상이다.

의회의 내각불신임권과 수상의 의회해산권은 의원내각제 정부형태에 고유한 견제와 균형의 원리이다. 가령 수상이 새로운 정책을 추진하는데 야당은 물론 여당 내에서도 반발이 있는 경우 수상은 자신의 의회해산권으로 배수진을 치는 경우가 있다. 그럼에도 불구하고 정치적 합의가 이루어지지 않는 경우 결국 의회 해산을 통해 총선거를 실시하고 국민의 선택을 구하게 된다. 이 선거에서 여당이 승리하면 수상의 정책은 정치적 정당성을 확보하게 되고 야당이 승리하면 자연스럽게 정권이 교체된다.

따라서 의원내각제의 특징의 하나는 의원의 임기가 있지만 보장되지 않는다. 중요한 정치적 현안을 놓고 여야가 대립하는 경우 결국 의회 해산을 통한 총선거로 정치적 승부를 겨루다보니 의원의 임기를 채우기 전에 의회가 해산되는 경우가 발생하고, 이런 경우가 반복되면 정정이 불안정해지는 단점이 있다. 우리가 9차 개헌(현행 헌법)에서 대통령의 국회해산권을 삭제한 것은 대통령중심제의 정부형태라는 점을 고려할 때 지극히 당연한 일이다.

대통령중심제는 행정부가 일원화되어 있다. 대통령이 국가원수이면서 동시에 정부수반이 된다. 입법부와 행정부의 관계도 독립적이다. 대통령과 의원은 각각의 선거를 통해 선출되고 민주적 정당성을 확보한다. 대통령중심제의 대통령과 의원내각제의 대통령을 동일선상에서 비교하는 것은 적절하지 않다. 또한 의원내각제와 달리 대통령중심제에서 의원의 임기는 보장된다. 따라서 미국처럼 선거의 주기를 고려하는 것은 의원의 임기가 보장되는 대통령중심제에서 의미가 있다. 또한 대통령 궐위 시에 부통령이 대통령직을 승계하여

압승이었다.

'전임자의 잔여임기 동안' 대통령직을 수행하는 것도 선거의 주기를 유지하는데 필수적이다.[3)]

대통령중심제에서 대통령과 여당은 정당으로 연결되지만 여당이 의회에서 과반수 이상의 의석을 확보한다는 보장이 없다. 우리가 흔히 여소야대라고 하는 분점정부(divided government)가 종종 발생한다. 이런 경우 대통령의 국정운영에 제약이 따르고 야당과의 협의가 중요하게 된다. 의회의 지원이 보장된 의원내각제의 수상과 비교할 때 대통령중심제의 대통령을 제왕적 대통령에 비유하는 것이 적절한지는 의문이다. 대통령중심제는 입법부와 행정부가 독립적이기 때문에 양자가 대립하는 경우 국정이 마비되는 단점이 있다.

의원내각제와 대통령중심제의 차이를 보면 전자는 행정부가 이원화되어 국가원수와 정부수반이 분리되지만 후자는 대통령이 국가원수이면서 동시에 정부수반이기 때문에 행정부가 일원화되어 있다. 입법부와 행정부의 관계는 의원내각제가 긴밀한 반면에 대통령중심제는 독립적이다. 총선의 결과를 통해 수상이 선출되고 수상에게는 국정의 운영에 의회의 지원이 보장된다. 대통령중심제의 경우 의원의 임기가 보장되기 때문에 선거의 주기를 적절하게 맞추면 대의민주주의를 원활하면서도 안정적으로 운영할 수 있다.

이원집정부제는 의원내각제에 대통령중심제를 가미한 정부형태라고 할 수 있다[4)]. 프랑스의 1958년 제5공화국 헌법(현행 헌법)이 대표적이다. 이전까지 의원내각제를 취했던 프랑스는 제5공화국 헌법에서 이원집정부제(dual executive system) 또는 준대통령제(semi-presidential system)를 도입하였다.

대통령을 선거를 통해 국민이 직접 선출하고 중요한 권한을 대통

3) 우리처럼 보궐선거에서 당선된 대통령이 새롭게 5년의 임기를 수행하는 방법으로는 선거의 주기를 유지할 수 없다.

4) 김철수, pp. 553~554 참조.

령에게 부여한다. 대통령은 수상을 지명하고 의회해산권을 가진다. 수상을 중심으로 한 내각이 의회에 대해 책임을 지고 의회는 내각에 대한 불신임권을 가진다. 대통령과 수상의 선출방법이나 의회와 정부의 관계가 대통령중심제와 의원내각제를 절충한 형태라고 할 수 있다. 정부가 대통령과 수상으로 이루어져 행정의 권한을 나누는데, 대통령은 외교와 국방 그리고 수상은 내치에 대한 임무와 권한을 가지다가 국가비상시에는 대통령이 행정의 전권을 행사하는 정부형태이다.

흥미로운 것은 대통령의 임기가 원래는 7년이었는데 하원의원의 임기와 같아지도록 2000년에 헌법을 개정하여 5년으로 단축하였다. 이는 1980년 이후에 몇 차례 발생했던 (좌우)동거정부(cohabitation)의 재발을 방지하기 위한 것으로 이해된다. 대통령과 하원의원의 임기가 다르다보니 선거 때마다 여야가 뒤바뀌는 경우 소속 정당이 다른 대통령과 수상이 일정 기간 공존하게 되는데 (당연한 이야기이지만) 서로의 입장과 이해관계의 차이로 양자가 대립하는 경우 국정운영의 어려움이 초래된다는 것은 아는 사람만 아는 이야기이다.

대통령의 임기를 5년으로 단축한 이후 지금까지는 의도한대로 같은 정당 또는 정치성향의 대통령과 수상이 선출되었다. 이에 대해서는 같은 정당 또는 정치 성향의 대통령과 수상이 선출된다면 굳이 대통령중심제가 아닌 이원집정부제를 운영할 필요성이 있는지에 대해 반론이 제기될 수 있다. 현재 프랑스의 대통령 선거와 하원의원 선거는 같은 해에 실시되지만 같은 날 치러지는 것은 아니다. 그리고 5년의 선거주기도 법적 또는 제도적으로 보장된 것은 아니며 프랑스 국민의 운용의 묘가 발휘된 결과라고 할 수 있다.[5)]

---

5) 2024년 6월에 있었던 EU의 유럽의회 선거에서 프랑스는 마크롱 대통령이 이끄는 여당이 15.2%의 득표로 참패하였고, 극우적인 성향의 국민연합이 32.5%의 가장 많은 득표를 얻는 데 성공하였다. 이에 마크롱 대통령은 의회를 해산하였고 총선, 즉 하원의원 선거가 같은 달에 실시되었다. 6월의 1차 투표에서는 역시 국민연합 진영이 가

(2) 우리나라의 정부형태

우리나라의 정부형태는 일반적으로 대통령중심제에 의원내각제가 가미된 형태로 평가된다.[6] 의원내각제적 요소로는 국무총리제도, 국회의원의 국무위원 겸직,[7] 국회의 국무총리와 국무위원의 해임건의권, 국무총리, 국무위원, 정부위원의 국회출석발언권, 정부의 법률안제출권 등을 들 수 있다.

2. 통치의 작용

통치의 작용은 국가작용 또는 국가기능이라고도 하는데, 민주주의 국가에서는 삼권분립의 원칙에 따라 통치의 작용을 법정립작용인 입법작용(입법권), 법집행작용인 행정작용(행정권), 법선언작용인 사법작용(사법권)으로 나누어 각각의 독립된 국가기관에게 부여한다.[8]

장 많은 1위 당선자를 내었으나, 과반의 득표로 당선이 확정된 후보는 많지 않았다. 결국 7월의 결선 투표(2차 투표) 결과가 총선의 실질적인 성패를 좌우하게 되었다. 결선 투표에서 프랑스의 유권자들은 자신이 지지하는 후보가 아니라 하더라도 극단적인 성향의 정당이나 후보에 반대하여 그 상대 후보에게 투표하는 경향이 있는데, 이번에도 극우의 집권을 막겠다는 반국민연합의 전략이 주효하면서 제1당뿐만 아니라 과반의 의석을 노렸던 국민연합(RN)을 3당으로 주저앉히는 데 성공하였다. 그러나 제1당은 여당인 앙상블(ENS)이 아니라 좌파인 신인민전선(NFP)이 차지하였다. 2000년 헌법 개정을 통해 2002년부터 같은 해에 치러지던 프랑스의 대통령 선거와 하원 선거에 다시 시간적 간격이 발생하였다. 물론 2027년 대통령 선거 이후 의회 해산을 통해 하원에서 조기 선거를 실시함으로써 다시 이 간격을 메울 수 있다. 따라서 시간적 간격을 메우기 위해 실제로 2027년 대선 이후에 의회를 해산하는지, 새롭게 총리는 누가 임명되는지, 2027년까지 새롭게 임명되는 총리와 마크롱 대통령의 관계가 어떻게 전개될지, 그리고 이러한 상황이 2027년 대통령 선거에는 또 어떤 영향을 줄지 지켜볼 일이다.

6) 전광석, pp. 581~591; 허영, pp. 805~806 참조.

7) “의원은 국무총리 또는 국무위원 직 외의 다른 직을 겸할 수 없다. ...” 국회법 제29조 제1항.

8) 權寧星, 『新稿 憲法學原論』(서울: 法文社, 1985), p. 587.

우리 헌법도 제40조에서 "입법권은 국회에 속한다."고 하여 입법권을 국회에, 제66조 제4항에서 "행정권은 대통령을 수반으로 하는 정부에 속한다."고 하여 행정권을 정부에, 제101조 제1항에서 "사법권은 법관으로 구성된 법원에 속한다."고 하여 사법권을 법원에 부여하였다. 여기서는 입법작용, 행정작용, 사법작용의 비교를 통해 그 특성을 살펴본다.

통치의 작용을 담당하는 국가기관인 국회, 정부, 법원은 구성방법이 다르다. 국회의원과 대통령은 국민이 선거를 통해 선출하며 민주적 정당성이 부여되는 선출직 공무원인 반면에 법관은 법률로 정한 자격을 가진 사람 중에서만 임용되는 임명직 공무원이다. 또한 국회나 정부는 정치적 기관인 반면에 법원은 법을 해석하고 적용하는 사법기관이다.

국회는 수평적 관계에 있는 200인 이상의 국회의원으로 구성되고 (헌41.2) 다수결로 의사를 결정한다. 소속 정당에 따라 입장과 이해관계가 다르고 때로는 경쟁관계에 놓이는 국회의원들이 모여 논의를 하고 의사를 결정하기 때문에 결론이 도출될 때까지 일정한 시간이 필요하고 때로는 국회의원 간에 입장이 대립하는 경우도 발생한다. 다만 입장의 대립이 물리적 충돌로 이어지는 전근대적인 행태는 지양되어야 하고 최종적으로는 다수결의 원칙에 따라 결정될 수밖에 없다는 점을 인정할 필요가 있다.

정부는 상명하복관계의 수직적 구조로 이루어져 있으며 행정의 시작과 끝은 대통령이라고 할 수 있고 대통령을 제외한 행정공무원은 모두 기본적으로 대통령을 보좌하는 역할이라고 할 수 있다. 정부의 모든 결정의 권한은 대통령이 가지고 그 책임도 대통령에게 있다. 권한이 있는 곳에 책임이 있다. 따라서 국무총리 등에 대한 국회의 해임건의권과 같은 의원내각제적 요소는 대통령중심제와 맞지 않다. 내각이 의회에 대해 책임을 지고 구성원의 합의로 의사를 결정하는 의결기관으로서 내각의 결정은 수상에게도 구속력이 있는 의원내각제의 원리와 다르기 때문이다.

법원의 수장인 대법원장을 대통령에 비유하는 것은 적절하지 않다. 대법원장이 법원 조직의 정점에 있는 것은 사실이지만 그런 대법원장도 법관의 재판에는 관여할 수 없다. 법원의 재판은 당해 사건의 법관만이 참여해서 결정한다. 법원과 법관에게는 사법권의 독립이 보장되어야 하기 때문이다.

입법과 사법은 공개가 원칙인 반면에 행정은 그러한 원칙이 지배한다고 보기 어렵다. 헌법 제50조 제1항은 "국회의 회의는 공개한다."고 하여 의사공개의 원칙을 천명하였고 제109조도 "재판의 심리와 판결은 공개한다."고 하여 재판도 공개가 원칙임을 명시하였다. 반면에 행정은 비공개이기 때문에 제62조 제2항의 국무총리 등에 대한 국회의 출석답변요구권이 중요한 역할을 한다. 국회가 출석답변요구권을 행사하여 국무총리나 관계 국무위원 또는 정부위원을 국회에 출석시켜 국회의원의 질의에 답변하게 함으로써, 정부에서 (비공개로) 진행되는 사안의 내용을 언론과 국민에게 알릴 수 있다.

국회는 국무총리의 임명에 대한 동의권을 갖는데, 국회의 동의권은 거부권을 의미한다. 국회가 동의하지 않으면 임명할 수 없기 때문이다. 반면에 국무위원은 국회의 동의 없이 임명한다. 국무총리와 국무위원은 모두 국회의 청문회를 거치는데, 국무위원의 경우에는 청문회에서 임명에 반대하는 의견이 제기되더라도 임명할 수 있다 보니 (국회의 동의권이 없는) 국무위원 등의 청문회에 대한 무용론이 제기되기도 한다. 그러나 이런 주장에는 동의할 수 없다.

견제구는 견제 자체에 의미가 있듯이 국무위원 후보자를 공개적인 검증절차를 통해 살펴보고 후보자의 적격 여부를 국민에게 널리 알리는 것 자체가 의미 있고 유용하기 때문이다. 청문회 없이 국무위원을 임명하는 것보다 청문회를 하는 것이 낫다는 것은 자명하다.

다른 한편으로 국회에 임명 동의권을 부여하는 것은 헌법의 개정 사항이다. 또한 행정의 전권을 행사하는 대통령중심제에서 대통령을 보좌하는 국무위원의 임명에 대한 동의권을 국회에 부여하는 것이 적절한지도 의문이다. 요컨대 반드시 국회에 임명을 저지할 수 있는 권한이 보장되어야만 청문회가 제 역할을 할 수 있는 것은 아니라는 점을 우리는 국회의 출석답변요구권의 예에서 확인할 수 있다.

입법작용, 행정작용, 사법작용은 성격이 다르다. 사법작용이 수동적이라는 점은 쉽게 이해할 수 있다. 사법작용의 가장 주된 모습은 재판 중에서도 '소송'이라는 절차를 통해 나타나는데, 자연인 또는 법인이 원고가 되어 소를 제기하거나 검사가 공소를 제기해야만 비로소 소송이 개시되기 때문이다. 법집행작용인 행정작용은 적극적이다. 사안의 검토를 위해 시간이 걸릴 수는 있지만 행정기관은 결국 결정해야 한다. 가령 고속도로의 직선화를 위해 터널을 설치할 것인지가 해당 지역의 현안이 되었을 때 지역 주민의 의견이 나뉠 수 있고 법집행기관인 행정기관은 정해진 시한 내에 결국 터널을 설치하거나 터널을 설치하지 않는 결정을 내려야 한다.

수염의 비유에서처럼 세 번째 경우를 선택하기가 현실적으로 어렵다. 보통 세 번째 경우는 임시조치 또는 잠정조치로만 가능하다. 행정작용의 이런 특성은 대통령의 국정수행능력에도 영향을 줄 수 있다. 대통령은 늘 이처럼 다양한 이익집단의 이해관계가 얽혀있는 현안을 다룬다. 어떤 결정을 하든 다른 쪽의 반발을 사기 쉽다. 이런 과정이 반복되면 대통령의 리더십은 시간이 지날수록 약화될 수 있다.

가령 임기 4년의 대통령과 국회의원의 선거를 동시에 진행하는 경우와 2년 간격으로 번갈아 진행하는 경우 이런 방식의 차이만으로도 선거 결과가 달라질 수 있다. 2년 간격으로 번갈아 진행되는 경우 국회의원 선거가 구조적으로 야당에게 유리할 수 있기 때문이다. 따라서 나라의 일꾼으로 대통령을 선출한다면 상대적으로 대통령에게 힘이 더해질 수 있는 동시선거가 바람직할 수 있다.

사법작용이 수동적이고 행정작용이 적극적이라면 입법작용은 능동적이라고 할 수 있다. 선출직 공무원인 국회의원이 4년 뒤의 재선을 계획하는 것은 당연지사이다. 국회의원은 지역민의 관심과 민심의 동향에 민감하게 반응하는 정치적 기관이다. 사회적 관심사에서 정치적 성과를 올리는데 관심이 많다. 그러나 여론이 나뉘어 팽팽하게 맞서는 사안에 대해서는 국회를 통한 문제의 해결이 쉽지 않다. 이전의 동성동본금혼제도나[9] 비교적 최근의 양심적 병역거부가[10] 그러한 예이다.

1980년대까지만 하더라도 성씨가 같고 본이 같은 남녀의 혼인을 민법에서 금지하였다. 지속적인 개정운동이 이어졌고 법안은 매번 상정되지만 국회의원의 임기가 끝나면서 법안도 폐기되는 과정이 반복될 뿐이었다. 이 문제는 결국 국회가 아닌 헌법재판소의 불합치(위헌) 결정으로 해결되었다.

여기서 우리는 시사점을 얻을 수 있다. 우리가 입법(작용), 행정(작용), 사법(작용)의 특성의 차이를 고려하여 사회적 현안에 접근한다면 문제를 해결하는데 보다 효과적일 수 있다는 점이다. 헌법재판관은 임명직이고 정치적 기관이 아니라 헌법을 해석해서 적용하는 사법기관이기 때문에 이런 문제의 해결에는 국회보다 헌법재판소가 효과적일 수 있다는 결론에 이르게 된다.[11]

다른 한편으로 입법을 능동적이라고 한 이유는 행정과 달리 다루기 곤란한 사안에 대해서는 위의 사례에서 볼 수 있는 것처럼 결정을 회피할 수 있는 여지가 있기 때문이다. 반면에 사회적 공감대가 충분히 이루어진 사안에 대해서는 서로 자신의 정치적 성과물로 만

9) 헌재 1997. 7. 16. 선고 95헌가6 등 결정.

10) 헌재 2018. 6. 28. 선고 2011헌바379 등 결정.

11) 김민서, “한국에서의 자유권규약 이행 현황에 대한 논고”, 『法學論攷』, 제30집 (2009), pp. 91, 106, 114 참조.

드는데 열성을 다한다.

국회는 신생정당이나 군소정당의 진입이 용이하다. 우리의 경우 이것을 가능하게 해주는 제도가 바로 비례대표제이다. 특정 집단에 기반하거나 노동이나 환경과 같은 특정 사안에 치중하는 정당의 국회 진입이 가능하다. 사실상 제1당의 후보와 제2당의 후보 중에 누구를 뽑을 지를 결정하는 대통령선거와는 다르다. 현실적으로 대통령선거에서 제3당이나 무소속의 후보가 대통령으로 당선되기를 기대하기는 어렵다. 물론 이런 후보들은 다른 후보의 당선에 영향을 줄 수는 있다. 반면에 비례대표제나 중대선거구제를 운영하는 총선거는 신생정당이나 군소정당의 정치권 진입을 가능하게 하고 그들을 지지하는 유권자들의 목소리를 의회에서 대변하게 함으로써 민주주의의 발전에 기여한다.

특정 집단에 기반하거나 특정 사안에 치중하는 군소정당은 자신의 지지층에 충실한 의정활동을 통해 적어도 자신의 기반을 의회에서 유지하는 것이 가능하다. 반면에 대통령은 행정의 전권을 가지고 국정 전반을 통할하기 때문에 소속 정당의 성향에 관계없이 특정 집단이나 특정 사안에 치중하는 국정운영이 현실적으로 어렵다.

대통령은 대한민국이 지역구이다. 중소기업도 보호해야 하지만 대기업의 성장과 국제경쟁력을 높이는 노력도 필요하다. 노동자의 권익을 증진해야 하지만 기업가의 요구에도 귀를 기울여야 한다. 환경도 보호하면서 정책도 추진해야 한다. 말처럼 쉬운 일은 아니다. 우리는 기본적으로 이런 점을 인정하면서 요구하고 평가하는 것이 합리적이지 않은가 생각해본다. 아무튼 대통령은 합리적이고 균형적인 조정자(coordinator)가 되어야 한다. 나아가 조정자의 임무를 제대로 해냈다고 비판으로부터 자유로울 거라고 생각하면 오산이다. 다원주의 사회인 민주주의 국가에서 만점은 이론상으로만 존재하는 점수이다.

입법이나 사법과 비교할 때 법집행작용인 행정이 국민과의 접촉면이 제일 넓고 많으며 다양하다고 할 수 있다. 조직의 인적 또는 물적 규모에서 행정은 사법이나 입법을 능가한다. 반면에 법원은 법을 해석하고 적용하는 사법기관으로 법률분쟁만을 다루기 때문에 그 역할과 범위가 제한적이면서 동시에 강력하다고 할 수 있다. 법원은 최종유권해석권자이고 법원의 판결은 정치적 영향에 그치지 않고 사법적 분쟁해결방법으로 사건의 당사자에게 법적 구속력을 가지기 때문이다. 지금까지 비교를 통해 살펴본 입법(작용), 행정(작용), 사법(작용)의 특성을 정리하면 다음과 같다.

[표 9-1] 입법작용, 행정작용, 사법작용의 비교

입법작용(입법권)	행정작용(행정권)	사법작용(사법권)
선출직(국회의원)	선출직(대통령)	임명직(법관)
정치적 기관	정치적 기관	사법기관
수평적(다수결)	수직적(상명하복)	사법권의 독립
공개	비공개	공개
능동적	적극적	수동적
특정 집단 기반 가능	국정 전반 통할	법률분쟁

입법권, 행정권, 사법권을 복수의 기관이 행사하는지도 국가기관의 상호관계에 영향을 준다. 입법부는 단원제나 양원제로 운영될 수 있고 행정부는 이원집정부인 경우와 그렇지 않은 경우가 있으며 사법부는 법원과 헌법재판소로 이원화된 경우와 법원으로 일원화된 경우가 있다. 물론 복수의 기관에 권한이 분산된 경우보다 단일한 기관이 권한을 행사하는 경우가 더 강력한 국가기관이라고 할 수 있다. 일반적으로 입법부는 단원제 의회, 행정부는 의원내각제의 수상이나 대통령중심제의 대통령, 사법부는 법원으로 일원화된 경우가 그렇지 않은 경우보다 강력하다.

우리나라는 단원제 국회, 대통령중심제의 대통령, 법원과 헌법재판소로 이루어져 있다. 간혹 양원제로의 개헌이 제기된다. 그리고 제왕적 대통령제라고 비판하는 사람이 양원제를 주장하는 경우도 있다. 상원의 도입은 대통령의 권한을 분산하는 제도가 아니라 의회의 권한을 분산하는 제도이다. 역사적으로 유럽은 시민사회국가로 전환하면서 상원에 하원이 더해져 양원제가 되었고 미국은 연방국가를 구성하면서 양원제를 도입하였다. 우리가 도입한다면 상원의 필요성이 인정되어야 한다.

정치인은 항상 국가와 국민을 이야기하지만 정말 국가와 국민을 위한 것인지 아니면 자기 자신을 위한 것인지를 구별할 수 있는 지혜가 유권자에게 필요하다. 상원의 도입은 하원과의 권한의 배분만이 아니라 새로운 인적 그리고 물적 지원이 필요하고 여기에는 국민의 세금으로 충당하는 재정이 소요된다. 또한 재정을 오히려 비례대표제 국회의원의 수를 늘리는데 사용하는 게 바람직한지 그 기회비용도 한번 생각해볼 필요가 있다.

3. 국회

헌법은 제3장에 국회에 관한 장을 두어 국회의 구성과 임기, 국회의원의 특권, 국회의 헌법상의 권한을 규정하였다. 여기서는 국회에 관한 사항을 국회의원선거제도를 포함하여 국회의 구성과 운영, 국회의 헌법상의 지위, 국회의 헌법상의 권한으로 나누어 살펴본다.

(1) 구성과 운영

제22대 국회의원은 지역구 국회의원 254명, 비례대표 국회의원 46명으로 모두 300명이다. 제21대에는 지역구 국회의원 253명, 비례대표 국회의원 47명이었다. 국회의원은 보통·평등·직접·비밀선거를 통해 4년 임기로 선출된다. 지역구는 소선거구제·다수대표제의 방식으로 각 지역구에서 최다득표자 1명을 선출하고 비례대표는 2019년에 개정되고 2020년 1월 14일에 발효한 공직선거법에 따라 연동형 비례대표제로 선출한다. 2020년 4월 15일에 실시된 제21대 국회의원 선거와 2024년 4월 10일에 실시된 제22대 국회의원 선거에서는 부칙 제4조에 따른 '준연동형 비례대표제'가 시행되었다. 제22대 국회의원 선거에는 연동형과 병립형을 연동배분의석계산식으로 배분하여 적용하였다.[12] 그러나 다음 국회의원 선거도 연동형 비례대표제로 실시될지 그리고 그렇게 실시되는 게 적절한지는 의문이다.

연동형 비례대표제는[13] 독일에서 실시해온 제도인데, 관념적인 독일인의 취향을 느끼게 한다. 또한 최선이라고 생각하는 것이 실제에서는 최선이 아닐 수 있다는 것을 보여주는 사례이기도 하다. 최근에 실시된 2017년 독일 연방의회선거의 결과만 보더라도 그렇다. 독일은 전체의석의 반을 소선거구제·다수대표제의 지역구에서 선출한다. 그리고 나머지 반을 연동형 비례대표제로 선출한다. 지역구 의석이 총 299석이므로 비례대표 의석도 299석에서 시작한다. 그러나 지역구 선거의 결과를 토대로 세부적인 기준에 따라 최종적으로 확정된 비례대표 의석은 410석으로 증가하였다.

지역구 선거에서 여당(기민련+기사련)과 제1야당(사회민주당)은 각각 231석과 59석을 차지하였고 다른 정당들은 0에서 5석 이하의 의석을 획득하였다. 여기에 연동형 비례대표 의석이 더해진 결과 여당은 246석, 제1야당은 153석 그리고 제3당부터 제7당까지 각각 94, 80, 69, 67석을 획득하였다. 총 709석 중에 360석의 과반의석을 여당이 갖기 위해 하나의 야당을 선택한다면 제1야당과 연립정부를 구성하는 대연정 외에는 다른 선택의 여지가 없는 상황이 초래되었다.[14]

---

12) 제21대 국회의원 선거에서는 당시의 공직선거법 부칙 제4조에 따라 비례대표 의석 중 30석에 대해서만 준연동형 비례대표제를 적용하였지만, 제22대 국회의원 선거에서는 비례대표 의원 전원을 준연동형 비례대표제로 선출하였다.

13) 전광석, p. 634 참조.

보통 연립정부는 여당이 군소정당과 연정을 구성하는데 최근 독일에서는 제1야당과 연립정부를 구성하는 대연정이 반복되어 제1야당 지지자들의 반발을 초래하기도 하였다. 비례대표제가 수학자들을 만족시키기 위한 제도는 아닐 터인데, 선거 결과의 왜곡을 방지하기 위한 제도가 또 다른 왜곡을 초래하는 건 아닌지 의문이다.

독일이 대륙법계의 대표적인 국가의 하나라면 영미법계의 대표적인 나라로 영국과 미국이 있다. 영국과 미국의 선거제도는 비례대표제가 없고 지역구에서 소선거구·다수대표제로 의원을 선출한다. 실용주의의 나라답게 간결하고 명확하다. 나라마다 역사적 상황이 다르기 때문에 단순비교를 할 수는 없지만 영미의 선거제도도 민주적인 선거제도의 하나이다.

그렇다면 우리는 어떠한가? 지역구 국회의원을 소선거구제·다수

14) 이런 상황은 2021년 독일 총선, 즉 연방 하원의원 선거에서도 다르지 않았다. 299석의 지역구에서 사민당(121석), 기민련(98석), 기사련(45석)이 88.29%를 차지하였다. 그리고 지역구에서 각각 16석을 획득한 녹색당(동맹90/녹색당)과 독일을 위한 대안은 비례대표에서 각각 102석과 67석을 차지하였고, 자민당은 비례대표에서만 92석을 갖게 되었다. 하원 의석의 과반 확보는 사민당 주도의 신호등 연정(사민당+자민당+녹색당), 기민련 주도의 자메이카 연정(기민련/기사련+자민당+녹색당), 1당과 2당이 연정을 구성하는 대연정(기민련/기사련+사민당)이 가능했는데, 선거 이후 여론조사에서 선호되던 신호등 연정이 구성되었고, 보수적인 성향의 기민련/기사련에서 진보적인 성향의 사민당으로 정권이 교체되었다. 직전에 4연임에 성공했던 메르켈 수상은 2005년 1기 내각에서는 사민당과 대연정을 구성하였고, 2009년 2기 내각에서는 자민당과 연정을 구성하였으며 2013년 3기 내각에서는 다시 사민당과 대연정을 구성하였고 2017년 4기 내각에서는 자메이카 연정 협상이 결렬되면서 사민당과의 대연정을 연장하는 데 합의하였다. 그러나 그 과정에서 대연정에 반대하던 여론 때문에 슐츠 사민당 대표가 사임하기도 하였다. 또한 메르켈 연정에 참여했던 사민당이나 자민당은 그다음 선거에서 참패하는 징크스를 낳기도 하였다. 사민당이 2009년과 2017년 총선에서 참패하였고 2013년 총선에서는 자민당이 5% 미만의 득표율로 의석을 모두 잃었다. "제19대 독일 연방의회 선거", 『나무위키』, 2024. 8. 18. 검색. 독일에서 단독정부의 출현은 이제 꿈같은 이야기가 되었고, 1당이 다른 하나의 소수정당과 연립정부를 구성하기도 힘든 구조적인 원인의 하나는 연동형 비례대표제와 50%가 넘는 비례대표의 의석 비율 때문이 아닌가 생각해 본다.

대표제로 선출하는 방식은 민주주의 국가에서 일반적으로 택하는 방법이라고 할 수 있다. 비례대표제를 영미는 도입하고 있지 않지만 중대선거구제를 택하지 않는 선거제도에서 신생정당이나 군소정당의 진출 기회를 제공하는 장점이 있고 무엇보다도 헌법에서 비례대표제(헌41.3)를 명시하고 있기 때문에 우리에게는 선택의 문제가 아니다. 다만 비례대표 국회의원이 전체의 1/5도 안되기 때문에 비례대표제가 실질적이지 못하다는 비판이 제기된다.

비례대표 국회의원이 전체의 1/4~1/3은 되어야 하는데, 지역구의 수를 줄이는 것은 기존 의원의 반발로 못하고 의원 총수를 늘리는 일은 국민의 눈치를 보면서 지레 포기하는 분위기이다. 그리고는 대안으로 연동형 비례대표제를 도입하였는데, 제21대 국회의원 선거에서 목격한 것처럼 편법과 꼼수가 난무했고 소수 정당이 열망했던 교섭단체의 꿈이 수포로 돌아가는 것을 확인했을 뿐이다. 그렇다고 여야를 비난할 수만도 없다. 100석 이상의 의석을 가진 정당이나 그렇지 못한 정당이나 의석 하나하나가 중요하기는 마찬가지이다. 앞으로 공직선거법의 개정을 논의함에 있어 연동형 비례대표제를 유지하기보다는 지역구의 의석수를 합리적으로 조정하는 노력이 필요하다. 또한, 진정성 있는 대국민호소를 통해 전체의석수를 늘려 비례대표 국회의원의 수를 적정수준으로 유지하려는 노력이 필요하다.[15)]

국회의 회기는 정기회와 임시회가 있다. 정기회는 매년 9월 1일에 개회하고(국회법4) 회기는 100일을 초과할 수 없다. 임시회는 대통령 또는 국회재적의원 1/4 이상의 요구로 소집되며 회기는 30일을 초과할 수 없다. 정기회의 기본적인 업무로는 예산안 심의와 국정감사를[16)] 들 수 있다.

15) 그러나 22대 국회의원 선거에서도 준연동형 비례대표제는 유지되었고 비례대표 의석을 차지하기 위한 1당과 2당의 위성정당이 다시 출현하였다.

16) 국정감사가 국회의 정기회 기간 중에 실시되어 예산안과 법률안 등 중요 안건에 대한 심사기간을 충분히 확보하기 어려운 점을 고려하여 지금은 정기회 이전에 국정감사

국회의원은 불체포특권과 면책특권을 향유한다. 불체포특권이란 회기 중 국회의 동의 없이 체포 또는 구금되지 아니하며 회기 전에 체포 또는 구금되었더라도 국회의 요구가 있으면 회기 중에 석방되는 제도를 말한다. 다만 국회의원이 현행범인 경우에는 불체포특권이 인정되지 않는다. 면책특권이란 국회의원이 국회에서 직무상 행한 발언과 표결에 대해서는 국회 밖에서 책임을 지지 않는 제도이다. 국회 밖에서 책임을 지지 않는 것이기 때문에 국회 내에서는 국회의원의 품위를 훼손하는 등의 부적절한 발언에 대해 징계할 수 있다.

불체포특권과 면책특권은 회기 중에 국회의원의 활동을 보장하고 국회 내에서 자유롭게 발언하고 표결할 수 있게 함으로써 국회의원이 직무를 제대로 수행할 수 있도록 하기 위해 부여된 특권이다. 국회의원에게 강화된 표현의 자유와 신체의 자유를 보장하여 권위주의 시대에 국회의원의 정당한 직무수행을 지원하였으나 민주화 이후에는 국회의원이 개인적인 이익을 위해 남용한다는 비판에 직면하였다.

그러다보니 국회 내에서도 특권을 제한하기 위해 법을 개정하자는 주장이 반복되기도 했는데, 법을 개정하지 않아도 이전에 얘기한 것처럼 법으로의 의지, 운용의 묘, 사회의 자율적 조정기능으로 얼마든지 남용의 문제는 방지할 수 있다. 오히려 법의 개정이 쉽지 않다는 점을 인식할 필요가 있다. 헌법의 개정이 어렵다는 것은 이미 여러분도 잘 아는 이야기이고 설령 헌법을 개정할 수 있다고 하더라도 특권을 보다 합리적으로 제한하는 내용을 담는 일이 쉽지 않다. 제21대 국회 초기에 제출되었던 4건의 체포동의안은 모두 가결되어 남용의 문제가 발생하지 않았다. 법의 개정보다는 사회의 자율적 조정기능이 중요하다는 점을 확인시켜준 사례라고 할 수 있다.

를 실시하도록 하고, 다만 본회의 의결로 정기회에서 국정감사를 할 수 있도록 하였다. 따라서 현재는 보통 본회의 의결로 정기회 기간에 국정감사가 진행된다. 국정감사 및 조사에 관한 법률 제2조 제1항.

국회의장과 부의장 그리고 상임위원회 상임위원의 임기는 2년이다. 국회의원의 임기가 4년이니 2년 간격으로 국회 의장단과 상임위원회가 새롭게 구성된다. 국회의 위원회로는 상임위원회 외에 특별위원회가 있다. 특별위원회는 둘 이상의 상임위원회와 관련된 안건이거나 특히 필요하다고 인정한 안건을 효율적으로 심사하기 위하여 본회의의 의결로 설치된다.(국회법44) 국회법은 특별위원회로 예산결산특별위원회, 윤리특별위원회, 인사청문특별위원회를 두었다.[17]

국회의 의사결정은 특별한 규정이 없는 한 재적의원 과반수의 출석과 출석의원 과반수의 찬성으로 한다. 가부동수인 때에는 부결된 것으로 본다. 의결정족수와 달리 의사의 진행을 위한 의사정족수는 재적의원 1/5 이상으로 한다.[18] 의사공개의 원칙(헌50)과 회기계속의 원칙(헌51) 그리고 부결된 안건은 같은 회기 중에 다시 발의하거나 제출할 수 없다는(국회법92) 일사부재의의 원칙이 적용된다.

회기계속의 원칙이란 국회에 제출된 법률안 등의 의안이 회기 중에 의결되지 않았다고 폐기되지는 않는다는 원칙으로 회기 중에 표결에 부쳐지지 않은 의안은 국회의원의 4년 임기가 만료하기 전까지는 언제든지 다음 회기에서 표결할 수 있다. 다만 4년의 국회의원 임기가 종료될 때까지 표결에 부쳐지지 않은 의안은 국회의원의 임기 만료와 함께 모두 폐기된다.

(2) 헌법상의 지위

국회의 헌법상의 지위는 대의기관으로서의 지위, 입법기관으로서의 지위, 국정통제기관으로서의 지위로 나눌 수 있다. 국민의 법적 대표는 아니지만 정치적·이념적 대표로서 선거를 통해 국민이 선출한 국회의원으로 구성된 국회는 국민의 대의기관으로서의 지위를 가진다. 국회는 또한 삼권분립의 원칙에 따라 고유한 입법권이 부여

17) 국회법 제45조, 제46조, 제46조의3.

18) 국회법 제54조, 제73조.

된 입법기관으로서의 지위를 가진다. 그리고 국회는 정부, 법원, 헌법재판소 등의 국가기관에 대해 일정한 권한을 가지며 이러한 권한의 행사를 통해 다른 국가기관을 견제함으로써 국가기관간의 균형을 추구하는 국정통제기관으로서의 지위를 가진다.

(3) 헌법상의 권한

국회의 헌법상의 권한은 입법에 관한 권한, 재정에 관한 권한, 국정통제에 관한 권한, 국회내부사항에 관한 자율권으로 나눌 수 있다. 여기서는 헌법 제3장에 규정된 권한을 중심으로 보고 다른 장에 나오는 국회의 권한은 해당 국가기관에서 보기로 한다.

1) 입법에 관한 권한

국회의원은 법률안을 발의할 수 있다. 다만 법률안을 제출하기 위해서는 자신을 포함해서 국회의원 10명 이상의 찬성이 필요하다.(국회법79.1) 국회는 법률안에 대한 의결권을 가지며 대통령이 법률안 거부권을 행사한 경우에는 재적의원 과반수의 출석과 출석의원 2/3 이상의 찬성으로 법률안을 재의결할 수 있다. 또한 법률안이 정부로 이송된 후 대통령이 공포하지 않은 상태에서 15일이 경과되어 확정되거나 국회의 재의결로 확정된 후 5일 이내에 대통령이 법률안을 공포하지 않으면 국회의장이 공포한다.

헌법개정에 대해서는 국회가 발의권과 의결권을 가진다. 국회는 재적의원 1/2 이상의 찬성으로 헌법개정안을 발의하고 재적의원 2/3 이상의 찬성으로 의결할 수 있다. 국회는 또한 상호원조 또는 안전보장에 관한 조약, 중요한 국제조직에 관한 조약, 우호통상항해조약, 주권의 제약에 관한 조약, 강화조약, 국가나 국민에게 중대한 재정적 부담을 지우는 조약 또는 입법사항에 관한 조약의 체결에 대한 동의권을 가진다. 아울러 국회는 법률에 저촉되지 아니하는 범위 안에서 의사와 내부규율에 관한 규칙을 제정할 수 있다.

2) 재정에 관한 권한

국회는 국가의 예산안에 대한 심의·의결권을 가진다. 정부는 회계연도마다 예산안을 편성하여 회계연도 개시 90일 전까지 국회에 제출하고 국회는 회계연도 개시 30일 전까지 이를 의결하여야 한다. 국회, 대법원, 헌법재판소, 중앙선거관리위원회를 포함하여 각 중앙행정기관의 장이[19] 예산요구서를 매년 5월 31일까지 기획재정부장관에게 제출하면 이를 토대로 작성된 예산안을 (헌법의 규정보다 빠른) 회계연도 개시 120일 전까지 국회에 제출해야 한다.[20]

새로운 회계연도가 개시될 때까지 국회가 예산안을 의결하지 못한 경우에는 의결될 때까지 정부는 헌법이나 법률에 의해 설치된 기관 또는 시설의 유지·운영, 법률상 지출의무의 이행, 계속비를 전년도 예산에 준하여 집행할 수 있으며 이를 준예산이라고 한다. 계속비란 한 회계연도를 넘어 계속하여 지출할 필요가 있는 예산으로 연한을 정하여 국회의 의결을 얻고 변경할 경우 외에는 다시 의결을 얻을 필요가 없다.[21] 예비비는 총액으로 국회의 의결을 얻고 지출의 승인은 차기국회에서 한다. 예비비란 예측할 수 없는 예산 외의 지출 또는 예산초과지출에 충당하기 위한 예산으로 원칙적으로 일반회계 예산총액의 100분의 1 이내의 금액을 예비비로 세입세출예산에 계상할 수 있다.[22] 정부는 또한 예산에 변경을 가할 필요가 있을 때 추가경정예산안을 편성하여 국회에 제출할 수 있다.

"국회는 정부의 동의없이 정부가 제출한 지출예산 각항의 금액을 증가하거나 새 비목을 설치할 수 없다."고 규정한 헌법 제57조는 국회의 예산안 심의과정에서 중요한 역할을 한다. 제57조는 예산의 삭감을 국회가 단독으로 할 수 있지만 증액은 반드시 정부의 동의가

19) 국가재정법 제6조.
20) 국가재정법 제33조.
21) 국가재정법 제23조.
22) 국가재정법 제22조 제1항.

필요하다는 의미이다. 예산안을 심의하는 국회의원의 입장에서는 예산의 삭감뿐만 아니라 증액이 필요한 부분도 있기 때문에 제57조는 예산안을 둘러싸고 국회와 정부 간에 협의의 필요성을 제기한다.

국회는 또한 결산에 대한 승인권을 가진다. 국회, 대법원, 헌법재판소, 중앙선거관리위원회를 포함하여 각 중앙행정기관의 장은 국가회계법에 따라 회계연도마다 작성한 결산보고서를 다음 연도 2월말까지 기획재정부장관에게 제출한다. 기획재정부장관은 이를 토대로 회계연도에 작성한 국가결산보고서를 4월 10일까지 감사원에 제출한다. 감사원은 국가결산보고서를 검사한 후 5월 20일까지 기획재정부장관에게 송부하고 기획재정부장관은 5월 30일까지 감사원의 검사를 거친 국가결산보고서를 국회에 제출한다.[23)]

국회에서는 소관 상임위원회의 예비심사를 먼저 진행한 후 예산결산특별위원회의 종합심사를 거쳐 정기회 개회 전까지 결산에 대한 본회의의 심의·의결을 완료하여야 한다.(국회법128/2) 결산의 심사 결과 위법하거나 부당한 사항이 있는 경우 국회는 본회의 의결 후 정부 또는 해당 기관에 변상 및 징계조치 등의 시정을 요구하고, 정부 또는 해당 기관은 시정 요구를 받은 사항을 지체 없이 처리하여 그 결과를 국회에 보고하여야 한다.(국회법84.2) 국회의 결산에 대한 승인은 정치적 책임을 면제하는 의미를 가진다. 그러나 법적 책임을 면제시키는 것은 아니어서 위법·부당한 예산집행에 대해서는 법적 또는 징계책임을 물을 수 있다.[24)]

국회는 또한 정부가 국채를 모집하거나 예산 외에 국가의 부담이 될 계약을 체결하는 경우 이에 대한 동의권을 가진다. 이런 경우 정부는 미리 국회의 의결을 얻어야 한다. 또한 헌법은 제59조에서 조세법률주의를 명시하였다.

23) 국가재정법 제61조.

24) 전광석, p. 668.

3) 국정통제에 관한 권한

국회는 국정을 감사하거나 특정한 사안에 대해 조사할 수 있으며 이에 필요한 서류의 제출 또는 증인의 출석과 증언이나 의견의 진술을 요구할 수 있다.(헌61.1) 국정감사 및 조사에 관한 법률과 국회에서의 증언·감정 등에 관한 법률은 이에 필요한 사항을 규정하였다. 보통 국정조사만을 두는 다른 나라와 달리 국정감사와 국정조사를 모두 헌법에 규정한 것은 이례적인 것으로 평가된다.[25] 국정감사는 국가 예산의 심의·의결에 선행하는 통제행위로서 국정전반에 걸쳐 이루어지고 국정조사는 특정 사안에 대한 통제를 위한 수단이다.[26]

국회는 재적의원 4분의 1 이상의 요구가 있는 경우 특별위원회 또는 상임위원회로 하여금 국정의 특정사안에 관하여 국정조사를 하게 할 수 있다.[27] 국정감사와 국정조사는 국회가 다른 국가기관에 대해 갖는 포괄적인 견제와 균형을 위한 수단일 뿐만 아니라 민주주의의 실현을 위해 국정에 대한 공개와[28] 이를 통해 국민의 알권리를 충족시키는 기능을 수행한다.[29]

국무총리, 국무위원, 정부위원은 국회에 출석하여 발언할 권리를 가지며 국회의 요구가 있는 때에는 국회에 출석하여 답변할 의무도 있다.(헌62) 반면에 대통령은 국회에 출석하여 발언할 권한은 있지만 의무는 없다.(헌81) 국무총리 또는 국무위원이 국회의 출석 요구를 받은 때에는 국무위원 또는 정부위원으로 하여금 출석하여 답변하게 할 수 있다. 정부위원은 각 부처의 차관, 실·국장, 차관보 등을 말한다.(정부조직법10) 국무총리 등에 대한 국회의 출석답변요구권은 국정통제의 역할뿐만 아니라 국민의 알권리를 충족시키는 중

25) *Ibid.*, p. 684; 허영, p. 992.
26) 전광석, p. 684.
27) 국정감사 및 조사에 관한 법률 제3조 제1항.
28) "감사 및 조사는 공개한다. …" 국정감사 및 조사에 관한 법률 제12조.
29) 전광석, p. 684.

요한 수단으로 기능한다.

국회는 또한 국무총리와 국무위원에 대한 해임건의권을 가지며(헌63) 헌법 또는 법률로 정한 고위직 공무원의 위법한 직무집행에 대해 탄핵소추권을 가진다.(헌65) 국무총리와 국무위원의 경우만 보면 국회의 의결정족수가 동일하다. 해임건의 또는 탄핵소추의 발의를 위해서는 재적의원 1/3 이상의 찬성이 필요하고 재적의원 과반수의 찬성으로 의결한다. 그러나 정책의 실패 등 정치적 책임을 묻는 경우에는 해임건의만 가능하다. 해임건의의 권한이기 때문에 국회의 해임건의가 있더라도 대통령은 법적으로 해임할 의무가 없다.

그러나 재적의원 과반수의 찬성으로 해임건의를 했는데 해임하지 않을 경우 정치적 파장은 상당할 수 있다. 재적의원 과반수 이상이 해임해야 한다고 정치적 결정을 내렸는데, 이를 거부하게 되면 향후 입법이나 재정 지원에서 국회의 협조는커녕 양측의 정치적 대립으로 국정이 마비될 수 있다. 따라서 법적 의무는 없지만 대통령은 상당한 정치적 부담을 안게 된다. 해임건의권의 남용 문제는 사회의 자율적 조정기능을 통해 조절될 수 있다. 흔히 정치권에서 역풍(逆風)이라고 하는 경우와 비교될 수 있다.

국회의 탄핵소추권은 대통령, 국무총리, 국무위원, 행정각부의 장, 헌법재판관, 법관, 중앙선거관리위원회 위원, 감사원장, 감사위원 기타 법률이 정한 공무원이 대상이다. 법률이 정한 공무원으로 검사를 들 수 있다.[30] 국회의원은 포함되지 않는다. 탄핵소추의 발의에 재적의원 1/3 이상의 찬성이 필요하고 재적의원 과반수의 찬성으로 의결한다. 다만 대통령의 경우에는 재적의원 과반수의 찬성으로 발의하고 재적의원 2/3 이상의 찬성으로 의결한다.

국회에서 탄핵소추가 의결되면 헌법재판소의 탄핵심판이 있을 때까지 해당 공무원은 권한 행사가 정지된다. 최종판단은 헌법재판소

30) 검찰청법 제37조.

가 하며 헌법재판소가 위법한 직무집행이 있었다고 판단하여 탄핵심판을 인용하면 해당 공무원은 공직으로부터 파면된다. 탄핵의 결정으로 파면돼도 민형사상의 책임은 면제되지 않는다. 위법한 직무집행으로 탄핵되는 것이기 때문에 오히려 민형사상의 책임을 묻는 것이 당연하다고 하겠다.

탄핵은 위법한 직무집행 혐의가 있는 경우이기 때문에 일반 수사기관도 당연히 수사를 할 수 있다. 그리고 사실 수사 자체는 수사기관이 잘 한다. 그러나 지난 역사에서 보듯이 수사대상이 고위직인 경우 수사기관이 제대로 수사하기는 쉽지 않다. 국회에 탄핵소추권을 부여한 것도 이런 이유에서이다.

탄핵소추권의 남용은 제도적 장치와 사회의 자율적인 조정기능을 통해 어느 정도 방지할 수 있다. 국회는 소추권을 행사하는 것이고 탄핵은 사법기관인 헌법재판소가 결정하기 때문이다. 따라서 탄핵은 정치적 기관인 국회와 사법기관인 헌법재판소가 모두 위법한 직무집행이 있었다는 의견의 일치가 있는 경우에만 가능하다. 또한 국회가 탄핵소추를 의결했는데 헌법재판소에서 기각된 경우 탄핵 소추를 지지했던 그룹에 미치는 역풍도 상당할 수 있다. 요컨대 사안에 따라서는 탄핵소추를 추진하는데 국회도 상당한 정치적 부담을 감수해야 한다.

4) 국회내부사항에 관한 자율권

국회는 내부사항에 대한 자율권을 가진다. 의사규칙제정권, 의사진행에 관한 자율권, 내부조직권과 의원의 자격심사권, 징계권이 그 예이다. 국회의 규칙제정권은 입법에 관한 권한과 국회내부사항에 관한 자율권이 결합한 경우라고 할 수 있다. 국회는 또한 국회의원의 자격을 심사하고 징계할 수 있으며 재적의원 2/3 이상의 찬성으로 제명할 수도 있다.(헌64) 이는 사법심사의 대상이 아니어서 법원에 제소할 수 없다. 자격심사는 국회의원이 다른 의원의 자격에 이의가 있을 때 청구할 수 있고 자격이 없는 것으로 의결할 때에는 제명과 마찬가지로 재적의원 2/3 이상의 찬성이 있어야 한다.(국회법 142.3) 헌법재판소는 기본적으로 국회의 자율권이 존중되어야 한다는 입장을 취하고 있지만[31] 예외적으로 국회의 자율권행사에 사법심사가 가능하다는 입장을 취하여[32] 제한적 심사를 긍정하고 있다.

4. 정부

헌법은 제4장에서 정부를 규정하였다. 대통령선거제도와 임기, 대통령의 헌법적 지위와 권한을 규정하고 국무총리와 국무위원의 임명절차 및 국무회의의 구성과 임무를 다루었다. 또한 행정각부의 조직과 장의 임명에 대해 규정하고 대통령의 직속기관으로 감사원을 두었다. 여기서는 대통령선거제도와 대통령의 헌법상 지위 및 권한을 살펴본 후 국무회의의 구성과 법적 성격 그리고 감사원의 구성과 임무를 간단하게 정리해본다. 아울러 (행)정부의 구조는 다음의 정부 조직도를 통해 확인할 수 있다.

---

31) 헌재 1997. 7. 16. 선고 96헌라2 결정. "국회의 자율권 범위 내에 속하는 사항에 폭넓은 자율권을 가지므로 국회의 의사절차나 입법절차에 헌법이나 법률의 규정을 명백히 위반한 흠이 있는 경우가 아닌 한 그 국회의 자율권은 권력분립의 원칙이나 국회의 위상과 기능에 비추어 존중되어야 한다... 그 자율권의 범위 내에 속하는 사항에 관한 국회의 판단에 대하여 다른 국가기관이 개입하여 그 정당성을 가리키는 것은 바람직하지 않고, 헌법재판소도 그 예외는 아니다."

32) *Ibid.* "국회는 국민의 대표기관, 입법기관으로서 폭넓은 자율권을 가지고 있고, 그 자율권은 권력분립의 원칙이나 국회의 지위, 기능에 비추어 존중되어야 하는 것이지만, 한편 법치주의의 원리상 모든 국가기관은 헌법과 법률에 의하여 기속을 받는 것이므로 국회의 자율권도 헌법이나 법률을 위반하지 않는 범위내에서 허용되어야 하고 따라서 국회의 의사절차나 입법절차에 헌법이나 법률의 규정을 명백히 위반한 흠이 있는 경우에도 국회가 자율권을 가진다고는 할 수 없다."

(1) 대통령

대통령은 5년 단임제로 국민의 직접선거를 통해 선출된다. 대통령의 임기 연장 또는 중임 변경을 위한 헌법개정은 헌법개정 제안 당시의 대통령에 대해서는 효력이 없다. 의원내각제가 가미된 대통령 중심제여서 미국식의 순수대통령제와는 차이가 있다. 부통령이 없고 국무총리와 헌법상의 필수적 절차기관인 국무회의가 있다. 국무총리는 부통령과 달리 권한대행의 자격만 있고 대통령직의 승계 권한은 없기 때문에 대통령 궐위 시에는 선거를 통해 새롭게 임기 5년의 대통령을 선출한다.

미국은 부통령 등이 대통령직을 승계하여 전임자의 잔여 임기 동안 대통령직을 수행하므로 대통령의 선거 주기가 안정적으로 유지되는데 반해 우리는 보궐선거나 재선거를 통해 당선된 대통령이 새롭게 5년의 임기를 시작하기 때문에 선거 주기를 유지할 수 없고, 따라서 선거제도의 한계를 보완할 수 있는 기회를 갖지 못하는 것이 아쉬운 점이다.

1) 대통령선거제도

대통령은 현직 대통령의 임기만료 70일 내지 40일 전에 보통·평등·직접·비밀선거를 통해 선출된다. 보궐선거나 재선거의 경우에는 사유가 발생한 날로부터 60일 이내에 실시하며 선출된 대통령은 새롭게 5년의 임기를 개시한다. 대통령선거에서 최고득표자가 대통령으로 당선되는데 최고득표자가 2인 이상인 때에는 국회 재적의원 과반수가 출석한 공개회의에서 다수표를 얻은 자가 당선자로 선출된다. 대통령후보자가 1인일 때에는 득표수가 선거권자 총수의 3분의 1 이상이어야 당선될 수 있다.

[그림 9-1] 정부조직도[33)]

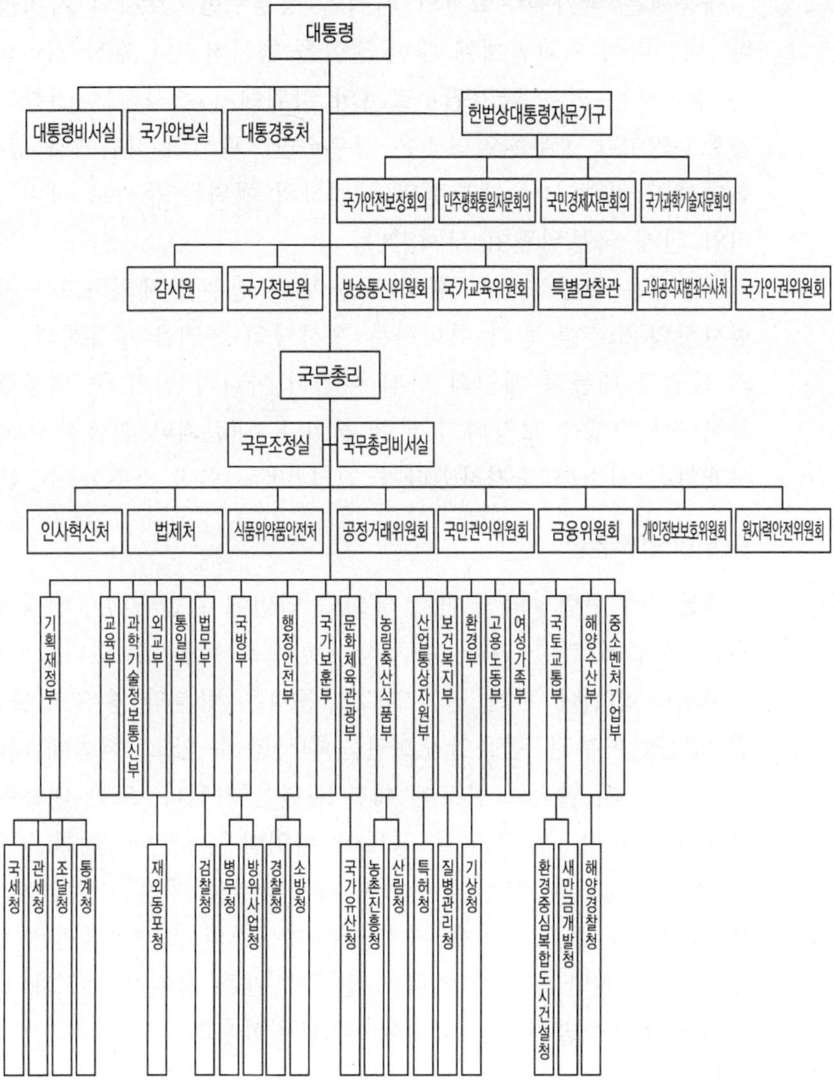

33) 정부24, 정부조직관리정보시스템, 정부/지자체조직도, https://org.go.kr/oam/gvrnOrgChartView.ifrm (2024. 8. 24. 검색).

2) 헌법상의 지위

대통령은 국가원수로서의 지위와 정부수반으로서의 지위를 가진다. 대통령이 외교관계에 대한 권한을 행사하거나 훈장 기타의 영전을 수여하는 일은 국가원수로서의 지위에서 행사하는 권한이고 국군통수권이나 공무원임면권은 정부수반으로서의 지위에서 행사하는 헌법상의 권한이다. 대통령의 국법상의 행위는 문서로 하며 국무총리와 관계 국무위원이 부서한다.

대통령은 내란 또는 외환의 죄를 범한 경우를 제외하고는 재직 중 형사상의 소추를 받지 아니하는 형사상의 특권을 향유한다. 형사상의 특권은 대통령 개인의 사적 이익이 아니라 임기 중 대통령의 원활한 직무수행을 보장하기 위한 것이다. 내란죄나 외환죄 이외의 형사책임은 기소를 중지하였다가 임기 만료 후에 소추할 수 있다.

3) 헌법상의 권한

대통령의 헌법상의 권한은 국회와 입법에 관한 권한, 행정에 관한 권한, 사법에 관한 권한, 통치적 권한으로 나눌 수 있다.

국회와 입법에 관한 권한으로 대통령은 법률의 경우 법률안발의권, 법률안거부권, 법률안공포권을 행사할 수 있고, 헌법에 대해서는 헌법개정안의 발의와 공포에 대한 권한을 가진다. 또한 대통령은 법률에서 구체적으로 범위를 정하여 위임받은 사항과 법률을 집행하기 위하여 필요한 사항에 관하여 대통령령을 제정할 수 있다. 조약은 국내법과 같은 효력을 가지므로 대통령의 조약체결권은 행정(외교)에 관한 권한일 뿐만 아니라 입법에 관한 권한이기도 하다. 대통령의 국회출석발언권은 국회에 대한 권한이다.

행정에 관한 권한으로는 외교(外交)에 대한 권한, 국군통수권, 공무원임면권, 영전수여권 등을 들 수 있다. 사법에 관한 권한으로는 대법원장과 대법관의 임명권, 헌법재판관 3인의 후보 지명권과 헌법재판소장의 임명권, 사면, 복권, 감형에 대한 권한 등이 있다. 사면,

감형, 복권에 관한 사항은 사면법에서 규정하였다. 사면에는 일반사면과 특별사면이 있는데, 일반사면은 국회의 동의를 얻어 사면하고 특별사면은 형이 선고된 특정인을 대상으로 하며 형의 집행이 면제된다.[34)]

통치적 권한으로는 국민투표부의권(헌72)과 국가긴급권(헌76~헌77) 등을 들 수 있다. 국민투표부의권이란 대통령이 필요하다고 판단하는 경우 외교, 국방, 통일 기타 국가 안위에 관한 중요정책을 국민투표에 붙일 수 있는 권한을 말한다. 대통령의 권한이지 의무가 아니며 직접민주주의적 요소를 예외적으로 인정한 경우라고 할 수 있다.[35)] 이를 의회와의 대립을 극복하기 위한 방안으로 활용했던 프랑스의 드골 대통령은 1969년 지방 행정과 상원제도의 개혁과 자신의 재신임을 연계하여 국민투표에 회부했다가 부결되어 사임한 바 있다. 헌법재판소는 대통령의 재신임과 연계하여 국민투표를 실시하는 것을 인정하지 않는다.[36)] 그러나 대통령의 재신임과 연계하지 않더라도 국민투표가 부결된다면 대통령의 사임을 요구하는 정치적 요구가 제기될 수 있다.

국가긴급권으로는 헌법 제76조 제1항의 긴급재정경제처분 및 명령권과 제2항의 긴급명령권 그리고 제77조의 계엄선포권이 있다. 대통령은 내우, 외환, 천재, 지변 또는 중대한 재정·경제상의 위기에 있어서 국가의 안전보장 또는 공공의 안녕질서를 유지하기 위하여 긴급한 조치가 필요하고 국회의 집회를 기다릴 여유가 없는 경우에 긴급재정경제처분 및 명령권을 행사할 수 있다. 이때의 명령은 법률의 효력을 가지며 처분이나 명령은 필요한 최소한도로 이루어져야 한다. 또한 법률의 효력을 가지는 긴급명령권은 국가의 안위에 관계되는 중대한 교전상태에 있어서 국가를 보위하기 위하여 긴급

34) 사면법 제3조와 제5조.

35) 허영, p. 1033.

36) 헌재 2004. 5. 14. 선고 2004헌나1 결정.

한 조치가 필요하고 국회의 집회가 불가능한 때에 한하여 대통령이 행사할 수 있다. 이러한 조치를 취한 경우에 대통령은 지체 없이 국회에 보고하여 승인을 얻어야 하며 승인을 얻지 못한 경우에는 그때부터 효력을 상실한다.

대통령의 계엄선포권은 전시, 사변 또는 이에 준하는 국가비상사태에 있어서 병력으로써 군사상의 필요에 응하거나 공공의 안녕질서를 유지할 필요가 있을 때 행사될 수 있다. 계엄에는 경비계엄과 비상계엄이 있는데,(계엄법2) 비상계엄의 경우에는 영장제도, 표현의 자유, 정부나 법원의 권한에 특별한 조치를 할 수 있고 재판청구권도 제한되는 등 헌법의 정지가 발생할 수 있다. 계엄을 선포한 경우에 대통령은 국회에 지체 없이 통고해야 하고 국회가 재적의원 과반수의 찬성으로 계엄의 해제를 요구하는 경우 대통령은 이를 해제해야 한다.

(2) 국무회의

국무회의는 대통령, 국무총리, 15인 이상 30인 이하의 국무위원으로 구성되며 대통령이 의장 그리고 국무총리가 부의장이 된다. 국무회의는 정부의 권한에 속하는 중요한 정책을 심의하며 심의의 세부적인 내용은 헌법 제89조에 규정하였다.

1) 법적 성격

국무회의는 의결기관이나 자문기관이 아닌 심의기관이다. 의원내각제의 내각은 의결기관이기 때문에 수상을 중심으로 각료들이 회의에서 결정하면 수상에 대해서도 구속력이 있다. 대통령중심제의 내각은 자문기관이다. 미국의 경우 부통령과 15명의 장관 그리고 대통령 비서실장을 포함한 그 밖의 고위직 공무원 9명이 참여하여 모두 25명으로 구성되며 대통령은 내각의 공식 구성원이 아니다.

우리나라의 경우 국무회의의 결정 또는 의결은 대통령에게 구속력이 없다. 그러나 헌법 제89조에 속하는 사항에 대해서는 대통령의 재가(裁可) 전에 반드시 국무회의의 심의를 거쳐야 한다. 국무회의를 심의기관 또는 헌법상의 필수적 절차기관이라고 부르는 이유가 바로 여기에 있다.

2) 국무총리

국무총리는 국회의 동의를 얻어 대통령이 임명한다. 국무총리는 대통령을 보좌하며 행정에 관하여 대통령의 명을 받아 행정 각부를 통할한다. 국무총리는 의원내각제의 수상도 아니고 대통령중심제의 부통령도 아니다. 국무총리는 수상처럼 정부수반이 아니고 부통령처럼 대통령 궐위 시에 대통령직을 승계하여 전임자의 잔여 임기 동안 대통령직을 수행하지 않는다.

3) 국무위원과 행정각부의 장

국무위원은 국무총리의 제청으로 대통령이 임명하고 국무총리는 국무위원의 해임을 대통령에게 건의할 수 있다. 국무위원은 국정에 관하여 대통령을 보좌하고 국무회의의 구성원으로서 국정을 심의한다. 행정각부의 장은 국무위원 중에서 국무총리의 제청으로 대통령이 임명한다. 따라서 국무위원은 행정각부의 장이 아닐 수 있지만 행정각부의 장은 모두 국무위원이다. 국무총리 또는 행정각부의 장은 담당 사무에 관하여 법률이나 대통령령의 위임 또는 직권으로 총리령 또는 부령을 제정할 수 있다. 행정각부의 조직, 직무범위 및 기타 필요한 사항은 정부조직법에서 규정하였다.

(3) 감사원

감사원은 감사원장을 포함하여 5인 이상 11인 이하의 감사위원으로 구성된다. 감사원장은 국회의 동의를 얻어 대통령이 임명하고 임기는 4년으로 하며 1차에 한하여 중임할 수 있다. 감사위원은 감사원장의 제청으로 대통령이 임명하고 임기는 4년이며 1차에 한하여 중임할 수 있다. 감사원은 대통령 직속기관이지만 직무에 관해서는 독립된 지위를 가지는 합의제 감사기관이다. 감사원은 국가의 세입과 세출의 결산, 국가 및 법률이 정한 단체의 회계검사, 행정기관 및 공무원의 직무감찰을 수행한다. 감사원은 세입과 세출의 결산을 매년 조사하여 대통령과 다음 연도 국회에 그 결과를 보고해야 한다.

5. 법원

헌법은 제5장에서 법원에 대해 규정하였다. 사법권은 법관으로 구성된 법원에 속한다.(헌101.1) 법관으로는 대법원장, 대법관, 판사가 있다. 대법원장은 국회의 동의를 얻어 대통령이 임명하고 대법관은 대법관후보추천위원회의[37] 추천을 받은 대법원장의 제청으로 국회의 동의를 얻어 대통령이 임명한다. 반면에 법관의 거의 대다수를 구성하는 판사는 대법관회의의 동의를 얻어 대법원장이 임명한다. 대법원장의 임기는 6년이고 중임할 수 없다. 대법관과 판사는 연임이 가능하고 임기는 각각 6년과 10년이다.

법원으로는 최고법원인 대법원과 2심법원인 고등법원과 특허법원 그리고 1심법원인 지방법원, 가정법원, 행정법원, 회생법원이 있다. 그밖에 특별법원으로 군사법원이 있다. 여기서는 사법권의 독립에 대해 살펴보고 법원의 임무와 권한을 간단하게 정리해본다.

(1) 사법권의 독립

사법권의 독립은 법관의 중립적 지위와 공정한 재판을 보장하기 위한 전제조건이라고 할 수 있다. 사법권의 독립은 법치주의와 민주주의의 토대가 되고 권력분립의 원칙의 중요한 요소일 뿐만 아니라 행정부나 입법부 등의 국가기관에 의한 침해로부터 국민의 기본권

37) 법원조직법 제41조의2.

을 보장하기 위한 실질적인 원칙이다. 요컨대 법원이 사법권을 제대로 행사하여 그 역할을 다하기 위해서는 사법권의 독립이 무엇보다 중요하다. 다만 사법권의 독립은 법관이 아니라 국민의 이익을 위한 것이므로 법관에 의한 사법권의 남용을 방지하기 위한 장치의 마련이 필요하다.

사법권의 독립은 법원의 조직상의 독립, 법원의 기능상의 독립, 법관의 신분보장으로 나눌 수 있다.[38] 법원의 조직상의 독립은 입법부나 행정부와 같은 다른 국가기관으로부터 법원의 조직이 독립되어야 한다는 뜻이다. 조직 운영의 양축은 인사권과 예산권이라고 할 수 있는데, 사법권의 독립을 위해서는 실질적인 인사권과 예산권을 확보하는 것이 중요하다.

이런 측면에서 본다면 법원의 인사권은 대법원장을 포함한 대법관과 법원의 거의 대다수를 구성하는 판사의 경우로 나누어 볼 수 있다. 전자의 경우에는 국회의 동의를 얻어 대통령이 임명하고 후자는 전적으로 사법부에서 인사를 한다. 요컨대 법원의 인사권은 최고위직 법관이라고 할 수 있는 대법원장과 대법관의 인사를 사법부가 아닌 대통령과 국회가 결정한다. 따라서 이러한 정도로 법원의 인사권이 제한된다고 할 수 있는데, 다른 한편으로 민주적 정당성이 부여된 선출직 공무원인 대통령과 국회의 합의를 필요조건으로 하는 것은 사법부에 대한 민주적 통제의 길을 열어 놓는 측면이 있다.

대법관의 인사도 법원에서 하게 되면 사법권의 남용을 통제할 수 있는 수단이 없게 된다. 우리가 외국의 입법례와 크게 다르지 않고 대법관의 임명이 대통령의 배타적 권한이 아니라 국회의 거부권(동의권)이 적용되는 사안이기 때문에 견제와 균형의 원리가 대통령과 국회 사이에 작동하며 대법관후보추천위원회에서 대법관 후보를 추천하기 때문에 대법원장 또는 대법관의 인사로 사법권의 독립이 훼

38) 허영, pp. 1093~1101 참조.

손되지 않도록 하는 것은 법으로의 의지, 운용의 묘, 사회의 자율적 조정기능에 맡겨져 있다고 할 수 있다. 다만 대법원장 또는 대법관의 임기가 6년으로 상대적으로 짧다고 할 수 있는데, 이는 국민의 사법부에 대한 신뢰의 증진을 통해 해결해야 할 문제라고 생각한다.

법원의 예산에 대한 권한은 예산요구서를 작성하는데 국한된다. 예산안은 예산요구서를 토대로 정부에서 작성한다. 물론 국회도 예산편성권이 없고 예산요구서를 작성하는데 국한되지만 예산안에 대한 심의·의결권을 가지기 때문에 법원과는 상황이 다르다. 사법권의 독립을 위해 예산에 대한 법원의 요구를 존중할 필요가 있다.[39)]

법원조직법 제82조 제2항은 "법원의 예산을 편성할 때에는 사법부의 독립성과 자율성을 존중하여야 한다."고 규정하였다. 또한 국가재정법 제40조도 정부가 예산을 편성할 때 독립기관의 장의 의견을 최대한 존중하도록 하고 국가재정상황 등에 따라 조정이 필요한 경우에는 미리 협의하도록 하였으며 협의에도 불구하고 세출예산요구액을 감액하려는 때에는 국무회의에서 독립기관의 장의 의견을 듣고 감액의 규모와 이유 그리고 감액에 대한 독립기관의 장의 의견을 국회에 제출하도록 규정하였다. 예산안에 대한 심의·의결의 권한을 갖는 국회와 달리 예산요구서의 제출에 국한된 법원의 예산에 대한 권한은 사법권의 독립이라는 측면에서 재고할 여지가 있다.

법원의 기능상의 독립은 "법관은 헌법과 법률에 의하여 그 양심에 따라 독립하여 심판한다."고 규정한 헌법 제103조로 집약된다고 할 수 있다. 사법권의 독립을 보장하는 궁극적인 이유는 법관이 중립적인 지위에서 공정하게 재판할 수 있도록 하기 위해서이다. 이를 위해서는 외부의 간섭으로부터도 독립을 보장해야 하지만 소송당사자나 법원내의 간섭으로부터도 독립될 필요가 있다. 따라서 법원의 기능상의 독립은 외부적 간섭으로부터의 독립, 내부적 간섭으로부터

39) 전광석, p. 785.

의 독립, 소송당사자로부터의 독립으로 요약된다.[40)]

법관의 신분보장을 위해 헌법은 법관자격 법정주의, 법관의 임기제,[41)] 법관정년 법정주의, 신분상 불리한 처분사유를 제한하였다.[42)] 법관도 공무원이고 공무원은 국가공무원법이나 지방공무원법에서 그 신분을 보장하지만 법관의 경우에는 헌법에 직접적인 규정을 두어 보장의 내용을 더욱 강화하였다. 헌법 제106조 제1항에 의하면 법관은 탄핵 또는 금고 이상의 형의 선고에 의해서만 파면될 수 있고 징계처분에 의하지 아니하고는 정직, 감봉 기타 불리한 처분을 받지 아니한다. 법관징계법은 제3조에서 법관에 대한 징계처분으로 정직, 감봉, 견책만을 규정하여 일반 공무원보다 훨씬 강력한 신분보장을 제공하고 있다. 미국의 경우 헌법에서 대법관뿐만 아니라 연방법원의 판사에게 종신직을[43)] 보장하는 이유도 법관의 신분보장을 위해서이다.

사법권의 독립이 보장되지 않는 사법부가 제 역할을 할 것으로 기대하기는 어렵다. 이런 이유로 헌법에서는 사법권의 독립을 보장하기 위해 위와 같은 다양한 장치를 마련하였다. 그러나 이러한 장치들이 제대로 작동하기 위해 무엇보다 중요한 것은 사법권의 독립을 수호하려는 법관의 의지와 노력이다. 법관의 의지와 노력이 함께 할 때 비로소 사법권의 독립이 이루어지고 법관의 중립적 지위와 공정한 재판을 통해 국민의 지지와 신뢰를 받는 사법부가 될 수 있다.

---

40) 허영, pp. 1095~1098.

41) 법관의 임기제는 한국과 일본 이외의 다른 주요 국가 입법례에서 발견되고 있지 않으며 재임용 심사와 관련하여 비판의 소지가 있다는 점에서 법관의 신분보장에 역행하는 측면이 있다고 볼 수도 있다.

42) 허영, pp. 1098~1101.

43) "… The Judges, both of the supreme and inferior Courts, shall hold their Offices during good Behaviour, and shall at stated Times, receive for their Services, a Compensation, which shall not be diminished during their Continuance in Office." 미국 연방헌법 제3조 제1항.

(2) 임무와 권한

법원의 재판은 원칙적으로 3심제로 이루어진다. 1심이 지방법원 합의부인 경우에는 고등법원이 2심 그리고 대법원이 3심(최종심)을 맡고, 1심이 지방법원 단독판사인 경우에는 지방법원 본원 항소부가 2심을 맡고 대법원이 3심을 맡는다. 원칙적으로 소송가액이 2억원을 초과하는 민사사건과 사형, 무기 또는 단기 1년 이상의 징역 또는 금고에 해당하는 형사사건 등을 합의부에서 맡고 그렇지 않은 사건을 단독판사가 담당한다. 이런 기준에는 다양한 예외가 존재하며 합의부가 맡기로 결정한 사건은 이 기준의 적용을 받지 않는다.[44] 여기서는 법원의 구성을 중심으로 임무와 권한을 간단하게 정리해본다.

1) 대법원

대법원은 최고법원으로 서울특별시에 소재하며[45] 대법원장을 포함하여 14명의 대법관으로 구성된다. 대법원의 부는 3인 이상으로 구성하는데 현재 4인의 대법관으로 구성된 부가 3개 설치되어 있다. 보통 국내법이든 국제법이든 재판부의 구성은 1, 3, 5 등의 홀수로 구성하는 것이 일반적인데, 4인으로 구성한 이유는 대법관이 부득이한 사유로 재판에 참석하지 못하는 경우에 나머지 3인의 대법관으로 부의 재판을 진행하기 위한 것으로 추정된다. 부의 재판은 표결이 아니라 4인 대법관의 의견이 일치하는 경우에만 가능하기 때문에 가부동수의 문제는 발생하지 않는다.[46]

부의 대법관은 부의 재판과 전원합의체의 재판에 모두 참여하고 대법원장은 재판장으로 전원합의체의 재판에만 참여한다. 대법원장의 지휘를 받아 법원행정처의 사무를 관장하고 소속 직원을 지휘·감독하며 법원의 사법행정사무 및 그 직원을 감독하는 법원행정처

44) 법원조직법 제32조, 민사 및 가사소송의 사물관할에 관한 규칙.
45) “법원은 서울특별시에 둔다.” 법원조직법 제12조.
46) 법원조직법 제7조 제1항 단서.

장은 대법관 중에서 임명하나[47] 재판에 전혀 참여하지 않는다. 대법원장은 통상적으로 대법관 중의 1인을 중앙선거관리위원회 위원으로 임명한다. 중앙선거관리위원회의 위원장은 위원 중에 호선하게 되어 있지만 관행상 대법관인 위원이 위원장으로 호선된다.

대법원의 재판은 전원합의체가 원칙이지만 실제로 대부분의 사건은 부에서 담당한다. 명령 또는 규칙이 헌법이나 법률에 위반되는 경우, 대법원이 종전의 입장을 변경하는 경우, 부에서 재판하는 것이 적당하지 않다고 판단하는 경우, 부에서 의견이 일치하지 않는 경우에 대법원은 전원합의체로 재판한다. 대법원은 법률심이어서 원칙적으로 사실문제가 아닌 법률문제를 다룬다.

법원은 법률의 위헌 여부가 재판의 전제가 된 경우에 위헌법률심판제청권을 그리고 명령, 규칙, 처분의 위헌·위법 여부가 재판의 전제가 된 경우에 위헌위법명령규칙처분심사권을 가지는데, 후자의 경우 대법원이 최종적인 심사권을 가진다. 대법원은 또한 법률에 저촉되지 않는 범위 안에서 소송에 관한 절차, 법원의 내부규율과 사무처리에 관한 규칙을 제정할 수 있다.

2) 고등법원과 특허법원

고등법원은 3인의 판사로 이루어진 합의부로 구성되고 서울, 대전, 대구, 부산, 광주, 수원에 설치되어 있다. 그러면 제주 지방법원 합의부가 1심으로 처리한 사건의 항소심을 진행하기 위해 소송의 당사자와 변호사는 광주로 가야 할까? 그렇지는 않다. 제주지방법원 옆 건물에 광주고등법원 원외재판부(제주)가 설치되어 2심도 제주에서 진행된다. 원외재판부는 제주 외에 전주, 창원, 인천, 청주, 춘천에 설치되어 있다. 거리를 가다 보면 보통 법원청사와 검찰청사가 나란히 있는 걸 볼 수 있는데, 법원 옆에 검찰이 있는 건가 아니면 검찰 옆에 법원이 있는 건가? 중요한 문제는 아니지만 법원 옆에 검

47) 법원조직법 제67조~제68조.

찰이 있다고 하는 게 정확한 표현이다. 법원은 검찰 옆에 없어도 사실 상관이 없다. 아무튼 법외적 요소이지만 시간과 비용은 중요한 고려사항이 아닐 수 없다.

특허법원에는 7개의 재판부가 있으며, 각 재판부는 심결취소사건과 민사항소사건을 담당하는데 일부는 특별사건으로 하여 특별부가 담당한다. 3인으로 구성된 합의부재판이며 고등법원과 동급으로 대전에 있다. 특허법원은 특허, 실용신안, 의장, 상표에 대한 특허심판원 또는 품종보호에 관한 품종보호심판위원회의 심결 또는 결정에 대한 사건의 1심 재판과 특허권 등의 침해사건의 2심 재판을 담당한다. 저작권도 지적재산권의 하나이지만 저작권에 대한 소송은 3심제로 진행되며 지방법원이 1심법원이다.

3) 지방법원, 가정법원, 행정법원, 회생법원

지방법원은 3인의 판사로 이루어진 합의부와 단독판사로 구성된다. 지방법원은 민사사건과 형사사건을 제1심으로 재판한다. 지방법원은 관할구역에 지원과 가정지원 그리고 시・군법원을 둘 수 있다. 다만, 지방법원과 가정법원의 지원은 2개를 합하여 1개의 지원으로 할 수 있다.[48] 지방법원의 지원과 가정지원에 합의부를 둘 수 있고 가정지원은[49] 가정법원이 설치되지 아니한 지역에서 가정법원의 권한에 속하는 사항을 관할한다.

2024년 12월 현재, 전국에는 18개의 지방법원과 42개의 지원이 운영되고 있다. 그러나 2024년에 각급 법원의 설치와 관할구역에 관한 법률 개정안이 국회 본회의를 통과함에 따라 2025년에는 창원시에 창원가정법원이, 인천광역시에는 인천지방법원 북부지원이 새롭게 설치될 예정이다. 이어서 2026년에는 대전광역시, 대구광역시와 광주광역시에 각각 회생법원이, 2028년에는 인천광역시에 인천

48) 법원조직법 제3조 제2항 단서.

49) 법원조직법 제31조의2.

고등법원이 들어설 계획이며, 2031에는 세종특별자치시에 세종지방법원이 개원될 예정이다.

시법원과 군법원은 소액사건심판법의 적용을 받는[50] 민사사건(소액사건), 화해, 독촉 및 조정에 관한 사건, 20만원 이하의 벌금 또는 구류나 과료에 처할 형사사건(즉결심판사건), 협의이혼(의사)의 확인을 처리한다. 이는 대전지방법원의 예를 통해 확인해볼 수 있다.

[그림 9-2] 대전지방법원 기구표[51]

50) "... 소액사건은 제소한 때의 소송목적의 값이 3,000만원을 초과하지 아니하는 금전 기타 대체물이나 유가증권의 일정한 수량의 지급을 목적으로 하는 제1심의 민사사건으로 한다. ..." 소액사건심판규칙 제1조의2.

51) 대전지방법원/법원소개/조직 및 전화번호/조직도, https://daejeon.scourt.go.kr/daejeon/court_intro/intro_02/intro_02_01/group_01.html (2024. 8. 24. 검색).

가정법원, 행정법원, 회생법원은 지방법원과 동급의 1심법원이다. 가정법원은 가사사건과 소년사건을 재판한다. 행정법원은 행정소송법에서 정한 행정사건을 심판한다. 회생법원은 채무자 회생 및 파산에 관한 법률에서 정한 회생사건과 파산사건을 담당한다. 서울에만 있던 회생법원은 2023년 부산과 수원에 추가 설치되었는데 이는 개인회생사건신청이 급증하고 있는 것에 기인한다. 2024년 국회에는 대전, 대구, 광주에 회생법원을 설치하는 입법안이 제출돼 있다[52]. 현재 행정법원은 서울에만 소재하며, 다른 지역의 행정사건과 회생 및 파산사건은 원칙적으로 지방법원 본원에서 담당한다. 이는 대전지방법원의 예를 통해 확인할 수 있다.

52) 개원 1년만에 수원회생법원에 접수된 사건 수는 2만 880건에 달하며, 이는 서울회생법원의 접수건수인 2만 5636건과 비교했을 때 약 4700건의 차이가 난다. 하지만 수원회생법원의 법관과 직원의 인원 수는 서울에 비해 크게 부족한 상황이다. 한수현기자, "개원 1년, 숨 가쁜 수원·부산회생법원... 일은 많은데 인력은 서울의 절반", 『법률신문』 사설 2024. 8. 28. (https://www.lawtimes.co.kr/news/200902 2024. 8. 29. 검색).

[그림 9-3] 대전지방법원 조직표[53)]

53) 대전지방법원/법원소개/조직 및 전화번호/조직도, 대전지방법원 조직표, https://daejeon.scourt.go.kr/daejeon/court_intro/intro_02/intro_02_01/group_01.html (2024. 8. 24. 검색).

4) 특별법원

우리 헌법은 특별법원으로 군사법원만을 인정하고 있다.(헌110) 헌법 제27조는 국민의 재판청구권을 보장한다. 재판청구권은 법관에 의한 재판과 최고법원인 대법원에의 상고권을 보장하는데 군사법원에서는 이러한 국민의 재판청구권이 제한된다. 일반법원이 아닌 군사법원은 법관의 자격을 갖지 않은 심판관이[54] 군판사와 함께 재판관이 된다. 또한 사형을 선고하는 경우를 제외하고 비상계엄하의 군사재판을 군인·군무원의 범죄, 군사에 관한 간첩죄, 초병, 초소, 유독음식물공급, 포로에 관한 죄 중 법률이 정한 경우에 단심으로 할 수 있게 하여 대법원에의 상고권이 보장되지 않는다. 일반법원과는 달리 자기무죄주장의 권리나 증거에 대한 교차심문권리가 주어지지 않는다. 변호사를 선임할 수 있지만 자기비용으로 법률구조를 대변해야 하며, 군사법원은 증거의 유효성 여부와 관계없이 허용될 수 없으며, 판사가 피고의 유죄판결을 위해 심리적 증거 이외에도 합리적 의심만 있으면 된다. 다만 헌법은 제110조 제1항에서 특별법원으로서 군사법원의 설치 근거를 마련하여 위헌의 문제는 발생하지 않는다. 군사법원은 1962년 제5차 헌법개정에서 특별법원으로 규정되었다가 고등군사법원으로 2022년에는 국방부 직할 군사법원이 창설되었다.[55]

6. 헌법재판소

헌법재판소는 법관의 자격을 가진 사람 중에 임명된 9인의 재판

54) 2022년 7월 1일에 발효한 군사법원법의 개정으로 평시에는 심판관의 참여 없이 군판사만으로 재판이 이루어지게 되었다.

55) 군사법원에 대한 자세한 내용은 이하 홈페이지 참조(https://mcourt.mil.kr/user/indexMain.action?siteId=hcaf 2024. 8. 29. 검색).

관으로 구성되어 국가의 최고법인 헌법을 해석하고 적용하는 사법기관이다. 사법권은 법관으로 구성된 법원에 속하는데, 지난 9차 개헌(현행 헌법) 때 이전의 정치적 기관이었던 헌법위원회를 폐지하고 독일식 헌법재판소를 도입하면서 우리의 사법부는 법원과 헌법재판소로 이원화되었다고 할 수 있다. 같은 사법기관임에도 헌법재판소는 법원이라는 명칭을 사용하지 않고 판결대신에 결정이라는 용어를 사용하는데서 오는 (헌법 개정 당시의) 묘한 긴장감도 느낄 수 있다. 물론 미국은 대법원이 위헌법률심판권을 행사하고 우리도 헌법을 개정하여 헌법재판소를 폐지하고 법원으로 일원화할 수는 있지만 이는 기존 헌법의 동일성을 넘어서는 헌법개정이라고 할 수 있고 이러한 강력한 사법부의 탄생을 정치권이 지지할지도 미지수이다.

(1) 구성

헌법재판소는 중앙선거관리위원회의 경우처럼 국회, 대법원장, 대통령이 각각 3인씩 선출하거나 지명한 자를 헌법재판관으로 대통령이 임명한다. 헌법재판소장은 헌법재판관 중에서 대통령이 국회의 동의를 얻어 임명한다. 헌법재판관의 임기는 6년이며 연임할 수 있다. 헌법재판소는 법률에 저촉되지 않는 범위 안에서 심판에 관한 절차, 내부규율과 사무처리에 관한 규칙을 제정할 수 있다.

(2) 권한

헌법재판소는 위헌법률심판, 탄핵심판, 정당해산심판, 권한쟁의심판, 헌법소원심판을 관장한다. 헌법재판소에서 법률의 위헌결정, 탄핵결정, 정당해산결정, 헌법소원의 인용결정을 할 때에는 헌법재판관 6인 이상의 찬성이 필요하다. 별도의 규정이 없는 경우에는 재판관 과반수의 찬성으로 결정하며 권한쟁의심판도 이에 따른다. 권한쟁의심판의 종류는 헌법재판소법 제62조에 규정되었다.

위헌법률심판, 탄핵심판, 정당해산심판의 경우 견제와 균형의 원리가 작동한다. 위헌법률심판제청권은 법원에, 탄핵소추권은 국회에 있으며, 정당해산심판의 청구는 정부가 하고 각각의 청구에 대해 헌법재판소가 심판한다. 따라서 세 가지 사항에 대한 인용 결정은 두 개의 헌법상의 기관의 의견이 일치하는 경우에만 가능하다. 위헌법률심판에서 추상적 규범통제를 인정하는 프랑스의 헌법위원회와 달리 우리는 법률의 위헌 여부가 재판의 전제가 된 경우에만 법원이 제청할 수 있는 구체적 규범통제를 따른다.

헌법소원심판이 적법한 청구로 인정되기 위해서는 우선 침해의 자기관련성, 현재성, 직접성이 충족되어야 한다. 또한 보충성의 원칙이 적용되어 헌법소원이 유일한 구제수단인 경우에만 인정된다. 보충성의 원칙은 위헌인 법률이나 명령이 개인의 기본권을 직접 침해하는 경우에 제기되는 법령에 대한 헌법소원 등의 경우에는 적용되지 않는다.[56] 헌법소원심판의 청구는 사유가 있음을 안 날로부터 90일 이내에, 그 사유가 있는 날로부터 1년 이내에 그리고 다른 구제절차를 거친 경우에는 최종결정의 통지를 받은 날로부터 30일 이내에 제기해야 한다. 헌법소원에는 변호사강제주의가 적용된다. 헌법소원심판은 헌법재판소법 제68조 제1항에 의한 것과 동조 제2항에 의한 것으로 나뉘는데, 전자는 공권력의 행사 또는 불행사로 기본권이 침해된 당사자가 다른 모든 구체절차를 거친 후에 제기할 수 있다. 다만 법원의 판결은 헌법소원의 대상이 아니다.[57] 위헌법률심판제청의 신청이 법원에서 기각된 경우에는 헌법재판소법 제68조 제2항에 의한 헌법소원심판을 제기할 수 있다.[58]

---

56) 전광석, pp. 880~881.

57) 헌법재판소법 제68조 제1항.

58) 헌법재판소법 제68조 제2항.

[그림 9-4] 헌법소원심판절차59)

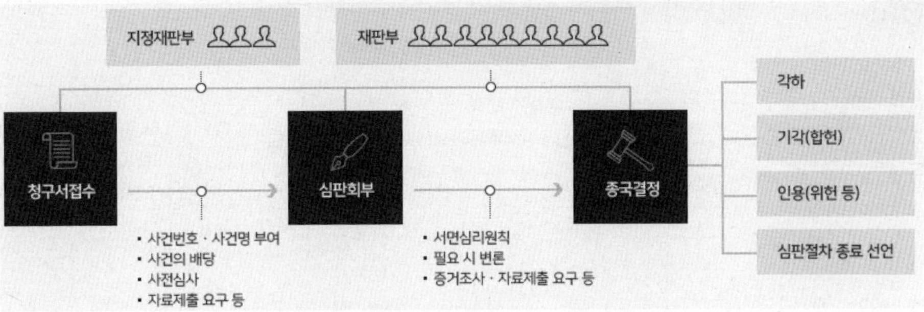

[그림 9-5] 위헌법률심판 흐름도60)

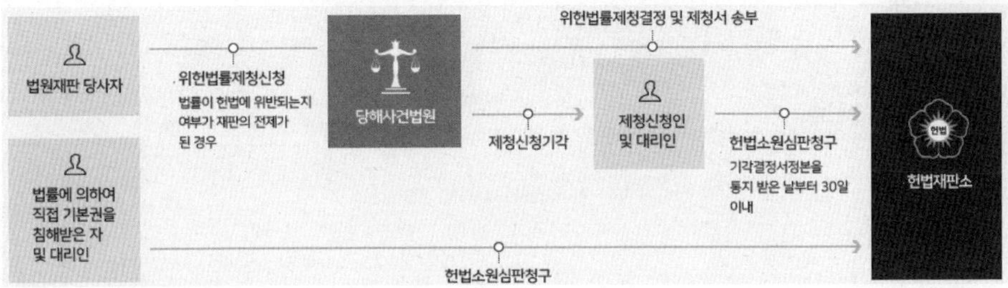

59) 헌법재판소, https://www.ccourt.go.kr/site/kor/03/10302010000002020100508.jsp (2025. 1. 15. 검색).

60) 헌법재판소, https://www.ccourt.go.kr/site/kor/03/10302020000002020100508.jsp (2025. 1. 15. 검색).

제3부
형법의 기본원리

형법은 범죄와 그 법률효과인 형벌을 규정한 법이다. 반면에 형사법은 형법뿐만 아니라 형사소송법과 형의 집행 및 수용자의 처우에 관한 법률을 포함하는 가장 넓은 의미의 형법이라고 할 수 있다. 형법은 총칙편과 각칙편으로 구성되는데, 여기서는 형법 총칙편에 관련된 내용 중에서 형법의 의의와 기능, 죄형법정주의, 형법이론, 범죄의 성립요건, 처벌조건과 소추조건, 범죄의 종류, 형벌의 종류, 선고유예, 집행유예, 가석방을 세 개의 장으로 나누어 다룬다.

제10장 형법의 의의와 특성에서는 형법의 의의와 기능, 죄형법정주의, 형법이론을 다룬다. 형법의 적용범위는 제6장 법의 효력에 나오는 법의 인적 효력에서 이미 다루었기 때문에 여기서는 생략하였다. 형법의 보장적 기능과 보호적 기능 그리고 죄형법정주의의 사상적 배경과 파생원칙을 살펴본 후 고전학파(구파)와 근대학파(신파)의 형법이론을 비교하여 정리한다.

제11장 범죄의 성립요건과 종류에서는 범죄의 종류와 함께 범죄의 성립요건으로 구성요건 해당성, 위법성, 책임성을 순차적으로 검토한다. 범죄란 구성요건에 해당하고 위법하며 유책한 행위를 말한다. 구성요건 해당성에 이어서 위법성에서는 정당행위, 정당방위, 긴급피난, 자구행위, 피해자의 승낙, 추정적 승낙이라는 여섯 가지의 위법성조각사유를 살펴보고 책임성에서는 책임능력, 위법성의 인식, 기대가능성을 다룬다. 일반적으로 범죄의 성립요건이 충족되면 행위자는 처벌할 수 있고 검사는 소추할 수 있다. 그러나 일부 범죄의 경우에는 범죄가 성립하더라도 처벌하고 소추하기 위해서는 별도의 처벌조건과 소추조건이 충족되어야 하는 경우가 있다. 따라서 범죄의 성립요건을 검토한 후 처벌조건과 소추조건을 살펴보고 마지막으로 범죄의 종류를 간단하게 정리한다.

제12장 형벌의 종류와 유예에서는 형벌의 종류와 함께 선고유예, 집행유예, 가석방을 비교해 본다. 형법은 형벌로 사형, 징역, 금고, 자격상실, 자격정지, 벌금, 구류, 과료, 몰수의 아홉 가지를 규정하였다. 형의 경중은 기재된 순서대로이며 사형이 가장 무거운 형벌이다. 형사법은 수사절차–공판절차–형의 집행에서 각 단계마다 범죄인에 대한 일종의 유예 제도를 두었다. 검사의 피의자에 대한 기소유예, 판사의 피고인에 대한 선고유예와 집행유예, 법무부장관의 수형자에 대한 가석방은 재범가능성을 고려하여 취해지는 조치이다. 이 장에서는 형벌의 종류를 간단하게 살펴본 후 선고유예, 집행유예, 가석방을 비교하여 정리한다.

제10장 형법의 의의와 특성

형법은 실체법으로 총칙편과 각칙편으로 구성되었다. 총칙편에서는 각 범죄에 공통된 범죄의 성립요건, 미수범, 공범 등의 문제를 다루고 각칙편에서는 각 범죄의 개별적 요건과 법정형을[1] 규정하였다. 절차법인 형사소송법은 수사절차와 공판절차로 이루어진 형사절차를 다루고 '형의 집행 및 수용자의 처우에 관한 법률'에서는 수형자를 비롯한 수용자의[2] 처우와 권리 및 교정시설의 운영에 관한 사

---

1) 형법에 규정된 형벌의 종류와 범위 내에서 법관이 구체적인 사건에 선고할 형벌의 종류와 양을 정하는 형의 양정에서 형벌은 법정형, 처단형, 선고형의 세 단계를 거쳐 정해진다. 법정형은 형법에 규정된 형벌로 형의 양정의 출발점이고 법정형에서 가중감경사유가 반영되어 해당 사건에서 판사가 선고할 수 있는 형의 범위가 처단형이며 선고형은 실제로 판사가 선고한 형을 말한다. 예를 들어 긴급체포와 구속을 규정한 헌법 제12조 제3항 단서의 규정은 법정형을 기준으로 한 것이고 선고유예와 집행유예를 규정한 형법 제59조와 제62조는 선고형을 기준으로 한 것이다. 다만, 실제 형사재판이 진행될 때 처단형보다 더욱 중요할 수 있는 것은 '양형기준'이다. 피고인 측이 범죄를 자백할 경우 재판은 흔히 대법원 양형위원회가 설정한 해당 범죄의 양형기준에 맞추어 검사와 변호인의 공방(양형기준상 가중사유 또는 감경사유의 존재유무)으로 이어지고, 재판부도 특별한 사정이 없는 이상 이러한 양형기준과 범위에 맞추어 판결을 선고하며, 판결문에도 그 양형기준의 범위와 조건이 표시된다. 법원조직법 제81조의2~제81조의12 및 양형위원회규칙(대법원규칙 제2507호) 참조. 또한 1심이 양형기준을 지키지 않을 경우 항소심에서 양형부당으로 파기될 수도 있다. 대법 2015. 7. 23. 선고 2015도3260 전원합의체 판결 참조.

2) 수형자는 자유형 등이 확정되어 교정시설에 수용된 사람을 말하고 수용자는 수형자를 포함하여 형사피의자 또는 형사피고인으로서 체포되거나 구속영장의 집행을 받아 교정시설에 수용된 미결수용자와 사형확정자 등 교도소 또는 구치소의 교정시설에 수용된 사람 일체를 말한다. 형의 집행 및 수용자의 처우에 관한 법률 제2조 제1호~제4호.

항을 규정하였다. 가장 넓은 의미의 형법이라고 할 수 있는 형사법에는 형법, 형사소송법, 형의 집행 및 수용자의 처우에 관한 법률이 모두 포함된다.[3)]

이 장에서는 형법의 의의와 기능, 근대 형법의 지도원리인 죄형법정주의와 파생원칙, 형법이론에 대해 살펴본다. 형법의 적용범위는 제6장 법의 효력에 나오는 법의 인적 효력에서 이미 다루었기 때문에 여기서는 생략하였다.

1. 형법의 의의와 기능

형법이란 범죄와 그 범죄에 대한 법률효과인 형벌 또는 보안처분을 규정한 법규범이다. 보안처분이란 형벌만으로 (범죄)예방의 목적을 달성하기에 불충분한 경우 범죄로부터 사회를 지키고 범죄자의 재사회화를 위해 형벌을 대체하거나 보완하는 사법처분을 말한다.[4)] 형벌이 책임주의에 기반하여 이미 저질러진 과거의 범죄에 대해 형사책임을 묻는 것임에 반해 보안처분은 범죄자의 위험성을 전제로 장래의 재범 발생을 방지하려는데 그 목적이 있는 것으로, 크게는 책임무능력이나 약물중독으로 형벌의 의미를 이해하지 못하는 자를 치료시설에 격리하여 개선을 도모하는 '치료감호'와 재범의 위험성이 있는 범죄인을 형벌 밖에 두면서[5)] 지도하고 원호하는 '보호관찰'의 2가지 종류로 나뉜다. 형법에는 규정이 없고 보호관찰 등에 관한 법률, 소년법(제32조~제42조), 치료감호 등에 관한 법률 등에 규정되었다.[6)] 헌법은 제12조 제1항에 보안처분을 규정하여 헌법적 근거를

3) 이형국 I, p. 4.

4) *Ibid.*, p. 433.

5) 물론 소년법상 소년원 송치는 사회로부터의 격리도 포함한다. 소년법 제32조 제1항 제8호~제10호.

6) "치료감호와 형이 병과된 경우에는 치료감호를 먼저 집행한다. 이 경우 치료감호의

마련하였다.

형법의 기능으로는 보장적 기능, 보호적 기능, 규제적 기능, 사회보호적 기능 등을 들 수 있는데, 여기서는 보장적 기능과 보호적 기능을 살펴본다. 형법이 일반인에게는 행위규범 또는 의사결정규범으로 그리고 판사에게는 재판규범으로 작용하는데, 이러한 기능을 규제적 기능이라고 한다.[7] 또한 사회보호적 기능이란 형법이 범죄로부터 사회질서를 유지하고 보호하는 기능을 말한다.[8]

양형은 형법의 기능이 반영된 결과로 볼 수 있는데 양형기준으로 '1. 범죄의 죄질 및 범정과 피고인의 책임의 정도를 반영할 것. 2. 범죄의 일반예방 및 피고인의 재범방지와 사회복귀를 고려할 것. 3. 동종 또는 유사한 범죄에 대하여는 고려해야 할 양형요소에 차이가 없는 한 양형에 있어 상이하게 취급하지 아니할 것. 4. 피고인의 국적·종교 및 양심·사회적 신분 등을 이유로 양형상 차별을 하지 아니할 것.'이라는 네 가지 원칙을 준수하여야 한다라고 명시하고 있다.[9] 더하여 소년범에 대하여 성인범과 동일한 양형기준을 설정하는 것은 소년법의 취지에 비추어 바람직하지 않으므로 양형기준은 19세에 도달한 성인피고인에 대해서만 적용한다.[10]

(1) 보장적 기능

형법은 국가 형벌권의 한계를 명확하게 하여 자의적인 형벌 또는 국가 형벌권의 남용으로부터 국민의 자유와 권리를 보장한다. 일반인에게는 범죄로 규정되지 아니한 행위로 처벌받지 않도록 하고 범죄자에게는 자신이 저지른 범죄에 대해 형법에서 규정한 형벌 이상

집행기간은 형 집행기간에 포함한다." 치료감호 등에 관한 법률 제18조.

7) 이형국 I, pp. 6~7.

8) 이재상, 『형법총론』, 제7판 (서울: 박영사, 2011), p. 8.

9) 법원조직법 제81조의6 제2항.

10) 양형위원회 https://sc.scourt.go.kr/sc/krsc/main/Main.work(2024. 9. 6. 검색).

으로 처벌받지 않도록 한다. 따라서 형법의 보장적 기능은 일반인의 인권만이 아니라 범죄자의 인권에도 적용된다.

(2) 보호적 기능

형법은 법익을 보호한다. 가령 살인죄는 사람의 생명, 폭행죄는 사람의 신체, 절도죄는 사람의 재산을 보호법익으로 한다. 보호법익이란 법적으로 보호되는 이익을 말하며 범죄는 (보호)법익의 침해를 수반한다. 형법은 일정한 행위를 범죄로 규정하여 형벌을 부과함으로써 범죄로부터 법익을 보호한다. 형법 이외의 법률도 법익을 보호하는 점은 같지만 형벌이라는 특수한 제재수단을 통해 법익을 보호한다는 점에서 보호방법의 특수성이 형법에 존재한다.[11]

형법은 또한 사회윤리적 행위가치를 보호한다. 형법이 일정한 행위를 범죄로 규정하여 형벌로 처벌하는 이유는 범죄의 결과가 법익을 침해할 뿐만 아니라 범죄의 행위가 사회윤리적 행위가치에 반하기 때문이다. 이와 같이 형법이 법익을 보호하고 사회윤리적 행위가치를 보호하는 기능을 형법의 보호적 기능이라고 한다.

2. 죄형법정주의

죄형법정주의란 범죄와 형벌을 법률로 정한다는 의미로 이를 반대해석하면 법률이 없으면 범죄도 없고 형벌도 없다는 의미가 된다.[12] 헌법 제12조 제1항에는 "모든 국민은 신체의 자유를 가진다. 누구든지 법률에 의하지 아니하고는 체포·구속·압수·수색 또는 심문을 받지 아니하며, 법률과 적법한 절차에 의하지 아니하고는 처

11) 鄭榮錫, 『刑法總論』, 第四全訂版 (서울: 法文社, 1983), p. 20.
12) 이는 보통 '*nulla poena sine lege*'(no penalty without law)로 표현되고 '*nullum crimen sine lege*'(no crime without law)라고도 한다.

벌, 보안처분 또는 강제노역을 받지 아니한다."고 규정한 것에 근거한다. 죄형법정주의는 범죄와 형벌을 군주나 판사의 자유재량에 맡기는 죄형전단주의에 대립되는 개념으로 국가 형벌권의 자의적인 행사로부터 국민의 자유와 권리를 보장하기 위해 도입된 근대 형법의 지도원리이다.[13] 형법의 보장적 기능도 죄형법정주의에 의해 비로소 효과를 발휘한다.[14]

(1) 사상적 배경

죄형법정주의의 사상적 배경 중에는 몽테스키외의 삼권분립의 원칙[15]과 포이에르바하의 심리강제설이 있다. 몽테스키외의 삼권분립의 원칙에 의하면 입법권, 행정권, 사법권을 각각의 독립된 국가기관에 부여하게 된다. 따라서 법원이 형사사건을 재판하기 위해서는 그 전에 범죄와 형벌이 미리 법률로 규정되어 있어야 하는 것은 지극히 당연한 이치이다. 특히 몽테스키외는 법의 성질상 재판관이 법의 문자를 엄격하게 준수해야 한다고 함으로써 재판에 적용될 법이 미리 정해져 있어야 할 것과 유추해석이 배제됨을 시사하였고 범죄와 형벌 간에도 올바른 비례가 이루어져야 한다고 보았다.[16]

포이에르바하의 심리강제설은 일반예방주의와 연결된다. 고전학파에 속했던 그는 형벌의 목적이 응보 그 자체가 아니라 일반인의 범죄를 방지하는데 있다고 보았다. 이성적, 즉 합리적인 인간이라면 범죄를 통해 기대하는 이익과 형벌에 의해 예상되는 불이익을 비교하여 판단할 수 있고 인간에게 부과되는 형벌의 위협은 범죄를 억제하는 심리적 강제로 작용하게 된다.[17] 따라서 심리강제설에 의하면

13) 이형국 I, p. 18.
14) 이재상, *supra* note 8, p. 9.
15) Charles de Secondat, Baron de Montesquieu, *The Spirit of the Laws*, Thomas Nugent 번역(1748), Batoche Books Kitchener, 2001, pp. 1~2.
16) 이형국 I, p. 21.

법률로 범죄와 형벌을 미리 규정할 필요가 있고 이를 통해 일반인의 범죄 발생을 방지할 수 있게 된다.

(2) 죄형법정주의의 파생원칙

죄형법정주의의 파생원칙으로는 관습형법금지의 원칙, 유추해석금지의 원칙, 소급효금지의 원칙, 명확성의 원칙, 적정성의 원칙이 있다. 관습형법금지의 원칙은[18] 법률주의라고도 하는데, 형법에서 관습법을 인정하면 그 존재가 불명확한 법으로 처벌하는 결과가 되어 범죄와 형벌을 미리 법률로 정해야 하는 죄형법정주의의 취지에 근본적으로 반할[19] 뿐만 아니라 형법의 예측가능성과 보장적 기능이 훼손될 수 있기 때문에[20] 관습형법을 금지한다.

유추해석금지의 원칙이란 형법의 해석은 엄격해야 하며 규정에 명시되지 않는 다른 사실에 해석을 유추해서는 안 된다는 의미이다.[21] 만약 유추해석이 허용된다면 형법에 규정되지 않은 행위로 처벌될 수 있고 이는 개인의 자유와 권리를 부당하게 침해하여 형법의 보장적 기능을 훼손할 수 있다.[22] 판례도 "죄형법정주의는 국가형벌권의 자의적인 행사로부터 개인의 자유와 권리를 보호하기 위하여 범죄와 형벌을 법률로 정할 것을 요구한다. 그러한 취지에 비추어 보면 형벌법규의 해석은 엄격하여야 하고, 명문의 형벌법규의 의미를 피고인에게 불리한 방향으로 지나치게 확장해석하거나 유추해석하는 것은 죄형법정주의의 원칙에 어긋나는 것으로서 허용되지 아니한다."고 판시하였다.[23]

---

17) *Ibid.*, pp. 22.

18) 죄형법정주의는 대륙법계에서 정립된 근대 형법의 지도원리이고 영미법계에서는 형법이 법률뿐만 아니라 판례법으로도 존재한다는 점을 고려할 필요가 있다.

19) 이형국 I, pp. 22~23.

20) 박상기 · 전지연, p. 14.

21) 이형국 I, p. 24.

22) 박상기 · 전지연, p. 18.

소급효금지의 원칙이란 형법의 효력을 그 형법이 제정되기 전에 발생한 행위에 소급하여 적용하지 않아야 한다는 의미로 행위시법주의가 적용된 결과의 하나라고 할 수 있다.[24] 만약 소급효가 인정된다면 사람들은 행위 당시에 범죄가 아닌 행위로 사후입법에 의해 처벌받을 수 있고 법의 예측가능성이 결여되어 법적 안정성이 침해될 뿐만 아니라 개인의 자유와 권리를 보장할 수 없다.

소급효금지의 원칙은 소급효가 행위자에게 유리한 경우까지 금지하지는 않는다. 형법 제1조 제1항에서 "범죄의 성립과 처벌은 행위시의 법률에 의한다."고 하여 행위시법주의를 천명하면서도 제2항에서 "범죄후 법률의 변경에 의하여 그 행위가 범죄를 구성하지 아니하거나 형이 구법보다 경한 때에는 신법에 의한다."고 하고 제3항에서는 "재판확정후 법률의 변경에 의하여 그 행위가 범죄를 구성하지 아니하는 때에는 형의 집행을 면제한다."고 하여 소급효를 예외적으로 인정한 것도 바로 이런 이유에서이다.

명확성의 원칙은 형법의 범죄와 형벌에 관한 규정이 판사의 자의적인 해석이나 형벌권을 남용하지 않도록 구체적이고 명확해야 한다는 의미이다.[25] 형법의 규정이 명확해야 예측가능성을 제공하고 형벌권의 남용을 방지할 수 있다. 정확한 형의 기간이 선고시에 확정되지 않고 집행단계에서 결정되는 부정기형의 경우 형기를 전혀 지정하지 않는 절대적 부정기형은 명확성의 원칙에 반하기 때문에 절대적으로 금지되지만 형의 장기와 단기가 정해지는 상대적 부정기형은 소년의 경우 예외적으로 허용된다.[26] 소년의 경우 인격이 형성되

23) 대법 2013. 11. 28. 선고 2012도4230 판결.

24) 이형국 I, p. 24.

25) 박상기・전지연, p. 16 참조.

26) "소년이 법정형으로 장기 2년 이상의 유기형에 해당하는 죄를 범한 경우에는 그 형의 범위에서 장기와 단기를 정하여 선고한다. 다만, 장기는 10년, 단기는 5년을 초과하지 못한다." 소년법 제60조 제1항. "소년에 대한 부정기형을 집행하는 기관의 장은 형의 단기가 지난 소년범의 행형 성적이 양호하고 교정의 목적을 달성하였다고 인정되

는 과정에 있기에 그 개선가능성이 풍부하고 심신의 발육에 따르는 특수한 정신적 동요상태에 놓여 있을 뿐만 아니라,[27] 수형자의 사회복귀라는 형사정책적 고려를 통해 정당화된다고 보기 때문이다.[28]

적정성의 원칙은 죄형법정주의가 형식화하는 것을 막고 국민의 자유와 권리를 보장하기 위한 실질적인 원칙으로 기능하기 위해 요구되는 필수적인 원칙이라고 할 수 있다. 죄형법정주의를 보통 법률이 없으면 범죄도 없고 형벌도 없다는 의미로 이해하지만 이를 형식적으로 적용하게 되면 어떤 행위든 법률로 규정하면 처벌할 수 있다는 의미가 되어 법률만능주의의 수단으로 전락할 수 있는데, 이를 방지하는 것이 바로 적정성의 원칙이다.

적정성의 원칙은 필요성의 원칙과 죄형균형의 원칙으로 세분할 수 있는데, 필요성의 원칙이란 어떤 행위를 형법에서 범죄로 규정하기 위해서는 민법상의 (단순한) 불법행위를 넘어 형법상의 범죄로 규정해야 할 필요성이 인정되어야 한다는 의미이고 죄형균형의 원칙은 범죄와 형벌이 균형을 이루어야 한다는 의미이다.[29] 따라서 필요성의 원칙과 죄형균형의 원칙은 한마디로 비례(성)의 원칙이라고[30] 할 수 있다.[31] 형벌은 책임에 기초하고 그 책임에 비례하여야 한다

되는 경우에는 관할 검찰청 검사의 지휘에 따라 그 형의 집행을 종료시킬 수 있다." 제60조 제4항.

27) 대법 2020. 10. 22. 선고 2020도4140 전원합의체 판결.

28) 박상기 · 전지연, p. 18.

29) 이재상, *supra* note 8, pp. 30~32 참조.

30) 박상기 · 전지연, p. 22.

31) 국제관습법에서 인정되는 자위권(self-defense)이 적법하게 행사되기 위해서는 필요성의 원칙과 비례성의 원칙이 구비되어야 한다. 자위권의 필요성은 즉각적이고 압도적이며 다른 수단을 선택할 여지가 없고 숙고할 만한 시간적 여유가 없을 때 인정되고 또한 자위권을 행사할 때 비례성의 원칙을 준수해야 한다. 김대순, p. 397 참조. 자위권의 행사를 위해 요구되는 필요성과 비례성은 다른 것인가? 우리가 덥다고 느낄 때 1) 우선 선풍기를 켤 것인지 그리고 2) 1단, 2단, 3단 버튼 중에 어느 것을 누를지를 선택하게 된다. 따라서 관념적으로는 선풍기를 켜기 위한 경우를 네 가지로 나눌 수 있다. 그러나 실제로 우리가 선풍기를 켜는 선택은 세 가지뿐이다. 이런 선택

는 책임주의 원칙도 여기서 도출된다고 하겠다.[32)]

민사책임과 형사책임은 법적 성격이 다르다. 민법에서 고의 또는 과실에 의한 위법행위로 손해가 발생하는 경우 피해자는 가해자의 불법행위에 대해 손해배상을 청구할 수 있다. 또한 손해배상은 보통 금전배상으로 이루어진다.[33)] 그러나 범죄의 효과인 형벌은 민법의 손해배상과는 의미와 성격이 다르고 형벌의 종류도 재산형 외에 생명형, 자유형, 명예형이 있다. 가령 자유형의 경우 일정 기간 사회로부터 격리되기 때문에 범죄자에게 미치는 영향이 단순하게 재산상의 책임에 그치지 않는다. 따라서 형법의 범죄는 민법의 불법행위를 넘어서는 반사회적 행위로서 반드시 범죄로 규정하여 형벌로 처벌할 필요성이 인정되는 경우에만 허용된다. 또한 형벌은 범죄에 비례해야 하며 과도한 형벌은 금지된다.

민사책임과 형사책임을 당사자의 관계에서 보면 전자는 가해자와 피해자의 관계에서 책임의 문제가 다루어지지만 후자는 범죄자(가해자)와 사회공동체의 관계에서 그 책임이 다루어진다. 민사소송은 처분권주의가 적용되고 가해자와 피해자가 소송의 당사자가 되는데 반하여 형사소송에서 피해자는 소송의 당사자가 아니다.[34)] 물론 피해자가 범죄의 직접적인 피해를 입었지만 형사책임은 가해자와 피해자의 관계를 넘어 가해자와 사회공동체의 관계에서 반사회적 행위인 범죄에 대한 책임의 문제를 다루는 것이며 피고인인 범죄자를 상대로 사회공동체를 대표하여 국가기관인 검사가 소송을 수행한다.

중에 선풍기를 켜기로 하고 1단, 2단, 3단 버튼 중에 아무 것도 누르지 않는 경우는 현실에서 존재하지 않는다. 요컨대 필요성의 원칙은 비례(성)의 원칙에 포섭되는 비례의 원칙의 일부이다.

32) 대법 2007. 4. 19. 선고 2005도7288 전원합의체 판결.

33) 민법 제394조는 "다른 의사표시가 없으면 손해는 금전으로 배상한다."라고 규정하였다. 민법 제763조와 제764조 참조.

34) 다만 배상명령신청을 한 피해자는 그 범위 내에서 형사절차에서 당사자로서의 일정한 권리가 인정될 수 있다. 소송촉진 등에 관한 특례법 제25조 이하 참조.

민사책임에서는 원칙적으로 고의와 과실을 구분하지 않으며 배상은 발생한 손해액과 같거나 그보다 작고 원칙적으로 발생한 손해보다 배상액이 많을 수 없다.[35] 형법은 원칙적으로 고의의 기수범을 전제로 하며 과실범이나 미수범은 법률의 규정이 있는 경우에만 처벌한다. 따라서 형사책임은 고의와 과실을 명확하게 구분하고, 과실의 경우 형벌이 상대적으로 가벼우며 반드시 피해자 개인의 손해에 비례하지는 않는다. 더 나아가 형법은 경과실과 중과실을 구분하기도 한다. 중과실이라 함은 주의의무의 위반이 중대한 경우의 과실이다. 조금만 주의를 하였더라면 능히 그러한 결과발생을 예견할 수 있고, 따라서 결과발생을 충분히 방지할 수 있었음에도 불구하고 이러한 주의를 현저히 태만한 경우이다. 중과실은 구체적인 사건에서 사회통념을 고려하여 결정해야 하고,[36] 일반적인 기준을 제시하기는 어렵다. 대법원은 "피고인이 84세 여자 노인과 11세의 여자아이를 상대로 안수기도를 하면서 그들의 배와 가슴 부분을 세게 때리고 누르는 등의 행위를, 여자 노인에게는 약 20분간 여자아이에게는 약 30분간 반복하였다. 피해자나 행위의 특성을 고려할 때 치명적 결과가 올 수 있다는 것은 약간의 주의만 하더라도 쉽게 예견할 수 있다. 그러한 결과에 대해 주의를 다하지 않아 사람을 죽음에 이르게 한 행위는 중대한 과실로서 중과실치사죄에 해당한다."라고 판시하였다.[37] 그리고 중과실에 대해서는 일반의 과실, 즉 경과실에 비하여 형이 가중되는 경우가 있다. 형법상 중과실죄로서는 중실화죄(형

35) 민사소송법 제217조의2 제1항은 "법원은 손해배상에 관한 확정재판 등이 대한민국의 법률 또는 대한민국이 체결한 국제조약의 기본질서에 현저히 반하는 결과를 초래할 경우에는 해당 확정재판 등의 전부 또는 일부를 승인할 수 없다."라고 규정하고 있는데, 이는 징벌적 손해배상과 같이 손해전보의 범위를 초과하는 배상액의 지급을 명한 외국법원의 확정판결 또는 이와 동일한 효력이 인정되는 재판의 승인을 적정 범위로 제한하기 위하여 마련된 규정이다. 대법 2015. 10. 15. 선고 2015다1284 판결 참조.

36) 대법 1980. 10. 14. 선고 79도305 판결.

37) 대법 1997. 4. 22. 선고 97도538 판결.

171), 중과실교통방해죄(형189.2), 중과실치사상죄(형268), 중과실장물죄(형364) 등이 있다.

민사책임과 형사책임을 표로 비교하면 다음과 같다.

[표 10-1] 민사책임과 형사책임의 비교

민사책임	형사책임
가해자 v. 피해자 (cf. 처분권주의)	범죄자(가해자) v. 검사(사회공동체)
고의 = 과실	고의 〉 과실
손해 ≧ 배상	손해 ≠ 배상

3. 형법이론

형법을 해석하여 적용하고 또한 입법정책을 논하는데 있어 그 지도원리로 형법의 기초관념이 전제된다고 할 것인데, 이러한 형법의 기초관념에 관한 법철학적 이론을 보통 형법이론이라고 한다.[38] 형벌이론과 범죄이론은 형법이론의 양축이라고 할 수 있다.

18세기 이후 근대 형법학에서 발생했던 구파와 신파의 논쟁은 중대한 형법사적 의미를 가진다. 구파와 신파라는 명칭은 이탈리아의 페리(Enrico Ferri)가 처음으로 사용하였고 19세기말 독일의 학파 논쟁에서는 고전학파와 근대학파라는 명칭이 폭넓게 사용되었다.[39]

고전학파(구파)와 근대학파(신파)의 대립은 특히 형벌과 범죄의 본질을 둘러싸고 전개되었다. 형벌의 본질과 목적을 어떻게 이해하느냐에 따라 응보형주의와 목적형주의로 나눌 수 있는데, 응보형주의는 형벌의 본질이 범죄에 대한 정당한 응보에 있다고 보고 형벌은

38) 정영석, *supra* note 11, p. 29.
39) 이형국 I, p. 26.

다른 목적을 가진 것이 아니라 그 자체가 목적이라고 한다. 반면에 목적형주의에 의하면 형벌은 그 자체가 목적이 아니라 장래의 범죄를 예방하는데 그 의미가 있으며, 형벌의 목적을 일반인의 범죄예방에 있다고 보는 일반예방주의와 범죄인의 재범을 방지하는데 그 목적이 있다고 보는 특별예방주의로 나누어진다.[40)]

범죄의 본질을 어떻게 이해하느냐에 따라 객관주의와 주관주의로 나누는데, 객관주의는 행위중심의 사상으로 형법적 평가의 중점을 행위와 결과에 두고 형벌의 종류와 경중도 이에 상응해야 한다는 이론인 반면에 주관주의는 행위자중심의 사상으로 형법적 평가의 중점을 행위자의 사회적 위험성에 두고 형벌의 종류와 경중도 이에 상응해야 한다는 이론이다.[41)]

고전학파(구파)는 합리주의와 계몽사상을 토대로 한 개인주의적이고 자유주의적인 법치국가사상을 배경으로 하여 출현한 학파로 죄형법정주의를 확립하고 근대 형법학의 토대를 구축하였다. 인간을 자유의지를 가진 이성적 존재로 보았고 의사자유론을 전제로 도의적 책임론을 주장하였으며 일반예방주의 또는 응보형주의와 객관주의가 결합된 이론을 전개하였다. 부정기형은 금지되었고 형벌과 보안처분을 엄격하게 구분하는 이원론이 지배적이었다.[42)]

근대학파(신파)는 19세기 후반 (산업혁명의 결과로 발달한) 자연과학적 방법론에 의하여 형법학을 실증적으로 연구한 학파로 인간의 소질과 환경을 중시하고 인간의 자유의지를 부정하는 의사결정론을 전제로 사회적 책임론을 주장하였으며 특별예방주의와 주관주의가 결합된 이론을 전개하였다. 부정기형이 인정되었고 형벌과 보안처분을 동질적인 것으로 보는 일원론을 취하였다.[43)]

---

40) 이재상, *supra* note 8, pp. 48~58 참조.

41) *Ibid.*, pp. 58~62 참조.

42) 이형국 I, pp. 28~29.

43) *Ibid.*, pp. 29~31.

고전학파(구파)와 근대학파(신파)를 표로 비교하면 다음과 같다.

[표 10-2] 고전학파와 근대학파의 비교

고전학파(구파)	근대학파(신파)
합리주의와 계몽사상을 토대로 개인주의적이고 자유주의적인 법치국가사상에 기초한 학파	19세기 후반 (산업혁명의 결과로 발달한) 자연과학적 방법론에 의하여 형법학을 실증적으로 연구한 학파
의사자유론	의사결정론
도의적 책임론	사회적 책임론
응보형주의 또는 일반예방주의 + 객관주의	특별예방주의 + 주관주의
부정기형의 금지, 형벌과 보안처분의 구분	부정기형의 인정, 형벌과 보안처분의 구분 불요

고전학파와 근대학파의 대립은 형법의 체계에 많은 영향을 주었는데, 가령 책임능력의 본질을 고전학파는 도의적 책임론의 차원에서 범죄능력으로 이해하는 반면에 근대학파는 사회적 책임론의 입장에서 형벌능력으로 보았다. 즉, 고전학파는 인간의 자유의사를 전제로 책임의 근거를 스스로 범죄를 저지른 사람에 대한 도의적 비난으로 보고 행위의 옳고 그름을 변별하여 행위할 수 있는 능력이 있어야 행위시에 범죄자를 비난할 수 있다는 관점에서 책임능력을 범죄능력으로 이해하는 반면에, 근대학파는 인간이 소질과 환경에 지배되며 책임의 근거는 행위 자체가 아니라 행위자의 반사회적 성격에 기인하고 이러한 사람으로부터 사회를 방위할 필요가 있다는 사회적 책임론의 입장에서 책임능력을 사회방위처분인 형벌이 효과를 거둘 수 있는 능력, 즉 형벌능력으로 보았다.[44]

44) *Ibid.*, pp. 181~184 참조.

오늘날 고전학파와 근대학파의 어느 한쪽을 지지하는 학자를 찾아보기는 어렵고 형법도 절충적인 입장을 취하고 있으며 형법의 발전에 기여한 학파의 논쟁은 이제 역사적인 의미를 가진다고 하겠다.

제11장 범죄의 성립요건과 종류

범죄란 무엇인가? 범죄는 형식적 의미의 범죄와 실질적 의미의 범죄로 나눌 수 있다. 형식적 의미의 범죄란 형법에 규정되어 있는 형벌의 대상이 되는 행위라고 할 수 있다. 즉, 구성요건(어떤 행위가 형법조문의 범죄에 해당하여 형을 부과하는 근거로 규정된 요건)에 해당하고 위법(구성요건에 해당하는 행위가 전체 법질서의 입장에서 허용되지 않는 것)하며 유책한(행위자가 행위 당시의 구체적 상황에서 법규범에 맞추어 행동하지 않고 규범을 위반하는 행위를 한 것) 행위를 말한다. 반면에 실질적 의미의 범죄는 사회적 관점에서 사회적 유해성을 지닌 행위 또는 법률적 관점에서 법적으로 보호되는 이익 또는 가치를 해하거나 위협하는 반사회적 행위의 일체를 의미한다.[1] 실질적 의미의 범죄는 형사정책과 밀접한 관련이 있다. 형사정책은 범죄를 일종의 사회현상으로 보고 사회질서에 반하는 행위를 대상으로 하여 이를 방지하기 위한 대책을 찾기 때문이다.[2]

범죄의 본질을 어떻게 이해할 것인지에 대해서는 권리침해설, 법익침해설, 의무침해설이 있는데, 오늘날에는 범죄의 본질을 법익의 침해와 동시에 의무의 침해로 보는 견해가 일반적이다. 법익의 침해만으로는 범죄의 본질을 충분히 설명할 수 없고 법익이 어떻게 손상되느냐가 중요하며 규범을 무시하는 행태 속에 놓여 있는 의무의 침해를 간과해서는 안 되기 때문이다.[3]

1) 이형국 I, pp. 49~50.
2) *Ibid.*, p. 49.
3) *Ibid.*, pp. 50~51.

형법은 고의의 기수범을 전제로 형벌을 규정하며 미수범이나 과실범은 형법에 규정이 있는 경우에만 처벌한다.[4] 형법 제13조에 "고의란 죄의 성립요소인 사실을 인식하지 못한 행위를 벌하지 아니한다. 다만, 법률에 특별한 규정이 있는 경우에는 예외로 한다."고 규정하여 행위자가 일정한 범죄사실(구성요건의 사실)을 인식하면서도 그것을 수행하는 행위로 나아가는 주관적 태도를 보았다. 고의와 관련하여 살펴볼 개념은 결과적 가중범이다. 형법상 결과적 가중범은 기본범죄에 대한 고의범에 국한된다. A라는 범죄에 대한 고의를 가지고 저질렀으나 예측하지 못한 B라는 더 큰 범죄라는 결과가 발생한 것으로 이러한 결과가 발생할 수 있다는 예견가능성이 필요하며, 행위와 결과가 직접 연결되는 직접성이 요구된다.

미수범(未遂犯)은 장애미수, 중지미수, 불능미수로 나눈다. 우리가 흔히 미수범이라고 하는 장애미수는 범죄의 실행에 착수하여 행위를 종료하지 못하였거나 결과가 발생하지 아니한 경우를 말하며 기수범보다 형을 감경할 수 있다. 중지미수는 실행에 착수한 행위를 범인이 자의로 중지하거나 그 행위로 인한 결과의 발생을 방지한 경우를 말하며 이때에는 형을 반드시 감경 또는 면제해야 한다. 불능미수는 실행의 수단 또는 대상의 착오로 인하여 결과의 발생이 불가능하지만 위험성이 있는 경우로 임의적 감면사유이다. 다른 한편으로 범죄의 음모 또는 예비행위가 실행의 착수에 이르지 아니한 때에는 법률에 특별한 규정이 없는 한 벌하지 아니한다.[5]

정범과 공범은 범죄의 참가형식에 있어 범행에 대한 행위자의 입장에 따른 구분이다. 가령 록신(C. Roxin)의 행위지배설에 의하면 행위지배가 있는 경우가 정범이고 행위지배가 없는 경우에는 공범이 되는데, 정범의 경우 직접정범에서는 구성요건에 해당하는 행위를 하는 실행행위지배, 간접정범은 배후자의 의사지배, 공동정범에서는

4) 형법 제13조, 제14조, 제29조 참조.
5) 형법 제25조~제29조 참조.

분업적으로 행위를 하는 각 공동행위자의 기능적 행위지배로 나타난다.[6]

형법은 정범으로 단독정범 외에 공동정범과 간접정범을 그리고 (협의의) 공범으로 교사범과 종범을 규정하였다. 공동정범은 2인 이상이 공동으로 죄를 범하는 경우로 공동실행의 의사와 공동실행행위가 있어야 성립한다.[7] 간접정범은 사람을 도구로 이용하여 범행하는 경우, 즉 처벌되지 아니하는 타인의 행위를 적극적으로 유발하고 이를 이용하여 자신의 범죄를 실현한 자를 말한다.[8] 교사범이란 타인에게 범죄의 실행을 결심하게 하여 죄를 범하게 한 자를 말하고 종범 또는 방조범은 정범의 범의를 강화하거나 범죄의 실현을 가능 또는 용이하게 해주는 행위를 한 자를 말한다.

공동정범은 각자를 그 죄의 정범으로 처벌하고 간접정범은 교사 또는 방조의 예에 의하여 처벌하며 교사범은 정범과 동일한 형으로 처벌하고, 종범은 정범의 형보다 감경한다. 교사를 받은 자가 범죄의 실행을 승낙하고 실행의 착수에 이르지 아니한 때에는 교사자와 피교사자를 음모 또는 예비에 준하여 처벌하고 교사를 받은 자가 범죄의 실행을 승낙하지 아니한 때에도 교사자는 음모 또는 예비에 준하여 처벌한다. 자기의 지휘 또는 감독을 받는 자를 교사 또는 방조하여 간접정범이 된 경우는 교사인 때에는 정범에 정한 형의 장기 또는 다액에 그 2분의 1까지 가중하고 방조인 때에는 정범의 형으로

---

6) 이형국 I, p. 276.

7) 형법 제30조의 공동정범은 공동가공의 의사와 그 공동의사에 의한 기능적 행위지배를 통한 범죄 실행이라는 주관적·객관적 요건을 충족함으로써 성립하므로, 공모자 중 구성요건행위를 직접 분담하여 실행하지 않은 사람도 위 요건의 충족 여부에 따라 이른바 공모공동정범으로서의 죄책을 질 수 있다. 구성요건행위를 직접 분담하여 실행하지 않은 공모자가 공모공동정범으로 인정되기 위해서는 전체 범죄에서 그가 차지하는 지위·역할, 범죄 경과에 대한 지배나 장악력 등을 종합하여 그가 단순한 공모자에 그치는 것이 아니라 범죄에 대한 본질적 기여를 통한 기능적 행위지배가 존재한다고 인정되어야 한다. 대법 2018. 4. 19. 선고 2017도14322 전원합의체 판결 참조.

8) 대법 2008. 9. 11. 선고 2007도7204 판결.

처벌한다.[9]

범죄는 작위범의 형태가 일반적이지만 부작위에 의해서도 발생한다. 부작위범에는 부작위를 범죄의 구성요건으로 하는 진정부작위범과 결과의 발생을 방지할 의무가 있는 자가 이를 방치함으로써 실현되는 부진정부작위범이 있다. 진정부작위범으로는 형법 제319조 제2항의 퇴거불응죄 또는 제116조의 다중불해산죄 등이 있다. 다른 한편으로 부진정부작위범은 보증인적 지위에서 작위 의무를 이행하지 않아 결과가 발생한 경우에 성립한다.[10] 부작위를 작위와 동일선상에서 취급할 수 있게 하는 기준이 작위의무이며 이는 구성요건에 해당하는 결과 발생 방지의무로서 이 의무를 지는 자가 결과 발생의 방지를 보증한다는 의미에서 보증인이다.[11]

1. 범죄의 성립요건

범죄란 구성요건에 해당하고 위법하며 유책한 행위이다. 이처럼 형법에서 범죄는 일반적으로 형식적 의미의 범죄를 말한다. 범죄의 성립요건은 구성요건해당성, 위법성, 책임성으로 나눌 수 있다. 범

9) 형법 제30조~제34조 참조.

10) 이형국 I, p. 354 참조.

11) 형법상 부작위범이 인정되기 위해서는 형법이 금지하고 있는 법익침해의 결과 발생을 방지할 법적인 작위의무를 지고 있는 자가 그 의무를 이행함으로써 결과 발생을 쉽게 방지할 수 있었음에도 불구하고 그 결과의 발생을 용인하고 이를 방관한 채 그 의무를 이행하지 아니한 경우에, 그 부작위가 작위에 의한 법익침해와 동등한 형법적 가치가 있는 것이어서 그 범죄의 실행행위로 평가될 만한 것이라면, 작위에 의한 실행행위와 동일하게 부작위범으로 처벌할 수 있고, 여기서 작위의무는 법적인 의무이어야 하므로 단순한 도덕상 또는 종교상의 의무는 포함되지 않으나 작위의무가 법적인 의무인 한 성문법이건 불문법이건 상관이 없고 또 공법이건 사법이건 불문하므로, 법령, 법률행위, 선행행위로 인한 경우는 물론이고 기타 신의성실의 원칙이나 사회상규 혹은 조리상 작위의무가 기대되는 경우에도 법적인 작위의무는 있다. 대법 1996. 9. 6. 선고 95도2551 판결.

죄의 구성요건은 형법에 규정되어 있다. 위법성은 행위에 대한 평가이고 책임성은 행위자에 대한 평가이다. 어떤 행위가 구성요건에 해당하면 원칙적으로 위법하다. 따라서 위법성에서는 당해 행위가 위법한지를 검토하는 것이 아니라 위법성조각사유에 해당하는지를 검토하고 어떤 사유도 존재하지 않으면 위법한 행위로 인정된다. 책임성은 위법한 행위에 대한 행위자의 책임을 다룬다.

(1) 구성요건

형법은 각칙편에서 각 죄의 구성요건을 규정한다. 실제에서 구성요건이 어떻게 해석되고 적용되는지를 보기 위해 그 예로 인류의 역사와 함께 해온 범죄라고 할 수 있는 절도죄를 살펴본다. 형법은 (단순)절도죄에 대해 제329조에서 "타인의 재물을 절취한 자는 6년 이하의 징역 또는 1천만원 이하의 벌금에 처한다."고 규정하였다. 법정형이 장기 3년 이상이므로 사후에 영장을 청구하는 긴급체포도 가능하다.[12] 형법은 절도죄의 유형으로 (단순)절도죄 외에 야간주거침입절도죄, 특수절도죄, 상습절도죄와[13] 1995년에 사용절도의 하나로 자동차등 불법사용죄를 규정하였다. 야간주거침입절도죄와 특수절도죄는 불법이 가중된 경우이고 상습절도죄는 책임이 가중되었다.[14]

(단순)절도죄의 구성요건 중에서 몇 가지를 살펴보면 우선 절도죄

12) 헌법 제12조 제3항, 형사소송법 제200조의3 참조.

13) 형법 제332조. 일명 '장발장법'으로 불렸던 (상습절도범을 무기 또는 3년 이상의 징역에 처하도록 한) 특정범죄 가중처벌 등에 관한 법률 제5조의4 제1항은, 상습 절도 및 장물취득 행위에 대하여 특별히 형을 가중할 필요가 있다는 사정이 인정된다고 할지라도, 형법 조항과 똑같은 구성요건을 규정하면서 법정형만 상향 조정한 것으로서 형사특별법으로서 갖추어야 할 형벌체계상의 정당성과 균형을 잃은 것이다. 따라서 위 조항은 인간의 존엄성과 가치를 보장하는 헌법의 기본원리에 위배될 뿐만 아니라 그 내용에 있어서도 평등원칙에 위반된다는 이유로 헌법재판소에서 위헌 결정되어 현재 존재하지 않는다. 헌재 2015. 2. 26. 선고 2014헌가16 등 결정.

14) 李在祥, 『刑法各論』, 第7版(서울: 博英社, 2010), p. 249.

의 대상은 타인이 점유하는 타인의 재물이다. 자신이 점유하는 타인의 재물을 영득하는 경우에는 횡령죄가 성립하고 타인의 점유를 이탈한 타인의 재물을 영득한 경우에는 점유이탈물횡령죄가 성립한다. 판례는 피해자가 피고인에게 피해자 소유의 오토바이를 타고 심부름을 다녀오라고 하여 피고인이 그 오토바이를 타고 가다가 마음이 변하여 그 오토바이를 반환하지 아니한 채 그대로 타고 가버렸다면 횡령죄를 구성함은 별론으로 하고 적어도 절도죄를 구성하지 않는다고 하거나[15] 승객이 놓고 내린 지하철의 바닥이나 선반 위에 있던 물건을 가지고 간 경우 점유이탈물횡령죄에 해당함은 별론으로 하고 절도죄에 해당하지 않는다고 판시하였다.[16]

절도죄는 절취의 의사뿐만 아니라 불법영득의 의사가 필요하다. 불법영득의 의사란 타인의 재물을 권리자를 배제하고 권한 없이 그 재물을 자기의 소유인 것처럼 사실상 또는 법률상 처분하는 의사이다. 우리나라는 독일처럼 불법영득의 의사를 형법에서 절도죄의 요건으로 규정하지 않고 있지만 절도죄의 보호법익인 소유권의 침해를 인정하기 위해서는 불법영득의 의사가 있어야 하고 나아가 절도죄와 손괴죄를 구분하는 기준이 될 뿐만 아니라 절도죄를 손괴죄보다 무겁게 처벌하는 근거가 되며 사용절도를 절도죄와 구분하는 기준이 되기 때문에 판례와 다수설은 불법영득의 의사를 절도죄의 구성요건으로 본다.[17]

자동차등 불법사용죄는 사용절도이고 불법영득의 의사가 없기 때문에 절도죄는 아니지만 자동차 및 운전자의 증가와 이에 따른 자동차 불법사용의 증가가 예상되는 상황에서 이에 대한 피해와 피해자의 감정을 고려하여 이를 범죄로 규정하여 처벌하는 규정을 1995년 형법 제331조의2로 도입하였다. 본죄는 권리자의 동의 없이 타인의

15) 대법 1986. 8. 19. 선고 86도1093 판결.

16) 대법 1999. 11. 26. 선고 99도3963 판결.

17) 이형국 II, pp. 323~327.

자동차, 선박, 항공기 또는 원동기장치자전거를[18] 일시 사용함으로써 성립한다.[19]

야간주거침입절도죄에 대한 판례의 입장은 주의할 필요가 있다. 판례는 주간에 사람의 주거 등에 침입하여 야간에 타인의 재물을 절취한 행위는 야간주거침입절도죄로 보지 않는다. 이는 주거에 침입한 단계에서 이미 야간주거침입죄의 실행에 착수한 것으로 보는 판례의 입장과 연계된다.[20] 만약 주간에 침입하여 야간에 재물을 절취한 경우에도 야간주거침입절도죄의 성립을 인정하면 행위자가 주간에 주거에 침입하여 절도의 실행에 착수하지 않은 상태에서 발각된 경우 야간에 절취할 의사였다면 야간주거침입절도죄의 미수가 되고 주간 절도를 계획하였다면 주거침입죄만 인정되기 때문에 행위자의 주장에 따라 범죄의 성립이 좌우되는 결과의 발생을 막기 위해서이다.[21]

지금까지 절도죄의 몇 가지 쟁점을 통해 확인할 수 있는 것처럼 범죄의 구성요건해당성에 대한 판단은 형법의 규정뿐만 아니라 판례와 학설이 형법의 규정을 어떻게 해석하고 적용하는지를 파악해야 온전하게 해당 범죄의 구성요건을 알 수 있다. 죄형법정주의의 파생원칙의 하나인 명확성의 원칙은 이러한 정도로 적용된다.

---

18) 원동기장치자전거는 배기량 125cc 이하의 오토바이만을 말한다. 따라서 125cc를 넘는 오토바이는 원동기장치자전거가 아니라 이륜자동차이다. 도로교통법 제2조 18호 가목과 19호. 흥미로운 점은 도로교통법의 개정으로 전동킥보드 등 '개인형 이동장치'(PM)에 관한 규정이 추가되었지만(도로교통법 일부개정 2021. 1. 12. 법률 제17891호, 2021. 5. 13. 시행) 형법 규정은 제331조의2를 포함하여 보완되지 않은 상태여서, 전동킥보드를 권리자의 동의 없이 일시 사용해도 처벌조항이 없다는 것이다.

19) 이형국 II, p. 342.

20) 대법 2006. 9. 14. 선고 2006도2824 판결.

21) 대법 2011. 4. 14. 선고 2011도300 판결.

(2) 위법성

위법성이란 법에 반하는 것으로 여기서 법이란 법질서 전체를 의미한다. 이처럼 위법성은 법질서 전체의 관점에서 행위에 대해 객관적으로 행하여지는 부정적 가치판단으로 형법에 있어 위법성의 유무는 행위시를 기준으로 구성요건이 갖추어지면 위법성이 있는 것으로 추론한다.[22]

따라서 우리 형법은 위법성에 대해 적극적으로 규정하는 대신에 위법성조각사유를 규정하였다. 구성요건에 해당하는 행위가 위법성조각사유의 하나에 해당하지 않는 경우 그러한 행위는 위법한 것으로 평가된다. 위법성조각사유란 위법성을 배제하는 사유로 형법은 정당행위, 정당방위, 긴급피난, 자구행위, 피해자의 승낙을 규정하였고 그 밖에 추정적 승낙을 또 하나의 독립적인 위법성조각사유로 보는 것이 학계의 다수설이다.

1) 정당행위

정당행위인 법령에 의한 행위, 업무로 인한 행위, 기타 사회상규에 위배되지 아니하는 행위는 위법성을 조각한다. 법령에 의한 행위로는 형사소송법에 의한 강제처분, 형벌의 집행, 민사소송법의 강제집행과 같은 공무원의 직무집행행위, 징계행위,[23] 일반인에 의한 현행범인의 체포(형소212) 등이 있으며 적절한 한계 내에서 행해지는 경우 위법성이 조각된다. 가령 감염병의 예방 및 관리에 관한 법률 제11조에 따른 의사의 신고는 형법 제317조의 업무상 비밀누설죄에 해당하나 위법성을 조각한다고 할 수 있다.[24]

---

22) 이형국 I, p. 127.

23) 초·중등교육법 제18조, 보호소년 등의 처우에 관한 법률 제15조 참조.

24) 이형국 I, pp, 138~141. "의사가 환자의 사정을 고려하여 부득이 법에 따른 신고의무를 이행하지 아니한 경우에는 의무의 충돌의 법리에 따라 그 위법성조각 여부를 검토해야 할 것이다." *Ibid.*, p. 141. 만약 신고하지 않으면 오히려 감염병의 예방 및 관리에 관한 법률 제79조의4(벌칙) 또는 제80조(벌칙)에 의하여 벌금형에 처해진다.

업무로 인한 행위로는 변호사 또는 성직자의 직무수행행위가 대표적이며 여기서 업무란 사람이 사회생활에서 계속적 또는 반복적으로 행하는 사무를 말한다. 가령 변호사가 법정에서 변론을 위해 부득이 타인의 명예를 훼손하는 사실을 적시하거나 업무를 처리하는 과정에서 알게 된 타인의 비밀을 누설하는 행위 또는 성직자가 직무상 알게 된 타인의 범죄사실을 고발하지 않는 행위를 들 수 있다.[25] 판례는 성직자가 "죄지은 자를 능동적으로 고발하지 않는 것에 그치지 아니하고 은신처마련, 도피자금 제공등 범인을 적극적으로 은닉·도피케 하는 행위는 사제의 정당한 직무에 속하는 것"이 아니라고 판시하였다.[26]

기타 사회상규에 위배되지 아니하는 행위란 법질서 전체의 정신이나 그 토대를 이루는 사회윤리에 비추어 용인될 수 있는 범위내의 행위를 말한다.[27] 형법이 정당행위에서 '기타 사회상규'라고 규정하여 문언상으로는 정당행위 중에서 법령에 의한 행위나 업무로 인한 행위에 해당하지 않는 그 밖의 행위를 의미하는 것으로 좁게 해석할 수도 있지만 실제에서 사회상규의 위반 여부는 정당행위뿐만이 아니라 다른 모든 위법성조각사유가 인정되는 궁극적인 기준이다. 그러니까 추정적 승낙을 포함하여 형법에서 규정한 위법성조각사유는 사회상규에 위배되지 않는 행위의 구체적인 유형이라고 할 수 있다. 따라서 불필요한 중복 적용을 방지하고 정당방위 등의 개별적인 사유를 별도로 규정한 취지를 고려하여 기타 사회상규에 위배되지 아니하는 행위는 다른 모든 위법성조각사유가 적용되지 않는 경우에 비로소 적용되는 보충적인 규정으로 해석된다.[28]

---

25) *Ibid.*, pp. 141~142. 과거에는 의사의 치료행위를 업무로 인한 행위로 보았으나 현재에는 피해자의 승낙, 추정적 승낙, 양해에 해당하는 것으로 본다.

26) 대법 1983. 3. 8. 선고 82도3248 판결. 사회상규란 "사회생활에 있어서 일반적으로 인정되는 일상적 또는 정상적인 규칙"을 의미한다. 이형국 I, p. 142.

27) 대법 1997. 11. 14. 선고 97도2118 판결; 대법 2000. 4. 25. 선고 98도2389 판결; 이형국 I, p. 143.

판례는 "'사회상규에 위배되지 아니하는 행위' …를 인정하려면 첫째 그 행위의 동기나 목적의 정당성, 둘째 행위의 수단이나 방법의 상당성, 셋째 보호이익과 침해이익과의 법익균형성, 넷째 긴급성, 다섯째 그 행위 외에 다른 수단이나 방법이 없다는 보충성 등의 요건을 갖추어야 한다. … 일반적으로 면허 또는 자격 없이 침술행위를 하는 것은 의료법 제25조의 무면허 의료행위(한방의료행위)에 해당되어 같은 법 제66조에 의하여 처벌되어야 하고 … 수지침 시술행위도 위와 같은 침술행위의 일종으로서 의료법에서 금지하고 있는 의료행위에 해당하며 … 이러한 수지침 시술행위가 광범위하고 보편화된 민간요법이고, 그 시술로 인한 위험성이 적다는 사정만으로 그것이 바로 사회상규에 위배되지 아니하는 행위에 해당한다고 보기는 어렵다고 할 것이나, 수지침은 위와 같이 시술부위나 시술방법 등에 있어서 예로부터 동양의학으로 전래되어 내려오는 체침의 경우와 현저한 차이가 있고, 일반인들의 인식도 이에 대한 관용의 입장에 기울어져 있으므로, 이러한 사정과 함께 시술자의 시술의 동기, 목적, 방법, 횟수, 시술에 대한 지식수준, 시술경력, 피시술자의 나이, 체질, 건강상태, 시술행위로 인한 부작용 내지 위험발생 가능성 등을 종합적으로 고려하여 구체적인 경우에 있어서 개별적으로 보아 법질서 전체의 정신이나 그 배후에 놓여 있는 사회윤리 내지 사회통념에 비추어 용인될 수 있는 행위에 해당한다고 인정되는 경우에는 형법 제20조 소정의 사회상규에 위배되지 아니하는 행위로서 위법성이 조각된다."고 하여 수지침 시술행위를 면허 또는 자격 없이 하는 것은 무면허 의료행위로서 의료법 위반이지만 이 사건의 구체적인 상황을 종합적으로 고려하여 개별적으로 판단했을 때 사회상규에 위배되지 아니하는 행위에 해당한다고 판시하였다.[29]

28) 법학에서는 이런 경우가 적지 않다. 법의 인적 효력에서 보편주의가 예외적으로만 인정되는 것도 그러한 예이다. 그렇지 않다면 속지주의 등의 다른 근거는 존재 이유가 약해진다.

판례는 사회상규에 위배되지 아니하는 행위의 적용기준을 다섯 가지로 나누지만 이 사건에서는 긴급성과 보충성의 요건을 적용하지 않았는데, 나머지 세 기준은 비례의 원칙과 연결된다. 한 예로 기본권제한입법의 방법상의 한계로 적용되는 비례의 원칙의 네 가지 요건인 1) 목적의 정당성, 2) 수단의 적절성, 3) 법익의 균형성, 4) 침해의 최소성과 비교하면 쉽게 확인할 수 있다. 이 사건에서 주의할 점은 법원이 면허 또는 자격 없이 행한 수지침 시술행위는 언제나 위법성이 조각된다고 판시한 것은 아니라는 점이다. 이 사건은 구체적인 상황을 종합적으로 고려하여 개별적으로 판단한(On a Case-by-Case Basis) 판결이기 때문에, 유사하지만 다른 사건에서는 위법성이 조각되지 않을 수도 있다. 다른 한편으로 다음과 같은 문제도 생각해 볼 수 있다. 민간요법으로 일반인들 사이에서 행해지는 수지침 시술행위가 면허 없이 제3자에게 행해지는 것을 형사처벌을 통해서라도 막으려는 이해당사자가 존재하는가? 법원의 개별적인 접근방법은 이해당사자와 사회공동체 사이의 균형적인 해결을 위한 것인가?

2) 정당방위

정당방위는 현재의 부당한 침해에 대해 자기 또는 타인의 법익을

---

29) 대법 2000. 4. 25. 선고 98도2389 판결. 반면 무면허 부항(附缸) 시술행위는 판례상 원칙적으로 정당행위에 해당하지 아니한다. "부항 시술행위가 광범위하고 보편화된 민간요법이고, 그 시술로 인한 위험성이 적다는 사정만으로 그것이 바로 사회상규에 위배되지 아니하는 행위에 해당한다고 보기는 어렵고, ... 피고인이 행한 부항 시술행위가 보건위생상 위해가 발행할 우려가 전혀 없다고 볼 수 없는 데다가, 피고인이 한의사 자격이나 이에 관한 어떠한 면허도 없이 영리를 목적으로 위와 같은 치료행위를 한 것이고, 단순히 수지침 정도의 수준에 그치지 아니하고 부항침과 부항을 이용하여 체내의 혈액을 밖으로 배출되도록 한 것이므로, 이러한 피고인의 시술행위는 의료법을 포함한 법질서 전체의 정신이나 사회통념에 비추어 용인될 수 있는 행위에 해당한다고 볼 수는 없고, 따라서 사회상규에 위배되지 아니하는 행위로서 위법성이 조각되는 경우에 해당한다고 할 수 없다." 대법 2004. 10. 28. 선고 2004도3405 판결.

방위하기 위한 행위(방위행위)로 상당한 이유가 있는 경우에 위법성이 조각된다. 정당방위의 법적 근거로는 자기보호의 원리와 법수호의 원리가 있다. 정당방위는 정(正)은 부정(不正)에 양보할 필요가 없다는 자연법적 기초에서 부당한 침해로부터 스스로 법익을 보호하는 자기보호의 원리에 근거한다. 따라서 정당방위는 원칙적으로 개인적 법익에 대한 죄에 대해서만 성립하고 사회적 법익이나 국가적 법익에 대한 죄의 경우에는 국가기관 또는 공공단체의 공적 활동을 기대할 수 없는 극히 긴박한 경우에 한해서만 예외적으로 인정될 수 있다.[30] 법수호의 원리는 정당방위가 법질서를 지키기 때문에 위법성조각사유로 인정된다고 한다. 따라서 법수호의 이익이 없으면 정당방위가 부정되는 제한의 근거로 작용하는 점에 주의할 필요가 있다.[31]

현재의 부당한 침해는 사람에 의한 침해를 말하고 위법하다는 평가를 내릴 수 없는 동물이나 기타의 사물에 의한 침해는 포함되지 않는다. 다만 주인에 의해 사주된 동물의 침해는 예외적으로 정당방위가 가능하다. 그러나 이 경우에도 정당방위는 침해하는 동물 자체에 대한 방위가 아니라 동물을 수단으로 하여 부당한 침해를 가하는 사람에 대한 정당방위라고 할 수 있다.[32]

또한 방위행위는 제3자가 아니라 침해자에게 행하여질 때에 정당화된다. 형법은 타인의 법익을 방위하기 위한 긴급구조도 정당방위로 인정한다. 상당한 이유가 있는 행위란 침해에 대한 방위행위가 행위 당시의 사정으로 보아 방위에 필요하고 사회윤리에 비추어 용인될 수 있는 행위를 의미한다.[33] 판례는 피해자가 피고인이 운전하

30) 鄭榮錫, 『刑法總論』, 第四全訂版(서울: 法文社, 1983), p. 128; 이형국 I, pp. 146~147 참조.
31) 이재상, 「형법총론」, 제7판 (서울: 박영사, 2011), pp. 221, 229~234 참조.
32) 이형국 I, p. 147.
33) *Ibid.*, p. 150.

는 차량에 뛰어들어 타려 하고 이에 항의하는 피고인의 바지춤을 잡아 당겨 찢고 피고인을 끌고 가려다 넘어지자 피고인이 피해자의 손목을 경찰관이 도착할 때까지 약 3분간 잡아 누른 사건에서 피고인의 행위가 사회통념상 허용될 만한 정도의 상당성이 있는 것으로 보아 정당방위를 인정하였다.[34)]

싸움에 대해서는 일반적으로 정당방위의 성립을 인정하지 않고 양쪽 모두 폭행죄가 성립한다는 것이 판례의 입장이다. 따라서 시비 끝에 발생하는 단순 폭행의 경우 상대가 먼저 폭력을 행사하였거나 더 많은 폭력을 행사하였다는 사실이 자신의 행위를 정당화하지는 않는다. 판례는 공소외 병이 피해자 을의 일행 중 1명의 뺨을 때린 데서 비롯된 사건에서 피고인 갑 등의 행위는 피해자 일행의 부당한 공격을 방위하기 위한 것이라기보다는 서로 공격할 의사로 싸우다가 먼저 공격을 받고 이에 대항하여 가해하게 된 것이라고 봄이 상당하고 이와 같은 싸움의 경우 가해행위는 방어행위인 동시에 공격행위의 성격을 가지기 때문에 정당방위나 과잉방위로 볼 수 없다고 판시하였다. 반면에 피해자가 자신에게 욕설을 하자 주먹으로 피해자의 얼굴을 수회 때리고 발로 피해자의 가슴을 걷어 찬 후 피해자가 식당 밖으로 피신하니 따라나가 플라스틱 의자로 피해자의 팔 부위를 수회 내리치는 바람에 피해자가 약 4주간의 치료를 요하는 골절상을 입은 사건에서 피해자가 위와 같이 폭행을 가하는 피고인의 손과 멱살 등을 잡고 밀친 사실에 대해서는 상대방의 부당한 공격에서 벗어나거나 이를 방어하려는 행위로 보아 정당방위를 인정하였다.[35)]

3) 긴급피난

긴급피난은 자기 또는 타인의 법익에 대한 현재의 위난을 피하기

34) 대법 1999. 6. 11. 선고 99도943 판결.
35) 대법 1996. 12. 23. 선고 96도2745 판결.

위한 행위(피난행위)로 상당한 이유가 있는 경우에 위법성이 조각된다. 현재의 위난은 반드시 위법한 것일 필요가 없고 사람의 행위뿐만 아니라 동물 또는 자연현상에 의해 야기된 것이라도 무방하며 피난행위는 위난을 야기한 사람이 아니라 위난과 무관한 제3자의 법익에 손해를 끼친다.[36] 또한 개인적 법익뿐만 아니라 사회적 법익이나 국가적 법익에 대한 죄에 대해서도 성립할 수 있다. 긴급피난의 법적 근거는 정당한 제3자의 희생에도 불구하고 이를 통한 가치의 재분배가 일정한 조건하에 전체 법질서에 비추어 허용될 수 있다는 사실에서 비롯된다.[37]

긴급피난은 부정(不正) 대 정(正)의 관계에서 적용되는 정당방위나 자구행위와 달리 정(正) 대 정(正)의 관계에서 적용된다. 정당방위, 긴급피난, 자구행위는 모두 상당한 이유를 성립요건으로 한다. 문언상으로는 동일한 표현을 사용하지만 실제에서는 적용에 차이가 있다. 상당성의 기준은 정 대 정의 관계에서 적용되는 긴급피난이 가장 엄격하고 정당방위가 가장 폭넓게 인정된다. 상당성의 기준을 초과한 과잉방위, 과잉피난, 과잉자구행위의 경우 범죄는 성립하며 형법은 임의적 감면사유로 규정하였다.

긴급피난에서 상당성의 기준으로는 보충성의 원칙, 상대적 최소피난의 원칙, 우월적 이익의 원칙,[38] 적합한 수단의 원칙이 적용된다.[39] 판례도 긴급피난에서 "'상당한 이유 있는 행위'에 해당하려면, 첫째 피난행위는 위난에 처한 법익을 보호하기 위한 유일한 수단이어야 하고, 둘째 피해자에게 가장 경미한 손해를 주는 방법을 택하여야 하며, 셋째 피난행위에 의하여 보전되는 이익은 이로 인하여

---

36) 이형국 I, pp. 153, 155.

37) *Ibid.*, p. 153.

38) 우월적 이익의 원칙은 균형성의 원칙이라고도 하는데, 양자 모두 보호하려는 법익이 침해되는 법익보다 커야 한다는 의미로 사용되나 전자가 보다 정확한 표현이라고 할 수 있다. 이재상, *supra* note 31, pp. 244~245; 이형국 I, pp. 157~158 참조.

39) 이형국 I, pp. 156~159.

침해되는 이익보다 우월해야 하고, 넷째 피난행위는 그 자체가 사회윤리나 법질서 전체의 정신에 비추어 적합한 수단일 것을 요하는 등의 요건을 갖추어야 한다."고 판시하였다.[40] 긴급피난에 대해서는 정당방위가 성립하지 않지만 긴급피난에 대한 긴급피난은 가능하다.[41]

판례는 "피조개양식장에 피해를 주지 아니하도록 할 의도에서 이 사건 ... 7샤클(175미터)이던 닻줄을 5샤클(125미터)로 감아 놓았고 그 경우에 피조개양식장까지의 거리는 약 30미터까지 근접한다는 것이므로 닻줄을 50미터 더 늘여서 7샤클로 묘박하였다면 선박이 태풍에 밀려 피조개양식장을 침범하여 물적 피해를 입히리라는 것은 당연히 예상되고, 그럼에도 불구하고 피고인들이 태풍에 대비한 선박의 안전을 위하여 ... 닻줄을 7샤클로 늘여 놓은 것은 피조개양식장의 물적 피해를 인용한 것이라 할 것이어서 재물손괴의 점에 대한 미필적 고의를 인정"하면서도 "선박이동에도 새로운 공유수면점용허가가 있어야 하고 휴지선을 이동하는 데는 예인선이 따로 필요한 관계로 비용이 많이 들어 다른 해상으로 이동을 하지 못하고 있는 사이에 태풍을 만나게 되었다면 피고인들로서는 그와 같은 위급한 상황에서 선박과 선원들의 안전을 위하여 사회통념상 가장 적절하고 필요불가결하다고 인정되는 조치를 취하였다면 형법상 긴급피난으로서 위법성이 없어서 범죄가 성립되지 아니한다고 보아야 하고 미리 선박을 이동시켜 놓아야 할 책임을 다하지 아니함으로써 위와 같은 긴급한 위난을 당하였다는 점만으로는 긴급피난을 인정하는데 아무런 방해가 되지 아니한다."고 하여 긴급피난의 성립을 인정하였다.[42]

긴급피난은 위난을 피하지 못할 책임이 있는 자에게는 적용되지

40) 대법 2006. 4. 13. 선고 2005도9396 판결.
41) 이형국 I, p. 159.
42) 대법 1987. 1. 20. 선고 85도221 판결.

않는다.(형22.2) 군인, 경찰, 소방관, 의사처럼 직무수행에서 일정한 위난을 감수해야 할 의무가 있는 특별의무자에게 적용되는 특칙이지만 긴급피난의 적용을 절대적으로 배제하는 것은 아니다.[43]

긴급피난의 특수한 경우로 의무의 충돌이 있다.[44] 의무의 충돌(은 동시에 이행해야 할 둘 이상의 법적 의무를 부담하는 사람이 어느 한 의무를 이행하고 다른 의무를 이행하지 못해 형벌 법규에 저촉되는 경우에 발생한다.[45] 긴급피난과 달리 의무의 충돌은 우월적 이익이 아니라 (생명 대 생명의 경우처럼 의무의 형량이 불가능한 경우를 포함하여) 동가치 의무를 이행하는 경우에도 위법성을 조각한다.[46]

4) 자구행위

자구행위는 법정절차에 의해 청구권의 보전이 불가능한 경우 청구권의 실행 불능 또는 현저한 실행 곤란을 피하기 위한 행위(구제행위)로 상당한 이유가 있는 경우에 위법성이 조각된다. 예컨대 여관집 주인이 종업원을 시켜 여관의 숙식비를 지불하지 아니하고 도망하려는 손님을 붙들게 하여 그 요금을 보전하는 경우 그 종업원의 행위는 자구행위가 된다.[47] 민법의 자력구제에[48] 해당하는 자구행위는 권리의 침해에 대한 구제수단을 국가기관으로 한정하면서 원칙적으로 금지되었는데,[49] 공권력에 의한 권리구제가 가능하지 않

43) 이형국 I, p. 159.

44) 이재상, *supra* note 31, pp. 248~254 참조.

45) 이형국 I, p. 349.

46) *Ibid.*, p. 351.

47) *Ibid.*, p. 161.

48) 민법에서도 자력구제는 예외적으로 인정된다. "제209조(자력구제) ①점유자는 그 점유를 부정히 침탈 또는 방해하는 행위에 대하여 자력으로써 이를 방위할 수 있다. ② 점유물이 침탈되었을 경우에 부동산일 때에는 점유자는 침탈후 직시 가해자를 배제하여 이를 탈환할 수 있고 동산일 때에는 점유자는 현장에서 또는 추적하여 가해자로부터 이를 탈환할 수 있다."

49) 반면에 주권국가의 원칙을 토대로 하여 수평적 구조로 이루어진 국제법에서는 자력

은 경우에 적용될 수 있는 예외적인 구제수단으로 그 필요성이 논의된다.

형법은 청구권에 한해 자구행위를 인정하였고 법정절차란 가압류 또는 가처분 등의 집행보전절차나 경찰 기타 국가기관에 의한 구제절차를 말한다. 형법에 명문의 규정은 없지만 자구행위는 청구권의 부당한 침해를 전제로 한다. 부당한 침해가 없다면 처음부터 청구권의 보전을 위한 조치가 필요 없기 때문이다.[50] 따라서 자구행위는 정당방위처럼 부정 대 정의 관계에서 적용된다. 그러나 현재의 침해나 위난에 적용되는 정당방위나 긴급피난과 달리 자구행위는 이미 발생한 과거의 침해를 전제로 한다. 이런 점에서 자구행위는 사후적 긴급행위로 사전적 긴급행위인 정당방위나 긴급피난과 구분된다.

자구행위는 법정절차에 의한 청구권의 보전이 불가능한 경우에 보충적으로 적용되고 청구권 보전의 실효성을 해하지 않으면서도 상대방에게 되도록 적은 피해를 주는 방법이 필요하며 자구행위의 상당성도 이러한 정도로 요구된다고 할 수 있다.[51]

정당방위, 긴급피난, 자구행위를 표로 비교하면 다음과 같다.

[표 11-1] 정당방위, 긴급피난, 자구행위의 비교

정당방위	긴급피난	자구행위
현재의 부당한 침해	현재의 위난	법정절차에 의한 청구권의 보전 불능
자기 또는 타인의 법익을 방위하기 위한 행위 (방위행위)	자기 또는 타인의 법익에 대한 위난을 피하기 위한 행위 (피난행위)	청구권의 실행 불능 또는 현저한 실행 곤란을 피하기 위한 행위 (구제행위)
상당한 이유	상당한 이유 (cf. 의무의 충돌)	상당한 이유

구제(self-help)가 여전히 분쟁해결의 기본원칙이다.

50) 이형국 I, p. 163.

51) *Ibid.*, p. 164.

부정(不正) v. 정(正)	정(正) v. 정(正) 위난을 피하지 못할 책임이 있는 자	사후적 긴급행위

5) 피해자의 승낙

피해자의 승낙은 피해자의 동의가 위법성을 조각하는 경우로 피해자의 동의를 얻은 행위가 범죄의 구성요건에도 해당하지 않는 피해자의 양해와 구분할 필요가 있다. 양해는 개인적 법익 중에서도 그 침해로 인한 범죄가 전적으로 피해자의 의사에 반하는 때에만 성립하는 경우에 인정되며 주거자의 동의를 얻어 타인의 주거에 들어가거나 소유자의 동의를 얻어 그 사람의 재물을 취한 경우 등을 들 수 있다. 피해자의 승낙이 위법성을 조각하는 근거로는 법익의 보전에 대한 이익보다 개인의 자유가 더 중요하다고 인정되는 한 법질서에 의해 위법성이 조각된다고 보는 법률정책설 또는 이익교량설을 들 수 있다.[52]

피해자의 승낙은 일정한 요건 하에서 인정되며 언제나 위법성을 조각하는 것은 아니다. 특히 법률에 특별한 규정이 없어야 하고 처분할 수 있는 법익이어야 한다. 가령 형법 제252조의 촉탁·승낙에 의한 살인죄는 피해자의 승낙이 있는 경우이지만 처벌된다. 또한 생명은[53] 개인적 법익이지만 처분할 수 있는 법익이 아니고[54] 신체는 피해자의 승낙이 있더라도 사회윤리적으로 허용할 수 없는 경우에는 역시 위법성이 조각되지 않는다.[55]

---

52) *Ibid.*, pp. 167~168, 170.

53) 호스피스·완화의료 및 임종과정에 있는 환자의 연명의료결정에 관한 법률 제15조 참조.

54) 따라서 촉탁·승낙에 의한 살인죄가 폐지되는 경우 생명은 처분할 수 있는 법익이 아니기 때문에 오히려 형이 중한 살인죄로 처벌될 수 있다는 결론에 이른다. 이런 점은 법적 접근방법의 특성을 느낄 수 있는 한 예라고 할 수 있다.

55) 이재상, *supra* note 31, pp. 268~269 참조.

판례도 피해자의 승낙은 개인적 법익을 훼손하는 경우에 법률상 이를 처분할 수 있는 사람의 승낙이어야 할 뿐만 아니라 그 승낙이 윤리적·도덕적으로 사회상규에 반하는 것이 아니어야 한다고 하면서[56] "피고인이 피해자와 공모하여 교통사고를 가장하여 보험금을 편취할 목적으로 피해자에게 상해를 가하였다면 피해자의 승낙이 있었다고 하더라도 이는 위법한 목적에 이용하기 위한 것이므로 피고인의 행위가 피해자의 승낙에 의하여 위법성이 조각된다고 할 수 없다."고 판시하였다.[57]

6) 추정적 승낙

추정적 승낙은 피해자의 현실적인 승낙이 없었다고 하더라도 행위 당시의 모든 객관적 사정에 비추어 볼 때 만일 피해자가 행위의 내용을 알았더라면 당연히 승낙하였을 것으로 예견되는 경우에[58] 인정된다. 추정적 승낙은 위법성조각사유로 형법에 규정되지는 않았지만 독자적 위법성조각사유설은 추정적 승낙을 다른 위법성조각사유와 구분되는 또 하나의 독립적인 위법성조각사유로 인정한다.[59]

추정적 승낙은 의사가 마취상태에 있는 환자를 수술하는 도중에 부득이한 사유로 환자의 승낙을 얻지 못한 영역까지 수술을 확대하는 경우, 배우자가 중대사를 방치하지 않도록 부재중인 배우자에게 온 편지를 뜯어보는 경우, 비어 있는 이웃집에 들어가 넘쳐흐르는 수돗물을 잠가주는 경우, 물에 빠진 사람을 구조하려고 보트를 접근시키다가 상처를 입힌 경우처럼 이익의 충돌이 피해자에게 귀속되는 경우와 가정부가 주인의 헌 옷을 걸인에게 주는 경우처럼 이익의 포기로 추정되는 경우로 나눌 수 있다.[60]

---

56) 대법 1985. 12. 10. 선고 85도1892 판결.
57) 대법 2008. 12. 11. 선고 2008도9606 판결.
58) 대법 2006. 3. 24. 선고 2005도8081 판결.
59) 이형국 I, pp. 172~175.
60) *Ibid.*, pp. 173~174.

(3) 책임

책임이란 행위자에게 과하여지는 행위의 비난가능성을 의미하고[61] 행위자의 책임이 인정되기 위해서는 책임능력, 위법성의 인식, 기대가능성이 있어야 한다. 그 밖에 책임조건으로 고의 또는 과실이 문제된다. 고의 또는 과실을 전통적 이론에서는 책임요소로만 보았으나 오늘날에는 이중적 지위를 인정하여 구성요건요소이면서 동시에 책임요소 또는 책임형식으로 본다. 따라서 고의 또는 과실의 문제를 주로 구성요건에서 다루기 때문에 여기서는 생략하기로 한다.[62]

책임능력이 있어야 책임이 인정될 수 있다. 책임능력이 없거나 미약한 경우에는 책임이 인정되지 않거나 형의 감경사유가 될 수 있다. 만 14세 미만의 형사미성년자나[63] 사물을 변별하거나 의사를 결정할 능력이 없는 심신상실자는 책임능력이 없어 범죄가 성립하지 않는다. 반면에 사물을 변별하거나 의사를 결정할 능력이 미약한 심신미약자는 형의 임의적 감경사유이고 농아자는 형의 필요적 감경사유이다. 심신미약자도 전에는 형의 필요적 감경사유였지만 2018년에 개정되었고(법률 제15982호) 농아자는 듣지도 못하고 말하지도 못하는 경우를 말한다. 형법 제10조 제3항은 위험의 발생을 예견하고 자의로 심신장애를 야기한 자의 행위, 즉 원인에 있어서 자유로운 행위는 심신장애의 사유가 인정되지 않는다고 규정하였는데, 음주운전 같은 경우를 들 수 있다.

책임이 인정되기 위해서는 위법성의 인식이 행위자에게 있어야 한다. 즉, 자신의 행위가 실질적으로 위법하다는 행위자의 의식이

---

61) *Ibid.*, p. 176.

62) *Ibid.*, pp. 108~109, 327~328.

63) 다만 소년법은 형벌 법령에 저촉되는 행위를 한 10세 이상 14세 미만인 소년(촉법소년)에 대한 보호처분을 규정하였다. 그러나 흉악 또는 강력범죄를 범하는 연령이 점점 낮아지는 경향을 보임에 따라 소년법 폐지론, 촉법소년의 연령 인하론 등이 제기되고 있다.

있어야 하는데,[64] 법률의 착오 또는 금지착오의 경우 오인에 정당한 이유가 있는 때에는 위법성의 인식이 결여되어 책임이 성립하지 않는다. 법률의 착오란 단순한 법률의 부지를 말하는 것이 아니고, 일반적으로 범죄가 되는 경우이지만 자기의 특수한 경우에는 법령에 의하여 허용된 행위로서 죄가 되지 아니한다고 잘못 인식하고 이와 같이 잘못 인식함에 정당한 이유가 있는 경우에는 벌하지 않는다는 취지이다.[65]

이를테면 판례는 "... 서울특별시 공문은 고객이 지입한 세척한 쌀을 단순히 분말화하여 주는 행위는 그 최종목적이 떡을 제조하기 위한 것이라도 식품위생법에 의한 식품가공업에 해당되지 아니하며, ... 동 시의 식품제조허가지침은 천연원료인 곡물을 단순히 볶아서 포장하여 판매하거나 수산물 등을 자연건조하여 포장하는 경우 이는 식품위생법 규정상 허가대상이 아님을 밝히고 있고, 동시의 1976.3.29자 제분업소허가권 일원화에 대한 지침은 가공위탁자로부터 제공받은 고추, 참깨, 들깨, 콩 등을 사용하여 이를 가공한 경우에는 양곡관리법 및 식품위생법상에서 제외되었음을 확인한 사실, 피고인이 가입되어 있는 서울시 ... 조합 ... 지부의 질의에 대하여 도봉구는 ... 천연원료인 곡물을 단순히 볶아서 판매하거나 가공위탁자로부터 제공받은 고추, 참깨, 들깨, 콩 등을 임가공할 경우 양곡관리법 및 식품위생법상의 허가대상이 아니라고 통고하여온 사실, 피고인은 당국의 이러한 공문내용에 비추어 미싯가루 제조행위에는 별도의 허가를 얻을 필요가 없다고 믿고 본건 미싯가루 제조행위를 하게 된 사실을 인정할 수 있는 바, 이러한 사정을 종합하여 보면 피고인은 본건 범행당시 자기의 행위가 법령에 의하여 죄가 되지않는 것으로 오인하였고 또 그렇게 오인함에 어떠한 과실이 있음을 가려낼 수 없어 정당한 이유가 있는 경우에 해당하므로 피고인의 본건 소위

64) 이형국 I, p. 195.
65) 대법 2006. 4. 28. 선고 2003도4128 판결.

는 벌할 수 없고 결국 피고인에게는 무죄를 선고해야 할 것"이라고 판시하였다.[66)]

이 사건에서 법원은 최종소비자인 동네 주민들이 세척해서 가져온 쌀, 고추, 콩 등을 동네 방앗간에서 가루로 빻아 주는 행위가 당시 식품위생법상 식품가공업에 해당되어 허가 대상임에도 불구하고 시당국과 구의회가 허가 대상이 아니라는 해석을 공문을 통해 수차례에 밝힘으로서 허가 대상이 아니라고 생각하여 별도의 허가 없이 식품을 가공한 업주의 행위는 법률의 오인에 정당한 이유가 있다고 보아 위법성의 인식이 결여되었다는 취지로 판결하였다.

기대가능성이란 행위자에게 위법행위 대신에 적법행위로 나올 것이 기대될 수 있는 경우를 말한다.[67)] 따라서 (적법행위의) 기대가능성이 존재하지 않는 경우에는 행위자에게 책임을 물을 수 없다. 형법 제12조(강요된 행위)에서 "저항할 수 없는 폭력이나 자기 또는 친족의 생명, 신체에 대한 위해를 방어할 방법이 없는 협박에 의하여 강요된 행위는 벌하지 아니한다."고 하고[68)] 형법 제21조 제3항에서 과잉방위가 "야간이나 그 밖의 불안한 상태에서 공포를 느끼거나 경악하거나 흥분하거나 당황하였기 때문에 그 행위를 하였을 때에는 벌하

---

66) 대법 1983. 2. 22. 선고 81도2763 판결.

67) 이형국 I, p. 203.

68) 박종철 고문치사사건에서 대법원은 "공무원이 그 직무를 수행함에 있어 상관은 하관에 대하여 범죄행위 등 위법한 행위를 하도록 명령할 직권이 없는 것이며, 또한 하관은 소속상관의 적법한 명령에 복종할 의무는 있으나 그 명령이 참고인으로 소환된 사람에게 가혹행위를 가하라는 등과 같이 명백한 위법 내지 불법한 명령인 때에는 이는 벌써 직무상의 지시명령이라 할 수 없으므로 이에 따라야 할 의무는 없다 할 것이고, 설령 치안본부 대공수사단 직원은 상관의 명령에 절대복종하여야 한다는 것이 그 주장과 같이 불문률로 되어있다 할지라도, 국민의 기본권인 신체의 자유를 침해하는 고문행위 등이 금지되어 있는 우리의 국법질서에 비추어 볼 때 그와 같은 불문률이 있다는 점만으로는 이 사건 판시 범죄와 같이 중대하고도 명백한 위법명령에 따른 행위가 정당한 행위에 해당하거나 강요된 행위로서 적법행위에 대한 기대가능성이 없는 경우에 해당하게 되는 것이라고는 볼 수 없다."고 판시하였다. 대법 1988. 2. 23. 선고 87도2358 판결.

지 아니한다."고 규정한 이유도 기대가능성이 없어 행위자에 책임을 물을 수 없기 때문이다. 즉, 책임능력자가 고의 또는 과실로 범죄행위를 하였고 그에게 위법성의 인식이 인정되는 경우에도 기대가능성이 없으면 그 책임이 조각되는 것으로 이해된다.

2. 처벌조건과 소추조건

범죄가 성립하면 유죄이므로 행위자는 일반적으로 처벌될 수 있고 검사는 소추할 수 있다. 그러나 일부 범죄의 경우에는 범죄가 성립하더라도 처벌조건이나 소추조건이 충족되지 않으면 처벌하거나 소추할 수 없다.

처벌조건이란 범죄가 이미 성립하였지만 형벌권의 발생을 위해 필요한 조건으로[69] 처벌조건이 충족되지 않거나 처벌조각사유가 존재하는 경우에는 형의 면제판결을 한다. 형의 면제는 형의 집행면제와 구분된다. 형의 집행면제는 형의 면제와 달리 형의 선고가 있기 때문에 누범의 성립에서 전과로 취급된다. 처벌조건으로는 객관적 처벌조건과 인적 처벌조각사유가 있다.

객관적 처벌조건의 예로는 사전수뢰죄나[70] 사기파산죄를[71] 들 수 있다. 사전수뢰죄는 공무원 또는 중재인이 될 자가 뇌물을 수수, 요구 또는 약속한 후 "공무원 또는 중재인이 된 때" 그리고 사기파산죄는 채무자가 파산재단에 속하는 재산을 채권자에게 불리하게 처분하는 행위 등을 하고 "파산선고가 확정된 때" 비로소 공무원 또는 중재인이나 채무자를 처벌할 수 있다. 여기서 공무원 또는 중재

69) 이재상, *supra* note 31, p. 70.

70) "공무원 또는 중재인이 될 자가 그 담당할 직무에 관하여 청탁을 받고 뇌물을 수수, 요구 또는 약속한 후 공무원 또는 중재인이 된 때에는 3년 이하의 징역 또는 7년 이하의 자격정지에 처한다." 형법 제129조 제2항.

71) 채무자 회생 및 파산에 관한 법률 제650조.

인이 된 사실 또는 파산선고의 확정이 바로 (범죄의 성립요건이 아니라) 객관적 처벌조건이다.[72]

인적 처벌조각사유란 일정한 신분관계로 인해 형벌권이 발생하지 않는 경우를 말한다. 한 예로 "직계혈족, 배우자, 동거친족, 동거가족 또는 그 배우자간의 제323조의 죄는 그 형을 면제한다."고 규정한 형법 제328조 제1항을 들 수 있다. 형법 제344조는 절도죄에 이를 준용하였는데, 가령 동네 친구인 갑, 을, 병이 갑의 부모님이 여행으로 집에 없는 틈을 타 함께 집에 들어가 안방 장롱에 둔 부모님 돈을 절취하여 유흥비로 사용했다면 갑은 인적 처벌조각사유가 적용되어 형의 면제판결을 받지만[73] 을과 병은 특수절도의 합동범(合同犯)으로[74] 처벌될 수 있다.

소추조건이란 범죄를 소추하기 위하여 형사소송법상 필요한 조건을 말한다. 처벌조건이 결여된 경우에는 실체적 재판인 형의 면제판결을 하지만 소추조건을 구비하지 못한 경우에는 공소기각 등의 형식적 재판을 하게 된다.[75]

(검찰청 소속) 검사는 수사의 결과 범죄의 객관적 혐의가 인정되고 유죄의 판결을 받을 수 있다고 판단하면 공소를 제기한다.[76] 우리나라에서 공소의 제기, 즉 기소 또는 소추에는 국가소추주의, 기소독점주의, 기소편의주의가 적용된다.[77] 다만, 대법원장과 대법관, 검찰총장, 판사 및 검사, 경무관 이상 경찰공무원이 재직 중에 본인

72) 이형국 I, p. 216.

73) 현금 대신 신용카드나 체크카드를 가지고 나와서 사용하게 되면 피해자는 그 카드를 받고 물건 또는 서비스를 제공한 업주가 되고 갑의 부모님이 아니기 때문에 갑도 처벌된다.

74) 이형국 I, pp. 294~295 참조.

75) *Ibid.*, p. 218.

76) 이재상, p. 354.

77) 형사소송법은 제246조에서 "공소는 검사가 제기하여 수행한다."고 하여 국가소추주의와 기소독점주의를 규정하였고, 또한 제247조에서는 "검사는 「형법」 제51조의 사항을 참작하여 공소를 제기하지 아니할 수 있다."고 하여 기소편의주의를 인정하였다.

또는 본인의 가족이 범한 고위공직자범죄 및 관련범죄에 관하여는 고위공직자범죄수사처 소속 검사도 공소제기의 권한을 가질 뿐만 아니라, 중복수사가 있는 경우 검찰청 소속 검사 등 다른 수사기관에 대하여 이첩을 요구할 수 있다.[78] 국가소추주의란 공소의 제기를 국가기관에게 전담하게 하는 것으로 사인의 공소 제기를 인정하는 사인소추주의와 구분된다. 또한 검사만이 공소를 제기하고 소송을 수행할 권한을 가지는 것을 검사의 기소독점주의라 하고 재량에 의한 불기소처분(기소유예)을 인정하는 경우를 기소편의주의라고 한다. 기소편의주의는 수사의 결과 공소를 제기하기에 충분한 혐의가 인정되고 소송조건을 갖춘 때에는 반드시 공소를 제기해야 하는 기소법정주의와 구분된다.[79]

형법이 규정한 소추조건으로는 친고죄와 반의사불벌죄가 있으며 기소독점주의에 대한 제한으로 작용한다. 상대적으로 가벼운 범죄에서 피해자의 의사를 무시하면서까지 소추하는 것이 적절하지 못하다고 판단되는 경우에 인정된다.[80]

친고죄는 피해자 등 고소권자의 고소가 있어야 공소를 제기할 수 있는 범죄를 말하며 정지조건부 범죄라고도 한다.[81] 친고죄는 범인을 알게 된 날로부터 6개월을 경과하면 고소하지 못하며(형소260) 절대적 친고죄와 상대적 친고죄로 나누어진다. 전자는 공소의 제기를 위해 반드시 고소가 있어야 하고 후자는 일정한 신분관계에서 발생했을 때에만 고소가 필요하다. 모욕죄(형311), 사자의 명예훼손죄

78) 고위공직자범죄수사처 설치 및 운영에 관한 법률(2020. 12. 15. 법률 제17646호로 제정, 2021. 1. 1. 시행).

79) 기소독점주의에 대한 예외로는 즉결심판을 들 수 있다. 즉결심판은 검사가 아닌 경찰서장이 청구한다. 즉결심판에 관한 절차법 제3조. 그 밖에 기소독점주의와 기소편의주의에 대한 규제로 재정신청(형소260), 불기소처분에 대한 항고제도(검찰청법 제10조), 불기소처분의 취지와 이유고지제도(형소258~259)가 있다. 이재상, pp. 362~370.

80) 이형국 I, pp. 218~219.

81) 이재상, *supra* note 31, p. 71.

(형308), 비밀침해죄(형316), 업무상 비밀누설죄(형317) 등은 절대적 친고죄이고 상대적 친고죄로는 친족상도례를 들 수 있다. 성범죄는 피해자의 명예와 2차 피해발생 우려 등을 이유로 1953년 9월 형법 제정 이래 60년간 피해자나 고소권자가 직접 고소해야 수사와 처벌이 가능했다. 그러나 2013. 6. 19. 전면적으로 폐지되었다. 그 결과 강간, 강제추행 등 형법상 모든 성범죄와 공중 밀집장소에서의 추행, 통신매체를 이용한 음란행위 등 특별법의 모든 성범죄에서 친고죄와 반의사불벌죄 규정이 사라져 피해자의 고소가 없어도 처벌이 가능하게 되었다.

친족상도례란 친족간에 절도가 발생한 경우란 의미로 형법은 (권리행사를 방해하는 죄를 다루는 형법 제37장의) 제328조에서 두 가지 유형을 규정한 후 절도죄 등의 재산범죄에 이를 준용하는 규정을 두었다. 제328조 제1항(직계혈족, 배우자, 동거친족, 동거가족 또는 그 배우자간)은 친족상도례가 인적 처벌조각사유로 적용되는 경우이다. 그러나 2024년 권리행사방해죄는 그 형을 면제하도록 한 동 항이 헌법에 합치되지 아니한다는 결정을 내렸는데 이는 '일률적으로 형면제'를 함에 따라 구체적 사안에서 형사피해자의 재판절차진술권을 형해화할 수 있다는 의견을 보였다. 이로써 2025년 12월 31일까지 개선입법이 이루어지도록 하고, 개선이 없으면 효력을 상실하도록 하였다.[82] "제1항 이외의 친족간에 제323조의 죄를 범한 때에는 고소가 있어야 공소를 제기할 수 있다."고 규정한 제2항은 친족상도례가 상대적 친고죄로 적용되는 경우이다. 원래 절도죄는 친고죄가 아니어서 피해자의 고소 없이도 검사가 기소할 수 있지만 제2항의 신분관계에서는 상대적 친고죄가 되어 피해자의 고소가 있어야 비로소 기소할 수 있게 된다. 사실혼 관계에 있는 자는 여기서 말하는 친족에 해당하지 않는다.[83]

82) 헌재 2024. 6. 27. 선고 2020헌마468등 결정.
83) 대법 2003. 12. 12. 선고 2003도4533 판결.

반의사불벌죄란 피해자의 의사에 반해 처벌할 수 없는 범죄로 피해자가 처벌을 원하지 않는 의사를 명확히 한 경우 검사는 소추할 수 없고,[84] 일단 기소하였다고 하더라도, 공판이 진행되는 도중에 피해자가 처벌을 원하지 않는 의사를 밝힌 경우, 법원은 공소를 기각하여야 한다. 판결선고기일 전 공판관여검사가 공소 자체를 취소하기도 한다. 해제조건부 범죄라고도[85] 하며 친고죄보다는 죄가 중한 범죄라고 할 수 있다. 반의사불벌죄로는 폭행죄(형260), 과실치상죄(형266), 협박죄(형283), 명예훼손죄(형307), 출판물 등에 의한 명예훼손죄(형309), 근로자의 임금이나 퇴직금 체불로 인한 근로기준법위반죄, 근로자퇴직급여보장법위반죄 등이 있다.

3. 범죄의 종류

범죄는 여러 가지 기준에 따라 분류할 수 있다. 대표적인 방법으로 구성요건의 특성에 따른 분류가 있다. 또한 형법은 각칙편에서 보호법익에 따라 범죄를 국가적 법익에 대한 죄, 사회적 법익에 대한 죄, 개인적 법익에 대한 죄로 분류한다. 다른 한편으로 많은 국가가 죄질의 경중에 따라 범죄를 경죄와 중죄로 구분하지만 우리나라는 죄질의 경중에 따른 분류는 인정하지 않는다.[86] 범죄인인도조약에는 보통 중죄처벌의 원칙을 적용하는데, 이는 중죄만을 인도 대상의 범죄로 한다는 의미로 경죄와 중죄의 구분에 기초한다.

(1) 구성요건의 특성에 따른 범죄의 종류

구성요건의 특성에 따른 범죄의 종류로는 우선 실질범 또는 결과

84) 이형국 I, p. 219.
85) 이재상, *supra* note 31, p. 71.
86) 이형국 I, p. 51.

범과 형식범 또는 거동범의 구분을 들 수 있다. 결과의 발생을 범죄의 구성요건으로 하는 경우가 실질범으로 행위와 결과 사이의 인과관계가 문제된다. 반면에 형식범은 형법에 규정된 행위를 함으로써 구성요건이 충족되며 주거침입죄(형319), 위증죄(형152), 무고죄(형156) 등이 이에 해당한다. 이러한 구분의 실익은 거동범의 경우 미수범 규정이 통상 적용되지 않는다는 점에 있다.

침해범과 위험범은 법익의 침해를 범죄의 구성요건으로 하느냐에 따른 구분이다. 침해범은 법익의 현실적인 침해를 구성요건으로 하는데 반해 위험범은 법익의 침해에 대한 위험으로 족하다. 위험범으로는 예를 들어 방화죄, 업무방해죄(형314) 등을 들 수 있다. 위험범은 다시 추상적 위험범과 구체적 위험범으로 나눌 수 있는데, 법익침해의 일반적 위험만 있으면 실제로 피해자 또는 보호법익에 구체적인 위험이 발생하지 않더라도 범죄가 성립하는 경우가 전자에 속하고 법익 침해의 현실적 위험이 있어야 범죄가 성립하면 후자에 속한다. 방화죄 중에서 현주건조물 등 방화죄(형164), 공용건조물 등 방화죄(형165), 일반건조물 등 방화죄(형166.1)는 추상적 위험범이고 자기소유건조물 등 방화죄(형166.2)나 일반물건 방화죄(형167)는 구체적 위험범이다. 양자의 구분은 위험에 대한 고의를 필요로 하느냐, 위험 발생의 구체적 대상이 무엇이냐에 따른 것인데, 구체적 위험범은 일반적으로 현실적인 위험의 발생을 요건으로 한다는 취지가 규정에 명시되어 있기 때문에 위험에 대한 고의(인식과 인용)를 필요로 하지만 (예를 들어 벌판에서 본인이 준비한 드럼통 속에 종이나 나뭇가지를 넣고 태울 때는 이를 두고 일반물건방화라 할 수 없지만 노래방 휴지통에 연소될 수 있는 물건을 넣고 라이터로 불을 붙여 태우면 일반물건방화가 될 수 있다.) 추상적 위험범은 형법에 규정된 행위를 하면 (예를 들어 건물에 불을 지르면) 공소장에 공공의 위험이 발생하였다는 내용이 기재되어 있더라도 검사가 이를 두고 더 나아가 위험이 발생하였다고까지 구체적으로 입증할 필요가 없다.[87]

즉시범, 상태범, 계속범의 구분은 공소시효의 기산점이나 공범의 성립시기에 차이가 있다. 즉시범이란 살인죄(형250)처럼 결과의 발생과 동시에 범죄가 완성(기수)되는 경우이고 상태범은 절도죄(형329)처럼 결과의 발생과 동시에 범죄가 완성되지만 법익 침해의 상태가 범죄의 종료 후에도 지속되는 경우를 말한다. 상태범은 불가벌적 사후행위가 인정된다. 불가벌적 사후행위란 절도범이 절취한 재물을 손괴하거나 처분하는 경우처럼 절도 이후의 행위(사후행위)가 형식적으로는 다른 범죄의 구성요건에 해당하더라도 새로운 법익을 침해하지 않는 한[88] 별개의 범죄로 처벌하지 않는다는 의미이다. 계속범은 주거침입죄(형319)나 체포감금죄(형276)처럼 범죄가 완성된 이후에도 법익의 침해상태가 계속되는 한 범죄가 종료되지 않고 계속되는 범죄이다.

계속범은 범죄가 완성되더라도 법익의 침해상태가 계속되는 동안 공범이 성립할 수 있고 공소시효는 개시되지 않는 반면에, 즉시범은 범죄가 완성되면 범죄가 종료되어 그 시점부터 공소시효가 기산되고 더 이상 공범은 성립하지 않는다. 상태범은 법익의 침해상태가 범죄 종료 후에도 지속되지만 기수로 된 이후에는 즉시범처럼 공범

---

87) *Ibid.*, p. 53.

88) 불가벌적 사후행위를 인정한 사례로는 "... 피고인이 절취한 이건 열차승차권으로서 역직원에게 자기의 소유인양 속여 현금과 교환하였다 하여도 ... 열차승차권은 그 자체에 권리가 화체되어 있는 무기명증권이므로 이를 곧 사용하여 승차하거나 권면가액으로 양도할 수 있고 매입금액의 환불을 받을 수 있는 것으로서 그 환불을 받음에 있어 비록 기망행위가 수반한다 하더라도 따로이 사기죄로 평가할 만한 새로운 법익의 침해가 있다고 할 실질을 가진 것으로 볼 수 없어 절도의 사후처분행위로서 불가벌적인 것"이다. 대법 1975. 8. 29. 선고 75도1996 판결. 반면 불가벌적 사후행위를 인정하지 않은 사례로는 "... 피고인이 ... 양복점에서 동인 명의의 은행예금 통장을 절취하여 그를 이용하여 은행원을 기망하여 진실한 명의인이 예금을 찾는 것으로 오신시켜 예금의 인출명의 하의 금원을 편취한 것 ... 이는 절도죄 외 새로운 법익을 침해한 것"이다. 대법 1974. 11. 26. 선고 74도2817 판결. 판례는 대체로 법익침해설에 따라 불가벌적 사후행위를 판단하는 것으로 보여진다. 이형국 I, pp. 329~330.

이 성립할 수 없고 공소시효가 개시된다. 따라서 범죄의 종류에서 즉시범을 구분하지 않고 상태범에 포함시켜 상태범과 계속범으로만 구분하기도 한다.

일반범, 신분범, 자수범의 구분은 정범의 범위와 관련하여 의미가 있다. 일반범은 누구든지 정범이 될 수 있는 범죄인데 반하여 신분범은 일정한 신분을 가진 사람만이 정범이 되거나[89] 신분이 형의 가중감경사유로 되는 범죄를 말한다. 전자를 진정신분범이라고 하고 후자를 부진정신분범이라고 하며 수뢰죄(형129), 위증죄(형152), 횡령죄(형355.1), 배임죄(형355.2)는 전자에 속하고 존속살해죄(형250.2), 영아살해죄(형251), 업무상 횡령죄(형356), 업무상 배임죄(형356)는 후자에 속한다. 자수범은 구성요건적 행위를 직접 자신이 해야만 정범이 될 수 있는 범죄로 위증죄(형152)를 들 수 있다.

(2) 보호법익에 따른 범죄의 종류

범죄를 보호법익에 따라 개인적 법익에 대한 죄, 사회적 법익에 대한 죄, 국가적 법익에 대한 죄로 나눌 수 있다. 형법은 각칙편에서 범죄를 다른 나라와 마찬가지로 보호법익에 따라 분류하였는데, 제1장 내란의 죄부터 제11장 무고의 죄까지가 국가적 법익에 대한 죄이고, 제12장 신앙에 관한 죄부터 제23장 도박과 복표에 관한 죄까지는 사회적 법익에 대한 죄 그리고 제24장 살인의 죄부터 제42장 손괴의 죄까지가 개인적 법익에 대한 죄이다. 다만 각칙편의 제5장 공안을 해하는 죄와 제6장 폭발물에 관한 죄는 국가적 법익에 대한 죄에 포함되어 있으나 사회적 법익에 대한 죄로 이해되고 있다.[90]

89) 형법 제33조 참조.
90) 이형국 II, p. 492 참조.

제12장 형벌의 종류와 유예

형법에서는 형벌의 종류로 사형, 징역, 금고, 자격상실, 자격정지, 벌금, 구류, 과료, 몰수를 규정하였다. 사형이 가장 무거운 형벌이고 형의 경중은 앞에 기재된 순서와 같다. 일반적으로 정해진 노역(정역)에 복무해야 하는 징역이(형67) 금고보다 무거운 형벌이지만 유기징역보다는 무기금고가 무거운 형벌이고 유기징역보다 기간이 긴 경우에는 유기금고를 중한 형으로 본다.(형50.1) 다른 한편으로 사형은 생명형이고, 징역, 금고, 구류는 자유형, 자격상실과 자격정지는 명예형, 벌금, 과료, 몰수는 재산형이다. 여기서는 형벌의 종류를 간단하게 정리한 후 선고유예, 집행유예, 가석방의 요건과 특성을 비교해본다.

1. 형벌의 종류

사형은 극형으로 범죄인의 생명을 박탈하는 가장 무거운 형벌이지만 우리나라는 1997년 김대중 정부부터 지금까지 사형을 집행하지 않은 실질적 사형제 폐지 국가에 속한다. 그러나 사형을 여전히 형벌의 하나로 두고 있어 사형의 선고는 가능하다.

징역(懲役)과 달리 금고는 정역(定役)을 과하지 않는 점이 다르다. 금고(禁錮)는 범인의 명예를 존중할 필요가 있는 자에게 과한다는 의미에서 명예적 구금이라고도 하는데,[1] 주로 과실범 등에게 선고된다. 그러나 금고나 구류의 경우에도 당사자의 신청이 있으면 작업을 부과할 수 있다.[2] 구류는 1일 이상 30일 미만으로 하고 징역 또는 금고는 무기 또는 유기로 하는데, 유기는 1개월 이상 30년 이하로 하고 유기징역이나 유기금고의 형을 가중하는 경우에는 50년까지로 한다.

자격상실은 사형, 무기징역, 무기금고의 판결을 받은 자가 형의 효력으로 당연히 자격을 상실하게 되는 경우이다. 공무원이 되는 자격, 공법상의 선거권과 피선거권, 법률로 요건을 정한 공법상의 업무에 관한 자격, 법인의 이사, 감사 또는 지배인 기타 법인의 업무에 관한 검사역이나 재산관리인이 되는 자격을 상실한다.

자격정지는 당연정지와 선고정지로 구분되는데,[3] 당연정지는 유기징역 또는 유기금고의 판결을 받은 자가 그 형의 집행이 종료하거나 면제될 때까지 자격상실의 네 가지 사항 중에서 법인 이사 등의 자격을 제외한 나머지 세 가지 자격이 정지되는 경우를 말하고[4] 선고정지는 판결의 선고로써 자격상실의 네 가지 사항 중에서 그 전부 또는 일부의 자격을 정지시키는 경우로 선고정지의 기간은 1년 이상 15년 이하로 한다.

벌금은 5만원 이상으로 하고 과료는 2천원 이상 5만원 미만으로 한다. 벌금과 과료는 판결확정일로부터 30일내에 납입하여야 하고 자연인에 대하여 벌금이나 과료를 선고할 때에는 이를 납입하지 아니하는 경우의 노역장 유치기간을 정하여 동시에 선고하여야 하며 벌금을 납입하지 아니한 자는 1일 이상 3년 이하, 과료를 납입하지 아니한 자는 1일 이상 30일 미만의 기간 노역장에 유치하여 작업에 복무하게 한다.[5] 다만, 벌금 미납자의 사회봉사 집행에 관한 특례법

---

1) 이형국 I, p. 391.
2) 형의 집행 및 수용자의 처우에 관한 법률 제67조.
3) 이형국 I, pp. 396~397.
4) "다만, 다른 법률에 특별한 규정이 있는 경우에는 그 법률에 따른다." 형법 제43조 제2항 단서.
5) 형법 제69조~제70조.

이 제정되어, 경제적인 이유로 벌금을 낼 수 없는 사람의 노역장 유치로 인한 구금을 최소화하기 위하여 벌금형이 확정된 벌금 미납자로 하여금 사회봉사신청을 할 수 있도록 하는 제도가 마련되어 있고, 현재 대단히 활성화되어 많은 벌금 미납자들이 이 제도를 활용해 벌금 납부 대신 사회봉사를 하고 있다. 벌금이나 과료가 금전을 납입하는 형벌이어서 민사책임의 금전배상과 동일선상에서 이해하는 경우가 있는데, 동일한 수준의 재정적 부담을 초래하더라도 벌금이나 과료는 형벌의 하나라는 점을 잊지 않아야 한다. 벌금이나 과료는 민사책임처럼 단순하게 다른 사람에게 끼친 손해에 대한 배상의 문제가 아니라 반사회적 행위를 저지른 범죄자에게 부과되는 형벌의 하나이고 형벌은 법질서를 위반한 사람에게 국가가 부과하는 가장 강력한 제재이다. 또한 벌금형의 전과는 다른 추가적인 제재와 연계될 수 있다. 한 예로 직무 관련 횡령범죄나 성폭력범죄나 미성년자에 대한 범죄에 대한 일정 수준 이상의 벌금형 선고는 공무원 임용의 결격사유 등으로 규정되어 있다.[6]

몰수는 일정한 물건을 국고에 귀속시키는 형벌로[7] 유죄판결에서 다른 형에 부가하여 과하는 것을 원칙으로 하며 유죄의 판결을 하지 않는 경우에도 몰수의 요건이 있는 때에는 몰수만을 선고할 수 있다. 몰수의 대상은 형법상 범인 이외의 자의 소유에 속하지 아니하거나 범죄 후 범인 이외의 자가 사정을 알면서 취득한 것으로 1) 범죄행위에 제공하였거나 제공하려고 한 물건, 2) 범죄행위로 인하여 생겼거나 취득한 물건, 3) 1) 또는 2)의 대가로 취득한 물건이다. 범죄수익은닉의 규제 및 처벌 등에 관한 법률, 마약류 관리에 관한 법

6) 국가공무원법 제33조 제6호의2~제6호의4와 제74조의2 제3항 참조. 그리고 공무원의 경우 감사원 또는 수사기관이 조사나 수사를 시작한 때와 이를 마친 때에는 10일 내에 소속 기관의 장에게 그 사실을 통보하도록 되어 있다. 국가공무원법 제83조 제3항 및 대통령훈령인 공무원 비위사건 처리규정 제4조 참조.

7) 이형국 I, p. 394.

률 등 여러 특별법에서 특정한 중대범죄에 대한 몰수의 대상을 확대 규정한다. 범죄수익은닉규제법에 정한 중대범죄에 해당하는 범죄행위에 의하여 취득한 것으로 재산적 가치가 인정되는 가상화폐, 이를테면 비트코인(Bitcoin)과 같은 무형재산도 몰수할 수 있다.[8] 몰수가 불가능한 때에는 그 가액을 추징하고 문서, 도화, 전자기록 등 특수매체기록 또는 유가증권의 일부가 몰수에 해당하는 때에는 그 부분을 폐기한다. 추징은 범죄의 부당이익을 범인으로부터 박탈하려는 몰수의 취지를 관철시키기 위한 제도이다.[9]

2. 선고유예, 집행유예, 가석방

선고유예와 집행유예는 법원이 상대적으로 가벼운 형을 선고하는 경우 형법 제51조의[10] 사항을 고려하여 정상에 참작할 만한 사유가 있을 때 형의 선고나 집행을 유예하는 제도로 형벌의 부작용을 피하면서 범죄인의 사회 복귀를 도모하는데 그 형사정책적 의의가 있다.

가석방은 잘못의 뉘우침이 뚜렷한 수형자에게 특별예방의 차원에서 불필요한 구금을 되도록 피하고 삶의 희망을 갖게 함과 동시에 사회 복귀를 돕는데 그 제도적 의의가 있으며 정기형 제도의 결함을 보충하여 정기(자유)형을 실질적으로 부정기화하는 효과가 있다.[11]

검사의 기소유예도 같은 맥락에서 이해할 수 있다. 기소유예란 공

---

8) 대법 2018. 5. 30. 선고 2018도3619 판결.

9) 이형국 I, p. 395.

10) "제51조(양형의 조건) 형을 정함에 있어서는 다음 사항을 참작하여야 한다.
1. 범인의 연령, 성행, 지능과 환경
2. 피해자에 대한 관계
3. 범행의 동기, 수단과 결과
4. 범행 후의 정황"

11) 이형국 I, pp. 418, 424.

소를 제기하는데 충분한 범죄의 혐의가 있고 소송조건이 구비되었음에도 불구하고 형법 제51조의 사항을 참작하여 검사의 재량으로 공소를 제기하지 않는 처분을 말한다.[12)]

기소유예, 선고유예, 집행유예, 가석방은 요건의 차이가 있지만 실질적인 측면에서 피의자, 피고인 또는 수형자의 재범가능성을 고려하여 취해지는 조치라는 공통점이 있고 수사절차-공판절차-형의 집행의 각 단계에서 검사, 판사, 법무부장관에게 이에 대한 판단의 권한을 부여하였다. 법원의 선고유예 판결 혹은 집행유예 판결과 검사의 기소유예 처분 사이에는 헌법재판소의 통제 유무와 관련하여 차이가 있다. 헌법재판소는 법원의 판결에 대해 통제할 수 없지만 기소유예 처분은 헌법재판소법 제68조 제1항에 정한 공권력의 행사에 포함되고 이로 인하여 기본권의 침해가 있는 경우는 헌법소원심판의 대상으로 할 수 있으며[13)] 현재 헌법재판소 사건의 상당부분이 바로 이러한 검사의 기소유예 처분에 대한 헌법소원심판청구 사건

12) 이재상, p. 365.

13) 헌재 1992. 10. 1. 선고 91헌마169 결정. 예를 들어 "뜸 시술행위 자체가 신체에 미치는 위해의 정도는 그리 크다고 보기 어려운데다가 뜸이 청구인과 같은 침사에 의해 이루어지는 경우라면 그 위험성은 이를 걱정하지 않아도 무방할 만큼 적다. 또한, 오랫동안 새로운 구사가 배출되지도 않고 청구인을 비롯한 침사에 의한 뜸 시술행위에 대하여 아무런 제재가 없었다는 것은 적어도 침사에 의한 뜸 시술행위에 대하여 사회일반에서 이를 일종의 관습으로 인정하여 받아들이고 있는 것이라 볼 수 있는바, 청구인은 수십 년 동안 뜸 시술행위를 행하여 왔음에도 이 때까지 아무런 제재도 받은 바가 없고 청구인으로부터 뜸 시술을 받아 온 일반인들에게도 청구인과 같은 정도의 지식과 경험이 있는 사람으로부터 뜸 치료를 받을 경우 신체의 건강을 위협할 가능성이 있다는 인식이 있었다고 보기도 어렵다. 이러한 사정들을 모두 종합하여 보면, 침사로서 수십 년간 침술과 뜸 시술행위를 하여 온 청구인의 뜸 시술행위는 법질서 전체의 정신이나 그 배후에 놓여 있는 사회윤리 내지 사회통념에 비추어 용인될 수 있는 행위에 해당한다고 볼 수 있으므로 이는 사회상규에 위배되지 아니하는 행위로서 위법성이 조각된다고 볼 여지가 많음에도 피청구인이 청구인의 행위가 정당행위에 해당하는지 여부에 관하여 수사와 판단을 제대로 하지 아니한 채 기소유예처분을 한 것은 청구인의 평등권과 행복추구권을 침해한 것이라고 할 것이다."라는 결정을 들 수 있다. 헌재 2011. 11. 24. 선고 2008헌마627 결정.

이다.[14]

(1) 선고유예

선고유예는 1) 1년 이하의 징역이나 금고, 자격정지 또는 벌금의 형을 선고하는 경우, 2) 제51조의 사항을 고려하여 뉘우치는 정상이 뚜렷하고, 3) 자격정지 이상의 형을 받은 전과가 없을 때 할 수 있다. 선고유예의 판결을 하는 경우 범죄사실과 선고할 형을 결정해야 하고[15] 다만 선고할 형은 주문으로 선고되지 않고 판결이유에 기재될 뿐이다. 또한 재범의 방지를 위해 지도 및 원호가 필요하면 보호관찰을 명할 수 있다. 보호관찰의 기간은 1년이며 형의 선고유예를 받은 날로부터 2년을 경과한 때에는 면소된[16] 것으로 간주한다.

선고유예는 실효사유와 취소사유의 구분 없이 모두 실효사유로 규정하였는데, 선고유예의 실효사유로는 1) 형의 선고유예를 받은 자가 유예기간 중 자격정지 이상의 형에 처한 판결이 확정된 경우, 2) 자격정지 이상의 형에 처한 전과가 발견된 경우, 3) 보호관찰의 준수사항에 대한 중대한 위반이 발생한 경우가 있다.

(2) 집행유예

집행유예는 1) 3년 이하의 징역이나 금고 또는 500만원 이하의 벌금의 형을 선고하는 경우, 2) 제51조의 사항을 참작하여 그 정상에 참작할 만한 사유가 있고, 3) 금고 이상의 형을 선고한 판결이 확정된 때부터 그 집행을 종료하거나 면제된 후 3년까지의 기간에 범한 죄가 아닌 때 할 수 있다. 집행유예의 기간은 1년 이상 5년 이하로

14) 2018년의 경우만 2,400건이 넘었다. "헌법재판소 심판기능 강화 위한 제도 개선 시급하다", 『법률신문』, 사설, 2019. 7. 22. (https://m.lawtimes.co.kr/Content/Opinion?serial=154582(2021. 12. 30. 검색).

15) 이재상, 『형법총론』, 제7판 (서울: 박영사, 2011), p. 612.

16) 형사소송법 제326조 참조.

하고 보호관찰이나 사회봉사 또는 수강을 명할 수 있다. 보호관찰의 기간은 원칙적으로 집행을 유예한 기간으로 하지만 법원은 유예기간의 범위 내에서 보호관찰의 기간을 정할 수 있다. 사회봉사명령 또는 수강명령은 집행유예기간 내에 이를 집행한다.

집행유예의 선고를 받은 후 그 선고의 실효 또는 취소 없이 유예기간을 경과하면 형의 집행만 면제받는 것이 아니라 형의 선고가 효력을 잃는다. 따라서 형의 집행유예기간이 경과하면 수형인명부의 해당란을 삭제하고 수형인명표를 폐기한다.[17)]

집행유예의 실효사유로는 집행유예의 기간 중에 고의로 범한 죄로 금고 이상의 실형을 선고받아 그 판결이 확정된 경우가 있다. 2005. 7. 29. 개정 형법은 실효사유를 '유예기간 중' '고의로 범한 죄로' '금고 이상'의 '실형'을 선고받아 '확정'된 때로 축소하였다. 개정 전에는 범죄시기 및 고의범 · 과실범의 구별 없이 '유예기간 중 금고 이상의 형의 선고를 받아 그 판결이 확정된 때'로 규정하였으나, 개정형법은 "유예'기간 중'에 범한 '고의범'에 대해 '금고 이상'의 '실형'의 '확정'판결이 있는 경우"에만 기존의 집행유예가 실효되도록 축소 제한함으로써, 판결 이후의 재범 방지라는 집행유예제도의 목적에 부합하게 되었다. 그리고 형법 제63조(집행유예의 실효)에서 "금고 이상의 실형"이라는 문구를 사용하고 있는 이상, 오로지 금고 이상의 실형이 선고 · 확정된 경우에만 기존의 집행유예가 실효하게 된다. 따라서 여기서의 '실형'은 '실제로 복역해야 하는 형'으로서 집행유예가 붙은 형을 제외한 것을 의미한다. 즉 징역 · 금고형의 실형이 아닌 집행유예가 붙은 형이 선고된다면 기존의 집행유예는 실효되지 않는 것이 된다. 집행유예의 취소사유로는 1) 금고 이상의 형을 선고한 판결이 확정된 때부터 그 집행을 종료하거나 면제된 후 3년까지의 기간에 범한 죄라는 것이 집행유예의 선고를 받은 후에 발각된

---

17) 형의 실효 등에 관한 법률 제8조.

경우, 2) 보호관찰의 준수사항이나 사회봉사명령 또는 수강명령의 중대한 위반이 발생한 경우가 있다.

(3) 가석방

가석방은 1) 징역이나 금고의 집행 중에 있는 사람이 무기형은 20년, 유기형은 형기의 3분의 1이 지난 후, 2) 행상이 양호하여 뉘우침이 뚜렷한 때, 3) 벌금이나 과료가 병과된 경우에는 그 금액을 완납하면 가석방심사위원회의 신청으로 법무부 장관이 허가할 수 있다. 가석방의 기간은 무기형에 있어서는 10년이고 유기형은 남은 형기로 하되 그 기간은 10년을 초과할 수 없다. 가석방된 자는 가석방 기간 중에 보호관찰을 받지만 가석방을 허가한 행정관청이 필요가 없다고 인정한 때에는 보호관찰을 받지 않을 수 있다. 가석방의 처분을 받은 후 그 처분이 실효 또는 취소되지 아니하고 가석방기간을 경과한 때에는 형의 집행을 종료한 것으로 본다.

가석방의 실효사유로는 가석방의 처분을 받은 자가 가석방 기간 중 고의로 지은 죄로 금고 이상의 형을 선고받아 그 판결이 확정된 경우가 있다. 가석방의 취소사유로는 가석방의 처분을 받은 자가 감시에 관한 규칙을 위배하거나 보호관찰의 준수사항에 대한 중대한 위반이 발생한 경우가 있다.

선고유예, 집행유예, 가석방의 요건을 표로 비교하면 다음과 같다.

[표 12-1] 선고유예, 집행유예, 가석방의 비교

선고유예	집행유예	가석방
1년 이하의 징역 또는 금고, 자격정지, 벌금의 형을 선고하는 경우	3년 이하의 징역이나 금고 또는 500만원 이하의 벌금의 형을 선고하는 경우	무기는 20년 유기는 형기의 1/3을 경과한 후
제51조의 사항을 고려하여 뉘우치는 정상이 뚜렷할 때	제51조의 사항을 참작하여 그 정상에 참작할 만한 사유가 있는 때	행상이 양호하여 뉘우침이 뚜렷한 때
자격정지 이상의 형을 받은 전과가 없는 경우	금고 이상의 형을 선고한 판결이 확정된 때부터 그 집행을 종료하거나 면제된 후 3년까지의 기간에 범한 죄가 아닌 경우	벌금 또는 과료의 완납
2년	1년 이상 5년 이하	10년 또는 잔여 형기
보호관찰(1년)	보호관찰, 사회봉사명령, 수강명령	보호관찰
1) 자격정지 이상의 형에 처한 판결이 확정되거나 전과가 발견된 때 2) 준수사항의 중대한 위반	유예기간 중 고의로 범한 죄로 금고 이상의 실형을 선고 받고 그 판결이 확정된 때	가석방기간 중 고의로 지은 죄로 금고 이상의 형의 선고를 받아 그 판결이 확정된 때
	1) 금고 이상의 형이 확정된 때부터 그 집행을 종료하거나 면제된 후 3년까지의 기간에 범한 죄로 형을 선고받은 자라는 것이 발각된 때 2) 준수사항이나 명령의 중대한 위반	감시에 관한 규칙의 위반 또는 준수사항의 중대한 위반
면소(免訴) 간주	형의 선고 효력 상실	형의 집행 종료 간주

[그림 12-1] 형사소송절차 흐름도[18]

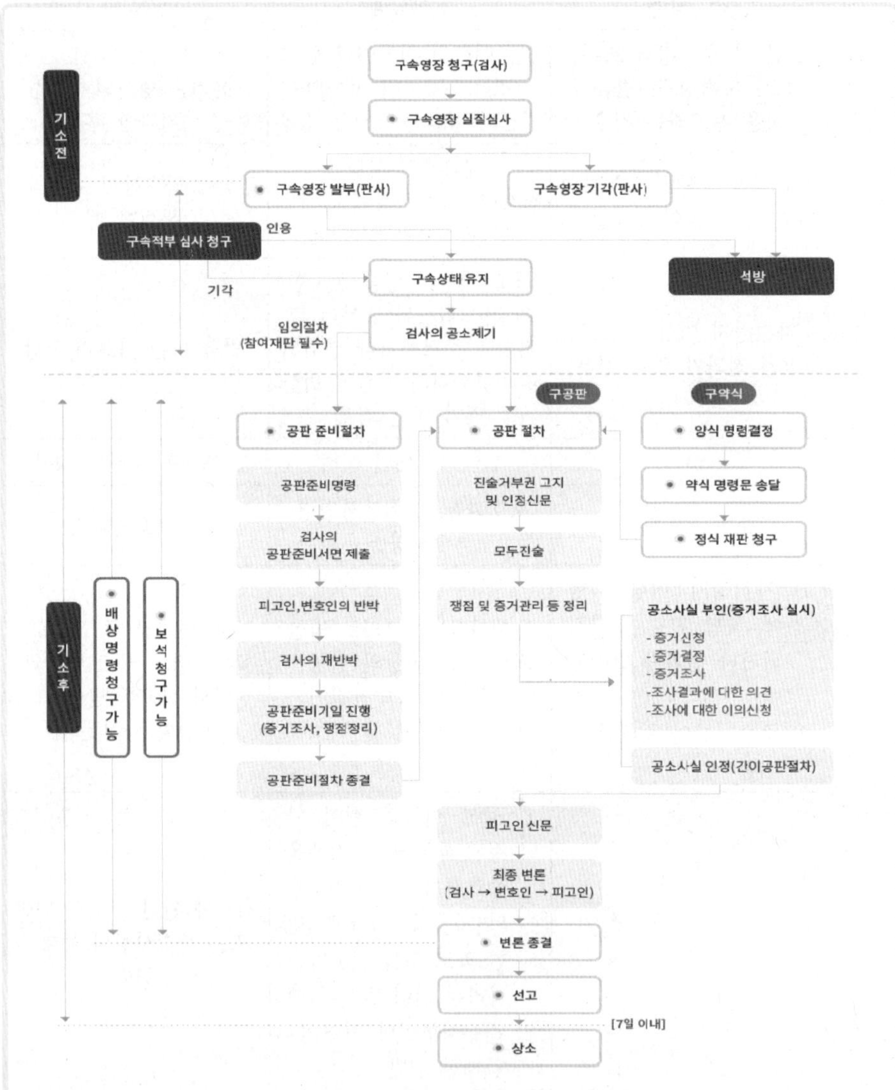

18) 대한민국법원 전자민원센터, https://ecfs.scourt.go.kr/psp/index.on?m=PSP736M01 (2025. 1. 15. 검색).

제4부
민법의 기본원리

제4부에서는 민법 총칙편에서 다루는 권리의 주체, 의사표시, 대리, 무효와 취소, 소멸시효를 세 개의 장으로 나누어 살펴본다. 제13장 권리의 주체에서는 권리능력, 행위능력과 제한능력자제도, 의사능력을 살펴보고 제14장 법률행위와 대리에서는 법률행위의 의의와 종류를 검토한 후 의사표시, 대리, 무효와 취소를 검토하면서 그 상호관계를 파악하고 제15장 소멸시효와 제척기간에서는 소멸시효를 중심으로 제척기간과의 차이점을 비교하여 정리한다.

제13장 권리의 주체로서 자연인과 법인의 차이를 비교하고 권리능력, 행위능력, 의사능력의 의미와 역할을 검토한다. 자연인은 별다른 제한 없이 권리능력이 인정되지만 행위능력이 제한되는 경우가 있는 반면에 법인은 정관의 목적 범위 등으로 권리능력이 제한되지만 행위능력에는 별다른 제한이 없다. 따라서 자연인의 경우에는 사무를 처리할 능력이 부족한 사람들을 보호하기 위해 제한능력자제도를 두고 있다. 아울러 민법에서 규정한 권리능력이나 행위능력과 별도로 판례를 통해 정립된 의사능력에 대해서도 살펴본다.

제14장 형법이 범죄의 구성요건과 범죄의 법률효과라고 할 수 있는 형벌을 규정하는 것처럼 민법은 법률요건과 법률효과로 이루어진다. 법률행위란 의사표시를 요소로 하는 법률요건이다. 여기서는 우선 진의 아닌 의사표시, 통정허위표시, 착오의 경우처럼 의사와 표시가 일치하지 않거나 사기나 강박의 경우처럼 하자 있는 의사표시의 효력을 살펴본다. 또한 법률행위는 대리인이 하고 그 법률효과는 직접 본인에게 발생하는 대리의 법률관계를 본인과 대리인의 관계(대리권), 대리인과 상대방의 관계(대리행위), 본인과 상대방의 관계(법률효과)로 나누어 구체적으로 검토한다. 마지막으로 법률효과와 관련하여 무효와 취소의 차이를 비교하여 정리한다.

제15장 소멸시효란 일정 기간 행사하지 않는 권리를 소멸시키는 제도로 권리의 존속기간을 정하여 그 기간의 경과로 권리가 소멸되는 제척기간과 구분된다. 소멸시효와 제척기간은 기간의 경과로 권리가 소멸되는 점은 동일하지만 그 목적과 성격이 다르다. 전자는 당사자가 오랫동안 권리를 행사하지 않는데서 비롯되지만 후자는 권리를 발생, 변경, 소멸시키는 행위의 결정을 존속기간을 정하지 않고 허용하는 경우 법률관계가 불안정해질 수 있다는 점에 기인한다. 따라서 양자는 법률효과 면에서 많은 차이가 있게 된다.

제13장 권리의 주체

민법은 개인의 재산관계와 가족관계를 규율하는 일반법이라고 할 수 있다[1]. 로마법을 계수한 독일의 민법처럼 총칙편, 물권편, 채권편, 친족편, 상속편으로 이루어져 있다.[2] 물권편과 채권편을 재산법이라 하고 친족편과 상속편을 가족법이라 하며 총칙편은 원래 재산법과 가족법에 모두 적용되는 통칙으로 의도되었으나 실제에서 총칙편의 상당 부분은 재산법에만 적용되고 가족법에는 성질상 적용할 수 없거나 특칙이 적용되는 경우가 많다.[3]

개인주의와 자유주의를 토대로 개인의 자유와 평등을 중시하는 근대시민국가에서 소유권 절대의 원칙, 계약자유의 원칙, 과실책임의 원칙이라는 근대 민법의 3대 원칙이 확립되었다. 개인의 소유권은 존중되며 국가라 하더라도 함부로 침해할 수 없고 계약은 당사자의 자유로운 의사에 기초하며 책임은 고의 또는 과실과 같은 개인의 귀책사유가 존재하는 경우에만 부담한다는 의미이다.

그러나 독점자본주의의 출현으로 빈부의 격차가 심화되면서, 경제적 강자와 약자의 관계에서 이러한 원칙들은 더 이상 제 역할을

---

1) 이원범, "총설", 『주석 민법: 총칙 I』, 제5판 (서울: 韓國司法行政學會, 2019), p. 4 참조.

2) 독일 민법의 이러한 체계를 판덱텐(Pandekten) 방식이라고 한다. 판덱텐은 동로마제국의 황제였던 유스티니아누스 1세가 편찬한 로마법대전(Corpus Juris Civilis)의 중요부분을 이루는 학설휘찬(Digesta 또는 Pandectae)에서 유래하였다. 학설휘찬은 2,000여권의 법률서적을 50권으로 요약하였고 'pandectae'는 전집, 백과사전, 총람이라는 뜻이다.

3) 물론 일반법과 특별법의 구분은 상대적이지만 민법은 보통 일반법으로 적용된다는 의미이며 특별법으로 적용될 가능성을 배제하는 것은 아니다.

하기 어려워졌고 실질적인 자유와 평등을 실현하기 위해 국가가 사적 영역에 관여하면서 근대 민법의 3대 원칙은 수정이 불가피하게 되었다. 재산권 행사의 공공복리적합의무를 규정한 헌법 제23조 제2항에서 볼 수 있는 것처럼 개인의 재산권은 여전히 존중되지만 무제한한 것은 아니며 공공의 필요에 의해 제한될 수 있고(헌23.3) 계약은 여전히 당사자 사이의 자유로운 합의로 이루어지지만 현저하게 공정성을 결여한 계약은 더 이상 그 효력을 인정받기 어려우며[4] 오늘날에는 당사자에게 고의 또는 과실이 없는 경우에도 손해가 발생한 경우에는 책임을 인정하는 경우가 있다. 이를 소유권 공공의 원칙, 계약공정의 원칙, 무과실책임의 원칙이라고도 부른다. 우리 민법의 제정 및 적용 과정에서도 사적 자치의 극단적 확대에 대한 경계심과 신의성실의 원칙(민법 제2조)의 강조를 통해 그 부작용을 최소화하려는 생각이 중요하게 작용하였다.[5]

민법의 연원으로는 법률, 관습법, 조리가 있다.[6] 민법 제1조는 법률에 규정이 없는 경우에 관습법을 적용하고 법률과 관습법이 없는

---

4) 노동법이나 경제법과 같은 사회법의 출현은 이런 맥락에서 이해할 수 있고 민법도 제104조에서 현저하게 공정을 잃은 법률행위를 절대적 무효로 하고 있다.

5) 권영준, “제2조 신의성실”, 『주석 민법: 총칙 I』, 제5판, pp. 109~110. “변호사의 소송위임 사무처리 보수에 관하여 변호사와 의뢰인 사이에 약정이 있는 경우 위임사무를 완료한 변호사는 원칙적으로 약정 보수액 전부를 청구할 수 있다. 다만 의뢰인과의 평소 관계, 사건 수임 경위, 사건처리 경과와 난이도, 노력의 정도, 소송물 가액, 의뢰인이 승소로 인하여 얻게 된 구체적 이익, 그 밖에 변론에 나타난 여러 사정을 고려하여, 약정 보수액이 부당하게 과다하여 신의성실의 원칙이나 형평의 관념에 반한다고 볼 만한 특별한 사정이 있는 경우에는 예외적으로 적당하다고 인정되는 범위 내의 보수액만을 청구할 수 있다. 그런데 이러한 보수 청구의 제한은 어디까지나 계약자유의 원칙에 대한 예외를 인정하는 것이므로, 법원은 그에 관한 합리적인 근거를 명확히 밝혀야 한다. 이러한 법리는 대법원이 오랜 시간에 걸쳐 발전시켜 온 것으로서, 현재에도 여전히 그 타당성을 인정할 수 있다.” 대법 2018. 5. 17. 선고 2016다35833 전원합의체 판결.

6) “민사에 관하여 법률에 규정이 없으면 관습법에 의하고 관습법이 없으면 조리에 의한다.” 민법 제1조.

경우에 조리를 적용하도록 규정하여 법률–관습법–조리의 순으로 연원의 지위를 인정하였다. 여기서 법률은 민법과 같은 형식적 의미의 법률뿐만 아니라 관련 법령을 포함하는 의미로 해석된다.[7] 이때 법령은 각종명령(대통령의 민사에 관한 긴급명령 등), 각종규칙(대법원규칙 등), 지방자치단체의 조례와 규칙뿐만 아니라 헌법에 의하여 체결·공포된 조약과 일반적으로 승인된 국제법규도 포함한다. 또한 헌법재판소에서 위헌결정을 받은 법률이더라도, 형벌법규를 제외하고는 그 결정이 있을 때까지는 유효한 법률이므로, 위헌결정 후에도 그 결정이 있기 전에 일어난 일에 관하여는 계속 적용된다.[8] 반면 외국의 사법은 여기서 말하는 '법률'에 포함되지 않고, 따라서 법원이 되는 것이 아니다. 외국의 사법이 국내에서 적용될 수 있는 것은 국제사법이 이를 인정하고 있기 때문이다.

1. 권리능력

권리의 주체 또는 법의 주체가 되기 위해서는 권리능력(權利能力

7) 처가 먼저 사망한 경우에는 그 부가 망실의 제사를 통제하는 제주가 되는 것이 관습이라 하더라도 "... 민법 제1조의 관습법은 법원으로서의 보충적 효력을 인정하는데 .... 가정의례에 관한 법률에 따라 제정된 가정의례준칙(1973.5.17 대통령령 제6680호) 제13조는 사망자의 배우자와 직계비속이 상제가 되고 주상은 장자가 되나 장자가 없는 경우에는 장손이 된다고 정하고 있으므로 원심인정의 관습이 관습법이라는 취지라면 .... 관습법의 제정법에 대한 열후적, 보충적 성격에 비추어 그와 같은 관습법의 효력을 인정하는 것은 관습법의 법원으로서의 효력을 정한 위 민법 제1조의 취지에 어긋나는 것이라고 할 것"이라고 하여 명령인 대통령령이 관습법보다 우위라고 판시하였다. 대법 1983. 6. 14. 선고 80다3231 판결. 또한 실질적으로 헌법에 어긋나는 관습법은 그 효력이 배제된다. 예컨대, 상속회복청구권이 시효로 소멸된다는 관습법(대법 2003. 7. 24. 선고 2001다48781 전원합의체 판결) 혹은 종중의 구성원은 성년남자로만 구성된다는 관습법(대법 2005. 7. 21. 선고 2002다1178 전원합의체 판결)은 그 효력을 인정할 수 없다.

8) 헌법재판소법 제47조. 헌재 1993. 5. 13. 선고 92헌가10 등 결정 참조.

/legal capacity) 또는 법인격(法人格/legal personality)이 있어야 한다. 권리능력이란 권리 또는 의무의 주체가 될 수 있는 지위 또는 자격을 의미하는 권리의무능력의 줄임말이다.[9] 법률관계는 달리 권리의무관계라 할 수 있고 권리의무관계는 권리의 면에서 파악할 수도 있고 의무의 면에서 파악할 수도 있지만, 법률관계를 권리의 면에서 파악하고 법의 체계도 권리의 체계로 구성하는 권리본위의 사고에서 권리의무능력을 권리능력이라 한다.

법학에서는 능력이라는 용어를 즐겨 사용한다. 원고 또는 피고처럼 소송의 당사자가 되기 위해서는 당사자능력이 있어야 하고 법정에서 증거로 채택되기 위해서는 증거능력이 있어야 하며 범죄에 대해 형사책임을 지우기 위해서는 행위자에게 책임능력이 있어야 한다. 또한 법률행위를 단독으로 하기 위해 필요한 능력이 행위능력이고 자신의 의사를 결정하기 위해 필요한 능력이 의사능력이다. 이런 맥락에서 법의 주체 또는 권리(또는 의무)의 주체가 되기 위해 필요한 능력이 바로 권리능력이다. 계약을 체결하고 동산 및 부동산을 취득하고 처분하며 소송을 제기하는 능력을 가진다는 규정은 권리능력의 또 다른 함축적 표현이라고 할 수 있다.[10]

권리능력은 자연인과 법인에게 인정된다. 따라서 자연인 또는 법인만이 법의 주체, 즉 권리와 의무의 주체가 될 수 있다. 자연인은 생물학적인 사람을 말하고 법인은 사람(자연인)처럼 법적으로 권리능력이 부여된 단체를 말한다. 자연인 중 외국인은 국내법상 권리능력에 제한을 받는 경우가 있다.

자연인(自然人/natural person)은 민법 제2장에서 규정하는데, 제2장의 인(人)은 자연인을 의미한다. 사람(자연인)은 생존하는 동안 권리와 의무의 주체가 된다.(민3) 사람의 출생시기에 대해서는 진통설, 일부노출설, 전부노출설, 독립호흡설이 있으며 형법에서는 입법취

9) 김준호, p. 54 참조.
10) 국제연합의 특권과 면제에 관한 협약 (조약 제1085호) 제1조.

지상 진통설이 통설이지만 민법에서는 전부노출설이 통설이다. 사람의 사망시기에 대해서는 뇌사설과 호흡맥박종지설이 있으며 뇌사설이 적용되는 장기 등 이식에 관한 법률과 같은 예외적인 경우를 제외하면 호흡맥박종지설이 통설이다. 사람의 사망은 생물학적 사망에 기초하지 않는 경우도 있는데, 실종선고가 그러한 경우이다.

실종선고는 당사자의 생사 여부에 관계없이 법적으로 사망한 것으로 간주(의제)하는 제도로 부재자, 즉 종래의 주소나 거소를 떠난 자의 생사가 5년간 분명하지 않은 경우 이해관계인 또는 검사의 청구로 가정법원이 선고한다. 전지에 임한 자, 침몰한 선박에 있던 자, 추락한 항공기에 있던 자, 기타 사망의 원인이 될 위난을 당한 자의 경우 5년의 기간은 1년으로 단축되고 실종선고가 내려지면 이 기간이 만료한 때에 사망한 것으로 본다.

법인(法人/legal person)은 민법 제3장에서 다룬다. 법인에는 사원으로 구성된 사단법인(社團法人)과 재산의 출연을 통해 설립된 재단법인이 있고 영리를 목적으로 하느냐에 따라 영리법인과 비영리법인으로 나눌 수 있다. 비영리법인은 사단법인과 재단법인이 모두 가능하지만 영리법인은 사단법인으로만 설립할 수 있다. 민법상의 법인은 비영리법인이고 상법상의 법인은 영리법인(상169)이다. 영리법인은 구성원의 경제적 이익을 도모하며 법인의 이익을 구성원에게 분배하는 게 목적이므로 구성원이 없는 재단법인은 성질상 영리법인이 될 수 없다.[11] 민법상의 법인 설립에는 허가주의가 적용되고 상법상의 법인은 준칙주의가 적용된다. 따라서 비영리단체는 주무관청의 허가를 받지 못하면 민법상의 법인이 될 수 없다.

민법상 법인의 기관으로는 이사, 사원총회, 감사가 있다. 업무집행기관으로서 이사는 대외적으로 법인을 대표하고 대내적으로는 법인의 사무를 집행하는 상설적 필요기관이다. 의사결정기관으로서

11) 김준호, p. 108.

사원총회는 재단법인과 달리 사원으로 구성된 사단법인에만 존재하는 법인의 필요기관이다. 감독기관인 감사는 정관이나 총회의 결의로 둘 수 있는데(민66), 주식회사의 감사처럼(상409) 필요기관은 아니다.

자연인과 법인을 권리능력 및 행위능력의 측면에서 비교하면 자연인은 특정한 경우를 제외하고 권리능력을 가지는 것에는 아무런 제한이 없지만 실제로 권리를 얻기 위해 법률행위를 하는 것 즉 행위능력이 제한되는 제한능력자제도가 적용되는 반면에 법인은 행위능력에는 아무런 제한이 없지만[12] 권리능력이 제한된다. 법인의 권리능력이 제한되는 대표적인 경우로 민법 제34조가 있는데, 이 규정은 "법인은 법률의 규정에 좇아 정관으로 정한 목적의 범위 내에서 권리와 의무의 주체가 된다."고 하여 법인의 권리능력을 정관의 목적 범위로 제한하였다.[13]

이 규정은 상법상의 법인에도 적용되는데, 가령 회사의 목적이 전기자동차의 제조 및 판매였는데, 새롭게 우주개발사업에 참여하여 우주선을 제조하고 운영하는 영업을 하려면 이에 대한 권리능력을 갖기 위해 정관을 변경해야 하는 문제가 발생할 수 있다. 다만, 여기서 '목적 범위 내의 행위'라 함은 법률이나 정관에 명시된 목적 자체에 국한되는 것이 아니라 그 목적을 수행하는 데 있어 직접 또는 간접으로 필요한 행위를 모두 포함한다.[14]

민법은 제3조에 "사람은 생존한 동안 권리와 의무의 주체가 된다."라고 규정하고 있다. 그리고 사람은 산모로부터 완전히 분리되었을 때 비로소 출생한 것으로 다루어지기 때문에 태아는 아직 법적 의미

12) 오히려 중요한 것은 법인의 행위능력을 현실적으로 누가 구사하며, 누구의 행위를 법인의 행위로 귀속할 수 있을 것인가 하는 문제이다. 송호영, "제34조 법인의 권리능력", 『주석 민법: 총칙 I』, 제5판, p. 690.

13) 법인을 설립하기 위해서는 정관을 작성해야 하는데, 정관이란 법인의 목적, 명칭, 사무소의 소재지, 자산에 관한 규정, 이사의 임면에 관한 규정 등을 기재하여 설립자가 기명·날인한 서면을 말한다. 민법 제40조와 제43조 참조.

14) 대법 2013. 11. 28. 선고 2010다91831 판결 참조.

에서 사람(자연인)이 아니다. 그런 태아에게도 권리능력이 인정되는가? 각국의 민법은 보통 태아를 보호하기 위한 규정을 두었는데, 태아의 이익이 관련되는 경우에는 모두 출생한 것으로 보는 일반주의와 특히 중요하다고 판단하는 일부 사항에 대해서만 출생한 것으로 보는 개별주의로 나눌 수 있으며 우리나라는 후자에 속한다.

민법은 불법행위에 대한 손해배상청구권(민762), 상속(민1000.3), 유증(민1064), 인지(민858)에서[15] 태아에 대해 규정하였다. 유증은 유언으로써 재산을 타인에게 무상으로 주는 단독행위로 상대방의 승낙이 필요한 계약인 사인증여와 구분된다. 인지는 혼외자를 그의 생부나 생모가 자신의 자녀로 인정하여 법률상의 친자관계를 생기게 하는 단독행위이다. 민법은 손해배상청구권, 상속, 유증에 있어 태아를 이미 출생한 것으로 의제하는 규정을 두었고 인지에서는 부가 태아를 인지할 수 있게 하였다.

태아의 권리능력을 인정하더라도 이를 정지조건부로 인정하는지 아니면 해제조건부로 인정하는지는 실제에서 중요한 차이가 있다. 판례는 정지조건부로 태아의 권리능력을 인정하고 학설 중 다수설은 해제조건부로 태아의 권리능력을 인정한다. 정지조건설이 태아가 출생하면 소급해서 권리능력을 인정하는데 반해 해제조건설은 태아인 때부터 권리능력이 인정되고 사산된 경우에 소급하여 권리능력을 상실한다.

가령 태아가 부친의 집을 상속하는 경우 정지조건설에 의하면 태아가 출생한 이후에 상속이 개시된 시점으로 소급해서 태아의 권리능력이 인정된다. 따라서 상속이 개시되는 시점에는 아직 태아가 출생하기 전이어서 태아의 권리능력이 인정되지 않고 따라서 태아의 법정대리인도 존재하지 않는다. 그러므로 태아가 출생하기 전에 법

15) "부는 포태 중에 있는 자에 대하여도 이를 인지할 수 있다." 민법 제858조. 제858조는 태아가 인지의 대상이 될 수 있고 부(父)가 인지할 수 있다는 의미이지 태아가 인지청구권을 가진다는 의미가 아니다. 김준호, p. 58.

정상속이 이루어지면 부친의 집은 일단 부의 직계존속(태아의 조부모)과 부의 배우자(태아의 모친)가 공동상속하게 되고 이후 태아가 출생하게 되면 태아의 권리능력이 상속 개시의 시점으로 소급하여 인정되고 조부모를 상대로 법정대리인인 모친을 통해 상속회복청구권을 행사하여 비로소 자신의 상속분을 가질 수 있게 된다. 반면에 해제조건부는 상속개시 시점에 태아의 권리능력이 인정되어 모와 함께 친부의 집을 공동상속하게 된다. 만약에 태아가 사산되면 부의 직계존속이 태아의 법정대리인이라고 할 모를 상대로 태아의 상속분에 대한 반환청구를 하게 된다.

정지조건설과 해제조건설의 대립은 태아의 이익을 보호할 것인지 아니면 제3자의 보호(또는 거래의 안전)에 중점을 둘 것인지에 대한 입장의 차이라고도 할 수 있으나 해제조건설이 태아의 이익을 보호하려는 민법의 입법취지에 부합하고 출생한 것으로 의제하는 규정에도 충실한 해석이라고 할 수 있다. 그러나 존재하는 법은 어디까지나 정지조건설이고 해제조건설은 존재해야 하는 법의 토대가 될 수 있다는 점에 주의할 필요가 있다.

2. 행위능력과 제한능력자제도

행위능력이란 단독으로 법률행위를 할 수 있는 지위 또는 자격을 의미한다. 따라서 행위능력이 제한되는 경우에는 법정대리인인 친권자 또는 후견인의 동의를 얻어서 법률행위를 하거나 법정대리인을 통해 법률행위를 해야 한다. 법인의 경우에는 행위능력에 아무런 제한이 없지만 자연인의 경우에는 미성년자이거나, 또는 성년자라도 사무를 처리할 능력이 사람마다 다르기 때문에 사무처리능력이 충분하지 않다고 판단되는 경우에 가정법원의 심판을 통해 행위능력을 제한하고 이러한 제한능력자에게 법적 보호를 제공하는 제한능력자제도를 민법에 규정하였다.

제한능력자로는 가정법원의 심판을 통해 인정되는 피성년후견인과 피한정후견인 외에 미성년자가 있다. 다른 한편으로 행위능력자도 제한능력자제도를 이용할 수 있는데, 피특정후견인이 이러한 경우이다.

미성년자는 제한능력자이기 때문에 법률대리인의 동의를 얻어 자신이 법률행위를 하거나 아니면 법정대리인을 통해 법률행위를 할 수 있다. 법정대리인의 동의 없이 행한 행위는 법정대리인이 취소할 수 있다. 민법은 제4조에서 "사람은 19세로 성년에 이르게 된다."고 하여 만 19세 미만의 미성년자를 제한능력자로 규정하였다. 미성년자의 법정대리인은 부모인 친권자 또는 후견인이 되며 동의권, 취소권, 대리권을 가진다.

미성년자는 원칙적으로 법정대리인의 동의를 얻어야 법률행위를 할 수 있지만 1) 권리만을 얻거나 의무만을 면하는 행위, 2) 법정대리인이 범위를 정하여 허락한 재산의 처분, 3) 법정대리인으로부터 허락을 얻은 특정한 영업에 관한 행위는 민법에서 예외로 규정하였다.[16] 권리만을 얻거나 의무만을 면하는 행위는 부담이 없는 증여를 받는 것처럼 전적으로 권리만을 얻거나 채무면제처럼 전적으로 의무만을 면하는 행위만을 의미하고 권리도 얻지만 의무도 부담하는 행위는 여기에 포함되지 않는다.

법정대리인이 범위를 정하여 허락한 재산의 처분으로는 용돈 등을 들 수 있겠고, 또한 이미 영업의 종류를 특정하여 법정대리인이 허락한 이상 그 영업과 관련된 개별적인 거래에는 별도의 동의가 필요 없다는 취지에서 민법은 성년자와 동일한 행위능력을 미성년자에게 인정하였다. 특별법의 경우에는 민법과 다른 규정을 둘 수 있는데, 가령 근로기준법 제68조는 미성년자에게 독자적으로 임금을

16) 민법 제5조~제8조 참조.

청구할 수 있게 하였고, 근로계약도 친권자나 후견인이 대리할 수는 없고[17] (친권자 또는 후견인의) 동의를 얻어 미성년자가 근로계약을 체결하도록 하고 있다.[18]

피성년후견인이란 질병, 장애, 노령, 그 밖의 사유로 인한 정신적 제약으로 사무를 처리할 능력이 지속적으로 결여된 사람에 대해 본인 등의 청구에 의한 가정법원의 심판으로 성년후견이 개시된 사람을 말한다. 성년후견개시의 심판을 할 때에는 본인의 의사를 고려해야 하고(민9.2) 성년후견인을 둔다.(민929) 성년후견인은 피성년후견인의 법정대리인으로(민938.1) 피성년후견인의 법률행위에 대해 취소권과 대리권을 가진다. 다만 가정법원은 취소할 수 없는 피성년후견인의 법률행위의 범위를 정할 수 있다.

피한정후견인은 질병, 장애, 노령, 그 밖의 사유로 인한 정신적 제약으로 사무를 처리할 능력이 부족한 사람에 대해 본인 등의 청구에 의한 가정법원의 심판으로 한정후견이 개시된 사람을 말한다. 역시 본인의 의사를 고려해야 하고 한정후견인을 둔다.(민959-2) 한정후견인은 피한정후견인의 법률행위에 대해 동의권과 취소권을 가진다. 가정법원은 피한정후견인이 한정후견인의 동의를 받아야 하는 행위의 범위를 정할 수 있다. 또한 가정법원은 한정후견인에게 대리권을 수여할 수도 있는데, 이때에는 한정후견인이 피한정후견인의 법정대리인이 된다.(민959-4)

민법은 피성년후견인 또는 피한정후견인의 일용품 구입 등 일상생활에 필요하고 그 대가가 과도하지 않은 법률행위는 취소할 수 없도록 예외로 규정하여 사전에 이에 대한 법적 기준을 명확하게 제시하였다.[19]

성년후견과 한정후견은 일단 개시되면 종료심판이 있을 때까지

---

17) 근로기준법 제67조 제1항.

18) 김준호, p. 76 참조.

19) 민법 제10조 제4항과 제13조 제4항 단서.

계속되는 지속적이고 포괄적인 보호제도이다. 이와 달리 정신적 제약이 다소 미약한 정도에 불과하거나 일상생활에서는 가족의 보호 등을 통하여 생활을 무난하게 영위하면서도 개별적, 일시적, 일회적으로 가정법원의 보호조치를 받고자 하는 사람들의 법적 수요를 충족하기 위하여 특정후견제도가 만들어졌다.[20] 피특정후견인은 질병, 장애, 노령, 그 밖의 사유로 인한 정신적 제약으로 일시적 후원 또는 특정한 사무에 관한 후원이 필요한 사람에 대해 본인 등의 청구로 가정법원이 특정후견을 하는 사람을 말한다. 특정후견은 본인의 의사에 반하여 할 수 없으며 특정후견의 심판을 하는 경우 가정법원은 특정후견의 기간 또는 사무의 범위를 정해야 한다. 또한 피특정후견인의 후원을 위하여 필요한 처분을 명할 수 있는데(민 959-8), 그러한 처분으로 (피특정후견인을 후원하거나 대리하기 위해) 특정후견인을 선임할 수 있다.

대리권이 수여되는 경우 특정후견인은 정해진 기간 또는 범위에서 피특정후견인의 법정대리인이 되지만 취소권과 동의권을 갖지 않는다. 또한 피특정후견인은 제한능력자가 아니기 때문에 특정후견인이 대리권을 가지는 경우에도 특정후견인과 별도로 피특정후견인은 스스로 법률행위를 할 수 있다.[21] 따라서 민법 제15조 이하에서 정하는 제한능력자에도 해당되지 않는다.[22]

민법은 제한능력자와 거래하는 상대방을 보호하고 거래의 안전을 도모하기 위해 최고권, 철회권, 거절권을 거래의 상대방에게 인정한다. 취소할 수 있는 법률행위, 즉 미성년자나 피한정후견인이 동의 없이 한 법률행위는 일단 유효하게 성립하지만 법정대리인이 이를 취소하는 경우에는 소급하여 무효가 되며 반대로 추인하는 경우에는 더 이상 취소할 수 없고 법률행위는 확정적으로 유효가 된다. 따

20) 신숙희, “제14조의2 특정후견의 심판”, 『주석 민법: 총칙 I』, 제5판, p. 357.
21) 김준호, pp. 82~83.
22) 법원행정처, 『성년후견제도 해설』 (서울: 법원행정처, 2013), p. 16.

라서 취소할 수 있는 법률행위를 실제로 취소하거나 추인하기 전까지는 법률행위의 효력이 불안정한 상태에 놓이는데, 민법은 이처럼 불안정한 법률관계를 확정지을 수 있는 권리를 거래의 상대방에게 부여한다.

최고권(催告權) 또는 촉구권(促求權)은 거래의 상대방이 1개월 이상의 기간을 정해 취소할 수 있는 행위를 추인할 것인지의 확답을 촉구할 수 있는 권리이다. 민법은 그 기간 내에 확답을 발송하지 않으면 그 행위를 추인한 것으로 본다. 이는 민법의 원칙인 도달주의[23] 예외에 해당한다. 또한 거래의 상대방은 법정대리인의 추인이 있을 때까지 제한능력자와 체결한 계약을 철회할 수 있고 제한능력자의 단독행위를 거절할 수 있다.

제한능력자가 속임수를 사용하여 법률행위를 한 경우에는 그 행위를 취소할 수 없다. 즉, 제한능력자가 속임수로써 자신을 능력자로 믿게 하거나 미성년자나 피한정후견인이 속임수로 법정대리인의 동의가 있는 것으로 믿게 한 경우에는 그 행위를 취소할 수 없다.

한편 성년후견이 개시되면 피성년후견인은 원칙적으로 법정대리인인 성년후견인의 대리행위를 통해서만 법률행위를 해야 한다.[24]

민법은 2013년 7월 1일부터 새로운 성년후견제도를 시행하면서 이와 함께 성년후견, 한정후견, 특정후견 등에 관한 사항을 등기의 방법으로 공시하는 후견등기제도도 운영하고 있다.[25] 마지막으로

23) "상대방이 있는 의사표시는 상대방에게 도달한 때에 그 효력이 생긴다." 민법 제111조 제1항.

24) 신숙희, "제10조 피성년후견인의 행위와 취소", 『주석 민법: 총칙 I』, 제5판, p. 332. 예외적으로 1) 가정법원이 취소할 수 없도록 정한 법률행위(민법 제10조 제2항), 2) 일용품의 구입 등 일상생활에 필요하고 그 대가가 과도하지 아니한 법률행위(민법 제10조 제4항), 3) 신상결정권(민법 제947조의2 제1항) 등은 피성년후견인이 단독으로 유효하게 할 수 있다.

25) "후견등기사무는 대법원규칙으로 정하는 가정법원에서 담당한다." 후견등기에 관한 법률 제4조.

제한능력자제도를 표로 정리하면 다음과 같다.

[표 13-1] 제한능력자제도

<table>
<tr><th colspan="2">미성년자</th><th>피성년후견인</th><th>피한정후견인</th><th>(피특정후견인)</th></tr>
<tr><td colspan="2">만 19세 미만 자</td><td>사무를 처리할 능력이 지속적으로 결여된 사람</td><td>사무를 처리할 능력이 부족한 사람</td><td>일시적 후원 또는 특정한 사무에 관한 후원이 필요한 사람</td></tr>
<tr><td colspan="2">친권자 또는 후견인</td><td>성년후견인</td><td>한정후견인</td><td>(특정후견인)</td></tr>
<tr><td colspan="2">동의권
취소권
대리권</td><td>취소권
대리권</td><td>동의권
취소권
(+대리권)</td><td>가정법원이 후원을 위해 필요한 처분을 명령 (+대리권)</td></tr>
<tr><td colspan="2" rowspan="2">• 권리만을 얻거나 의무만을 면하는 행위
• 법정대리인이 범위를 정하여 허락한 재산의 처분
• 법정대리인의 허락을 얻은 특정한 영업에 관한 행위</td><td>취소할 수 없는 피성년후견인의 행위</td><td>동의를 받아야 하는 피한정후견인의 행위</td><td rowspan="2">• 본인의 의사에 반할 수 없다
• 본인도 법률행위 가능</td></tr>
<tr><td colspan="2">일상생활에 필요하고 그 대가가 과도하지 않은 법률행위 취소 불가</td></tr>
<tr><td rowspan="3">제3자</td><td colspan="3">최고권: 30일 이상의 기간을 정해 추인 여부의 확답 촉구 (추인 간주 원칙)</td><td></td></tr>
<tr><td colspan="3">철회권: 추인이 있을 때까지 계약의 상대방</td><td></td></tr>
<tr><td colspan="3">거절권: 추인이 있을 때까지 단독행위의 상대방</td><td></td></tr>
<tr><td colspan="4">제한능력자의 속임수</td><td></td></tr>
</table>

3. 의사능력

의사능력이란 법적으로 자신의 의사를 결정할 수 있는 지위 또는 자격으로 "자신의 행위의 의미나 결과를 정상적인 인식력과 예기력을 바탕으로 합리적으로 판단할 수 있는 정신적 능력 내지는 지능"

을[26] 말한다. 즉 사람이 통상적으로 가지는 정상적인 판단능력을 말하며[27] 의사능력이 없는 사람, 즉 의사무능력자의 행위는 절대적 무효이다. 민법에는 의사능력에 관한 일반적인 규정이 없으며[28] 판례를 통해 정립된 개념이라고 할 수 있다.

의사능력의 유무는 획일적으로 정해지지 않고 구체적인 법률행위와 관련하여 개별적으로 판단하되[29] 의사무능력을 이유로 법률행위의 무효를 주장하기 위해서는 무효를 주장하는 측이 입증책임을 부담한다.[30] 법률행위 당시에 의사무능력의 상태에 있었다는 것을 입증하기 어려울 수 있으며 법원은 상대방의 보호 또는 거래의 안전을 고려하여 판단한다.

판례는 "원고는 이 사건 계약일 무렵 그 지능지수는 70 정도이고, 사회연령은 6세 정도에 불과하며, 읽기, 쓰기, 계산 능력을 제대로 갖추지 못한 상태였다고 볼 여지가 있는바 ... 장애인복지법상 지능지수 70 이하의 사람을 ... 보호의 대상으로 삼고 있는 점, 원고가 대출받은 금원이 5,000만 원으로서 결코 소액이라고 할 수 없는 점, 계약관계자들은 모두 면지역의 동네 사람들로서 원고의 정신상태를 알 만한 처지라는 점을 보태어 보면, 원고가 이 사건 계약 당시 5,000만 원이라는 금액을 대출받고 이에 대하여 자기 소유의 부동산을 담보로 제공함으로써 만약 대출금을 변제하지 못할 때에는 근저당권의 실행으로 인하여 그 소유권을 상실할 수 있다는 일련의 법률적인 의미와 효과를 이해할 수 있는 의사능력을 갖추고 있었다고는 볼 수 없고, 따라서 이 사건 계약은 의사능력을 흠결한 상태에서

---

26) 대법 2002. 10. 11. 선고 2001다10113 판결.

27) 신숙희, "제5조 미성년자의 능력", 『주석 민법: 총칙 I』, 제5판, p. 274 참조.

28) "피성년후견인은 의사능력이 회복된 때에만 유언을 할 수 있다." 민법 1063조 제1항 참조.

29) 김준호, pp. 65~66.

30) 신숙희, "제5조 미성년자의 능력", 『주석 민법: 총칙 I』, 제5판, p. 275. 서울중앙지법 2018. 4. 17. 선고 2017가합519661 판결 참조.

체결된 것으로서 무효라고 보아야 할 것이다."라고 판시하였다.[31)]

이 사건에서 대법원은 원고가 읽기, 쓰기, 계산 능력을 제대로 갖추지 못한 상태였다는 점, 비교적 고액인 대출금을 갚지 못하면 근저당권의 실행으로 자기 소유의 부동산을 상실할 수 있는 법적 의미와 효과를 이해하고 있었다고 보기 어려운 점, 상대방의 보호 또는 거래의 안전이라는 측면에서 볼 때 계약관계자들이 모두 원고의 정신상태를 알 만한 처지라는 점 등을 종합적으로 고려하여 원심을 파기환송하였다.

31) 대법 2002. 10. 11. 선고 2001다10113 판결. 이어서 "비록 원고가 이 사건 계약 당시 직접 피고 조합을 방문하여 일부 서류에 서명날인하였다고 하더라도, 이를 가지고 원고가 그 행위의 법률적 의미와 효과까지 이해하였다고 볼 수도 없다(다만, 이 사건에서 원고가 직접 변호사에게 소송대리를 위임하여 원고의 명의로 소를 제기하였는바, 의사무능력자가 한 소송행위의 효력은 그의 정신능력의 정도, 행하여진 당해 소송행위의 성질, 효과 등 여러 가지 사정을 종합하여 개별적인 소송행위별로 결정되어야 할 것임에 비추어, 이 사건 소제기는 원고 자신의 권리를 위하여 변호사에게 소송에 관한 대리권을 수여한다는 점에서 자신의 이익을 위한 것이므로, 소송행위로서 효력을 인정할 수 있다는 점을 덧붙여 둔다)."고 하였다.

제14장 법률행위와 대리

민법 총칙편에서는 권리의 주체, 권리의 객체, 권리의 변동을 다룬다. 권리의 주체에 대해서는 제13장에서 살펴보았고 권리의 객체와 관련하여 민법은 제4장(제98조~제102조)에 물건을 규정하였다. 민법에서 물건이란 "유체물 및 전기 기타 관리할 수 있는 자연력"을 말한다.[1] 민법은 물건을 동산과 부동산으로 구분하여 토지 및 그 정착물을 부동산으로 하고 부동산 이외의 물건을 동산으로 정의하였다. 양자의 중요한 차이의 하나는 공시방법인데, 부동산은 등기를 통해 공시하고 동산은 인도, 즉 점유의 이전을 통해 공시한다.

주물과 그 부속물인 종물에 대해서는 종물은 주물의 처분에 따른다는 원칙을 규정하였다.(민100.2) 종물로 인정되기 위해서는 종물이 주물로부터 독립된 물건이고 주물과 종물이 모두 동일한 소유자에게 속해야 하며 주물의 상용에 이바지하는 부속된 물건이어야 한

---

1) 법무부장관은 2021. 7. 19. 개정이유를 "반려동물 양육 인구가 지속적으로 증가하고 동물에 대한 생명존중 의식이 커져감에 따라, 우리 사회에서 동물학대나 유기의 방지, 동물에 대한 비인도적 처우의 개선, 동물권 보호 강화를 요청하는 목소리도 커지고 있음. 그러나 현행 「민법」은 여전히 동물을 일반 물건으로 취급하고 있어, 이러한 사회적 변화와 국민의 인식에 부합하지 못한다는 지적이 꾸준히 제기되어 왔음. 이에 「민법」상 물건 규정(법 제98조)에 '동물은 물건이 아님'을 선언하는 조항(안 제98조의2)을 신설함으로써, 이러한 시대적 변화를 기본법인 「민법」에 담아내고 동물보호를 강화하는 토대를 제공하는 한편, 보다 생명이 존중되는 미래사회를 견인하기 위함임."이라고 하면서 "민법 제98조의2 (동물의 법적 지위) ① 동물은 물건이 아니다. ② 동물에 대해서는 법률에 특별한 규정이 있는 경우를 제외하고는 물건에 관한 규정을 준용한다."는 입법예고를 하였다(법무부공고 제2021-220호). 그러나 아직 법률로 국회에서 의결·공포되지는 아니하였다.

다.[2] 판례는 본채와 분리되었지만 사람이 거주하지 않고 가재도구의 보관 장소로 사용하는 작은 방, 연탄창고, 공동변소[3] 또는 횟집으로 사용할 건물에 거의 붙여서 횟감용 생선을 보관하기 위해 만든 수족관[4] 등을 종물로 판시한 바 있다.

원물과 과실의 구분도 인정한다. 원물은 과실을 생기게 하는 물건이고 과실은 물건에서 생기는 수익을 말한다.[5] 과실은 천연과실과 법정과실로 나눌 수 있는데, 논, 밭, 과수에서 수확하는 쌀, 보리, 과일처럼 물건의 용법에 따라 수취하는 산출물이 전자에 속하고, 이자나 임대료처럼 물건의 사용대가로 받는 금전이나 그 밖의 물건이 후자에 속한다. 천연과실은 원물로부터 분리하는 때에 이를 수취할 권리자에게 속하고 법정과실은 수취할 권리의 존속기간일수의 비율로 취득한다.

권리의 주체와 객체에 대한 부분을 제외하면 민법의 총칙편은 권리의 변동을 다룬다고 할 수 있다. 권리의 변동이란 권리의 발생, 변경, 소멸을 의미하는데, 당사자의 의사표시(법률행위)에 의한 경우와 법률의 규정에 의한 경우로 나눌 수 있다. 여기서는 의사표시와 관련하여 의사와 표시가 일치하지 않거나 하자 있는 의사표시에 의한 법률행위의 효력을 검토한 후 법률행위의 대리를 살펴보고 무효와 취소를 비교하여 정리한다.

1. 의사표시

민법의 규정은 법률요건과 법률효과로 이루어진다. 법률요건이란

2) 김준호, p. 172.
3) 대법 1991. 5. 14. 선고 91다2779 판결.
4) 대법 1993. 2. 12. 선고 92도3234 판결.
5) 김준호, p. 174.

법률효과 또는 권리의 변동을 가져오는 요건을 말하고 법률효과는 법률요건이 충족되는 경우에 발생하는 효과를 말하며 법률효과는 권리의 관점에서 보면 권리의 변동(발생, 변경, 소멸)으로 나타난다. 이는 원래 형법학의 범죄구성요건의 관념에서 시작된 것인데, 이를 민법학에 도입한 것이라고 한다.[6]

권리의 변동을 가져오는 법률요건은 법률행위와 법률행위가 아닌 법률요건으로 나눌 수 있는데, 소멸시효, 취득시효, 선의취득, 선점, 유실물 습득, 매장물 발견, 첨부, 사무관리, 부당이득, 불법행위, 상속 등이 후자에 속하며 이 중에서 취득시효부터 첨부까지는 소유권의 취득원인으로 물권편에서, 사무관리, 부당이득, 불법행위는 채권편에서, 상속은 상속편에서 다루고 총칙편에서는 법률행위와 소멸시효를 다룬다.[7]

법률행위란 의사표시를 요소로 하는 법률요건으로 의사표시의 수와 방향에 따라 단독행위, 계약, 합동행위로 나눌 수 있다.[8]

단독행위는 하나의 의사표시로 성립하는 법률행위로 상대방에 대한 통지를 요건으로 하는지에 따라 상대방이 있는 단독행위와 상대방이 없는 단독행위로 나눌 수 있다. 동의, 취소, 추인, 해지, 해제, 상계, 채무면제 등은 전자에 속하고 유언, 상속의 승인과 포기, 권리의 포기, 재단법인의 설립행위 등은 후자에 속한다. 단독행위에는 상대방의 지위를 더욱 불안정하게 할 수 있는 조건과 기한을 원칙적으로 붙이지 못하고 상대방이 없는 단독행위는 의사표시의 진정성을 보장하기 위해 대부분이 요식행위로 되어 있다. 계약은 대립되는 두 개의 의사표시의 합치로 성립하는 법률행위를 말한다. 합동행위란 공동의 목적을 향한 둘 이상의 의사표시의 합치로 성립하는 법률행위로 사단법인의 설립행위가 이에 속한다. 합동행위는 둘 이상의

6) *Ibid.*, p. 181.

7) *Ibid.*, pp. 181~184.

8) 金疇洙, 『民法概論』, 改訂版 (서울: 三英社, 1984), p. 67.

의사표시가 필요하다는 점에서 단독행위와 구분되고 둘 이상의 의사표시가 대립하지 않는다는 점에서 계약과 다르다.[9)]

의사표시에 문제가 발생하는 경우는 크게 세 가지로 나눌 수 있다. 먼저 선량한 풍속 기타 사회질서, 즉 이른바 공서양속에 위반하거나(민103) 현저하게 공정을 잃은 경우(민104)이고, 다음으로 의사와 표시가 일치하지 않는 경우이며 마지막으로 의사표시에 하자가 있는 경우이다. 의사와 표시가 일치하지 않는 경우로는 표의자가 의사와 표시의 불일치를 아는 경우, 표의자가 의사와 표시의 불일치를 상대방과 합의하는 경우, 표의자가 의사와 표시의 불일치를 모르는 경우가 있다. 민법 제107조의 진의 아닌 의사표시는 첫 번째 경우이고 제108조의 통정허위표시는 두 번째 경우이며 제109조의 착오는 세 번째 경우에 속한다. 의사표시에 하자가 있는 경우란 의사결정의 자유가 침해된 경우로 민법 제110조의 사기 또는 강박에 의한 의사표시가 여기에 해당한다.[10)]

민법 제103조에 의하여 무효(절대적 무효)로 되는 반사회질서 행위는 법률행위의 목적인 권리의무의 내용이 선량한 풍속 기타 사회질서에 위반되는 경우뿐 아니라, 그 내용 자체는 사회질서에 반하는 것이 아니라고 하여도 법률적으로 이를 강제하거나 그 법률행위에 사회질서에 반하는 조건 또는 금전적 대가가 결부됨으로써 반사회질서적 성격을 띠는 경우 및 표시되거나 상대방에게 알려진 법률행위의 동기가 반사회질서적인 경우를 포함한다.[11)] 예컨대, 성적인 의무를 금전적 거래의 대상으로 하는 계약,[12)] 혼인관계 파기를 전제로 한 결혼약속,[13)] 도박채무를 부담하거나[14)] 도박자금으로 쓰일 것을

9) 김준호, pp. 189~190.
10) *Ibid.*, pp. 231, 257.
11) 대법 2002. 9. 10. 선고 2002다21509 판결.
12) 대법 2004. 9. 3. 선고 2004다27488, 27495 판결.
13) 대법 1995. 9. 26. 선고 94므1638 판결.

알면서 돈을 대여하는 약정,[15] 증권회사가 고객에게 증권거래와 관련하여 발생한 손실을 보전해 주기로 하는 이른바 손실보전약정,[16] 회사에서 직원들을 유상증자에 참여시키면서 퇴직시 출자 손실금을 전액 보전해 주기로 하는 약정,[17] 공무원에게 담당사무에 관하여 특별한 청약을 하고 그에 대한 보수로 돈을 지급할 것을 내용으로 하는 계약,[18] 증언 또는 증언거부에 대하여 대가를 받기로 하는 계약,[19] 동일한 목적물을 한사람(제1양수인)에게 양도하여 주기로 계약을 체결한 사람(양도인)이 다시 다른 제3자(제2양수인)에게 양도하기로 하는 경우 제2양수인이 양도인의 제1양수인에 대한 배임행위에 적극 가담한 경우[20] 등에 대하여 대법원은 반사회적 법률행위를 이유로 무효라고 판시하였다. 이와 같이 민법 제103조 위반에 해당하는 불법의 원인으로 인하여 재산을 급여하거나 노무를 제공한 때에는 설령 그 법률행위가 무효라고 하더라도, 그 원인이 수익자에게만 있는 경우가 아닌 한, 그 이익의 반환을 청구하지 못한다.(민746, 불법원인급여)

진의 아닌 의사표시 또는 비진의의사표시는 표의자가 의사와 표시의 불일치를 알면서 진의 아닌 의사표시를 한 경우로 이때에는 표시된 대로 효력을 인정하는 것이 원칙이고, 다만 상대방이 진의 아님을 알았거나 알 수 있었을 때에는 무효로 한다. 즉 진의 아닌 의사표시는 원칙적으로 유효이고 상대방이 알았거나 알 수 있었을 때에는 무효이다.

판례는 "원심은 원고들이 ... 피고와, 소외인 외 7인의 ... 대여금

14) 대법 1995. 7. 14. 선고 94다40147 판결.
15) 대법 1994. 12. 22. 선고 93다55234 판결.
16) 대법 2001. 4. 24. 선고 99다30718 판결.
17) 대법 2007. 6. 28. 선고 2006다38161, 38178 판결.
18) 대법 1995. 7. 14. 선고 94다51994 판결.
19) 대법 2010. 7. 29. 선고 2009다56283 판결.
20) 대법 1998. 2. 27. 선고 97다45532 판결.

채무를 연대보증하였음을 다툼없는 사실로 인정한 다음, 위 소외인들은, 피고로부터 그러한 돈을 차용하지 아니하였고, 다만 소외 학교법인 ○○학원이, 이를 차용하였던 것인데, 이 학교 법인은 사립학교법의 규정에 따른 이사회의 결의와, 감독관청의 허가를 얻을 수가 없었기 때문에 그 경영하는 ○○여자중·고등학교의 교직원 등이던 위소외인들이, 피고로부터 위와 같이 차용한 것처럼 서류를 갖추어 피고로부터 대여받은 것이므로, 위 소외인들의 피고에 대한 채무는 존재하지 아니하고, 피고는 이러한 사정을 알고 있었으니 위 소외인들의 채무부담행위는 진의아닌의사표시로서 무효 ... 라는 원고들의 주장에 대하여, 먼저 설사 원고들의 주장과 같이 피고가 대여한 위 돈을 위 학교법인이 사용하였다고 하더라도 원고들의 주장자체가 위 소외인들이 사립학교법상의 위 제한규정 때문에 그들 임의로 위 대여에 필요한 각종 서류를 작성하여 피고에게 제출하였다는 것이니, 그렇다면 위 소외인들의 의사는, 위 대여에 관하여 그들이 주채무자로서 채무를 부담하겠다는 뜻이라고 해석함이 상당하다고 할 것으로서, 이를 진의 아닌 의사표시로 볼 수 없는 것"이라고[21] 하여 위 소외인인 교직원들이 피고인 금융기관으로부터 금전을 차용한 행위는 진의 아닌 의사표시로 볼 수 없다고 판시하였다.

또한 판례는 다른 사건에서도 타인을 위해 자신이 금융기관으로부터 금전을 차용한 행위는 진의 아닌 의사표시로 볼 수 없다는 점을 분명히 하였다.

> "원심은, 이 사건 부동산은 원고와 소외 1 등 4인으로 구성된 조합의 재산으로서 조합원들의 합의에 따라 위 소외 1과 소외 2의 공동 명의로 등기하고 소외 1로 하여금 관리하게 한 부동산인데, 소외 1은 자기 명의로 등기되어 있음을 기화로 조합원들 몰래 임의로 이 사건 부동산을 담보로 1989. 5. 15. 소외 주식회사 삼

21) 대법 1980. 7. 8. 선고 80다639 판결.

신상호신용금고로부터 금 130,000,000원을 대출받은 사실, 소외 1은 그 후 같은 상호신용금고로부터 추가로 금원을 대출받고자 하였으나 동일인에 대한 대출한도액을 제한하는 신용금고의 규정으로 자기 명의로는 더 이상 대출받을 수 없게 되자, 형식적으로 피고 1이 내세워 피고 1이 이 사건 부동산을 담보로 대출받는 것으로 하고 자신은 그 연대보증인이 되는 것으로 하여 같은 해 12. 17. 위 삼신상호신용금고로부터 금 80,000,000원을 대출받았고, 그 후 1990. 5. 31. 소외 주식회사 금화상호신용금고로부터도 마찬가지 방법을 사용하여 피고들 명의로 각 금 80,000,000원씩을 대출받은 사실, 위 각 대출은 소외 1이 피고들로부터 대출에 필요한 서류를 교부받아 혼자 신용금고에 가서 대출절차를 밟아 이루어졌고, 위 각 상호신용금고 역시 소외 1이 피고들의 명의만을 빌려 대출받는다는 사실을 잘 알고서 위 각 금원을 대출하여 준 사실, 소외 1이 위 대출금채무를 변제하지 아니하여 이 사건 부동산에 관하여 임의경매절차가 진행됨으로써 시가 금 3,900,000,000원으로 감정된 이 사건 부동산이 금 2,500,000,000원 이하의 염가에 경락될 위기에 처하게 되자, 원고는 위 각 대출금을 대위변제하고 경매를 취하받은 사실 등을 인정한 후, 원고가 피고들을 상대로 대위변제한 금원 상당의 상환을 구하는 이 사건 청구에 관하여, 피고들은 소외 1의 위와 같은 편법적인 대출에 명의를 빌려준 자에 불과하고 위 각 상호신용금고는 그와 같은 사실을 잘 알고서 금원을 대여하였으므로, 위 각 대출금의 채무자는 명의상의 채무자인 피고들이 아니라 실질적인 계약당사자인 소외 1로 보아야 할 것이어서, 피고들이 위 각 상호신용금고에 대하여 대출금채무를 부담함을 전제로 하는 원고의 이 사건 상환청구는 이유가 없다고 판단하였다.

그러나 원심이 확정한 사실관계에 의하면, 피고들은 대리인인 소외 1을 통하여 이 사건 대출금채무를 주채무자로서 부담한다는 표시행위를 위 상호신용금고들에게 하였음이 명백하므로, 그 표시행위에 나타난 대로의 법률효과가 발생하지 않기 위하여는 적어도 그 표시행위에 대응하는 내심의 효과의사, 즉 주채무자로서 채무를 부담한다는 의사가 피고들에게 존재하지 않았어야만 할 것인데, 법률상 또는 사실상의 장애로 자기 명의로 대출받을 수 없는 자를 위하여 대출금채무자로서의 명의를 빌려준 자에게 그와 같은 채무부담의 의사가 없는 것이라고는 할 수 없을 것이어서 피고들의 의사표시를 비진의표시에 해당한다고 볼 수 없을 뿐만 아니라(당원 1980. 7. 8. 선고 80다639 판결 참조), 설령 피고들의 의사표시가 비진의표시에 해당한다고 하더라도 그 의사표시의 상대방인 위 상호신용금고들로서는 피고들이 전혀 채무를 부담할 의사 없이 진의에 반한 의사표시를 하였다는 것까지 알았다거나 알 수 있었다고 볼 수도 없으며, 그 밖에 이 사건 대출약정의 법률효과가 피고들에게는 발생하지 않고 오로지 소외 1에게만 발생한다는 합의가 피고들과 위 상호신용금고들 사이에 이루어졌다고 볼 만한 자료도 전혀 없으므로, 결국 이 사건에서 피고들은 그들의 표시행위에 나타난 대로 이 사건 대출금채무를 부담한다고 할 것이다.

그럼에도 불구하고 원심은 원심판시와 같은 이유만으로 피고들은 이 사건 대출금채무를 부담하지 아니한다고 판단하고 말았으니, 원심판결에는 법률행위의 효력에 관한 법리를 오해한 위법이 있다고 할 것이므로, 이 점을 지적하는 논지는 이유가 있다.

그러나, 기록에 의하면 원고는 이 사건 대출금채무를 대위변제함에 있어서 미리 피고들에 대한 상환청구권의 행사를 포기한 사실이 인정되므로(제1심은 상환청구권의 포기를 이유로 원고의 피고들에 대한 청구를 기각하는 판결을 하였는데, 원심은 원고의 피고들에 대한 항소를 기각하였음), 원고의 피고들에 대한 청구를 기각한 원심판결은 결론에 있어서 정당하다."[22)]

다른 한편으로 진의 아닌 의사표시로 볼 수 있고 이를 상대방이 알았거나 알 수 있었을 경우에는 법률행위의 무효를 인정하였다. 판례는 "기록에 나타나 있는 피고 1이 원고 등에게 위 각서 등을 작성

22) 대법 1996. 9. 10. 선고 96다18182 판결.

하여 준 동기 등을 종합적으로 고찰하여 보면, 피고 1은 원고 등으로부터 원고의 남편인 소외 1이 주식투자로 인하여 많은 손실을 본 것에 대하여 원고를 질책할 것을 두려워 한 나머지 소외 1에게 보여 그를 안심시키는 데에만 사용하겠다고 하면서 피고 1 명의의 각서를 작성하여 달라는 부탁을 받고 부득이 원고와의 친분 및 거래관계상 원고의 부탁을 거절하기가 어려운 입장에서 위와 같은 각서 등을 작성하게 된 것으로 보이는바, 그렇다면 피고 1의 이와 같은 의사표시는 진의 아닌 의사표시이고 상대방인 원고도 진의 아닌 의사표시라는 점을 알고 있어 무효라고" 판시하였다.[23]

통정허위표시는 표의자가 허위표시를 상대방과 합의한 경우이다. 따라서 의사와 표시의 불일치에 양측이 합의한 경우로 통정허위표시는 무효이다. 판례는 "동일인에 대한 대출액 한도를 제한한 구 상호신용금고법(1995. 1. 5. 법률 제4867호로 개정되기 전의 것) 제12조의 적용을 회피하기 위하여 실질적인 주채무자가 실제 대출받고자 하는 채무액에 대하여 제3자를 형식상의 주채무자로 내세우고, 상호신용금고도 이를 양해하여 제3자에 대하여는 채무자로서의 책임을 지우지 않을 의도하에 제3자 명의로 대출관계서류를 작성받은 경우에는, 제3자는 형식상의 명의만을 빌려 준 자에 불과하고 그 대출계약의 실질적인 당사자는 상호신용금고와 실질적 주채무자이므로, 제3자 명의로 되어 있는 대출약정은 상호신용금고의 양해하에 그에 따른 채무부담의 의사 없이 형식적으로 이루어진 것에 불과하여 통정허위표시에 해당하는 무효의 법률행위이다."라고 하였다.[24]

다른 한편으로 가장이혼 또는 위장이혼은 통정허위표시로 보지 않는 것이 판례의 입장이다. 이혼신고가 수리되더라도 부부 사이에 진정한 이혼의 합의가 없는 가장이혼은 무효이다. 그러나 우리가 흔히 말하는 가장이혼, 즉 이혼 자체가 목적이 아니라 채무자가 채권

23) 대법 1999. 2. 12. 선고 98다45744 판결.
24) 대법 1999. 3. 12. 선고 98다48989 판결.

자의 강제집행이나 채권자의 변제 독촉 등을 피하기 위해 부부의 합의로 이혼하는 경우는 통정허위표시로 보지 않으며 따라서 이혼은 유효하다. 판례는 "이혼의 효력발생 여부에 관한 형식주의 아래에서의 이혼신고의 법률상 중대성에 비추어, 협의이혼에 있어서의 이혼의 의사는 법률상의 부부관계를 해소하려는 의사를 말한다 할 것이므로, 일시적으로나마 그 법률상의 부부관계를 해소하려는 당사자간의 합의하에 협의이혼신고가 된 이상, 그 협의이혼에 다른 목적이 있다 하더라도 양자간에 이혼의 의사가 없다고는 말할 수 없고 따라서 그 협의이혼은 무효로 되지 아니한다."고 판시하였다.[25)]

착오는 표의자가 의사와 표시의 불일치를 모르는 경우로 법률행위 내용의 중요부분에 관한 착오로 표의자에게 중대한 과실이 없으면 착오로 인한 의사표시는 취소할 수 있다. 착오의 유형으로는 표시상의 착오, 내용의 착오, 동기의 착오가 있다. 홍콩 달러를 미국 달러로 잘못 기재하는 경우는 표시상의 착오에 해당하고 홍콩 달러로 기재된 내용을 미국 달러로 잘못 이해하는 경우는 내용의 착오에 해당한다. 또한 동기의 착오는 전철역이 들어오는 줄 알고 토지를 고가로 매수한 경우처럼 의사표시를 하게 된 동기에 착오가 있는 경우이다. 판례는 표시상의 착오와 내용의 착오만을 착오로 인정하고 동기의 착오는 당사자 사이에 계약의 내용으로 삼은 때에만 착오를 이유로 취소할 수 있다.

판례는 "원판결이유에 의하면 원심은 피고 회사 운전수 소외 1이 그가 운전하는 자동차에 치어 부상한 환자 소외 2를 원고 ... 병원에 입원 시킬 때, 피고 회사 ... 사고담당직원 소외 3이 피고 회사를 대리하여 원고에게 위 소외 2의 입원치료비의 지급을 연대보증한 사실을 인정한 다음 피고는 위 소외 1이 그 운전과실로 인하여 위 소외 2에게 상해를 입힌 것으로 오인하고 위 소외 1의 사용자로서의

25) 대법 1993. 6. 11. 선고 93므171 판결.

손해배상책임이 있는 것으로 착오를 일으켜 위 연대보증을 하였는데 그 뒤 위 소외 1에게 과실이 없는 것으로 판명되어 1976. 10. 14 원고에 대하여 위 연대보증계약을 취소하였다는 피고의 항변에 대하여 피고 주장의 위 착오는 동기의 착오에 불과한 것으로서 당사자 사이에 위와 같은 동기를 계약내용으로 하는 의사를 표시하였다는 점에 관하여 아무런 입증이 없으므로 위와 같은 동기의 착오만을 이유로 위 계약을 취소할 수 없다고 하여 피고의 위 항변을 배척하고 원고의 위 연대보증계약에 기한 본소청구를 인용하고 있는 바 원심이 ... 정당"하다고 하여 동기의 착오를 이유로 계약을 취소할 수 없다고 판시하였다.[26] 그러나 동기가 법률행위의 내용으로 되어 있다면 동기의 착오를 이유로 한 법률행위의 취소를 인정한다.

"... 동기의 착오가 법률행위의 내용의 중요부분의 착오에 해당함을 이유로 표의자가 법률행위를 취소하려면 그 동기를 당해 의사표시의 내용으로 삼을 것을 상대방에게 표시하고 의사표시의 해석상 법률행위의 내용으로 되어 있다고 인정되면 충분하고 당사자들 사이에 별도로 그 동기를 의사표시의 내용으로 삼기로 하는 합의까지 이루어질 필요는 없지만, 그 법률행위의 내용의 착오는 보통 일반인이 표의자의 입장에 섰더라면 그와 같은 의사표시를 하지 아니하였으리라고 여겨질 정도로 그 착오가 중요한 부분에 관한 것이어야 할 것이다(대법원 1997. 9. 30. 선고 97다26210 판결, 1998. 2. 10. 선고 97다44737 판결 등 참조).

원심 인정의 위 사실관계에 의하면, 원고가 이 사건 매매계약 체결 당시에 이 사건 토지 중 20~30평 정도의 토지 이상은 분할되어 도로로 편입되지 않을 것이라고 믿은 것은 이 사건 매매계약과 관련하여 동기의 착오라고 할 것이지만, 원·피고 사이에 매매계약의 내용으로 표시되었다고 볼 것이고 나아가 기록에 의

26) 대법 1979. 3. 27. 선고 78다2493 판결.

하면, 일반인이라도 원고의 입장에서라면 이 사건 토지 중 전체 면적의 약 30%가 분할되는 것을 알았다면 이 사건 토지를 매수하지 아니하였으리라는 사정이 엿보이므로, 결국 원고는 이 사건 매매계약을 체결함에 있어 그 내용의 중요부분에 관한 착오가 있었다고 보아야 할 것이다.

원심이 같은 취지에서 원고가 이 사건 매매계약이 착오에 의한 것임을 이유로 그 취소의 의사표시를 한 것이 적법하다고 본 것은 정당하고 거기에 상고이유에서 주장하는 바와 같은 착오에 있어서 중요한 부분에 관한 법리오해의 위법이 있다고 할 수 없다."[27]

하자 있는 의사표시란 의사와 표시가 일치하지만 의사결정의 자유가 침해된 경우로 사기 또는 강박에 의한 의사표시가 이에 해당한다. 사기 또는 강박에 의한 의사표시는 취소할 수 있다. 그리고 상대방이 있는 의사표시에 대해 제3자가 사기나 강박을 행한 경우에는 상대방이 그 사실을 알았거나 알 수 있었을 경우에 한해 그 의사표시를 취소할 수 있다.

의사표시에 불일치나 하자로 문제가 발생하여 법률행위가 무효 또는 취소로 되는 경우 이러한 무효 또는 취소는 선의의 제3자에게 대항할 수 없다. 선의는 의사와 표시가 일치하지 않거나 의사표시에 하자가 있다는 것을 모른다는 의미이고 제3자란 (의사와 표시가 일치하지 않는 또는 하자 있는 의사표시를 한) 당사자와 그 포괄승계인, 예를 들어 상속인, 이외의 모든 사람을 말하며 거래의 안전을 보호하기 위해 도입한 규정이다. 따라서 취소뿐만 아니라 무효가 되는 경우에도 선의의 제3자에게 대항할 수 없는데, 선의의 제3자에게 대항할 수 없는 무효를 절대적 무효와 구분하여 상대적 무효라고 한다. 의사표시에 불일치 또는 하자의 문제가 발생한 경우에 그 법적 효력을

27) 대법 2000. 5. 12. 선고 2000다12259 판결.

표로 정리하여 비교하면 다음과 같다.

[표 14-1] 의사표시의 하자와 불일치

<table>
<tr><td rowspan="3">의사와 표시의 불일치</td><td>진의 아닌 의사표시</td><td>불일치를 표의자가 아는 경우</td><td>상대방이 알았거나 알 수 있었던 경우 무효</td><td></td></tr>
<tr><td>통정허위 표시</td><td>불일치를 상대방과 합의하는 경우</td><td>무효</td><td>cf. 가장이혼</td></tr>
<tr><td>착오</td><td>불일치를 표의자가 모르는 경우</td><td>취소: 법률행위의 중요부분 + 중과실이 아닌 경우</td><td>cf. 동기의 착오</td></tr>
<tr><td>하자 있는 의사표시</td><td>사기 또는 강박</td><td>의사결정의 자유가 침해된 경우</td><td>취소</td><td>cf. 제3자의 사기 또는 강박</td></tr>
<tr><td colspan="5">선의의 제3자 (cf. 상대적 무효)</td></tr>
</table>

2. 대리

대리란 대리인이 본인을 위해 법률행위를 하면 그 법률효과가 본인에게 귀속되는 제도를 말한다. 즉, 의사표시를 하는 자(대리인)와 법률효과가 귀속되는 자(본인)가 분리된다. 본인은 대리인을 통해 법률행위를 할 수 있게 됨으로써 시간과 장소의 제약을 받지 않고 동시에 여러 개의 법률행위를 할 수 있어 사적 자치의 영역을 확장할 수 있을 뿐만 아니라 제한능력자인 경우에는 대리인을 통해 법률행위를 대리하게 함으로써 사적 자치의 영역을 보충할 수도 있다. 임의대리는 사적 자치의 영역을 확장하고 법정대리는 사적 자치의 영역을 보충하는 역할을 한다.[28)]

대표(代表)는 대리와 구별되지만 대리의 규정이 준용된다.[29)] 법인

28) 김준호, pp. 268~269.

의 기관인 대표의 행위는 그대로 법인의 행위가 되지만 대리인은 본인과 별개의 독립된 법인격체로서 대리의 법률효과는 본인에게 귀속되지만 대리행위는 어디까지나 본인이 아닌 대리인이 하며 대리는 법률행위에 국한되지만 대표는 법률행위뿐만 아니라 사실행위나 불법행위도 가능하다는 점에서 차이가 있다.

(1) 대리의 법률관계

대리는 임의대리와 법정대리, 능동대리와 수동대리, 유권대리와 무권대리로 나눌 수 있다. 임의대리와 법정대리는 대리권의 발생 원인에 따른 구분으로 임의대리는 본인의 의사에 따라 대리권이 수여되는 경우이고 법정대리는 본인의 의사와 관계없이 법률의 규정 또는 법원의 결정에 따라 대리권이 부여되는 경우로 대리권의 소멸이나 복임권의 범위에 차이가 있다. 능동대리는 대리인이 제3자에게 의사표시를 하는 경우이고 수동대리는 제3자의 의사표시를 수령하는 경우로 특별한 사정이 없는 한 대리인은 능동대리에 관련되는 수동대리권도 가지는 것으로 해석된다.[30] 무권대리는 대리권이 없는 경우이고 그 반대의 정상적인 경우가 유권대리인데, 무권대리의 법률효과는 대리의 중요한 법적 쟁점이다.

대리의 법률관계는 본인과 대리인의 관계, 대리인과 상대방의 관계, 본인과 상대방의 관계로 나눌 수 있다. 우선 본인과 대리인의 관계에서는 수권행위 또는 법률의 규정 등에 의해 대리권이 발생한다. 전자가 임의대리이고 후자가 법정대리이며 수권행위란 임의대리에서 대리권의 발생을 목적으로 하는 법률행위를 말한다.[31] 대리권의 범위는 법정대리의 경우 법률의 규정에 의해 정해지고 임의대리는 수권행위에 의해 정해진다. 임의대리의 범위가 정해지지 않은 경우

29) "법인의 대표에 관하여는 대리에 관한 규정을 준용한다." 민법 제59조 제2항.
30) 김준호, p. 272.
31) *Ibid.*, p. 274.

재산의 관리는 보존행위나 (대리의 목적인 물건이나 권리의 성질을 변하게 하지 않는 범위에서의) 이용 및 개량행위를 할 수 있다.(민118) 대리인이 수인인 경우 법률이나 수권행위에서 달리 정하지 않는 한 각자가 본인을 대리하는 각자대리가 원칙이다.(민119) 자기계약이나 쌍방대리는 본인의 허락을 얻은 경우에만 할 수 있다.(민124) 다만 채무의 이행은 본인의 허락 없이도 자기계약이나 쌍방대리가 가능하다. 자기계약(自己契約)이란 대리인이 본인을 대리하여 체결하는 계약의 상대방이 대리인 자신인 경우이고 쌍방대리(雙方代理)는 동일한 대리인이 법률행위의 양 당사자를 모두 대리하는 경우이다. 법정대리와 임의대리에 공통된 대리권의 소멸사유로는 본인의 사망 외에 대리인의 사망, 성년후견의 개시, 파산이 있다.(민127) 파산자나 의사능력이 있는 피성년후견인도 대리인이 될 수 있지만(다수설)[32] 대리인이 된 이후에 성년후견이 개시되거나 파산선고를 받은 경우에는 대리권이 소멸한다. 다만 한정후견의 개시는 대리권의 소멸사유가 아니다.[33] 또한 임의대리권은 위임 또는 고용과 같은 원인된 법률관계의 종료로 소멸할 수 있고 원인된 법률관계의 종료 전이라도 본인이 수권행위를 철회하면 소멸한다.(민128)

대리인과 상대방의 관계에서 대리행위가 이루어진다. 상대방에 대한 대리인의 의사표시가 직접 본인에게 효력이 생기려면 본인을 위한 것임을 대리인이 표시해야 하는데, 이를 현명주의라 한다. 현명하지 않은 행위, 즉 본인을 위한 것임을 표시하지 않은 행위는 대리인 자신을 위한 것으로 본다. 다만 본인을 위한 것임을 표시하지 않았더라도 상대방이 알았거나 알 수 있었을 경우에는 직접 본인에게 효력이 발생한다.(민115) 대리인은 단순하게 본인의 의사를 전달하는 게 아니라 스스로 의사를 결정하여 표시하는 자이므로 의사의 흠

32) 이에 대해서는 반대설과 피성년후견인의 경우 그의 후견인을 통해서만 대리행위를 할 수 있다는 견해 등이 있다. *Ibid.*, p. 283 참조.

33) *Ibid.*

결이나 하자 또는 선의나 악의 여부는 본인이 아니라 대리인을 기준으로 한다.(민116) 대리인은 행위능력자가 아니어도 할 수 있지만 의사능력은 있어야 하며 대리인이 제한능력자라는 이유로 본인은 그 대리행위를 취소할 수 없다. 물론 대리인은 본인과의 사이에 체결한 기초적 내부관계를 자신의 제한능력을 이유로 취소할 수 있지만 대리권은 장래를 향하여 소멸할 뿐이다.[34](민117)

본인과 상대방의 관계에서 법률효과가 발생한다. 즉, 대리인의 의사표시의 효과는 직접 본인에게 발생하고 대리인은 상대방에 대해 권리를 취득하거나 의무를 부담하지 않는다.

(2) 복대리

대리인이 선임한 대리인을 복대리인이라 하고 복대리인을 선임할 수 있는 권한을 복임권이라 한다. 복대리인은 대리인의 대리인이 아니라 본인의 대리인이다. 복대리인은 그 권한 내에서 본인을 대리하며 복대리인은 본인과 제3자에 대해 대리인과 동일한 권리의무가 있다.(민123)

임의대리인은 원칙적으로 복임권을 갖지 못하지만 본인의 승낙이 있거나 부득이한 사유가 있는 때에는 복임권을 가진다. 부득이한 사유란 본인의 소재 불명 등으로 본인의 승낙을 받을 수 없거나 대리인이 사임할 수 없는 경우를 말한다.[35] 임의대리인은 복대리인의 선임과 감독에 대해 본인에게 책임을 진다. 그러나 본인의 지명으로 복대리인을 선임한 경우에는 복대리인의 부적임 또는 불성실을 알고도 본인에게 통지나 해임을 태만히 했을 때에만 책임을 진다.

법정대리인은 언제든지 자신의 책임으로 복대리인을 선임할 수 있다. 법정대리인이 선임한 복대리인은 임의대리인이다. 법정대리인은 복대리인의 행위에 대해 전적으로 책임을 지지만 부득이한 사

34) 권순민, "제117조 대리인의 행위능력", 『주석 민법: 총칙 III』, 제5판, pp. 87~88.
35) 김준호, p. 293.

유로 선임한 경우에는 복대리인의 선임과 감독에 대해서만 책임을 진다. 임의대리인과 법정대리인의 복임권의 차이는 임의대리와 법정대리의 차이에 기인한다.

(3) 표현대리와 협의의 무권대리

표현대리와 협의의 무권대리를 광의의 무권대리라고 하는데, 양자는 대리권 없이 대리행위를 했다는 점에서는 동일하지만 표현대리는 대리권이 없음에도 불구하고 대리권이 있는 것과 같은 외관이 존재하는 점에서 협의의 무권대리와 차이가 있다. 협의의 무권대리를 인정한 판례는 "처가 타인으로부터 금원을 차용하면서 승낙 없이 남편 소유 부동산에 근저당권을 설정한 것을 알게 된 남편이, 처의 채무변제에 갈음하여 아파트와 토지를 처가 금전을 차용한 자에게 이전하고 그 토지의 시가에 따라 사후에 정산하기로 합의한 후 그 합의가 결렬되어 이행되지 않았다고 하더라도, 일단 처가 차용한 사채를 책임지기로 한 이상 남편은 처의 근저당권 설정 및 금원 차용의 무권대리행위를 추인한 것이다."라고 판단한 것에서 살펴볼 수 있다.[36] 표현대리가 성립하는 경우 마치 유권대리인 것처럼 본인에게 그 법률효과가 귀속되고 본인이 그 책임을 부담하게 된다. 표현대리의 경우 대리권이 있는 것과 같은 외관을 신뢰하여 거래한 상대방 또는 거래의 안전을 보호할 필요가 있기 때문이다. 민법은 대리권 수여의 표시에 의한 표현대리, 권한을 넘은 표현대리, 대리권 소멸 후의 표현대리로 나누어 표현대리를 규정하였다.

대리권 수여의 표시에 의한 표현대리의 경우는 "갑이 자기의 사위인 을에게 상호를 포함한 영업 일체를 양도하여서 동일 상호를 사용하여 영업을 계속하게 하는 동안 자기의 당좌거래를 이용하여 대금결제를 하도록 하였고 또 영업을 을에게 양도한 이후에도 자기 명의

36) 대법 1995. 12. 22. 선고. 94다45098 판결.

의 당좌수표 및 약속어음 20여장이 을로부터 병에게 물품대금으로 교부되어 그 대부분이 결제되었다면, 갑이 병으로 하여금 을이 갑 명의의 수표를 사용할 권한이 있다고 믿게 할 만한 외관을 조성하였다 할 것이고 이와 같은 외관을 가지고서 을이 갑의 인장을 남용하여 수표를 위조한 행위는 대리권 수여표시에 의한 표현대리에 해당한다."는 대법원의 판례에서 볼 수 있다.[37)]

권한을 넘은 표현대리는 "부동산 매도를 위임받은 대리인이 자신의 채무지급을 담보하기 위하여 그 부동산에 관하여 양도담보계약을 체결한 사안에서, 대리인이 소유권이전등기에 필요한 서류와 인감도장을 모두 교부받아 이를 상대방에게 제시하여 부동산을 처분할 대리권이 있음을 표명하였다면 상대방으로서는 대리권이 있다고 믿는 데에 정당한 이유가 있었다고 볼 수 있고, 더 나아가 본인에 대해 직접 대리권 수여 유무를 확인해 보아야만 하는 것은 아니라 할 것이다."라고 판단한 대법원의 판례에서 또한 찾아볼 수 있다.[38)]

마지막으로 대리권 소멸 후의 표현대리의 예는 "본인으로부터 부동산의 처분권한 및 대금수령 등의 대리권을 수여받은 대리인이 토지 매매계약을 체결하고 대금 일부를 수령한 후에 본인과 대리인간에 내부적으로 대리권수여의 철회가 있었을 뿐 그 사실을 매수인에게 알리지 아니하였고, 대리권 소멸을 숨기고 잔금을 매수인으로부터 수령하였다면 그 수령행위의 효과는 표현대리에 해당하여 본인에게 귀속된다."고 판단한 대법원 판례에서 비교하여 판단할 수 있다.[39)]

대리권 수여의 표시에 의한 표현대리는 "본인과 대리행위를 한 자 사이의 기본적인 법률관계의 성질이나 그 효력의 유무와는 관계없이 어떤 자가 본인을 대리하여 제3자와 법률행위를 함에 있어 본인

37) 대법 1987. 3. 24. 선고 86다카1348 판결.
38) 대법 2009. 11. 12. 선고 2009다46828 판결.
39) 대법 1971. 9. 28. 선고 71다1428 판결.

이 그 자에게 대리권을 수여하였다는 표시를 제3자에게 한 경우에 성립"하며[40] 이때 제3자는 선의·무과실, 즉 대리권이 없음을 알지 못하고 또한 알지 못한데 과실이[41] 없어야 한다.(민125) 상대방의 악의 또는 과실은 표현대리의 책임을 지지 않으려는 본인이 입증해야 한다.[42]

권한을 넘은 표현대리는 대리인이 권한 밖의 법률행위를 하였지만 제3자가 그 권한이 있다고 믿을 만한 정당한 이유가[43] 있는 경우에 성립한다.(민126) 정당한 이유의 입증책임은 표현대리를 주장하는 상대방에게 있다.[44] 권한을 넘은 표현대리는 대리권을 수여하였다고 표시한 그 대리권의 범위에서 법률행위를 하는 제125조의 경우나 소멸하기 전에 가지고 있었던 대리권의 범위 안에서 법률행위를 하는 제129조의 경우보다 대리권 외관의 신뢰가치가 낮다고 한다.[45] 판례는 채무자가 과거의 차용금 채무의 변제기일 연장에 사용하겠다고 하여 교부받은 연대보증인의 인감증명과 인감도장을 새로운 차용금 채무에 대한 연대보증계약 체결에 사용한 사건에서 권한을 넘은 표현대리의 성립을 부정하였다.

> 소외인이 종전에 원고로 부터 금원을 차용할시 피고가 동 소외인을 위하여 연대보증을 한 사실이 있었다고 하더라도 동 소외인이 피고의 인감도장과 인감증명서를 소지하고 있다고 하여 원판시와 같은 본건의 사정하에서는 이것만으로서 곧 동 소외인이 새로히 원고로부터 금원을 차용할시에 위 소외인이 피고를 대리하여 동 연대보증계약을 체결할 대리권이 있다고 믿을만한 정당한

40) 대법 2007. 8. 23. 선고 2007다23425 판결.
41) 대법 1984. 11. 13. 선고 84다카1024 판결 참조.
42) 김준호, p. 301.
43) 대법 1995. 2. 17. 선고 94다34425 판결 참조.
44) 대법 1968. 6. 18. 선고 68다694 판결.
45) 김준호, p. 302.

이유가 있다고는 할수 없다고 할 것인 바 원판결에 의하면 원심은 ... 원고의 표현대리의 주장에 대하여 피고는 소외인의 요청에 따라 동인에게 원고에 대한 차용금 채무의 변제기일연장에 필요한 서류작성에 사용하라고 인감증명과 인감도장을 교부하였을 뿐 새로운 채무부담을 위한 근저당권 설정이나 같은 소외인의 원고에 대한 다른 새로운 채무까지 연대보증할 것을 승락한 바 없는데 위 소외인이 멋대로 피고의 인감도장을 사용하여 위에서 본바와 같은 약정서와 차입증을 작성 원고에게 교부하였던 사실과 당시 원고는 원고은행 소정 여신총칙 규정 및 대출절차 규정에 따라 자금대출 약정서에 채무자 기타 관계자로 하여금 직접 서명날인하게 한 절차를 이전하지 아니하고 위 소외인이 피고를 대리할 권한이 있는지 여부도 전혀 조사하지 아니한 채 본건 연대보증계약을 체결한 사실을 적법히 확정하고 이러한 사실관계라면 비록 피고가 과거 소외인의 차용금 채무를 연대보증한 사실이 있었다 하더라도 위 소외인이 피고의 인감증명과 인감도장을 소지하고 있었다는 사실 그 자체만으로서는 위 소외인이 본인인 피고를 대리하여 원고주장과 같은 연대보증계약을 체결할 수 있는 대리권까지 있다고 믿을만한 정당한 이유가 있는 때에 해당한다고는 볼 수 없다고 판단하여 원고의 위 표현대리 주장을 배척하였음은 정당하고 거기에 소론과 같이 표현대리의 법리를 오해한 위법이 있다 할 수 ... 없다.[46]

대리권 소멸 후의 표현대리는 대리권이 소멸하였지만 소멸된 대리권의 범위 내에서 한 행위로 상대방이 선의·무과실인 경우에 성립한다.(민129) 상대방의 악의 또는 과실에 대한 입증책임은 대리권 수여의 표시에 의한 표현대리와 마찬가지로 본인이 부담한다는 견해도[47] 있지만 제129조의 문언상 선의는 상대방이 입증하고 과실은

46) 대법 1976. 7. 13. 선고 76다1155 판결.

47) 대법 1983. 12. 13. 선고 83다카1489 전원합의체 판결을 인용하면서 판례도 본인이 상대방의 악의 또는 과실을 입증해야 한다는 입장으로 해석된다는 견해도 있지만 위 판결

본인이 입증해야 한다고 보는 견해가 타당하다고 생각한다.[48]

광의의 무권대리, 즉 넓은 의미의 무권대리 중에서 표현대리에 속하지 않는 경우가 협의의 무권대리, 즉 좁은 의미의 무권대리이다. 협의의 무권대리는 계약의 무권대리와 단독행위의 무권대리로 나눌 수 있는데, 후자는 일정한 요건이 충족되는 경우에[49] 전자를 준용하도록 되어 있다.(민136) 계약의 무권대리는 본인이 추인하면 원칙적으로 계약 시에 소급하여 효력이 발생하고 추인하지 않으면 본인에 대해 효력이 없다.(민133) 본인이 추인하지 않는 경우 무권대리인은 상대방의 선택에 따라 계약을 이행하거나 손해를 배상할 책임이 있다.[50]

무권대리의 상대방은 최고권과 철회권을 가진다. 우선 상대방은 최고권을 행사할 수 있는데, 대리권 없는 사람이 타인의 대리인으로 계약을 한 경우에 상당한 기간을 정하여 본인에게 그 추인 여부의 확답을 최고할 수 있고 본인이 그 기간 내에 확답을 발하지 아니한 때에는 추인을 거절한 것으로 본다. 또한 대리권 없는 자가 한 계약은 본인의 추인이 있을 때까지 상대방은 본인이나 그 대리인에 대하여 이를 철회할 수 있다.

만으로는 이 문제에 관한 대법원의 입장이 직접적으로 제시되어 있지 않다. 이균용, "제129조 대리권소멸후의 표현대리", 『주석 민법: 총칙 III』, 제5판, pp. 272~273 참조.

48) 김준호, p 307.

49) 상대방이 없는 단독행위의 무권대리는 언제나 절대적으로 무효이고 상대방이 있는 단독행위의 무권대리는 능동대리의 경우 상대방이 대리권 없는 행위에 동의하거나 그 대리권을 다투지 아니한 때 그리고 수동대리의 경우에는 상대방이 대리권 없는 자의 동의를 얻어 단독행위를 한 때에 계약의 무권대리에 관한 민법 제130조~제135조의 규정을 준용하고 이런 요건을 충족하지 못한 때에는 절대적으로 무효가 된다. *Ibid.*, pp. 321~322.

50) 그러나 "대리인으로서 계약을 맺은 자에게 대리권이 없다는 사실을 상대방이 알았거나 알 수 있었을 때 또는 대리인으로서 계약을 맺은 사람이 제한능력자일 때에는" 무권대리인이 책임을 면할 수 있다. 민법 제135조 제2항 참조.

3. 무효와 취소

법률행위의 무효란 법률행위가 성립한 때부터 법률상 당연히 효력이 없는 것으로 확정된 것을 말하며(확정적 무효)[51] 법률행위가 성립된 것을 전제로 하기 때문에 법률행위의 불성립과 구분된다.[52] 의사무능력자의 법률행위, 반사회질서의 법률행위(민103), 불공정한 법률행위(민104), 상대방이 알았거나 알 수 있었던 비진의의사표시(민107.1단서), 통정허위표시(민108), 원시적 불능(민535) 등의 경우에 법률행위는 무효로 된다.

법률행위의 취소란 일단 유효하게 성립한 법률행위의 효력을 행위시로 소급하여 무효로 할 수 있는 것을 말하며 미성년자(민5.2) 또는 피한정후견인(민13.4)의 동의를 얻지 않은 법률행위나 피성년후견인의 법률행위(민10.1)와 같은 제한능력자의 법률행위, 착오에 의한 의사표시(민109), 사기 또는 강박에 의한 의사표시(민110) 등의 경우에 그 법률행위를 취소할 수 있다. 법률행위에 취소사유가 존재하더라도 취소하기 전까지는 유효이고 법률행위의 취소는 취소권자만이 할 수 있으며 취소하는 경우에는 소급하여 무효가 되고[53] 취소권자가 추인하거나 취소권이 소멸하면 그 법률행위는 유효로 확정된다.[54]

법률행위의 무효는 누구든지 주장할 수 있지만 실제에서는 이해당사자, 즉 무효를 주장할 이익이 있는 자가 주장하는 것이 일반적

51) 예외적으로 법률행위가 성립 당시에는 효력을 발생하지 않지만 그 후 추인이나 관청의 인허가 등으로 인하여 법률행위 당시로 소급하여 유효가 되는 경우가 있다(유동적 무효, 미확정 무효). 그 예로는 무권대리 행위, 토지거래허가 규제구역 내에서 토지거래허가를 얻지 않고 한 거래행위가 있다. 대법 1991. 12. 24. 선고 90다12243 전원합의체 판결 참조.

52) 김준호, p. 325.

53) "취소된 법률행위는 처음부터 무효인 것으로 본다. 다만, 제한능력자는 그 행위로 인하여 받은 이익이 현존하는 한도에서 상환할 책임이 있다." 민법 제141조.

54) 김준호, pp. 325, 340.

이다. 반면에 법률행위의 취소는 취소권자, 즉 제한능력자, 착오 또는 사기·강박에 의하여 의사표시를 한 자, 그의 대리인 또는 승계인만이 취소할 수 있다.(민140)

취소권자는 취소할 수 있는 법률행위를 (취소의 원인이 소멸된 뒤에)[55] 추인할 수 있고 추인 후에는 취소하지 못한다.(민143) 반면에 무효는 법률행위가 처음부터 확정적으로 효력이 없는 것이어서 무효인 법률행위는 추인을 하여도 그 효력이 생기지 않는다. 다만 당사자가 무효임을 알고 추인한 때에는 새로운 법률행위로 본다.(민139)

취소할 수 있는 법률행위의 추인은 묵시적으로도 할 수 있는데, 법정추인이 바로 그러한 경우이다. 법정추인은 취소의 원인이 소멸된 후에 민법 제145조에 규정된 여섯 가지 사유, 즉 1) 전부나 일부의 이행, 2) 이행의 청구, 3) 경개,[56] 4) 담보의 제공, 5) 취소할 수 있는 행위로 취득한 권리의 전부나 일부의 양도, 6) 강제집행의 어느 하나가 존재하면 추인한 것으로 본다. 다만 2) 이행의 청구는 취소권자가 청구하는 경우에 한하고 5) 취소할 수 있는 행위로 취득한 권리의 전부나 일부의 양도는 취소권자가 양도하는 경우에 한한다. 그리고 6) 강제집행은 채무자로서 취소권자가 집행을 받는 경우 법정추인으로 보는 견해(다수설)와 법정추인으로 단정할 수 없다는 견해로 나누어진다.[57]

---

55) 민법 제144조 제2항 참조.

56) 경개란 채무의 요소를 변경하여 신채무를 성립시키고 동시에 구채무를 소멸시키는 계약을 말한다.

57) 김준호, p. 347. 반면 절충적 견해로 강제집행의 집행권원을 기준으로 하여 1) 확정판결에 의한 집행의 경우에는 기판력에 의하여 취소권의 행사가 제한을 받으므로 집행에 이의를 유보하지 아니한 이상 법정추인을 인정할 수 있지만, 2) 1심 가집행선고부판결에 기한 강제집행의 경우는, 취소권자가 항소한 이상, 취소권을 항소심에서 행사할 수도 있고 취소권에 대한 1심판결이 항소심에서 변경될 수도 있으므로 법정추인을 바로 인정하기는 어려울 것이며, 3) 집행증서에 의한 집행의 경우는 취소권자가 청구이의소송 등으로 취소권을 사유로 집행절차에서 다툴 수 있으므로 이를 다투지 아니하고 집행절차가 종료된 경우 비로소 법정추인을 인정할 수 있다는 입장이 있다.

취소권은 추인할 수 있는 날로부터 3년 내에 그리고 법률행위를 한 날로부터 10년 내에 행사하지 않으면[58] 소멸한다.(민146) 이 기간은 제척기간이다. 무효와 취소의 차이를 표로 정리하여 비교하면 다음과 같다.

[표 14-2] 무효와 취소의 비교

무효	취소
법률행위가 성립한 때부터 법률상 당연히 그 효력이 없는 것으로 확정된 것 (cf. 법률행위의 불성립)	일단 유효하게 성립한 법률행위의 효력을 행위 시로 소급하여 무효로 하는 것 (소급적 무효)
의사무능력자, 반사회질서의 법률행위, 불공정한 법률행위, 상대방이 알았거나 알 수 있었던 비진의의사표시, 통정허위표시, 원시적 불능	제한능력자, 착오, 사기 또는 강박에 의한 의사표시
모든 사람 (cf. 이해당사자)	제한능력자, 착오 또는 하자 있는 의사표시를 한 자, 그 대리인 또는 승계인
무효행위의 추인: 새로운 법률행위	추인: 취소권의 포기
	법정추인: 일부 또는 전부의 이행, 이행청구(취소권자), 경개, 담보의 제공, 취소할 수 있는 행위로 취득한 권리의 전부나 일부의 양도(취소권자), 강제집행(cf. 학설)
	추인할 수 있는 날로부터 3년 내에 그리고 법률행위를 한 날로부터 10년 내에 행사 (제척기간)

김형두, "제145조 법정추인", 『주석 민법: 총칙 III』, 제5판, p. 145.

58) 민법 제146조는 다음과 같다. "취소권은 추인할 수 있는 날로부터 3년내에 법률행위를 한 날로부터 10년내에 행사하여야 한다." 이 규정이 우리말의 어법에 맞는지는 의문이다. "추인할 수 있는 날로부터 3년내에"와 "법률행위를 한 날로부터 10년내에"의 문구 사이에 '그리고'나 '또는'과 같은 접속사가 없기 때문이다. 그리고 이 규정에 어떤 접속사가 들어가는지는 그 의미를 좌우하는 중요한 사항이다. 따라서 민법 제146조는 그 규정의 의미에 따라 '취소권은 추인할 수 있는 날로부터 3년 내에 그리고 법률행위를 한 날로부터 10년 내에 행사하여야 한다.'로 개정되어야 한다. 김준호, p. 347 참조. 그런데 우리 법령을 보면 이런 경우가 적지 않다. 헌법재판소법 제69조 참조. 법령의 의미를 명확하게 전달하기 위해 또한 가운뎃점(·)도 필요한 경우에만 사용하는 것이 바람직하다고 생각한다. 헌법 제12조 참조.

제15장 소멸시효와 제척기간

시효란 어떤 사실상태가 일정기간 계속된 경우에 법률효과, 즉 권리가 발생하거나 소멸되는 법률요건을 말한다. 일정한 기간의 경과로 권리를 취득하는 경우를 취득시효라고 하고 소멸시키는 경우를 소멸시효라고 한다. 민법은 취득시효를 소유권의 취득원인의 하나로 규정하여 물권편에서 다루고 물권뿐만 아니라 채권의 소멸원인인 소멸시효는 총칙편에서 규정하였다.[1)]

소멸시효의 법적 근거로는 입증곤란의 구제, 사회질서의 안정, 권리행사의 태만에 대한 제재가 있다. 첫 번째 근거는 일정한 사실상태가 오래 지속되면 진정한 권리관계에 대한 증거가 없어지기 쉬운데 어떤 사실상태가 오래 지속되었다는 것은 그 자체가 진정한 권리관계에 부합하기 때문이라는 개연성을 지니고 이러한 개연성에 기초하여 사실상태를 진정한 권리관계로 인정하는 것이 입증곤란을 구제할 수 있기 때문에 소멸시효제도가 존재한다고 본다. 두 번째는 일정한 사실상태가 오래 지속되면 이를 진실한 권리관계로 신뢰하고 이에 기초하여 법률관계가 이루어지기 때문에 사회질서를 안정시키고 제3자의 신뢰를 보호하기 위해서라고 한다. 세 번째는 자기의 권리를 오랫동안 행사하지 않고 방치한 사람은 권리 위에 잠을 자는 자로 보호할 가치가 없다는 주장이다. 오늘날 세 번째 근거는 더 이상 지지되고 있지 않으며 소멸시효제도를 인정하는 가장 중요한 근거는 첫 번째인 입증곤란의 구제 때문이라고 할 수 있다. 요건

1) 김준호, p. 365 참조.

대 소멸시효는 의무를 이행한 당사자의 입증곤란을 구제하기 위한 것이지 의무를 이행하지 않은 사람에게 부당한 이득을 주려는 것이 아니므로 전자의 보호가 목적이고 판례도 소멸시효를 대체로 엄격하게 적용한다.[2]

제척기간은 소멸시효와 구분된다. 당사자나 제3자의 관계에서 법률관계를 안정시킬 필요가 있는 경우에 권리를 행사할 수 있는 기간을 제한하고 그 기간 내에 행사하지 않으면 권리를 소멸시키는 제도가 제척기간이다. 소멸시효와 제척기간은 기간의 경과로 권리가 소멸한다는 점에서는 같지만 그 목적과 성격이 다르다. 소멸시효는 당사자가 오랜 기간 권리를 행사하지 않는데서 비롯되지만 제척기간은 권리의 변동을 초래하는 행위의 결정을 무기한으로 허용하는 경우 법률관계의 당사자나 제3자의 지위가 매우 불안정해질 수 있다는 점에 기인한다.

소멸시효와 제척기간은 기간의 경과로 권리가 소멸할 뿐만 아니라 기간을 연장할 수 없다는 점이 동일하다. 그러나 법률효과 면에서 이외의 많은 차이가 있다. 우선 제척기간은 기간의 경과로 권리가 당연히 절대적으로 소멸하는데 반하여 소멸시효는 절대적 소멸설과 시효를 주장하였을 때 비로소 소멸한다는 상대적 소멸설이 대립한다.[3]

소멸시효의 기산점은 권리를 행사할 수 있는 때이고 기산일로 소급하여 효력이 발생하지만 제척기간의 기산점은 권리가 발생한 때이고[4] 소급효가 인정되지 않는다. 소멸시효는 중단과 정지가 인정

---

2) *Ibid.*, pp. 365~367.

3) 판례는 "... 신민법상은 당사자의 원용이 없어도 시효완성의 사실로서 채무는 당연히 소멸되는 것이고 (대법원 1966. 1. 31. 선고 65다2445 판결 참조) 다만 변론주의의 원칙상 소멸시효의 이익을 받을 자가 그것을 포기하지 않고 실제 소송에 있어서 권리를 주장하는 자에 대항하여 시효소멸의 이익을 받겠다는 뜻을 항변을 하지 않는 이상 그 의사에 반하여 재판할 수 없을 뿐"이라고 하였다. 대법 1979. 2. 13. 선고 78다2157 판결.

되는데 제척기간은 중단이나 정지가 적용되지 않는다. 소멸시효의 중단은 권리자가 청구를 하여 권리를 행사하거나 의무자가 의무의 존재를 승인하는 경우에 발생하며 소멸시효가 중단되면 중단사유가 종료한 때부터 새롭게 시효가 진행된다.(민178.1) 소멸시효의 중단사유로는 1) 청구, 2) 압류 또는 가압류, 가처분, 3) 승인이 있으며(민168) 청구는 민법 제170조~174조, 압류, 가압류, 가처분은 제175조~제176조, 승인은 177조에서 구체적인 요건을 규정하였다. 시효의 중단은 당사자와 그 승계인간에만 효력이 있다.(민169) 소멸시효의 정지는 소멸시효의 기간이 거의 완성되어가는 시기에 천재지변이나 그 밖의 사유로 소멸시효를 중단하기 곤란한 경우 시효의 진행을 일시적으로 멈추게 하고 그런 사정이 없어졌을 때 나머지 기간을 진행시키는 것으로 권리자에게 소멸시효를 중단할 수 있는 기회를 주기 위한 제도이다.[5)]

소멸시효는 변론주의의 원칙상 당사자의 주장이 있어야 법원이 비로소 판단하는 항변사항이지만[6)] 제척기간은 당사자의 주장과 무

---

4) "... 매매의 일방예약에서 예약자의 상대방이 매매예약 완결의 의사표시를 하여 매매의 효력을 생기게 하는 권리, 즉 매매예약의 완결권은 일종의 형성권으로서 당사자 사이에 그 행사기간을 약정한 때에는 그 기간 내에, 그러한 약정이 없는 때에는 그 예약이 성립한 때로부터 10년 내에 이를 행사하여야 하고 그 기간을 지난 때에는 예약완결권은 제척기간의 경과로 인하여 소멸하는 것이다(대법원 1992. 7. 28.선고 91다44766, 44773 판결 참조). 제척기간은 권리자로 하여금 당해 권리를 신속하게 행사하도록 함으로써 법률관계를 조속히 확정시키려는 데 그 제도의 취지가 있는 것으로서, 소멸시효가 일정한 기간의 경과와 권리의 불행사라는 사정에 의하여 권리소멸의 효과를 가져오는 것과는 달리 그 기간의 경과 자체만으로 곧 권리소멸의 효과를 가져오게 하는 것이므로 그 기간 진행의 기산점은 특별한 사정이 없는 한 원칙적으로 권리가 발생한 때이고, 당사자 사이에 위와 같이 위 매매예약 완결권을 행사할 수 있는 시기를 특별히 약정한 경우에도 그 제척기간은 당초 권리의 발생일로부터 10년간의 기간이 경과되면 만료되는 것이지 그 기간을 넘어서 위 약정에 따라 권리를 행사할 수 있는 때로부터 10년이 되는 날까지로 연장된다고 볼 수 없다. ..." 대법 1995. 11. 10. 선고 94다22682, 22699(반소) 판결.

5) 민법은 소멸시효의 정지사유를 제179조~제182조에서 규정하였다.

6) 이러한 '소멸시효 항변'은 민법상 신의칙과 권리남용금지원칙의 적용으로 일정한 경

관하게 법원이 직권으로 판단해야 하는 직권조사사항이다. 소멸시효는 미리 포기할 수 없지만 기간이 만료되면 포기할 수 있고 당사자의 합의로 기간을 단축할 수도 있지만 제척기간은 제도의 취지상 기간을 단축하거나 포기할 수 없다.

청구권은 원칙적으로 소멸시효의 대상이지만 형성권과 일부 청구권은[7] 제척기간이 적용된다. 청구권이란 다른 특정인에게 일정한 행위를 하거나(작위/作爲) 또는 하지 않도록(부작위/不作爲) 요구하는 권리로 가장 대표적인 청구권은 채권이고 이외에도 소유물반환청구권(민213), 상속회복청구권(민999)[8] 등이 있다. 형성권은 권리자의 의사

우 채무자가 소멸시효의 완성을 주장하는 것이 허용되지 아니한다. 1) 채무자가 시효완성 전에 채권자가 권리 행사나 시효중단을 불가능 또는 현저히 곤란하게 하거나 그러한 조치가 불필요하다고 믿게 하는 행동을 한 경우(예를 들어 공무원의 직무수행 중 불법행위로 납북된 피해자의 국가배상청구. 대법 2012. 4. 13. 선고 2009다33754 판결), 2) 객관적으로 권리를 행사할 수 없는 장애사유가 있었던 경우(예를 들어 베트남전의 고엽제 후유증으로 인한 다우케미칼 등에 대한 제조물책임청구. 대법 2013. 7. 12. 선고 2006다17539 판결), 3) 시효완성 후에 채무자가 시효를 원용하지 아니할 것 같은 태도를 보여 채권자로 하여금 그와 같이 신뢰하게 한 경우(예를 들어 삼청교육대 피해자들의 국가배상청구. 대법 1996. 12. 19. 선고 94다22927 전원합의체 판결), 4) 채권자 보호의 필요성이 크고 같은 조건의 다른 채권자가 채무의 변제를 수령하는 등의 사정이 있어 채무이행의 거절을 인정함이 현저히 부당하거나 불공평하게 되는 경우가 그러하다.

7) 김준호, p. 369 참조.

8) 원래 민법 제999조 제2항은 상속회복청구권에 대해 '상속개시일부터 10년'의 행사기간 규정을 두고 있었다. 그러나 헌법재판소는 "상속회복청구권은 사망으로 인하여 포괄적인 권리의무의 승계가 이루어지는 상속에 즈음하여 참칭상속인에 의하여 진정상속인의 상속권이 침해되는 때가 적지 않음을 고려하여 진정상속인으로 하여금 참칭상속인을 배제하고 상속권의 내용을 실현할 수 있게 함으로써 진정상속인을 보호하기 위한 권리인바, 상속회복청구권에 대하여 상속 개시일부터 10년이라는 단기의 행사기간을 규정함으로 인하여, 위 기간이 경과된 후에는 진정한 상속인은 상속인으로서의 지위와 함께 상속에 의하여 승계한 개개의 권리의무도 총괄적으로 상실하여 참칭상속인을 상대로 재판상 그 권리를 주장할 수 없고, 오히려 그 반사적 효과로서 참칭상속인의 지위는 확정되어 참칭상속인이 상속개시의 시점으로부터 소급하여 상속인으로서의 지위를 취득하게 되므로, 이는 진정상속인의 권리를 심히 제한하여 오히려 참칭상속인을 보호하는 규정으로 기능하고 있는 것이라 할 것이어서, 기본권 제한

표시로 일방적인 권리의 변동을 가져오는 권리로 동의권, 취소권, 추인권, 계약의 해제권과 해지권, 상계권, 상속포기권, 지상물매수청구권, 채권자취소권, 혼인취소권, 친생부인권 등이 있다.[9] 청구권이라는 용어를 사용하여도 형성권일 수 있다는 점은 주의를 요한다.

[표 15-1] 소멸시효와 제척기간의 비교

소멸시효	제척기간
기간의 경과로 권리 소멸, 기간 연장 불가	
절대적 소멸설 v. 상대적 소멸설	절대적 소멸
권리를 행사할 수 있는 때 (민166.1)	권리가 발생한 때
소급효 긍정 (민167)	부정
중단 긍정 (민168, 민178)	부정
정지 긍정 (민179~182)	부정
항변사항	직권조사사항
포기 및 기간 단축 긍정 (민184)	부정
청구권(e.g., 민766)	형성권(e.g., 민46), 일부 청구권
'소멸시효가 완성한다.' 또는 '시효로 인하여 소멸된다.' (예외: 민1024.2, 민1075.2)	'행사하여야 한다.' 또는 '제기하여야 한다.'

의 한계를 넘어 헌법상 보장된 상속인의 재산권, 행복추구권, 재판청구권 등을 침해하고 평등원칙에 위배된다."고 판시하여 위헌으로 결정하였다. 헌재 2001. 7. 19. 선고 99헌바9 등 전원재판부 결정. 이 결정으로 민법 제999조 제2항은 '상속권의 침해행위가 있은 날부터 10년'으로 개정되었다. 이후 제999조 제2항은 다시 한번 헌법재판소에 위헌확인이 요구되었는데 그것은 제1014조(분할후의 피인지자 등의 청구권)로 상속개시 후 인지에 의하여 공동상속인이 된 자가 다른 공동상속인에 대해 그 상속분에 상당한 가액의 지급에 관한 청구권(상속분가액지급청구권)을 행사하는 경우에도 상속회복청구권에 관한 10년의 제척기간을 적용하도록 하는 경우였는데 재판부는 "법적 안전성만을 지나치게 중시한 나머지 사후 공동상속인이 된 자의 권리구제 실효성을 외면하는 것이므로, 입법형성의 한계를 일탈하여 청구권의 재산권과 재판청구권을 침해한다"고 하면서 제1014조에 관한 부분은 헌법에 위반된다고 결정하였다. 헌재 2024. 6. 27. 선고 2021헌마1588 결정.

9) 김준호, pp. 32~33.

[그림 15-1] 민사소송절차 흐름도10)

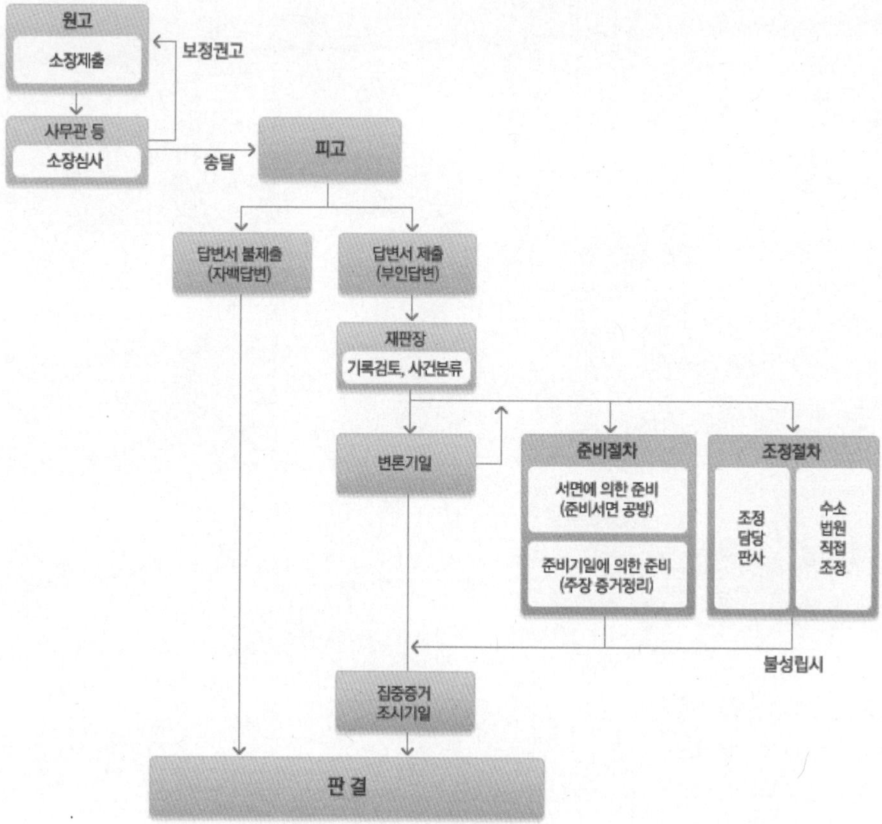

10) 대한민국 법원 나홀로소송, https://ecfs.scourt.go.kr/psp/index.on?m=PSP730M01 (2025. 1. 15. 검색).

부 록

대한민국 헌법

[시행 1988. 2. 25.] [헌법 제10호, 1987. 10. 29., 전부개정]

전문

유구한 역사와 전통에 빛나는 우리 대한국민은 3·1운동으로 건립된 대한민국임시정부의 법통과 불의에 항거한 4·19민주이념을 계승하고, 조국의 민주개혁과 평화적 통일의 사명에 입각하여 정의·인도와 동포애로써 민족의 단결을 공고히 하고, 모든 사회적 폐습과 불의를 타파하며, 자율과 조화를 바탕으로 자유민주적 기본질서를 더욱 확고히 하여 정치·경제·사회·문화의 모든 영역에 있어서 각인의 기회를 균등히 하고, 능력을 최고도로 발휘하게 하며, 자유와 권리에 따르는 책임과 의무를 완수하게 하여, 안으로는 국민생활의 균등한 향상을 기하고 밖으로는 항구적인 세계평화와 인류공영에 이바지함으로써 우리들과 우리들의 자손의 안전과 자유와 행복을 영원히 확보할 것을 다짐하면서 1948년 7월 12일에 제정되고 8차에 걸쳐 개정된 헌법을 이제 국회의 의결을 거쳐 국민투표에 의하여 개정한다.

제1장 총강

제1조 ①대한민국은 민주공화국이다.

②대한민국의 주권은 국민에게 있고, 모든 권력은 국민으로부터 나온다.

제2조 ①대한민국의 국민이 되는 요건은 법률로 정한다.

②국가는 법률이 정하는 바에 의하여 재외국민을 보호할 의무를 진다.

제3조 대한민국의 영토는 한반도와 그 부속도서로 한다.

제4조 대한민국은 통일을 지향하며, 자유민주적 기본질서에 입각한 평화적 통일 정책을 수립하고 이를 추진한다.

제5조 ①대한민국은 국제평화의 유지에 노력하고 침략적 전쟁을 부인한다.

②국군은 국가의 안전보장과 국토방위의 신성한 의무를 수행함을 사명으로 하며, 그 정치적 중립성은 준수된다.

제6조 ①헌법에 의하여 체결·공포된 조약과 일반적으로 승인된 국제법규는 국내법과 같은 효력을 가진다.

②외국인은 국제법과 조약이 정하는 바에 의하여 그 지위가 보장된다.

제7조 ①공무원은 국민전체에 대한 봉사자이며, 국민에 대하여 책임을 진다.

②공무원의 신분과 정치적 중립성은 법률이 정하는 바에 의하여 보장된다.
제8조 ①정당의 설립은 자유이며, 복수정당제는 보장된다.
②정당은 그 목적·조직과 활동이 민주적이어야 하며, 국민의 정치적 의사형성에 참여하는데 필요한 조직을 가져야 한다.
③정당은 법률이 정하는 바에 의하여 국가의 보호를 받으며, 국가는 법률이 정하는 바에 의하여 정당운영에 필요한 자금을 보조할 수 있다.
④정당의 목적이나 활동이 민주적 기본질서에 위배될 때에는 정부는 헌법재판소에 그 해산을 제소할 수 있고, 정당은 헌법재판소의 심판에 의하여 해산된다.
제9조 국가는 전통문화의 계승·발전과 민족문화의 창달에 노력하여야 한다.

제2장 국민의 권리와 의무

제10조 모든 국민은 인간으로서의 존엄과 가치를 가지며, 행복을 추구할 권리를 가진다. 국가는 개인이 가지는 불가침의 기본적 인권을 확인하고 이를 보장할 의무를 진다.
제11조 ①모든 국민은 법 앞에 평등하다. 누구든지 성별·종교 또는 사회적 신분에 의하여 정치적·경제적·사회적·문화적 생활의 모든 영역에 있어서 차별을 받지 아니한다.
②사회적 특수계급의 제도는 인정되지 아니하며, 어떠한 형태로도 이를 창설할 수 없다.
③훈장등의 영전은 이를 받은 자에게만 효력이 있고, 어떠한 특권도 이에 따르지 아니한다.
제12조 ①모든 국민은 신체의 자유를 가진다. 누구든지 법률에 의하지 아니하고는 체포·구속·압수·수색 또는 심문을 받지 아니하며, 법률과 적법한 절차에 의하지 아니하고는 처벌·보안처분 또는 강제노역을 받지 아니한다.
②모든 국민은 고문을 받지 아니하며, 형사상 자기에게 불리한 진술을 강요당하지 아니한다.
③체포·구속·압수 또는 수색을 할 때에는 적법한 절차에 따라 검사의 신청에 의하여 법관이 발부한 영장을 제시하여야 한다. 다만, 현행범인인 경우와 장기 3년 이상의 형에 해당하는 죄를 범하고 도피 또는 증거인멸의 염려가 있을 때에는 사후에 영장을 청구할 수 있다.
④누구든지 체포 또는 구속을 당한 때에는 즉시 변호인의 조력을 받을 권리를 가진다. 다만, 형사피고인이 스스로 변호인을 구할 수 없을 때에는 법률이 정하는 바에 의하여 국가가 변호인을 붙인다.

⑤누구든지 체포 또는 구속의 이유와 변호인의 조력을 받을 권리가 있음을 고지받지 아니하고는 체포 또는 구속을 당하지 아니한다. 체포 또는 구속을 당한 자의 가족등 법률이 정하는 자에게는 그 이유와 일시·장소가 지체없이 통지되어야 한다.

⑥누구든지 체포 또는 구속을 당한 때에는 적부의 심사를 법원에 청구할 권리를 가진다.

⑦피고인의 자백이 고문·폭행·협박·구속의 부당한 장기화 또는 기망 기타의 방법에 의하여 자의로 진술된 것이 아니라고 인정될 때 또는 정식재판에 있어서 피고인의 자백이 그에게 불리한 유일한 증거일 때에는 이를 유죄의 증거로 삼거나 이를 이유로 처벌할 수 없다.

제13조 ①모든 국민은 행위시의 법률에 의하여 범죄를 구성하지 아니하는 행위로 소추되지 아니하며, 동일한 범죄에 대하여 거듭 처벌받지 아니한다.

②모든 국민은 소급입법에 의하여 참정권의 제한을 받거나 재산권을 박탈당하지 아니한다.

③모든 국민은 자기의 행위가 아닌 친족의 행위로 인하여 불이익한 처우를 받지 아니한다.

제14조 모든 국민은 거주·이전의 자유를 가진다.

제15조 모든 국민은 직업선택의 자유를 가진다.

제16조 모든 국민은 주거의 자유를 침해받지 아니한다. 주거에 대한 압수나 수색을 할 때에는 검사의 신청에 의하여 법관이 발부한 영장을 제시하여야 한다.

제17조 모든 국민은 사생활의 비밀과 자유를 침해받지 아니한다.

제18조 모든 국민은 통신의 비밀을 침해받지 아니한다.

제19조 모든 국민은 양심의 자유를 가진다.

제20조 ①모든 국민은 종교의 자유를 가진다.

②국교는 인정되지 아니하며, 종교와 정치는 분리된다.

제21조 ①모든 국민은 언론·출판의 자유와 집회·결사의 자유를 가진다.

②언론·출판에 대한 허가나 검열과 집회·결사에 대한 허가는 인정되지 아니한다.

③통신·방송의 시설기준과 신문의 기능을 보장하기 위하여 필요한 사항은 법률로 정한다.

④언론·출판은 타인의 명예나 권리 또는 공중도덕이나 사회윤리를 침해하여서는 아니된다. 언론·출판이 타인의 명예나 권리를 침해한 때에는 피해자는 이에 대한 피해의 배상을 청구할 수 있다.

제22조 ①모든 국민은 학문과 예술의 자유를 가진다.

②저작자·발명가·과학기술자와 예술가의 권리는 법률로써 보호한다.

第23조 ①모든 국민의 재산권은 보장된다. 그 내용과 한계는 법률로 정한다.

②재산권의 행사는 공공복리에 적합하도록 하여야 한다.

③공공필요에 의한 재산권의 수용·사용 또는 제한 및 그에 대한 보상은 법률로써 하되, 정당한 보상을 지급하여야 한다.

第24조 모든 국민은 법률이 정하는 바에 의하여 선거권을 가진다.

第25조 모든 국민은 법률이 정하는 바에 의하여 공무담임권을 가진다.

第26조 ①모든 국민은 법률이 정하는 바에 의하여 국가기관에 문서로 청원할 권리를 가진다.

②국가는 청원에 대하여 심사할 의무를 진다.

第27조 ①모든 국민은 헌법과 법률이 정한 법관에 의하여 법률에 의한 재판을 받을 권리를 가진다.

②군인 또는 군무원이 아닌 국민은 대한민국의 영역안에서는 중대한 군사상 기밀·초병·초소·유독음식물공급·포로·군용물에 관한 죄중 법률이 정한 경우와 비상계엄이 선포된 경우를 제외하고는 군사법원의 재판을 받지 아니한다.

③모든 국민은 신속한 재판을 받을 권리를 가진다. 형사피고인은 상당한 이유가 없는 한 지체없이 공개재판을 받을 권리를 가진다.

④형사피고인은 유죄의 판결이 확정될 때까지는 무죄로 추정된다.

⑤형사피해자는 법률이 정하는 바에 의하여 당해 사건의 재판절차에서 진술할 수 있다.

第28조 형사피의자 또는 형사피고인으로서 구금되었던 자가 법률이 정하는 불기소처분을 받거나 무죄판결을 받은 때에는 법률이 정하는 바에 의하여 국가에 정당한 보상을 청구할 수 있다.

第29조 ①공무원의 직무상 불법행위로 손해를 받은 국민은 법률이 정하는 바에 의하여 국가 또는 공공단체에 정당한 배상을 청구할 수 있다. 이 경우 공무원 자신의 책임은 면제되지 아니한다.

②군인·군무원·경찰공무원 기타 법률이 정하는 자가 전투·훈련등 직무집행과 관련하여 받은 손해에 대하여는 법률이 정하는 보상외에 국가 또는 공공단체에 공무원의 직무상 불법행위로 인한 배상은 청구할 수 없다.

第30조 타인의 범죄행위로 인하여 생명·신체에 대한 피해를 받은 국민은 법률이 정하는 바에 의하여 국가로부터 구조를 받을 수 있다.

第31조 ①모든 국민은 능력에 따라 균등하게 교육을 받을 권리를 가진다.

②모든 국민은 그 보호하는 자녀에게 적어도 초등교육과 법률이 정하는 교육

을 받게 할 의무를 진다.
③의무교육은 무상으로 한다.
④교육의 자주성·전문성·정치적 중립성 및 대학의 자율성은 법률이 정하는 바에 의하여 보장된다.
⑤국가는 평생교육을 진흥하여야 한다.
⑥학교교육 및 평생교육을 포함한 교육제도와 그 운영, 교육재정 및 교원의 지위에 관한 기본적인 사항은 법률로 정한다.

제32조 ①모든 국민은 근로의 권리를 가진다. 국가는 사회적·경제적 방법으로 근로자의 고용의 증진과 적정임금의 보장에 노력하여야 하며, 법률이 정하는 바에 의하여 최저임금제를 시행하여야 한다.
②모든 국민은 근로의 의무를 진다. 국가는 근로의 의무의 내용과 조건을 민주주의원칙에 따라 법률로 정한다.
③근로조건의 기준은 인간의 존엄성을 보장하도록 법률로 정한다.
④여자의 근로는 특별한 보호를 받으며, 고용·임금 및 근로조건에 있어서 부당한 차별을 받지 아니한다.
⑤연소자의 근로는 특별한 보호를 받는다.
⑥국가유공자·상이군경 및 전몰군경의 유가족은 법률이 정하는 바에 의하여 우선적으로 근로의 기회를 부여받는다.

제33조 ①근로자는 근로조건의 향상을 위하여 자주적인 단결권·단체교섭권 및 단체행동권을 가진다.
②공무원인 근로자는 법률이 정하는 자에 한하여 단결권·단체교섭권 및 단체행동권을 가진다.
③법률이 정하는 주요방위산업체에 종사하는 근로자의 단체행동권은 법률이 정하는 바에 의하여 이를 제한하거나 인정하지 아니할 수 있다.

제34조 ①모든 국민은 인간다운 생활을 할 권리를 가진다.
②국가는 사회보장·사회복지의 증진에 노력할 의무를 진다.
③국가는 여자의 복지와 권익의 향상을 위하여 노력하여야 한다.
④국가는 노인과 청소년의 복지향상을 위한 정책을 실시할 의무를 진다.
⑤신체장애자 및 질병·노령 기타의 사유로 생활능력이 없는 국민은 법률이 정하는 바에 의하여 국가의 보호를 받는다.
⑥국가는 재해를 예방하고 그 위험으로부터 국민을 보호하기 위하여 노력하여야 한다.

제35조 ①모든 국민은 건강하고 쾌적한 환경에서 생활할 권리를 가지며, 국가와 국민은 환경보전을 위하여 노력하여야 한다.

②환경권의 내용과 행사에 관하여는 법률로 정한다.

③국가는 주택개발정책등을 통하여 모든 국민이 쾌적한 주거생활을 할 수 있도록 노력하여야 한다.

제36조 ①혼인과 가족생활은 개인의 존엄과 양성의 평등을 기초로 성립되고 유지되어야 하며, 국가는 이를 보장한다.

②국가는 모성의 보호를 위하여 노력하여야 한다.

③모든 국민은 보건에 관하여 국가의 보호를 받는다.

제37조 ①국민의 자유와 권리는 헌법에 열거되지 아니한 이유로 경시되지 아니한다.

②국민의 모든 자유와 권리는 국가안전보장·질서유지 또는 공공복리를 위하여 필요한 경우에 한하여 법률로써 제한할 수 있으며, 제한하는 경우에도 자유와 권리의 본질적인 내용을 침해할 수 없다.

제38조 모든 국민은 법률이 정하는 바에 의하여 납세의 의무를 진다.

제39조 ①모든 국민은 법률이 정하는 바에 의하여 국방의 의무를 진다.

②누구든지 병역의무의 이행으로 인하여 불이익한 처우를 받지 아니한다.

제3장 국회

제40조 입법권은 국회에 속한다.

제41조 ①국회는 국민의 보통·평등·직접·비밀선거에 의하여 선출된 국회의원으로 구성한다.

②국회의원의 수는 법률로 정하되, 200인 이상으로 한다.

③국회의원의 선거구와 비례대표제 기타 선거에 관한 사항은 법률로 정한다.

제42조 국회의원의 임기는 4년으로 한다.

제43조 국회의원은 법률이 정하는 직을 겸할 수 없다.

제44조 ①국회의원은 현행범인인 경우를 제외하고는 회기중 국회의 동의없이 체포 또는 구금되지 아니한다.

②국회의원이 회기전에 체포 또는 구금된 때에는 현행범인이 아닌 한 국회의 요구가 있으면 회기중 석방된다.

제45조 국회의원은 국회에서 직무상 행한 발언과 표결에 관하여 국회외에서 책임을 지지 아니한다.

제46조 ①국회의원은 청렴의 의무가 있다.

②국회의원은 국가이익을 우선하여 양심에 따라 직무를 행한다.

③국회의원은 그 지위를 남용하여 국가·공공단체 또는 기업체와의 계약이나

그 처분에 의하여 재산상의 권리·이익 또는 직위를 취득하거나 타인을 위하여 그 취득을 알선할 수 없다.

제47조 ①국회의 정기회는 법률이 정하는 바에 의하여 매년 1회 집회되며, 국회의 임시회는 대통령 또는 국회재적의원 4분의 1 이상의 요구에 의하여 집회된다.

②정기회의 회기는 100일을, 임시회의 회기는 30일을 초과할 수 없다.

③대통령이 임시회의 집회를 요구할 때에는 기간과 집회요구의 이유를 명시하여야 한다.

제48조 국회는 의장 1인과 부의장 2인을 선출한다.

제49조 국회는 헌법 또는 법률에 특별한 규정이 없는 한 재적의원 과반수의 출석과 출석의원 과반수의 찬성으로 의결한다. 가부동수인 때에는 부결된 것으로 본다.

제50조 ①국회의 회의는 공개한다. 다만, 출석의원 과반수의 찬성이 있거나 의장이 국가의 안전보장을 위하여 필요하다고 인정할 때에는 공개하지 아니할 수 있다.

②공개하지 아니한 회의내용의 공표에 관하여는 법률이 정하는 바에 의한다.

제51조 국회에 제출된 법률안 기타의 의안은 회기중에 의결되지 못한 이유로 폐기되지 아니한다. 다만, 국회의원의 임기가 만료된 때에는 그러하지 아니하다.

제52조 국회의원과 정부는 법률안을 제출할 수 있다.

제53조 ①국회에서 의결된 법률안은 정부에 이송되어 15일 이내에 대통령이 공포한다.

②법률안에 이의가 있을 때에는 대통령은 제1항의 기간내에 이의서를 붙여 국회로 환부하고, 그 재의를 요구할 수 있다. 국회의 폐회중에도 또한 같다.

③대통령은 법률안의 일부에 대하여 또는 법률안을 수정하여 재의를 요구할 수 없다.

④재의의 요구가 있을 때에는 국회는 재의에 붙이고, 재적의원과반수의 출석과 출석의원 3분의 2 이상의 찬성으로 전과 같은 의결을 하면 그 법률안은 법률로서 확정된다.

⑤대통령이 제1항의 기간내에 공포나 재의의 요구를 하지 아니한 때에도 그 법률안은 법률로서 확정된다.

⑥대통령은 제4항과 제5항의 규정에 의하여 확정된 법률을 지체없이 공포하여야 한다. 제5항에 의하여 법률이 확정된 후 또는 제4항에 의한 확정법률이 정부에 이송된 후 5일 이내에 대통령이 공포하지 아니할 때에는 국회의장이 이를 공포한다.

⑦법률은 특별한 규정이 없는 한 공포한 날로부터 20일을 경과함으로써 효력을 발생한다.

第54조 ①국회는 국가의 예산안을 심의·확정한다.

②정부는 회계연도마다 예산안을 편성하여 회계연도 개시 90일전까지 국회에 제출하고, 국회는 회계연도 개시 30일전까지 이를 의결하여야 한다.

③새로운 회계연도가 개시될 때까지 예산안이 의결되지 못한 때에는 정부는 국회에서 예산안이 의결될 때까지 다음의 목적을 위한 경비는 전년도 예산에 준하여 집행할 수 있다.

1. 헌법이나 법률에 의하여 설치된 기관 또는 시설의 유지·운영
2. 법률상 지출의무의 이행
3. 이미 예산으로 승인된 사업의 계속

第55조 ①한 회계연도를 넘어 계속하여 지출할 필요가 있을 때에는 정부는 연한을 정하여 계속비로서 국회의 의결을 얻어야 한다.

②예비비는 총액으로 국회의 의결을 얻어야 한다. 예비비의 지출은 차기국회의 승인을 얻어야 한다.

第56조 정부는 예산에 변경을 가할 필요가 있을 때에는 추가경정예산안을 편성하여 국회에 제출할 수 있다.

第57조 국회는 정부의 동의없이 정부가 제출한 지출예산 각항의 금액을 증가하거나 새 비목을 설치할 수 없다.

第58조 국채를 모집하거나 예산외에 국가의 부담이 될 계약을 체결하려 할 때에는 정부는 미리 국회의 의결을 얻어야 한다.

第59조 조세의 종목과 세율은 법률로 정한다.

第60조 ①국회는 상호원조 또는 안전보장에 관한 조약, 중요한 국제조직에 관한 조약, 우호통상항해조약, 주권의 제약에 관한 조약, 강화조약, 국가나 국민에게 중대한 재정적 부담을 지우는 조약 또는 입법사항에 관한 조약의 체결·비준에 대한 동의권을 가진다.

②국회는 선전포고, 국군의 외국에의 파견 또는 외국군대의 대한민국 영역안에서의 주류에 대한 동의권을 가진다.

第61조 ①국회는 국정을 감사하거나 특정한 국정사안에 대하여 조사할 수 있으며, 이에 필요한 서류의 제출 또는 증인의 출석과 증언이나 의견의 진술을 요구할 수 있다.

②국정감사 및 조사에 관한 절차 기타 필요한 사항은 법률로 정한다.

第62조 ①국무총리·국무위원 또는 정부위원은 국회나 그 위원회에 출석하여 국정처리상황을 보고하거나 의견을 진술하고 질문에 응답할 수 있다.

②국회나 그 위원회의 요구가 있을 때에는 국무총리·국무위원 또는 정부위원은 출석·답변하여야 하며, 국무총리 또는 국무위원이 출석요구를 받은 때에는 국무위원 또는 정부위원으로 하여금 출석·답변하게 할 수 있다.

제63조 ①국회는 국무총리 또는 국무위원의 해임을 대통령에게 건의할 수 있다.

②제1항의 해임건의는 국회재적의원 3분의 1 이상의 발의에 의하여 국회재적의원 과반수의 찬성이 있어야 한다.

제64조 ①국회는 법률에 저촉되지 아니하는 범위안에서 의사와 내부규율에 관한 규칙을 제정할 수 있다.

②국회는 의원의 자격을 심사하며, 의원을 징계할 수 있다.

③의원을 제명하려면 국회재적의원 3분의 2 이상의 찬성이 있어야 한다.

④제2항과 제3항의 처분에 대하여는 법원에 제소할 수 없다.

제65조 ①대통령·국무총리·국무위원·행정각부의 장·헌법재판소 재판관·법관·중앙선거관리위원회 위원·감사원장·감사위원 기타 법률이 정한 공무원이 그 직무집행에 있어서 헌법이나 법률을 위배한 때에는 국회는 탄핵의 소추를 의결할 수 있다.

②제1항의 탄핵소추는 국회재적의원 3분의 1 이상의 발의가 있어야 하며, 그 의결은 국회재적의원 과반수의 찬성이 있어야 한다. 다만, 대통령에 대한 탄핵소추는 국회재적의원 과반수의 발의와 국회재적의원 3분의 2 이상의 찬성이 있어야 한다.

③탄핵소추의 의결을 받은 자는 탄핵심판이 있을 때까지 그 권한행사가 정지된다.

④탄핵결정은 공직으로부터 파면함에 그친다. 그러나, 이에 의하여 민사상이나 형사상의 책임이 면제되지는 아니한다.

제4장 정부

제1절 대통령

제66조 ①대통령은 국가의 원수이며, 외국에 대하여 국가를 대표한다.

②대통령은 국가의 독립·영토의 보전·국가의 계속성과 헌법을 수호할 책무를 진다.

③대통령은 조국의 평화적 통일을 위한 성실한 의무를 진다.

④행정권은 대통령을 수반으로 하는 정부에 속한다.

제67조 ①대통령은 국민의 보통·평등·직접·비밀선거에 의하여 선출한다.

②제1항의 선거에 있어서 최고득표자가 2인 이상인 때에는 국회의 재적의원

과반수가 출석한 공개회의에서 다수표를 얻은 자를 당선자로 한다.
③대통령후보자가 1인일 때에는 그 득표수가 선거권자 총수의 3분의 1 이상이 아니면 대통령으로 당선될 수 없다.
④대통령으로 선거될 수 있는 자는 국회의원의 피선거권이 있고 선거일 현재 40세에 달하여야 한다.
⑤대통령의 선거에 관한 사항은 법률로 정한다.

第68조 ①대통령의 임기가 만료되는 때에는 임기만료 70일 내지 40일전에 후임자를 선거한다.
②대통령이 궐위된 때 또는 대통령 당선자가 사망하거나 판결 기타의 사유로 그 자격을 상실한 때에는 60일 이내에 후임자를 선거한다.

第69조 대통령은 취임에 즈음하여 다음의 선서를 한다.
"나는 헌법을 준수하고 국가를 보위하며 조국의 평화적 통일과 국민의 자유와 복리의 증진 및 민족문화의 창달에 노력하여 대통령으로서의 직책을 성실히 수행할 것을 국민 앞에 엄숙히 선서합니다."

第70조 대통령의 임기는 5년으로 하며, 중임할 수 없다.

第71조 대통령이 궐위되거나 사고로 인하여 직무를 수행할 수 없을 때에는 국무총리, 법률이 정한 국무위원의 순서로 그 권한을 대행한다.

第72조 대통령은 필요하다고 인정할 때에는 외교·국방·통일 기타 국가안위에 관한 중요정책을 국민투표에 붙일 수 있다.

第73조 대통령은 조약을 체결·비준하고, 외교사절을 신임·접수 또는 파견하며, 선전포고와 강화를 한다.

第74조 ①대통령은 헌법과 법률이 정하는 바에 의하여 국군을 통수한다.
②국군의 조직과 편성은 법률로 정한다.

第75조 대통령은 법률에서 구체적으로 범위를 정하여 위임받은 사항과 법률을 집행하기 위하여 필요한 사항에 관하여 대통령령을 발할 수 있다.

第76조 ①대통령은 내우·외환·천재·지변 또는 중대한 재정·경제상의 위기에 있어서 국가의 안전보장 또는 공공의 안녕질서를 유지하기 위하여 긴급한 조치가 필요하고 국회의 집회를 기다릴 여유가 없을 때에 한하여 최소한으로 필요한 재정·경제상의 처분을 하거나 이에 관하여 법률의 효력을 가지는 명령을 발할 수 있다.
②대통령은 국가의 안위에 관계되는 중대한 교전상태에 있어서 국가를 보위하기 위하여 긴급한 조치가 필요하고 국회의 집회가 불가능한 때에 한하여 법률의 효력을 가지는 명령을 발할 수 있다.
③대통령은 제1항과 제2항의 처분 또는 명령을 한 때에는 지체없이 국회에 보

고하여 그 승인을 얻어야 한다.

④제3항의 승인을 얻지 못한 때에는 그 처분 또는 명령은 그때부터 효력을 상실한다. 이 경우 그 명령에 의하여 개정 또는 폐지되었던 법률은 그 명령이 승인을 얻지 못한 때부터 당연히 효력을 회복한다.

⑤대통령은 제3항과 제4항의 사유를 지체없이 공포하여야 한다.

第77조 ①대통령은 전시·사변 또는 이에 준하는 국가비상사태에 있어서 병력으로써 군사상의 필요에 응하거나 공공의 안녕질서를 유지할 필요가 있을 때에는 법률이 정하는 바에 의하여 계엄을 선포할 수 있다.

②계엄은 비상계엄과 경비계엄으로 한다.

③비상계엄이 선포된 때에는 법률이 정하는 바에 의하여 영장제도, 언론·출판·집회·결사의 자유, 정부나 법원의 권한에 관하여 특별한 조치를 할 수 있다.

④계엄을 선포한 때에는 대통령은 지체없이 국회에 통고하여야 한다.

⑤국회가 재적의원 과반수의 찬성으로 계엄의 해제를 요구한 때에는 대통령은 이를 해제하여야 한다.

第78조 대통령은 헌법과 법률이 정하는 바에 의하여 공무원을 임면한다.

第79조 ①대통령은 법률이 정하는 바에 의하여 사면·감형 또는 복권을 명할 수 있다.

②일반사면을 명하려면 국회의 동의를 얻어야 한다.

③사면·감형 및 복권에 관한 사항은 법률로 정한다.

第80조 대통령은 법률이 정하는 바에 의하여 훈장 기타의 영전을 수여한다.

第81조 대통령은 국회에 출석하여 발언하거나 서한으로 의견을 표시할 수 있다.

第82조 대통령의 국법상 행위는 문서로써 하며, 이 문서에는 국무총리와 관계 국무위원이 부서한다. 군사에 관한 것도 또한 같다.

第83조 대통령은 국무총리·국무위원·행정각부의 장 기타 법률이 정하는 공사의 직을 겸할 수 없다.

第84조 대통령은 내란 또는 외환의 죄를 범한 경우를 제외하고는 재직중 형사상의 소추를 받지 아니한다.

第85조 전직대통령의 신분과 예우에 관하여는 법률로 정한다.

제2절 행정부

제1관 국무총리와 국무위원

第86조 ①국무총리는 국회의 동의를 얻어 대통령이 임명한다.

②국무총리는 대통령을 보좌하며, 행정에 관하여 대통령의 명을 받아 행정각

부를 통할한다.

③군인은 현역을 면한 후가 아니면 국무총리로 임명될 수 없다.

제87조 ①국무위원은 국무총리의 제청으로 대통령이 임명한다.

②국무위원은 국정에 관하여 대통령을 보좌하며, 국무회의의 구성원으로서 국정을 심의한다.

③국무총리는 국무위원의 해임을 대통령에게 건의할 수 있다.

④군인은 현역을 면한 후가 아니면 국무위원으로 임명될 수 없다.

제2관 국무회의

제88조 ①국무회의는 정부의 권한에 속하는 중요한 정책을 심의한다.

②국무회의는 대통령·국무총리와 15인 이상 30인 이하의 국무위원으로 구성한다.

③대통령은 국무회의의 의장이 되고, 국무총리는 부의장이 된다.

제89조 다음 사항은 국무회의의 심의를 거쳐야 한다.

1. 국정의 기본계획과 정부의 일반정책
2. 선전·강화 기타 중요한 대외정책
3. 헌법개정안·국민투표안·조약안·법률안 및 대통령령안
4. 예산안·결산·국유재산처분의 기본계획·국가의 부담이 될 계약 기타 재정에 관한 중요사항
5. 대통령의 긴급명령·긴급재정경제처분 및 명령 또는 계엄과 그 해제
6. 군사에 관한 중요사항
7. 국회의 임시회 집회의 요구
8. 영전수여
9. 사면·감형과 복권
10. 행정각부간의 권한의 획정
11. 정부안의 권한의 위임 또는 배정에 관한 기본계획
12. 국정처리상황의 평가·분석
13. 행정각부의 중요한 정책의 수립과 조정
14. 정당해산의 제소
15. 정부에 제출 또는 회부된 정부의 정책에 관계되는 청원의 심사
16. 검찰총장·합동참모의장·각군참모총장·국립대학교총장·대사 기타 법률이 정한 공무원과 국영기업체관리자의 임명
17. 기타 대통령·국무총리 또는 국무위원이 제출한 사항

제90조 ①국정의 중요한 사항에 관한 대통령의 자문에 응하기 위하여 국가원로

로 구성되는 국가원로자문회의를 둘 수 있다.
②국가원로자문회의의 의장은 직전대통령이 된다. 다만, 직전대통령이 없을 때에는 대통령이 지명한다.
③국가원로자문회의의 조직·직무범위 기타 필요한 사항은 법률로 정한다.

제91조 ①국가안전보장에 관련되는 대외정책·군사정책과 국내정책의 수립에 관하여 국무회의의 심의에 앞서 대통령의 자문에 응하기 위하여 국가안전보장회의를 둔다.
②국가안전보장회의는 대통령이 주재한다.
③국가안전보장회의의 조직·직무범위 기타 필요한 사항은 법률로 정한다.

제92조 ①평화통일정책의 수립에 관한 대통령의 자문에 응하기 위하여 민주평화통일자문회의를 둘 수 있다.
②민주평화통일자문회의의 조직·직무범위 기타 필요한 사항은 법률로 정한다.

제93조 ①국민경제의 발전을 위한 중요정책의 수립에 관하여 대통령의 자문에 응하기 위하여 국민경제자문회의를 둘 수 있다.
②국민경제자문회의의 조직·직무범위 기타 필요한 사항은 법률로 정한다.

제3관 행정각부

제94조 행정각부의 장은 국무위원 중에서 국무총리의 제청으로 대통령이 임명한다.

제95조 국무총리 또는 행정각부의 장은 소관사무에 관하여 법률이나 대통령령의 위임 또는 직권으로 총리령 또는 부령을 발할 수 있다.

제96조 행정각부의 설치·조직과 직무범위는 법률로 정한다.

제4관 감사원

제97조 국가의 세입·세출의 결산, 국가 및 법률이 정한 단체의 회계검사와 행정기관 및 공무원의 직무에 관한 감찰을 하기 위하여 대통령 소속하에 감사원을 둔다.

제98조 ①감사원은 원장을 포함한 5인 이상 11인 이하의 감사위원으로 구성한다.
②원장은 국회의 동의를 얻어 대통령이 임명하고, 그 임기는 4년으로 하며, 1차에 한하여 중임할 수 있다.
③감사위원은 원장의 제청으로 대통령이 임명하고, 그 임기는 4년으로 하며, 1차에 한하여 중임할 수 있다.

제99조 감사원은 세입·세출의 결산을 매년 검사하여 대통령과 차년도국회에 그 결과를 보고하여야 한다.

제100조 감사원의 조직·직무범위·감사위원의 자격·감사대상공무원의 범위 기타 필요한 사항은 법률로 정한다.

제5장 법원

제101조 ①사법권은 법관으로 구성된 법원에 속한다.

②법원은 최고법원인 대법원과 각급법원으로 조직된다.

③법관의 자격은 법률로 정한다.

제102조 ①대법원에 부를 둘 수 있다.

②대법원에 대법관을 둔다. 다만, 법률이 정하는 바에 의하여 대법관이 아닌 법관을 둘 수 있다.

③대법원과 각급법원의 조직은 법률로 정한다.

제103조 법관은 헌법과 법률에 의하여 그 양심에 따라 독립하여 심판한다.

제104조 ①대법원장은 국회의 동의를 얻어 대통령이 임명한다.

②대법관은 대법원장의 제청으로 국회의 동의를 얻어 대통령이 임명한다.

③대법원장과 대법관이 아닌 법관은 대법관회의의 동의를 얻어 대법원장이 임명한다.

제105조 ①대법원장의 임기는 6년으로 하며, 중임할 수 없다.

②대법관의 임기는 6년으로 하며, 법률이 정하는 바에 의하여 연임할 수 있다.

③대법원장과 대법관이 아닌 법관의 임기는 10년으로 하며, 법률이 정하는 바에 의하여 연임할 수 있다.

④법관의 정년은 법률로 정한다.

제106조 ①법관은 탄핵 또는 금고 이상의 형의 선고에 의하지 아니하고는 파면되지 아니하며, 징계처분에 의하지 아니하고는 정직·감봉 기타 불리한 처분을 받지 아니한다.

②법관이 중대한 심신상의 장해로 직무를 수행할 수 없을 때에는 법률이 정하는 바에 의하여 퇴직하게 할 수 있다.

제107조 ①법률이 헌법에 위반되는 여부가 재판의 전제가 된 경우에는 법원은 헌법재판소에 제청하여 그 심판에 의하여 재판한다.

②명령·규칙 또는 처분이 헌법이나 법률에 위반되는 여부가 재판의 전제가 된 경우에는 대법원은 이를 최종적으로 심사할 권한을 가진다.

③재판의 전심절차로서 행정심판을 할 수 있다. 행정심판의 절차는 법률로 정하되, 사법절차가 준용되어야 한다.

제108조 대법원은 법률에 저촉되지 아니하는 범위안에서 소송에 관한 절차, 법

원의 내부규율과 사무처리에 관한 규칙을 제정할 수 있다.

제109조 재판의 심리와 판결은 공개한다. 다만, 심리는 국가의 안전보장 또는 안녕질서를 방해하거나 선량한 풍속을 해할 염려가 있을 때에는 법원의 결정으로 공개하지 아니할 수 있다.

제110조 ①군사재판을 관할하기 위하여 특별법원으로서 군사법원을 둘 수 있다.

②군사법원의 상고심은 대법원에서 관할한다.

③군사법원의 조직·권한 및 재판관의 자격은 법률로 정한다.

④비상계엄하의 군사재판은 군인·군무원의 범죄나 군사에 관한 간첩죄의 경우와 초병·초소·유독음식물공급·포로에 관한 죄중 법률이 정한 경우에 한하여 단심으로 할 수 있다. 다만, 사형을 선고한 경우에는 그러하지 아니하다.

제6장 헌법재판소

제111조 ①헌법재판소는 다음 사항을 관장한다.

1. 법원의 제청에 의한 법률의 위헌여부 심판
2. 탄핵의 심판
3. 정당의 해산 심판
4. 국가기관 상호간, 국가기관과 지방자치단체간 및 지방자치단체 상호간의 권한쟁의에 관한 심판
5. 법률이 정하는 헌법소원에 관한 심판

②헌법재판소는 법관의 자격을 가진 9인의 재판관으로 구성하며, 재판관은 대통령이 임명한다.

③제2항의 재판관중 3인은 국회에서 선출하는 자를, 3인은 대법원장이 지명하는 자를 임명한다.

④헌법재판소의 장은 국회의 동의를 얻어 재판관중에서 대통령이 임명한다.

제112조 ①헌법재판소 재판관의 임기는 6년으로 하며, 법률이 정하는 바에 의하여 연임할 수 있다.

②헌법재판소 재판관은 정당에 가입하거나 정치에 관여할 수 없다.

③헌법재판소 재판관은 탄핵 또는 금고 이상의 형의 선고에 의하지 아니하고는 파면되지 아니한다.

제113조 ①헌법재판소에서 법률의 위헌결정, 탄핵의 결정, 정당해산의 결정 또는 헌법소원에 관한 인용결정을 할 때에는 재판관 6인 이상의 찬성이 있어야 한다.

②헌법재판소는 법률에 저촉되지 아니하는 범위안에서 심판에 관한 절차, 내부규율과 사무처리에 관한 규칙을 제정할 수 있다.
③헌법재판소의 조직과 운영 기타 필요한 사항은 법률로 정한다.

제7장 선거관리

제114조 ①선거와 국민투표의 공정한 관리 및 정당에 관한 사무를 처리하기 위하여 선거관리위원회를 둔다.
②중앙선거관리위원회는 대통령이 임명하는 3인, 국회에서 선출하는 3인과 대법원장이 지명하는 3인의 위원으로 구성한다. 위원장은 위원중에서 호선한다.
③위원의 임기는 6년으로 한다.
④위원은 정당에 가입하거나 정치에 관여할 수 없다.
⑤위원은 탄핵 또는 금고 이상의 형의 선고에 의하지 아니하고는 파면되지 아니한다.
⑥중앙선거관리위원회는 법령의 범위안에서 선거관리·국민투표관리 또는 정당사무에 관한 규칙을 제정할 수 있으며, 법률에 저촉되지 아니하는 범위안에서 내부규율에 관한 규칙을 제정할 수 있다.
⑦각급 선거관리위원회의 조직·직무범위 기타 필요한 사항은 법률로 정한다.
제115조 ①각급 선거관리위원회는 선거인명부의 작성등 선거사무와 국민투표사무에 관하여 관계 행정기관에 필요한 지시를 할 수 있다.
②제1항의 지시를 받은 당해 행정기관은 이에 응하여야 한다.
제116조 ①선거운동은 각급 선거관리위원회의 관리하에 법률이 정하는 범위안에서 하되, 균등한 기회가 보장되어야 한다.
②선거에 관한 경비는 법률이 정하는 경우를 제외하고는 정당 또는 후보자에게 부담시킬 수 없다.

제8장 지방자치

제117조 ①지방자치단체는 주민의 복리에 관한 사무를 처리하고 재산을 관리하며, 법령의 범위안에서 자치에 관한 규정을 제정할 수 있다.
②지방자치단체의 종류는 법률로 정한다.
제118조 ①지방자치단체에 의회를 둔다.
②지방의회의 조직·권한·의원선거와 지방자치단체의 장의 선임방법 기타 지방자치단체의 조직과 운영에 관한 사항은 법률로 정한다.

제9장 경제

제119조 ①대한민국의 경제질서는 개인과 기업의 경제상의 자유와 창의를 존중함을 기본으로 한다.

②국가는 균형있는 국민경제의 성장 및 안정과 적정한 소득의 분배를 유지하고, 시장의 지배와 경제력의 남용을 방지하며, 경제주체간의 조화를 통한 경제의 민주화를 위하여 경제에 관한 규제와 조정을 할 수 있다.

제120조 ①광물 기타 중요한 지하자원·수산자원·수력과 경제상 이용할 수 있는 자연력은 법률이 정하는 바에 의하여 일정한 기간 그 채취·개발 또는 이용을 특허할 수 있다.

②국토와 자원은 국가의 보호를 받으며, 국가는 그 균형있는 개발과 이용을 위하여 필요한 계획을 수립한다.

제121조 ①국가는 농지에 관하여 경자유전의 원칙이 달성될 수 있도록 노력하여야 하며, 농지의 소작제도는 금지된다.

②농업생산성의 제고와 농지의 합리적인 이용을 위하거나 불가피한 사정으로 발생하는 농지의 임대차와 위탁경영은 법률이 정하는 바에 의하여 인정된다.

제122조 국가는 국민 모두의 생산 및 생활의 기반이 되는 국토의 효율적이고 균형있는 이용·개발과 보전을 위하여 법률이 정하는 바에 의하여 그에 관한 필요한 제한과 의무를 과할 수 있다.

제123조 ①국가는 농업 및 어업을 보호·육성하기 위하여 농·어촌종합개발과 그 지원등 필요한 계획을 수립·시행하여야 한다.

②국가는 지역간의 균형있는 발전을 위하여 지역경제를 육성할 의무를 진다.

③국가는 중소기업을 보호·육성하여야 한다.

④국가는 농수산물의 수급균형과 유통구조의 개선에 노력하여 가격안정을 도모함으로써 농·어민의 이익을 보호한다.

⑤국가는 농·어민과 중소기업의 자조조직을 육성하여야 하며, 그 자율적 활동과 발전을 보장한다.

제124조 국가는 건전한 소비행위를 계도하고 생산품의 품질향상을 촉구하기 위한 소비자보호운동을 법률이 정하는 바에 의하여 보장한다.

제125조 국가는 대외무역을 육성하며, 이를 규제·조정할 수 있다.

제126조 국방상 또는 국민경제상 긴절한 필요로 인하여 법률이 정하는 경우를 제외하고는, 사영기업을 국유 또는 공유로 이전하거나 그 경영을 통제 또는 관리할 수 없다.

제127조 ①국가는 과학기술의 혁신과 정보 및 인력의 개발을 통하여 국민경제

의 발전에 노력하여야 한다.
②국가는 국가표준제도를 확립한다.
③대통령은 제1항의 목적을 달성하기 위하여 필요한 자문기구를 둘 수 있다.

제10장 헌법개정

제128조 ①헌법개정은 국회재적의원 과반수 또는 대통령의 발의로 제안된다.
②대통령의 임기연장 또는 중임변경을 위한 헌법개정은 그 헌법개정 제안 당시의 대통령에 대하여는 효력이 없다.

제129조 제안된 헌법개정안은 대통령이 20일 이상의 기간 이를 공고하여야 한다.

제130조 ①국회는 헌법개정안이 공고된 날로부터 60일 이내에 의결하여야 하며, 국회의 의결은 재적의원 3분의 2 이상의 찬성을 얻어야 한다.
②헌법개정안은 국회가 의결한 후 30일 이내에 국민투표에 붙여 국회의원선거권자 과반수의 투표와 투표자 과반수의 찬성을 얻어야 한다.
③헌법개정안이 제2항의 찬성을 얻은 때에는 헌법개정은 확정되며, 대통령은 즉시 이를 공포하여야 한다.

부칙 〈제10호, 1987. 10. 29.〉

제1조 이 헌법은 1988년 2월 25일부터 시행한다. 다만, 이 헌법을 시행하기 위하여 필요한 법률의 제정・개정과 이 헌법에 의한 대통령 및 국회의원의 선거 기타 이 헌법시행에 관한 준비는 이 헌법시행 전에 할 수 있다.

제2조 ①이 헌법에 의한 최초의 대통령선거는 이 헌법시행일 40일 전까지 실시한다.
②이 헌법에 의한 최초의 대통령의 임기는 이 헌법시행일로부터 개시한다.

제3조 ①이 헌법에 의한 최초의 국회의원선거는 이 헌법공포일로부터 6월 이내에 실시하며, 이 헌법에 의하여 선출된 최초의 국회의원의 임기는 국회의원선거후 이 헌법에 의한 국회의 최초의 집회일로부터 개시한다.
②이 헌법공포 당시의 국회의원의 임기는 제1항에 의한 국회의 최초의 집회일 전일까지로 한다.

제4조 ①이 헌법시행 당시의 공무원과 정부가 임명한 기업체의 임원은 이 헌법에 의하여 임명된 것으로 본다. 다만, 이 헌법에 의하여 선임방법이나 임명권자가 변경된 공무원과 대법원장 및 감사원장은 이 헌법에 의하여 후임자가 선임될 때까지 그 직무를 행하며, 이 경우 전임자인 공무원의 임기는 후임자가

선임되는 전일까지로 한다.

②이 헌법시행 당시의 대법원장과 대법원판사가 아닌 법관은 제1항 단서의 규정에 불구하고 이 헌법에 의하여 임명된 것으로 본다.

③이 헌법중 공무원의 임기 또는 중임제한에 관한 규정은 이 헌법에 의하여 그 공무원이 최초로 선출 또는 임명된 때로부터 적용한다.

제5조 이 헌법시행 당시의 법령과 조약은 이 헌법에 위배되지 아니하는 한 그 효력을 지속한다.

제6조 이 헌법시행 당시에 이 헌법에 의하여 새로 설치될 기관의 권한에 속하는 직무를 행하고 있는 기관은 이 헌법에 의하여 새로운 기관이 설치될 때까지 존속하며 그 직무를 행한다.

민법 (총칙편)

[시행 2025. 1. 31.] [법률 제20432호, 2024. 9. 20., 일부개정]

제1편 총칙

제1장 통칙

제1조(법원) 민사에 관하여 법률에 규정이 없으면 관습법에 의하고 관습법이 없으면 조리에 의한다.

제2조(신의성실) ①권리의 행사와 의무의 이행은 신의에 좇아 성실히 하여야 한다.

②권리는 남용하지 못한다.

제2장 인

제1절 능력

제3조(권리능력의 존속기간) 사람은 생존한 동안 권리와 의무의 주체가 된다.

제4조(성년) 사람은 19세로 성년에 이르게 된다.

[전문개정 2011. 3. 7.]

제5조(미성년자의 능력) ①미성년자가 법률행위를 함에는 법정대리인의 동의를 얻어야 한다. 그러나 권리만을 얻거나 의무만을 면하는 행위는 그러하지 아니하다.

②전항의 규정에 위반한 행위는 취소할 수 있다.

제6조(처분을 허락한 재산) 법정대리인이 범위를 정하여 처분을 허락한 재산은 미성년자가 임의로 처분할 수 있다.

제7조(동의와 허락의 취소) 법정대리인은 미성년자가 아직 법률행위를 하기 전에는 전2조의 동의와 허락을 취소할 수 있다.

제8조(영업의 허락) ①미성년자가 법정대리인으로부터 허락을 얻은 특정한 영업에 관하여는 성년자와 동일한 행위능력이 있다.

②법정대리인은 전항의 허락을 취소 또는 제한할 수 있다. 그러나 선의의 제삼자에게 대항하지 못한다.

제9조(성년후견개시의 심판) ① 가정법원은 질병, 장애, 노령, 그 밖의 사유로 인한 정신적 제약으로 사무를 처리할 능력이 지속적으로 결여된 사람에 대하여 본인, 배우자, 4촌 이내의 친족, 미성년후견인, 미성년후견감독인, 한정후견인, 한정후견감독인, 특정후견인, 특정후견감독인, 검사 또는 지방자치단체의 장

의 청구에 의하여 성년후견개시의 심판을 한다.

②가정법원은 성년후견개시의 심판을 할 때 본인의 의사를 고려하여야 한다.

[전문개정 2011. 3. 7.]

제10조(피성년후견인의 행위와 취소) ①피성년후견인의 법률행위는 취소할 수 있다.

②제1항에도 불구하고 가정법원은 취소할 수 없는 피성년후견인의 법률행위의 범위를 정할 수 있다.

③가정법원은 본인, 배우자, 4촌 이내의 친족, 성년후견인, 성년후견감독인, 검사 또는 지방자치단체의 장의 청구에 의하여 제2항의 범위를 변경할 수 있다.

④제1항에도 불구하고 일용품의 구입 등 일상생활에 필요하고 그 대가가 과도하지 아니한 법률행위는 성년후견인이 취소할 수 없다.

[전문개정 2011. 3. 7.]

제11조(성년후견종료의 심판) 성년후견개시의 원인이 소멸된 경우에는 가정법원은 본인, 배우자, 4촌 이내의 친족, 성년후견인, 성년후견감독인, 검사 또는 지방자치단체의 장의 청구에 의하여 성년후견종료의 심판을 한다.

[전문개정 2011. 3. 7.]

제12조(한정후견개시의 심판) ①가정법원은 질병, 장애, 노령, 그 밖의 사유로 인한 정신적 제약으로 사무를 처리할 능력이 부족한 사람에 대하여 본인, 배우자, 4촌 이내의 친족, 미성년후견인, 미성년후견감독인, 성년후견인, 성년후견감독인, 특정후견인, 특정후견감독인, 검사 또는 지방자치단체의 장의 청구에 의하여 한정후견개시의 심판을 한다.

②한정후견개시의 경우에 제9조제2항을 준용한다.

[전문개정 2011. 3. 7.]

제13조(피한정후견인의 행위와 동의) ①가정법원은 피한정후견인이 한정후견인의 동의를 받아야 하는 행위의 범위를 정할 수 있다.

②가정법원은 본인, 배우자, 4촌 이내의 친족, 한정후견인, 한정후견감독인, 검사 또는 지방자치단체의 장의 청구에 의하여 제1항에 따른 한정후견인의 동의를 받아야만 할 수 있는 행위의 범위를 변경할 수 있다.

③한정후견인의 동의를 필요로 하는 행위에 대하여 한정후견인이 피한정후견인의 이익이 침해될 염려가 있음에도 그 동의를 하지 아니하는 때에는 가정법원은 피한정후견인의 청구에 의하여 한정후견인의 동의를 갈음하는 허가를 할 수 있다.

④한정후견인의 동의가 필요한 법률행위를 피한정후견인이 한정후견인의 동의 없이 하였을 때에는 그 법률행위를 취소할 수 있다. 다만, 일용품의 구입 등 일상생활에 필요하고 그 대가가 과도하지 아니한 법률행위에 대하여는 그

러하지 아니하다.
[전문개정 2011. 3. 7.]

제14조(한정후견종료의 심판) 한정후견개시의 원인이 소멸된 경우에는 가정법원은 본인, 배우자, 4촌 이내의 친족, 한정후견인, 한정후견감독인, 검사 또는 지방자치단체의 장의 청구에 의하여 한정후견종료의 심판을 한다.
[전문개정 2011. 3. 7.]

제14조의2(특정후견의 심판) ①가정법원은 질병, 장애, 노령, 그 밖의 사유로 인한 정신적 제약으로 일시적 후원 또는 특정한 사무에 관한 후원이 필요한 사람에 대하여 본인, 배우자, 4촌 이내의 친족, 미성년후견인, 미성년후견감독인, 검사 또는 지방자치단체의 장의 청구에 의하여 특정후견의 심판을 한다.
②특정후견은 본인의 의사에 반하여 할 수 없다.
③특정후견의 심판을 하는 경우에는 특정후견의 기간 또는 사무의 범위를 정하여야 한다.
[본조신설 2011. 3. 7.]

제14조의3(심판 사이의 관계) ①가정법원이 피한정후견인 또는 피특정후견인에 대하여 성년후견개시의 심판을 할 때에는 종전의 한정후견 또는 특정후견의 종료 심판을 한다.
②가정법원이 피성년후견인 또는 피특정후견인에 대하여 한정후견개시의 심판을 할 때에는 종전의 성년후견 또는 특정후견의 종료 심판을 한다.
[본조신설 2011. 3. 7.]

제15조(제한능력자의 상대방의 확답을 촉구할 권리) ①제한능력자의 상대방은 제한능력자가 능력자가 된 후에 그에게 1개월 이상의 기간을 정하여 그 취소할 수 있는 행위를 추인할 것인지 여부의 확답을 촉구할 수 있다. 능력자로 된 사람이 그 기간 내에 확답을 발송하지 아니하면 그 행위를 추인한 것으로 본다.
②제한능력자가 아직 능력자가 되지 못한 경우에는 그의 법정대리인에게 제1항의 촉구를 할 수 있고, 법정대리인이 그 정하여진 기간 내에 확답을 발송하지 아니한 경우에는 그 행위를 추인한 것으로 본다.
③특별한 절차가 필요한 행위는 그 정하여진 기간 내에 그 절차를 밟은 확답을 발송하지 아니하면 취소한 것으로 본다.
[전문개정 2011. 3. 7.]

제16조(제한능력자의 상대방의 철회권과 거절권) ①제한능력자가 맺은 계약은 추인이 있을 때까지 상대방이 그 의사표시를 철회할 수 있다. 다만, 상대방이 계약 당시에 제한능력자임을 알았을 경우에는 그러하지 아니하다.
②제한능력자의 단독행위는 추인이 있을 때까지 상대방이 거절할 수 있다.

③제1항의 철회나 제2항의 거절의 의사표시는 제한능력자에게도 할 수 있다.
[전문개정 2011. 3. 7.]

제17조(제한능력자의 속임수) ①제한능력자가 속임수로써 자기를 능력자로 믿게 한 경우에는 그 행위를 취소할 수 없다.

②미성년자나 피한정후견인이 속임수로써 법정대리인의 동의가 있는 것으로 믿게 한 경우에도 제1항과 같다.

[전문개정 2011. 3. 7.]

제2절 주소

제18조(주소) ①생활의 근거되는 곳을 주소로 한다.

②주소는 동시에 두 곳 이상 있을 수 있다.

제19조(거소) 주소를 알 수 없으면 거소를 주소로 본다.

제20조(거소) 국내에 주소없는 자에 대하여는 국내에 있는 거소를 주소로 본다.

제21조(가주소) 어느 행위에 있어서 가주소를 정한 때에는 그 행위에 관하여는 이를 주소로 본다.

제3절 부재와 실종

제22조(부재자의 재산의 관리) ①종래의 주소나 거소를 떠난 자가 재산관리인을 정하지 아니한 때에는 법원은 이해관계인이나 검사의 청구에 의하여 재산관리에 관하여 필요한 처분을 명하여야 한다. 본인의 부재 중 재산관리인의 권한이 소멸한 때에도 같다.

②본인이 그 후에 재산관리인을 정한 때에는 법원은 본인, 재산관리인, 이해관계인 또는 검사의 청구에 의하여 전항의 명령을 취소하여야 한다.

제23조(관리인의 개임) 부재자가 재산관리인을 정한 경우에 부재자의 생사가 분명하지 아니한 때에는 법원은 재산관리인, 이해관계인 또는 검사의 청구에 의하여 재산관리인을 개임할 수 있다.

제24조(관리인의 직무) ①법원이 선임한 재산관리인은 관리할 재산목록을 작성하여야 한다.

②법원은 그 선임한 재산관리인에 대하여 부재자의 재산을 보존하기 위하여 필요한 처분을 명할 수 있다.

③부재자의 생사가 분명하지 아니한 경우에 이해관계인이나 검사의 청구가 있는 때에는 법원은 부재자가 정한 재산관리인에게 전2항의 처분을 명할 수 있다.

④전3항의 경우에 그 비용은 부재자의 재산으로써 지급한다.

제25조(관리인의 권한) 법원이 선임한 재산관리인이 제118조에 규정한 권한을 넘

는 행위를 함에는 법원의 허가를 얻어야 한다. 부재자의 생사가 분명하지 아니한 경우에 부재자가 정한 재산관리인이 권한을 넘는 행위를 할 때에도 같다.

제26조(관리인의 담보제공, 보수) ①법원은 그 선임한 재산관리인으로 하여금 재산의 관리 및 반환에 관하여 상당한 담보를 제공하게 할 수 있다.

②법원은 그 선임한 재산관리인에 대하여 부재자의 재산으로 상당한 보수를 지급할 수 있다.

③전2항의 규정은 부재자의 생사가 분명하지 아니한 경우에 부재자가 정한 재산관리인에 준용한다.

제27조(실종의 선고) ①부재자의 생사가 5년간 분명하지 아니한 때에는 법원은 이해관계인이나 검사의 청구에 의하여 실종선고를 하여야 한다.

②전지에 임한 자, 침몰한 선박 중에 있던 자, 추락한 항공기 중에 있던 자 기타 사망의 원인이 될 위난을 당한 자의 생사가 전쟁종지후 또는 선박의 침몰, 항공기의 추락 기타 위난이 종료한 후 1년간 분명하지 아니한 때에도 제1항과 같다. 〈개정 1984. 4. 10.〉

제28조(실종선고의 효과) 실종선고를 받은 자는 전조의 기간이 만료한 때에 사망한 것으로 본다.

제29조(실종선고의 취소) ①실종자의 생존한 사실 또는 전조의 규정과 상이한 때에 사망한 사실의 증명이 있으면 법원은 본인, 이해관계인 또는 검사의 청구에 의하여 실종선고를 취소하여야 한다. 그러나 실종선고후 그 취소전에 선의로 한 행위의 효력에 영향을 미치지 아니한다.

②실종선고의 취소가 있을 때에 실종의 선고를 직접원인으로 하여 재산을 취득한 자가 선의인 경우에는 그 받은 이익이 현존하는 한도에서 반환할 의무가 있고 악의인 경우에는 그 받은 이익에 이자를 붙여서 반환하고 손해가 있으면 이를 배상하여야 한다.

제30조(동시사망) 2인 이상이 동일한 위난으로 사망한 경우에는 동시에 사망한 것으로 추정한다.

제3장 법인

제1절 총칙

제31조(법인성립의 준칙) 법인은 법률의 규정에 의함이 아니면 성립하지 못한다.

제32조(비영리법인의 설립과 허가) 학술, 종교, 자선, 기예, 사교 기타 영리아닌 사업을 목적으로 하는 사단 또는 재단은 주무관청의 허가를 얻어 이를 법인으로 할 수 있다.

제33조(법인설립의 등기) 법인은 그 주된 사무소의 소재지에서 설립등기를 함으로써 성립한다.

제34조(법인의 권리능력) 법인은 법률의 규정에 좇아 정관으로 정한 목적의 범위내에서 권리와 의무의 주체가 된다.

제35조(법인의 불법행위능력) ①법인은 이사 기타 대표자가 그 직무에 관하여 타인에게 가한 손해를 배상할 책임이 있다. 이사 기타 대표자는 이로 인하여 자기의 손해배상책임을 면하지 못한다.

②법인의 목적범위외의 행위로 인하여 타인에게 손해를 가한 때에는 그 사항의 의결에 찬성하거나 그 의결을 집행한 사원, 이사 및 기타 대표자가 연대하여 배상하여야 한다.

제36조(법인의 주소) 법인의 주소는 그 주된 사무소의 소재지에 있는 것으로 한다.

제37조(법인의 사무의 검사, 감독) 법인의 사무는 주무관청이 검사, 감독한다.

제38조(법인의 설립허가의 취소) 법인이 목적 이외의 사업을 하거나 설립허가의 조건에 위반하거나 기타 공익을 해하는 행위를 한 때에는 주무관청은 그 허가를 취소할 수 있다.

제39조(영리법인) ①영리를 목적으로 하는 사단은 상사회사설립의 조건에 좇아 이를 법인으로 할 수 있다.

②전항의 사단법인에는 모두 상사회사에 관한 규정을 준용한다.

제2절 설립

제40조(사단법인의 정관) 사단법인의 설립자는 다음 각호의 사항을 기재한 정관을 작성하여 기명날인하여야 한다.

1. 목적
2. 명칭
3. 사무소의 소재지
4. 자산에 관한 규정
5. 이사의 임면에 관한 규정
6. 사원자격의 득실에 관한 규정
7. 존립시기나 해산사유를 정하는 때에는 그 시기 또는 사유

제41조(이사의 대표권에 대한 제한) 이사의 대표권에 대한 제한은 이를 정관에 기재하지 아니하면 그 효력이 없다.

제42조(사단법인의 정관의 변경) ①사단법인의 정관은 총사원 3분의 2 이상의 동의가 있는 때에 한하여 이를 변경할 수 있다. 그러나 정수에 관하여 정관에 다른 규정이 있는 때에는 그 규정에 의한다.

②정관의 변경은 주무관청의 허가를 얻지 아니하면 그 효력이 없다.

제43조(재단법인의 정관) 재단법인의 설립자는 일정한 재산을 출연하고 제40조제1호 내지 제5호의 사항을 기재한 정관을 작성하여 기명날인하여야 한다.

제44조(재단법인의 정관의 보충) 재단법인의 설립자가 그 명칭, 사무소소재지 또는 이사임면의 방법을 정하지 아니하고 사망한 때에는 이해관계인 또는 검사의 청구에 의하여 법원이 이를 정한다.

제45조(재단법인의 정관변경) ①재단법인의 정관은 그 변경방법을 정관에 정한 때에 한하여 변경할 수 있다.

②재단법인의 목적달성 또는 그 재산의 보전을 위하여 적당한 때에는 전항의 규정에 불구하고 명칭 또는 사무소의 소재지를 변경할 수 있다.

③제42조제2항의 규정은 전2항의 경우에 준용한다.

제46조(재단법인의 목적 기타의 변경) 재단법인의 목적을 달성할 수 없는 때에는 설립자나 이사는 주무관청의 허가를 얻어 설립의 취지를 참작하여 그 목적 기타 정관의 규정을 변경할 수 있다.

제47조(증여, 유증에 관한 규정의 준용) ①생전처분으로 재단법인을 설립하는 때에는 증여에 관한 규정을 준용한다.

②유언으로 재단법인을 설립하는 때에는 유증에 관한 규정을 준용한다.

제48조(출연재산의 귀속시기) ①생전처분으로 재단법인을 설립하는 때에는 출연재산은 법인이 성립된 때로부터 법인의 재산이 된다.

②유언으로 재단법인을 설립하는 때에는 출연재산은 유언의 효력이 발생한 때로부터 법인에 귀속한 것으로 본다.

제49조(법인의 등기사항) ①법인설립의 허가가 있는 때에는 3주간내에 주된 사무소소재지에서 설립등기를 하여야 한다.

②전항의 등기사항은 다음과 같다.

1. 목적
2. 명칭
3. 사무소
4. 설립허가의 연월일
5. 존립시기나 해산이유를 정한 때에는 그 시기 또는 사유
6. 자산의 총액
7. 출자의 방법을 정한 때에는 그 방법
8. 이사의 성명, 주소
9. 이사의 대표권을 제한한 때에는 그 제한

제50조(분사무소(分事務所) 설치의 등기) 법인이 분사무소를 설치한 경우에는 주사

무소(主事務所)의 소재지에서 3주일 내에 분사무소 소재지와 설치 연월일을 등기하여야 한다.

[전문개정 2024. 9. 20.]

제51조(사무소 이전의 등기) ①법인이 주사무소를 이전한 경우에는 종전 소재지 또는 새 소재지에서 3주일 내에 새 소재지와 이전 연월일을 등기하여야 한다.

②법인이 분사무소를 이전한 경우에는 주사무소 소재지에서 3주일 내에 새 소재지와 이전 연월일을 등기하여야 한다.

[전문개정 2024. 9. 20.]

제52조(변경등기) 제49조제2항의 사항 중에 변경이 있는 때에는 3주간내에 변경등기를 하여야 한다.

제52조의2(직무집행정지 등 가처분의 등기) 이사의 직무집행을 정지하거나 직무대행자를 선임하는 가처분을 하거나 그 가처분을 변경·취소하는 경우에는 주사무소가 있는 곳의 등기소에서 이를 등기하여야 한다. 〈개정 2024. 9. 20.〉

[본조신설 2001. 12. 29.]

제53조(등기기간의 기산) 전3조의 규정에 의하여 등기할 사항으로 관청의 허가를 요하는 것은 그 허가서가 도착한 날로부터 등기의 기간을 기산한다.

제54조(설립등기 이외의 등기의 효력과 등기사항의 공고) ①설립등기 이외의 본절의 등기사항은 그 등기후가 아니면 제삼자에게 대항하지 못한다.

②등기한 사항은 법원이 지체없이 공고하여야 한다.

제55조(재산목록과 사원명부) ①법인은 성립한 때 및 매년 3월내에 재산목록을 작성하여 사무소에 비치하여야 한다. 사업연도를 정한 법인은 성립한 때 및 그 연도말에 이를 작성하여야 한다.

②사단법인은 사원명부를 비치하고 사원의 변경이 있는 때에는 이를 기재하여야 한다.

제56조(사원권의 양도, 상속금지) 사단법인의 사원의 지위는 양도 또는 상속할 수 없다.

제3절 기관

제57조(이사) 법인은 이사를 두어야 한다.

제58조(이사의 사무집행) ①이사는 법인의 사무를 집행한다.

②이사가 수인인 경우에는 정관에 다른 규정이 없으면 법인의 사무집행은 이사의 과반수로써 결정한다.

제59조(이사의 대표권) ①이사는 법인의 사무에 관하여 각자 법인을 대표한다. 그러나 정관에 규정한 취지에 위반할 수 없고 특히 사단법인은 총회의 의결에

의하여야 한다.

②법인의 대표에 관하여는 대리에 관한 규정을 준용한다.

제60조(이사의 대표권에 대한 제한의 대항요건) 이사의 대표권에 대한 제한은 등기하지 아니하면 제삼자에게 대항하지 못한다.

제60조의2(직무대행자의 권한) ①제52조의2의 직무대행자는 가처분명령에 다른 정함이 있는 경우 외에는 법인의 통상사무에 속하지 아니한 행위를 하지 못한다. 다만, 법원의 허가를 얻은 경우에는 그러하지 아니하다.

②직무대행자가 제1항의 규정에 위반한 행위를 한 경우에도 법인은 선의의 제3자에 대하여 책임을 진다.

[본조신설 2001. 12. 29.]

제61조(이사의 주의의무) 이사는 선량한 관리자의 주의로 그 직무를 행하여야 한다.

제62조(이사의 대리인 선임) 이사는 정관 또는 총회의 결의로 금지하지 아니한 사항에 한하여 타인으로 하여금 특정한 행위를 대리하게 할 수 있다.

제63조(임시이사의 선임) 이사가 없거나 결원이 있는 경우에 이로 인하여 손해가 생길 염려 있는 때에는 법원은 이해관계인이나 검사의 청구에 의하여 임시이사를 선임하여야 한다.

제64조(특별대리인의 선임) 법인과 이사의 이익이 상반하는 사항에 관하여는 이사는 대표권이 없다. 이 경우에는 전조의 규정에 의하여 특별대리인을 선임하여야 한다.

제65조(이사의 임무해태) 이사가 그 임무를 해태한 때에는 그 이사는 법인에 대하여 연대하여 손해배상의 책임이 있다.

제66조(감사) 법인은 정관 또는 총회의 결의로 감사를 둘 수 있다.

제67조(감사의 직무) 감사의 직무는 다음과 같다.

1. 법인의 재산상황을 감사하는 일
2. 이사의 업무집행의 상황을 감사하는 일
3. 재산상황 또는 업무집행에 관하여 부정, 불비한 것이 있음을 발견한 때에는 이를 총회 또는 주무관청에 보고하는 일
4. 전호의 보고를 하기 위하여 필요있는 때에는 총회를 소집하는 일

제68조(총회의 권한) 사단법인의 사무는 정관으로 이사 또는 기타 임원에게 위임한 사항외에는 총회의 결의에 의하여야 한다.

제69조(통상총회) 사단법인의 이사는 매년 1회 이상 통상총회를 소집하여야 한다.

제70조(임시총회) ①사단법인의 이사는 필요하다고 인정한 때에는 임시총회를 소집할 수 있다.

②총사원의 5분의 1 이상으로부터 회의의 목적사항을 제시하여 청구한 때에는

이사는 임시총회를 소집하여야 한다. 이 정수는 정관으로 증감할 수 있다.

③전항의 청구있는 후 2주간내에 이사가 총회소집의 절차를 밟지 아니한 때에는 청구한 사원은 법원의 허가를 얻어 이를 소집할 수 있다.

제71조(총회의 소집) 총회의 소집은 1주간전에 그 회의의 목적사항을 기재한 통지를 발하고 기타 정관에 정한 방법에 의하여야 한다.

제72조(총회의 결의사항) 총회는 전조의 규정에 의하여 통지한 사항에 관하여서만 결의할 수 있다. 그러나 정관에 다른 규정이 있는 때에는 그 규정에 의한다.

제73조(사원의 결의권) ①각 사원의 결의권은 평등으로 한다.

②사원은 서면이나 대리인으로 결의권을 행사할 수 있다.

③전2항의 규정은 정관에 다른 규정이 있는 때에는 적용하지 아니한다.

제74조(사원이 결의권없는 경우) 사단법인과 어느 사원과의 관계사항을 의결하는 경우에는 그 사원은 결의권이 없다.

제75조(총회의 결의방법) ①총회의 결의는 본법 또는 정관에 다른 규정이 없으면 사원 과반수의 출석과 출석사원의 결의권의 과반수로써 한다.

②제73조제2항의 경우에는 당해사원은 출석한 것으로 한다.

제76조(총회의 의사록) ①총회의 의사에 관하여는 의사록을 작성하여야 한다.

②의사록에는 의사의 경과, 요령 및 결과를 기재하고 의장 및 출석한 이사가 기명날인하여야 한다.

③이사는 의사록을 주된 사무소에 비치하여야 한다.

제4절 해산

제77조(해산사유) ①법인은 존립기간의 만료, 법인의 목적의 달성 또는 달성의 불능 기타 정관에 정한 해산사유의 발생, 파산 또는 설립허가의 취소로 해산한다.

②사단법인은 사원이 없게 되거나 총회의 결의로도 해산한다.

제78조(사단법인의 해산결의) 사단법인은 총사원 4분의 3 이상의 동의가 없으면 해산을 결의하지 못한다. 그러나 정관에 다른 규정이 있는 때에는 그 규정에 의한다.

제79조(파산신청) 법인이 채무를 완제하지 못하게 된 때에는 이사는 지체없이 파산신청을 하여야 한다.

제80조(잔여재산의 귀속) ①해산한 법인의 재산은 정관으로 지정한 자에게 귀속한다.

②정관으로 귀속권리자를 지정하지 아니하거나 이를 지정하는 방법을 정하지 아니한 때에는 이사 또는 청산인은 주무관청의 허가를 얻어 그 법인의 목적에 유사한 목적을 위하여 그 재산을 처분할 수 있다. 그러나 사단법인에 있어서는 총회의 결의가 있어야 한다.

③전2항의 규정에 의하여 처분되지 아니한 재산은 국고에 귀속한다.

第81조(청산법인) 해산한 법인은 청산의 목적범위 내에서만 권리가 있고 의무를 부담한다.

第82조(청산인) 법인이 해산한 때에는 파산의 경우를 제하고는 이사가 청산인이 된다. 그러나 정관 또는 총회의 결의로 달리 정한 바가 있으면 그에 의한다.

第83조(법원에 의한 청산인의 선임) 전조의 규정에 의하여 청산인이 될 자가 없거나 청산인의 결원으로 인하여 손해가 생길 염려가 있는 때에는 법원은 직권 또는 이해관계인이나 검사의 청구에 의하여 청산인을 선임할 수 있다.

第84조(법원에 의한 청산인의 해임) 중요한 사유가 있는 때에는 법원은 직권 또는 이해관계인이나 검사의 청구에 의하여 청산인을 해임할 수 있다.

第85조(해산등기) ①청산인은 법인이 파산으로 해산한 경우가 아니면 취임 후 3주일 내에 다음 각 호의 사항을 주사무소 소재지에서 등기하여야 한다.

1. 해산 사유와 해산 연월일
2. 청산인의 성명과 주소
3. 청산인의 대표권을 제한한 경우에는 그 제한

②제1항의 등기에 관하여는 제52조를 준용한다.

[전문개정 2024. 9. 20.]

第86조(해산신고) ①청산인은 파산의 경우를 제하고는 그 취임후 3주간내에 전조 제1항의 사항을 주무관청에 신고하여야 한다.

②청산중에 취임한 청산인은 그 성명 및 주소를 신고하면 된다.

第87조(청산인의 직무) ①청산인의 직무는 다음과 같다.

1. 현존사무의 종결
2. 채권의 추심 및 채무의 변제
3. 잔여재산의 인도

②청산인은 전항의 직무를 행하기 위하여 필요한 모든 행위를 할 수 있다.

第88조(채권신고의 공고) ①청산인은 취임한 날로부터 2월내에 3회 이상의 공고로 채권자에 대하여 일정한 기간내에 그 채권을 신고할 것을 최고하여야 한다. 그 기간은 2월 이상이어야 한다.

②전항의 공고에는 채권자가 기간내에 신고하지 아니하면 청산으로부터 제외될 것을 표시하여야 한다.

③제1항의 공고는 법원의 등기사항의 공고와 동일한 방법으로 하여야 한다.

第89조(채권신고의 최고) 청산인은 알고 있는 채권자에게 대하여는 각각 그 채권신고를 최고하여야 한다. 알고 있는 채권자는 청산으로부터 제외하지 못한다.

第90조(채권신고기간내의 변제금지) 청산인은 제88조제1항의 채권신고기간내에는 채권자에 대하여 변제하지 못한다. 그러나 법인은 채권자에 대한 지연손해배상의 의무를 면하지 못한다.

제91조(채권변제의 특례) ①청산 중의 법인은 변제기에 이르지 아니한 채권에 대하여도 변제할 수 있다.

②전항의 경우에는 조건있는 채권, 존속기간의 불확정한 채권 기타 가액의 불확정한 채권에 관하여는 법원이 선임한 감정인의 평가에 의하여 변제하여야 한다.

제92조(청산으로부터 제외된 채권) 청산으로부터 제외된 채권자는 법인의 채무를 완제한 후 귀속권리자에게 인도하지 아니한 재산에 대하여서만 변제를 청구할 수 있다.

제93조(청산중의 파산) ①청산중 법인의 재산이 그 채무를 완제하기에 부족한 것이 분명하게 된 때에는 청산인은 지체없이 파산선고를 신청하고 이를 공고하여야 한다.

②청산인은 파산관재인에게 그 사무를 인계함으로써 그 임무가 종료한다.

③제88조제3항의 규정은 제1항의 공고에 준용한다.

제94조(청산종결의 등기와 신고) 청산이 종결한 때에는 청산인은 3주간내에 이를 등기하고 주무관청에 신고하여야 한다.

제95조(해산, 청산의 검사, 감독) 법인의 해산 및 청산은 법원이 검사, 감독한다.

제96조(준용규정) 제58조제2항, 제59조 내지 제62조, 제64조, 제65조 및 제70조의 규정은 청산인에 이를 준용한다.

제5절 벌칙

제97조(벌칙) 법인의 이사, 감사 또는 청산인은 다음 각호의 경우에는 500만원 이하의 과태료에 처한다. 〈개정 2007. 12. 21.〉

1. 본장에 규정한 등기를 해태한 때
2. 제55조의 규정에 위반하거나 재산목록 또는 사원명부에 부정기재를 한 때
3. 제37조, 제95조에 규정한 검사, 감독을 방해한 때
4. 주무관청 또는 총회에 대하여 사실아닌 신고를 하거나 사실을 은폐한 때
5. 제76조와 제90조의 규정에 위반한 때
6. 제79조, 제93조의 규정에 위반하여 파산선고의 신청을 해태한 때
7. 제88조, 제93조에 정한 공고를 해태하거나 부정한 공고를 한 때

제4장 물건

제98조(물건의 정의) 본법에서 물건이라 함은 유체물 및 전기 기타 관리할 수 있는 자연력을 말한다.

제99조(부동산, 동산) ①토지 및 그 정착물은 부동산이다.

②부동산 이외의 물건은 동산이다.

제100조(주물, 종물) ①물건의 소유자가 그 물건의 상용에 공하기 위하여 자기소유인 다른 물건을 이에 부속하게 한 때에는 그 부속물은 종물이다.

②종물은 주물의 처분에 따른다.

제101조(천연과실, 법정과실) ①물건의 용법에 의하여 수취하는 산출물은 천연과실이다.

②물건의 사용대가로 받는 금전 기타의 물건은 법정과실로 한다.

제102조(과실의 취득) ①천연과실은 그 원물로부터 분리하는 때에 이를 수취할 권리자에게 속한다.

②법정과실은 수취할 권리의 존속기간일수의 비율로 취득한다.

제5장 법률행위

제1절 총칙

제103조(반사회질서의 법률행위) 선량한 풍속 기타 사회질서에 위반한 사항을 내용으로 하는 법률행위는 무효로 한다.

제104조(불공정한 법률행위) 당사자의 궁박, 경솔 또는 무경험으로 인하여 현저하게 공정을 잃은 법률행위는 무효로 한다.

제105조(임의규정) 법률행위의 당사자가 법령 중의 선량한 풍속 기타 사회질서에 관계없는 규정과 다른 의사를 표시한 때에는 그 의사에 의한다.

제106조(사실인 관습) 법령 중의 선량한 풍속 기타 사회질서에 관계없는 규정과 다른 관습이 있는 경우에 당사자의 의사가 명확하지 아니한 때에는 그 관습에 의한다.

제2절 의사표시

제107조(진의 아닌 의사표시) ①의사표시는 표의자가 진의아님을 알고 한 것이라도 그 효력이 있다. 그러나 상대방이 표의자의 진의아님을 알았거나 이를 알 수 있었을 경우에는 무효로 한다.

②전항의 의사표시의 무효는 선의의 제삼자에게 대항하지 못한다.

제108조(통정한 허위의 의사표시) ①상대방과 통정한 허위의 의사표시는 무효로 한다.

②전항의 의사표시의 무효는 선의의 제삼자에게 대항하지 못한다.

제109조(착오로 인한 의사표시) ①의사표시는 법률행위의 내용의 중요부분에 착오가 있는 때에는 취소할 수 있다. 그러나 그 착오가 표의자의 중대한 과실로 인한 때에는 취소하지 못한다.

②전항의 의사표시의 취소는 선의의 제삼자에게 대항하지 못한다.

제110조(사기, 강박에 의한 의사표시) ①사기나 강박에 의한 의사표시는 취소할 수 있다.

②상대방있는 의사표시에 관하여 제삼자가 사기나 강박을 행한 경우에는 상대방이 그 사실을 알았거나 알 수 있었을 경우에 한하여 그 의사표시를 취소할 수 있다.

③전2항의 의사표시의 취소는 선의의 제삼자에게 대항하지 못한다.

제111조(의사표시의 효력발생시기) ①상대방이 있는 의사표시는 상대방에게 도달한 때에 그 효력이 생긴다.

②의사표시자가 그 통지를 발송한 후 사망하거나 제한능력자가 되어도 의사표시의 효력에 영향을 미치지 아니한다.

[전문개정 2011. 3. 7.]

제112조(제한능력자에 대한 의사표시의 효력) 의사표시의 상대방이 의사표시를 받은 때에 제한능력자인 경우에는 의사표시자는 그 의사표시로써 대항할 수 없다. 다만, 그 상대방의 법정대리인이 의사표시가 도달한 사실을 안 후에는 그러하지 아니하다.

[전문개정 2011. 3. 7.]

제113조(의사표시의 공시송달) 표의자가 과실없이 상대방을 알지 못하거나 상대방의 소재를 알지 못하는 경우에는 의사표시는 민사소송법 공시송달의 규정에 의하여 송달할 수 있다.

제3절 대리

제114조(대리행위의 효력) ①대리인이 그 권한내에서 본인을 위한 것임을 표시한 의사표시는 직접 본인에게 대하여 효력이 생긴다.

②전항의 규정은 대리인에게 대한 제삼자의 의사표시에 준용한다.

제115조(본인을 위한 것임을 표시하지 아니한 행위) 대리인이 본인을 위한 것임을 표시하지 아니한 때에는 그 의사표시는 자기를 위한 것으로 본다. 그러나 상대방이 대리인으로서 한 것임을 알았거나 알 수 있었을 때에는 전조제1항의

규정을 준용한다.

제116조(대리행위의 하자) ①의사표시의 효력이 의사의 흠결, 사기, 강박 또는 어느 사정을 알았거나 과실로 알지 못한 것으로 인하여 영향을 받을 경우에 그 사실의 유무는 대리인을 표준하여 결정한다.

②특정한 법률행위를 위임한 경우에 대리인이 본인의 지시에 좇아 그 행위를 한 때에는 본인은 자기가 안 사정 또는 과실로 인하여 알지 못한 사정에 관하여 대리인의 부지를 주장하지 못한다.

제117조(대리인의 행위능력) 대리인은 행위능력자임을 요하지 아니한다.

제118조(대리권의 범위) 권한을 정하지 아니한 대리인은 다음 각호의 행위만을 할 수 있다.

1. 보존행위
2. 대리의 목적인 물건이나 권리의 성질을 변하지 아니하는 범위에서 그 이용 또는 개량하는 행위

제119조(각자대리) 대리인이 수인인 때에는 각자가 본인을 대리한다. 그러나 법률 또는 수권행위에 다른 정한 바가 있는 때에는 그러하지 아니하다.

제120조(임의대리인의 복임권) 대리권이 법률행위에 의하여 부여된 경우에는 대리인은 본인의 승낙이 있거나 부득이한 사유있는 때가 아니면 복대리인을 선임하지 못한다.

제121조(임의대리인의 복대리인선임의 책임) ①전조의 규정에 의하여 대리인이 복대리인을 선임한 때에는 본인에게 대하여 그 선임감독에 관한 책임이 있다.

②대리인이 본인의 지명에 의하여 복대리인을 선임한 경우에는 그 부적임 또는 불성실함을 알고 본인에게 대한 통지나 그 해임을 태만한 때가 아니면 책임이 없다.

제122조(법정대리인의 복임권과 그 책임) 법정대리인은 그 책임으로 복대리인을 선임할 수 있다. 그러나 부득이한 사유로 인한 때에는 전조제1항에 정한 책임만이 있다.

제123조(복대리인의 권한) ①복대리인은 그 권한내에서 본인을 대리한다.

②복대리인은 본인이나 제삼자에 대하여 대리인과 동일한 권리의무가 있다.

제124조(자기계약, 쌍방대리) 대리인은 본인의 허락이 없으면 본인을 위하여 자기와 법률행위를 하거나 동일한 법률행위에 관하여 당사자쌍방을 대리하지 못한다. 그러나 채무의 이행은 할 수 있다.

제125조(대리권수여의 표시에 의한 표현대리) 제삼자에 대하여 타인에게 대리권을 수여함을 표시한 자는 그 대리권의 범위 내에서 행한 그 타인과 그 제삼자간의 법률행위에 대하여 책임이 있다. 그러나 제삼자가 대리권없음을 알았거나

알 수 있었을 때에는 그러하지 아니하다.

제126조(권한을 넘은 표현대리) 대리인이 그 권한외의 법률행위를 한 경우에 제삼자가 그 권한이 있다고 믿을 만한 정당한 이유가 있는 때에는 본인은 그 행위에 대하여 책임이 있다.

제127조(대리권의 소멸사유) 대리권은 다음 각 호의 어느 하나에 해당하는 사유가 있으면 소멸된다.

1. 본인의 사망
2. 대리인의 사망, 성년후견의 개시 또는 파산

[전문개정 2011. 3. 7.]

제128조(임의대리의 종료) 법률행위에 의하여 수여된 대리권은 전조의 경우외에 그 원인된 법률관계의 종료에 의하여 소멸한다. 법률관계의 종료전에 본인이 수권행위를 철회한 경우에도 같다.

제129조(대리권소멸후의 표현대리) 대리권의 소멸은 선의의 제삼자에게 대항하지 못한다. 그러나 제삼자가 과실로 인하여 그 사실을 알지 못한 때에는 그러하지 아니하다.

제130조(무권대리) 대리권없는 자가 타인의 대리인으로 한 계약은 본인이 이를 추인하지 아니하면 본인에 대하여 효력이 없다.

제131조(상대방의 최고권) 대리권없는 자가 타인의 대리인으로 계약을 한 경우에 상대방은 상당한 기간을 정하여 본인에게 그 추인여부의 확답을 최고할 수 있다. 본인이 그 기간내에 확답을 발하지 아니한 때에는 추인을 거절한 것으로 본다.

제132조(추인, 거절의 상대방) 추인 또는 거절의 의사표시는 상대방에 대하여 하지 아니하면 그 상대방에 대항하지 못한다. 그러나 상대방이 그 사실을 안 때에는 그러하지 아니하다.

제133조(추인의 효력) 추인은 다른 의사표시가 없는 때에는 계약시에 소급하여 그 효력이 생긴다. 그러나 제삼자의 권리를 해하지 못한다.

제134조(상대방의 철회권) 대리권없는 자가 한 계약은 본인의 추인이 있을 때까지 상대방은 본인이나 그 대리인에 대하여 이를 철회할 수 있다. 그러나 계약당시에 상대방이 대리권 없음을 안 때에는 그러하지 아니하다.

제135조(상대방에 대한 무권대리인의 책임) ①다른 자의 대리인으로서 계약을 맺은 자가 그 대리권을 증명하지 못하고 또 본인의 추인을 받지 못한 경우에는 그는 상대방의 선택에 따라 계약을 이행할 책임 또는 손해를 배상할 책임이 있다.
②대리인으로서 계약을 맺은 자에게 대리권이 없다는 사실을 상대방이 알았거나 알 수 있었을 때 또는 대리인으로서 계약을 맺은 사람이 제한능력자일 때

에는 제1항을 적용하지 아니한다.
[전문개정 2011. 3. 7.]

제136조(단독행위와 무권대리) 단독행위에는 그 행위당시에 상대방이 대리인이라 칭하는 자의 대리권없는 행위에 동의하거나 그 대리권을 다투지 아니한 때에 한하여 전6조의 규정을 준용한다. 대리권없는 자에 대하여 그 동의를 얻어 단독행위를 한 때에도 같다.

제4절 무효와 취소

제137조(법률행위의 일부무효) 법률행위의 일부분이 무효인 때에는 그 전부를 무효로 한다. 그러나 그 무효부분이 없더라도 법률행위를 하였을 것이라고 인정될 때에는 나머지 부분은 무효가 되지 아니한다.

제138조(무효행위의 전환) 무효인 법률행위가 다른 법률행위의 요건을 구비하고 당사자가 그 무효를 알았더라면 다른 법률행위를 하는 것을 의욕하였으리라고 인정될 때에는 다른 법률행위로서 효력을 가진다.

제139조(무효행위의 추인) 무효인 법률행위는 추인하여도 그 효력이 생기지 아니한다. 그러나 당사자가 그 무효임을 알고 추인한 때에는 새로운 법률행위로 본다.

제140조(법률행위의 취소권자) 취소할 수 있는 법률행위는 제한능력자, 착오로 인하거나 사기·강박에 의하여 의사표시를 한 자, 그의 대리인 또는 승계인만이 취소할 수 있다.
[전문개정 2011. 3. 7.]

제141조(취소의 효과) 취소된 법률행위는 처음부터 무효인 것으로 본다. 다만, 제한능력자는 그 행위로 인하여 받은 이익이 현존하는 한도에서 상환(償還)할 책임이 있다.
[전문개정 2011. 3. 7.]

제142조(취소의 상대방) 취소할 수 있는 법률행위의 상대방이 확정한 경우에는 그 취소는 그 상대방에 대한 의사표시로 하여야 한다.

제143조(추인의 방법, 효과) ①취소할 수 있는 법률행위는 제140조에 규정한 자가 추인할 수 있고 추인후에는 취소하지 못한다.
②전조의 규정은 전항의 경우에 준용한다.

제144조(추인의 요건) ①추인은 취소의 원인이 소멸된 후에 하여야만 효력이 있다.
②제1항은 법정대리인 또는 후견인이 추인하는 경우에는 적용하지 아니한다.
[전문개정 2011. 3. 7.]

제145조(법정추인) 취소할 수 있는 법률행위에 관하여 전조의 규정에 의하여 추

인할 수 있는 후에 다음 각호의 사유가 있으면 추인한 것으로 본다. 그러나 이의를 보류한 때에는 그러하지 아니하다.

1. 전부나 일부의 이행
2. 이행의 청구
3. 경개
4. 담보의 제공
5. 취소할 수 있는 행위로 취득한 권리의 전부나 일부의 양도
6. 강제집행

제146조(취소권의 소멸) 취소권은 추인할 수 있는 날로부터 3년내에 법률행위를 한 날로부터 10년내에 행사하여야 한다.

제5절 조건과 기한

제147조(조건성취의 효과) ①정지조건있는 법률행위는 조건이 성취한 때로부터 그 효력이 생긴다.

②해제조건있는 법률행위는 조건이 성취한 때로부터 그 효력을 잃는다.

③당사자가 조건성취의 효력을 그 성취전에 소급하게 할 의사를 표시한 때에는 그 의사에 의한다.

제148조(조건부권리의 침해금지) 조건있는 법률행위의 당사자는 조건의 성부가 미정한 동안에 조건의 성취로 인하여 생길 상대방의 이익을 해하지 못한다.

제149조(조건부권리의 처분 등) 조건의 성취가 미정한 권리의무는 일반규정에 의하여 처분, 상속, 보존 또는 담보로 할 수 있다.

제150조(조건성취, 불성취에 대한 반신의행위) ①조건의 성취로 인하여 불이익을 받을 당사자가 신의성실에 반하여 조건의 성취를 방해한 때에는 상대방은 그 조건이 성취한 것으로 주장할 수 있다.

②조건의 성취로 인하여 이익을 받을 당사자가 신의성실에 반하여 조건을 성취시킨 때에는 상대방은 그 조건이 성취하지 아니한 것으로 주장할 수 있다.

제151조(불법조건, 기성조건) ①조건이 선량한 풍속 기타 사회질서에 위반한 것인 때에는 그 법률행위는 무효로 한다.

②조건이 법률행위의 당시 이미 성취한 것인 경우에는 그 조건이 정지조건이면 조건없는 법률행위로 하고 해제조건이면 그 법률행위는 무효로 한다.

③조건이 법률행위의 당시에 이미 성취할 수 없는 것인 경우에는 그 조건이 해제조건이면 조건없는 법률행위로 하고 정지조건이면 그 법률행위는 무효로 한다.

제152조(기한도래의 효과) ①시기있는 법률행위는 기한이 도래한 때로부터 그 효

력이 생긴다.
②종기있는 법률행위는 기한이 도래한 때로부터 그 효력을 잃는다.

제153조(기한의 이익과 그 포기) ①기한은 채무자의 이익을 위한 것으로 추정한다.
②기한의 이익은 이를 포기할 수 있다. 그러나 상대방의 이익을 해하지 못한다.

제154조(기한부권리와 준용규정) 제148조와 제149조의 규정은 기한있는 법률행위에 준용한다.

제6장 기간

제155조(본장의 적용범위) 기간의 계산은 법령, 재판상의 처분 또는 법률행위에 다른 정한 바가 없으면 본장의 규정에 의한다.

제156조(기간의 기산점) 기간을 시, 분, 초로 정한 때에는 즉시로부터 기산한다.

제157조(기간의 기산점) 기간을 일, 주, 월 또는 연으로 정한 때에는 기간의 초일은 산입하지 아니한다. 그러나 그 기간이 오전 영시로부터 시작하는 때에는 그러하지 아니하다.

제158조(연령의 기산점) 연령계산에는 출생일을 산입한다.

제159조(기간의 만료점) 기간을 일, 주, 월 또는 연으로 정한 때에는 기간말일의 종료로 기간이 만료한다.

제160조(역에 의한 계산) ①기간을 주, 월 또는 연으로 정한 때에는 역에 의하여 계산한다.
②주, 월 또는 연의 처음으로부터 기간을 기산하지 아니하는 때에는 최후의 주, 월 또는 연에서 그 기산일에 해당한 날의 전일로 기간이 만료한다.
③월 또는 연으로 정한 경우에 최종의 월에 해당일이 없는 때에는 그 월의 말일로 기간이 만료한다.

제161조(공휴일 등과 기간의 만료점) 기간의 말일이 토요일 또는 공휴일에 해당한 때에는 기간은 그 익일로 만료한다. 〈개정 2007. 12. 21.〉
[제목개정 2007. 12. 21.]

제7장 소멸시효

제162조(채권, 재산권의 소멸시효) ①채권은 10년간 행사하지 아니하면 소멸시효가 완성한다.
②채권 및 소유권 이외의 재산권은 20년간 행사하지 아니하면 소멸시효가 완성한다.

제163조(3년의 단기소멸시효) 다음 각호의 채권은 3년간 행사하지 아니하면 소멸

시효가 완성한다. 〈개정 1997. 12. 13.〉

1. 이자, 부양료, 급료, 사용료 기타 1년 이내의 기간으로 정한 금전 또는 물건의 지급을 목적으로 한 채권
2. 의사, 조산사, 간호사 및 약사의 치료, 근로 및 조제에 관한 채권
3. 도급받은 자, 기사 기타 공사의 설계 또는 감독에 종사하는 자의 공사에 관한 채권
4. 변호사, 변리사, 공증인, 공인회계사 및 법무사에 대한 직무상 보관한 서류의 반환을 청구하는 채권
5. 변호사, 변리사, 공증인, 공인회계사 및 법무사의 직무에 관한 채권
6. 생산자 및 상인이 판매한 생산물 및 상품의 대가
7. 수공업자 및 제조자의 업무에 관한 채권

제164조(1년의 단기소멸시효) 다음 각호의 채권은 1년간 행사하지 아니하면 소멸시효가 완성한다.

1. 여관, 음식점, 대석, 오락장의 숙박료, 음식료, 대석료, 입장료, 소비물의 대가 및 체당금의 채권
2. 의복, 침구, 장구 기타 동산의 사용료의 채권
3. 노역인, 연예인의 임금 및 그에 공급한 물건의 대금채권
4. 학생 및 수업자의 교육, 의식 및 유숙에 관한 교주, 숙주, 교사의 채권

제165조(판결 등에 의하여 확정된 채권의 소멸시효) ①판결에 의하여 확정된 채권은 단기의 소멸시효에 해당한 것이라도 그 소멸시효는 10년으로 한다.

②파산절차에 의하여 확정된 채권 및 재판상의 화해, 조정 기타 판결과 동일한 효력이 있는 것에 의하여 확정된 채권도 전항과 같다.

③전2항의 규정은 판결확정당시에 변제기가 도래하지 아니한 채권에 적용하지 아니한다.

제166조(소멸시효의 기산점) ①소멸시효는 권리를 행사할 수 있는 때로부터 진행한다.

②부작위를 목적으로 하는 채권의 소멸시효는 위반행위를 한 때로부터 진행한다.

[단순위헌, 2014헌바148, 2018. 8. 30. 민법(1958. 2. 22. 법률 제471호로 제정된 것) 제166조 제1항 중 '진실·화해를 위한 과거사정리 기본법' 제2조 제1항 제3호, 제4호에 규정된 사건에 적용되는 부분은 헌법에 위반된다.]

제167조(소멸시효의 소급효) 소멸시효는 그 기산일에 소급하여 효력이 생긴다.

제168조(소멸시효의 중단사유) 소멸시효는 다음 각호의 사유로 인하여 중단된다.

1. 청구

2. 압류 또는 가압류, 가처분
3. 승인

제169조(시효중단의 효력) 시효의 중단은 당사자 및 그 승계인간에만 효력이 있다.

제170조(재판상의 청구와 시효중단) ①재판상의 청구는 소송의 각하, 기각 또는 취하의 경우에는 시효중단의 효력이 없다.

②전항의 경우에 6월내에 재판상의 청구, 파산절차참가, 압류 또는 가압류, 가처분을 한 때에는 시효는 최초의 재판상 청구로 인하여 중단된 것으로 본다.

제171조(파산절차참가와 시효중단) 파산절차참가는 채권자가 이를 취소하거나 그 청구가 각하된 때에는 시효중단의 효력이 없다.

제172조(지급명령과 시효중단) 지급명령은 채권자가 법정기간내에 가집행신청을 하지 아니함으로 인하여 그 효력을 잃은 때에는 시효중단의 효력이 없다.

제173조(화해를 위한 소환, 임의출석과 시효중단) 화해를 위한 소환은 상대방이 출석하지 아니 하거나 화해가 성립되지 아니한 때에는 1월내에 소를 제기하지 아니하면 시효중단의 효력이 없다. 임의출석의 경우에 화해가 성립되지 아니한 때에도 그러하다.

제174조(최고와 시효중단) 최고는 6월내에 재판상의 청구, 파산절차참가, 화해를 위한 소환, 임의출석, 압류 또는 가압류, 가처분을 하지 아니하면 시효중단의 효력이 없다.

제175조(압류, 가압류, 가처분과 시효중단) 압류, 가압류 및 가처분은 권리자의 청구에 의하여 또는 법률의 규정에 따르지 아니함으로 인하여 취소된 때에는 시효중단의 효력이 없다.

제176조(압류, 가압류, 가처분과 시효중단) 압류, 가압류 및 가처분은 시효의 이익을 받은 자에 대하여 하지 아니한 때에는 이를 그에게 통지한 후가 아니면 시효중단의 효력이 없다.

제177조(승인과 시효중단) 시효중단의 효력있는 승인에는 상대방의 권리에 관한 처분의 능력이나 권한있음을 요하지 아니한다.

제178조(중단후에 시효진행) ①시효가 중단된 때에는 중단까지에 경과한 시효기간은 이를 산입하지 아니하고 중단사유가 종료한 때로부터 새로이 진행한다.

②재판상의 청구로 인하여 중단한 시효는 전항의 규정에 의하여 재판이 확정된 때로부터 새로이 진행한다.

제179조(제한능력자의 시효정지) 소멸시효의 기간만료 전 6개월 내에 제한능력자에게 법정대리인이 없는 경우에는 그가 능력자가 되거나 법정대리인이 취임한 때부터 6개월 내에는 시효가 완성되지 아니한다.

[전문개정 2011. 3. 7.]

제180조(재산관리자에 대한 제한능력자의 권리, 부부 사이의 권리와 시효정지) ①재산을 관리하는 아버지, 어머니 또는 후견인에 대한 제한능력자의 권리는 그가 능력자가 되거나 후임 법정대리인이 취임한 때부터 6개월 내에는 소멸시효가 완성되지 아니한다.

②부부 중 한쪽이 다른 쪽에 대하여 가지는 권리는 혼인관계가 종료된 때부터 6개월 내에는 소멸시효가 완성되지 아니한다.

[전문개정 2011. 3. 7.]

제181조(상속재산에 관한 권리와 시효정지) 상속재산에 속한 권리나 상속재산에 대한 권리는 상속인의 확정, 관리인의 선임 또는 파산선고가 있는 때로부터 6월 내에는 소멸시효가 완성하지 아니한다.

제182조(천재 기타 사변과 시효정지) 천재 기타 사변으로 인하여 소멸시효를 중단할 수 없을 때에는 그 사유가 종료한 때로부터 1월내에는 시효가 완성하지 아니한다.

제183조(종속된 권리에 대한 소멸시효의 효력) 주된 권리의 소멸시효가 완성한 때에는 종속된 권리에 그 효력이 미친다.

제184조(시효의 이익의 포기 기타) ①소멸시효의 이익은 미리 포기하지 못한다.

②소멸시효는 법률행위에 의하여 이를 배제, 연장 또는 가중할 수 없으나 이를 단축 또는 경감할 수 있다.

형법 (총칙편)

[시행 2024. 2. 9.] [법률 제19582호, 2023. 8. 8., 일부개정]

제1편 총칙

제1장 형법의 적용범위

제1조(범죄의 성립과 처벌) ①범죄의 성립과 처벌은 행위 시의 법률에 의한다.

②범죄 후 법률이 변경되어 그 행위가 범죄를 구성하지 아니하게 되거나 형이 구법(舊法)보다 가벼워진 경우에는 신법(新法)에 따른다.

[전문개정 2020. 12. 8.]

③재판확정후 법률의 변경에 의하여 그 행위가 범죄를 구성하지 아니하는 때에는 형의 집행을 면제한다.

제2조(국내범) 본법은 대한민국영역내에서 죄를 범한 내국인과 외국인에게 적용한다.

제3조(내국인의 국외범) 본법은 대한민국영역외에서 죄를 범한 내국인에게 적용한다.

제4조(국외에 있는 내국선박 등에서 외국인이 범한 죄) 본법은 대한민국영역외에 있는 대한민국의 선박 또는 항공기내에서 죄를 범한 외국인에게 적용한다.

제5조(외국인의 국외범) 본법은 대한민국영역외에서 다음에 기재한 죄를 범한 외국인에게 적용한다.

1. 내란의 죄
2. 외환의 죄
3. 국기에 관한 죄
4. 통화에 관한 죄
5. 유가증권, 우표와 인지에 관한 죄
6. 문서에 관한 죄중 제225조 내지 제230조
7. 인장에 관한 죄중 제238조

제6조(대한민국과 대한민국국민에 대한 국외범) 본법은 대한민국영역외에서 대한민국 또는 대한민국국민에 대하여 전조에 기재한 이외의 죄를 범한 외국인에게 적용한다. 단 행위지의 법률에 의하여 범죄를 구성하지 아니하거나 소추 또는 형의 집행을 면제할 경우에는 예외로 한다.

제7조(외국에서 집행된 형의 산입) 죄를 지어 외국에서 형의 전부 또는 일부가 집

행된 사람에 대해서는 그 집행된 형의 전부 또는 일부를 선고하는 형에 산입한다.

[전문개정 2016. 12. 20.]

[2016. 12. 20. 법률 제14415호에 의하여 2015. 5. 28. 헌법재판소에서 헌법불합치 결정된 이 조를 개정함.]

제8조(총칙의 적용) 본법 총칙은 타법령에 정한 죄에 적용한다. 단, 그 법령에 특별한 규정이 있는 때에는 예외로 한다.

제2장 죄

제1절 죄의 성립과 형의 감면

제9조(형사미성년자) 14세되지 아니한 자의 행위는 벌하지 아니한다.

제10조(심신장애인) ①심신장애로 인하여 사물을 변별할 능력이 없거나 의사를 결정할 능력이 없는 자의 행위는 벌하지 아니한다.

②심신장애로 인하여 전항의 능력이 미약한 자의 행위는 형을 감경할 수 있다. 〈개정 2018. 12. 18.〉

③위험의 발생을 예견하고 자의로 심신장애를 야기한 자의 행위에는 전2항의 규정을 적용하지 아니한다.

[제목개정 2014. 12. 30.]

제11조(청각 및 언어 장애인) 듣거나 말하는 데 모두 장애가 있는 사람의 행위에 대해서는 형을 감경한다.

[전문개정 2020. 12. 8.]

제12조(강요된 행위) 저항할 수 없는 폭력이나 자기 또는 친족의 생명, 신체에 대한 위해를 방어할 방법이 없는 협박에 의하여 강요된 행위는 벌하지 아니한다.

제13조(고의) 죄의 성립요소인 사실을 인식하지 못한 행위는 벌하지 아니한다. 다만, 법률에 특별한 규정이 있는 경우에는 예외로 한다.

[전문개정 2020. 12. 8.]

제14조(과실) 정상적으로 기울여야 할 주의(注意)를 게을리하여 죄의 성립요소인 사실을 인식하지 못한 행위는 법률에 특별한 규정이 있는 경우에만 처벌한다.

[전문개정 2020. 12. 8.]

제15조(사실의 착오) ①특별히 무거운 죄가 되는 사실을 인식하지 못한 행위는 무거운 죄로 벌하지 아니한다.

②결과 때문에 형이 무거워지는 죄의 경우에 그 결과의 발생을 예견할 수 없었을 때에는 무거운 죄로 벌하지 아니한다.

[전문개정 2020. 12. 8.]

제16조(법률의 착오) 자기의 행위가 법령에 의하여 죄가 되지 아니하는 것으로 오인한 행위는 그 오인에 정당한 이유가 있는 때에 한하여 벌하지 아니한다.

제17조(인과관계) 어떤 행위라도 죄의 요소되는 위험발생에 연결되지 아니한 때에는 그 결과로 인하여 벌하지 아니한다.

제18조(부작위범) 위험의 발생을 방지할 의무가 있거나 자기의 행위로 인하여 위험발생의 원인을 야기한 자가 그 위험발생을 방지하지 아니한 때에는 그 발생된 결과에 의하여 처벌한다.

제19조(독립행위의 경합) 동시 또는 이시의 독립행위가 경합한 경우에 그 결과발생의 원인된 행위가 판명되지 아니한 때에는 각 행위를 미수범으로 처벌한다.

제20조(정당행위) 법령에 의한 행위 또는 업무로 인한 행위 기타 사회상규에 위배되지 아니하는 행위는 벌하지 아니한다.

제21조(정당방위) ①현재의 부당한 침해로부터 자기 또는 타인의 법익(法益)을 방위하기 위하여 한 행위는 상당한 이유가 있는 경우에는 벌하지 아니한다.

②방위행위가 그 정도를 초과한 경우에는 정황(情況)에 따라 그 형을 감경하거나 면제할 수 있다.

③제2항의 경우에 야간이나 그 밖의 불안한 상태에서 공포를 느끼거나 경악(驚愕)하거나 흥분하거나 당황하였기 때문에 그 행위를 하였을 때에는 벌하지 아니한다.

[전문개정 2020. 12. 8.]

제22조(긴급피난) ①자기 또는 타인의 법익에 대한 현재의 위난을 피하기 위한 행위는 상당한 이유가 있는 때에는 벌하지 아니한다.

②위난을 피하지 못할 책임이 있는 자에 대하여는 전항의 규정을 적용하지 아니한다.

③전조 제2항과 제3항의 규정은 본조에 준용한다.

제23조(자구행위) ①법률에서 정한 절차에 따라서는 청구권을 보전(保全)할 수 없는 경우에 그 청구권의 실행이 불가능해지거나 현저히 곤란해지는 상황을 피하기 위하여 한 행위는 상당한 이유가 있는 때에는 벌하지 아니한다.

②제1항의 행위가 그 정도를 초과한 경우에는 정황에 따라 그 형을 감경하거나 면제할 수 있다.

[전문개정 2020. 12. 8.]

제24조(피해자의 승낙) 처분할 수 있는 자의 승낙에 의하여 그 법익을 훼손한 행위는 법률에 특별한 규정이 없는 한 벌하지 아니한다.

제2절 미수범

제25조(미수범) ①범죄의 실행에 착수하여 행위를 종료하지 못하였거나 결과가 발생하지 아니한 때에는 미수범으로 처벌한다.

②미수범의 형은 기수범보다 감경할 수 있다.

제26조(중지범) 범인이 실행에 착수한 행위를 자의(自意)로 중지하거나 그 행위로 인한 결과의 발생을 자의로 방지한 경우에는 형을 감경하거나 면제한다.

[전문개정 2020. 12. 8.]

제27조(불능범) 실행의 수단 또는 대상의 착오로 인하여 결과의 발생이 불가능하더라도 위험성이 있는 때에는 처벌한다. 단, 형을 감경 또는 면제할 수 있다.

제28조(음모, 예비) 범죄의 음모 또는 예비행위가 실행의 착수에 이르지 아니한 때에는 법률에 특별한 규정이 없는 한 벌하지 아니한다.

제29조(미수범의 처벌) 미수범을 처벌할 죄는 각칙의 해당 죄에서 정한다.

[전문개정 2020. 12. 8.]

제3절 공범

제30조(공동정범) 2인 이상이 공동하여 죄를 범한 때에는 각자를 그 죄의 정범으로 처벌한다.

제31조(교사범) ①타인을 교사하여 죄를 범하게 한 자는 죄를 실행한 자와 동일한 형으로 처벌한다.

②교사를 받은 자가 범죄의 실행을 승낙하고 실행의 착수에 이르지 아니한 때에는 교사자와 피교사자를 음모 또는 예비에 준하여 처벌한다.

③교사를 받은 자가 범죄의 실행을 승낙하지 아니한 때에도 교사자에 대하여는 전항과 같다.

제32조(종범) ①타인의 범죄를 방조한 자는 종범으로 처벌한다.

②종범의 형은 정범의 형보다 감경한다.

제33조(공범과 신분) 신분이 있어야 성립되는 범죄에 신분 없는 사람이 가담한 경우에는 그 신분 없는 사람에게도 제30조부터 제32조까지의 규정을 적용한다. 다만, 신분 때문에 형의 경중이 달라지는 경우에 신분이 없는 사람은 무거운 형으로 벌하지 아니한다.

[전문개정 2020. 12. 8.]

제34조(간접정범, 특수한 교사, 방조에 대한 형의 가중) ①어느 행위로 인하여 처벌되지 아니하는 자 또는 과실범으로 처벌되는 자를 교사 또는 방조하여 범죄행위의 결과를 발생하게 한 자는 교사 또는 방조의 예에 의하여 처벌한다.

②자기의 지휘, 감독을 받는 자를 교사 또는 방조하여 전항의 결과를 발생하게 한 자는 교사인 때에는 정범에 정한 형의 장기 또는 다액에 그 2분의 1까지 가중하고 방조인 때에는 정범의 형으로 처벌한다.

제4절 누범

제35조(누범) ①금고(禁錮) 이상의 형을 선고받아 그 집행이 종료되거나 면제된 후 3년 내에 금고 이상에 해당하는 죄를 지은 사람은 누범(累犯)으로 처벌한다.
②누범의 형은 그 죄에 대하여 정한 형의 장기(長期)의 2배까지 가중한다.
[전문개정 2020. 12. 8.]

제36조(판결선고후의 누범발각) 판결선고후 누범인 것이 발각된 때에는 그 선고한 형을 통산하여 다시 형을 정할 수 있다. 단, 선고한 형의 집행을 종료하거나 그 집행이 면제된 후에는 예외로 한다.

제5절 경합범

제37조(경합범) 판결이 확정되지 아니한 수개의 죄 또는 금고 이상의 형에 처한 판결이 확정된 죄와 그 판결확정전에 범한 죄를 경합범으로 한다. 〈개정 2004. 1. 20.〉

제38조(경합범과 처벌례) ①경합범을 동시에 판결할 때에는 다음 각 호의 구분에 따라 처벌한다.
1. 가장 무거운 죄에 대하여 정한 형이 사형, 무기징역, 무기금고인 경우에는 가장 무거운 죄에 대하여 정한 형으로 처벌한다.
2. 각 죄에 대하여 정한 형이 사형, 무기징역, 무기금고 외의 같은 종류의 형인 경우에는 가장 무거운 죄에 대하여 정한 형의 장기 또는 다액(多額)에 그 2분의 1까지 가중하되 각 죄에 대하여 정한 형의 장기 또는 다액을 합산한 형기 또는 액수를 초과할 수 없다. 다만, 과료와 과료, 몰수와 몰수는 병과(併科)할 수 있다.
3. 각 죄에 대하여 정한 형이 무기징역, 무기금고 외의 다른 종류의 형인 경우에는 병과한다.

②제1항 각 호의 경우에 징역과 금고는 같은 종류의 형으로 보아 징역형으로 처벌한다.
[전문개정 2020. 12. 8.]

제39조(판결을 받지 아니한 경합범, 수개의 판결과 경합범, 형의 집행과 경합범) ①경합범중 판결을 받지 아니한 죄가 있는 때에는 그 죄와 판결이 확정된 죄를 동시에 판결할 경우와 형평을 고려하여 그 죄에 대하여 형을 선고한다. 이 경우

그 형을 감경 또는 면제할 수 있다. 〈개정 2005. 7. 29.〉

② 삭제 〈2005. 7. 29.〉

③경합범에 의한 판결의 선고를 받은 자가 경합범 중의 어떤 죄에 대하여 사면 또는 형의 집행이 면제된 때에는 다른 죄에 대하여 다시 형을 정한다.

④전 3항의 형의 집행에 있어서는 이미 집행한 형기를 통산한다.

제40조(상상적 경합) 한 개의 행위가 여러 개의 죄에 해당하는 경우에는 가장 무거운 죄에 대하여 정한 형으로 처벌한다.

[전문개정 2020. 12. 8.]

제3장 형

제1절 형의 종류와 경중

제41조(형의 종류) 형의 종류는 다음과 같다.

1. 사형
2. 징역
3. 금고
4. 자격상실
5. 자격정지
6. 벌금
7. 구류
8. 과료
9. 몰수

제42조(징역 또는 금고의 기간) 징역 또는 금고는 무기 또는 유기로 하고 유기는 1개월 이상 30년 이하로 한다. 단, 유기징역 또는 유기금고에 대하여 형을 가중하는 때에는 50년까지로 한다. 〈개정 2010. 4. 15.〉

제43조(형의 선고와 자격상실, 자격정지) ①사형, 무기징역 또는 무기금고의 판결을 받은 자는 다음에 기재한 자격을 상실한다.

1. 공무원이 되는 자격
2. 공법상의 선거권과 피선거권
3. 법률로 요건을 정한 공법상의 업무에 관한 자격
4. 법인의 이사, 감사 또는 지배인 기타 법인의 업무에 관한 검사역이나 재산관리인이 되는 자격

②유기징역 또는 유기금고의 판결을 받은 자는 그 형의 집행이 종료하거나 면제될 때까지 전항 제1호 내지 제3호에 기재된 자격이 정지된다. 다만, 다른 법

률에 특별한 규정이 있는 경우에는 그 법률에 따른다. 〈개정 2016. 1. 6.〉
[2016. 1. 6. 법률 제13719호에 의하여 2014. 1. 28. 헌법재판소에서 위헌 및 헌법불합치 결정된 이 조 제2항을 개정함.]

第44조(자격정지) ①전조에 기재한 자격의 전부 또는 일부에 대한 정지는 1년 이상 15년 이하로 한다.
②유기징역 또는 유기금고에 자격정지를 병과한 때에는 징역 또는 금고의 집행을 종료하거나 면제된 날로부터 정지기간을 기산한다.

第45조(벌금) 벌금은 5만원 이상으로 한다. 다만, 감경하는 경우에는 5만원 미만으로 할 수 있다. 〈개정 1995. 12. 29.〉

第46조(구류) 구류는 1일 이상 30일 미만으로 한다.

第47조(과료) 과료는 2천원 이상 5만원 미만으로 한다. 〈개정 1995. 12. 29.〉

第48조(몰수의 대상과 추징) ①범인 외의 자의 소유에 속하지 아니하거나 범죄 후 범인 외의 자가 사정을 알면서 취득한 다음 각 호의 물건은 전부 또는 일부를 몰수할 수 있다.
1. 범죄행위에 제공하였거나 제공하려고 한 물건
2. 범죄행위로 인하여 생겼거나 취득한 물건
3. 제1호 또는 제2호의 대가로 취득한 물건
②제1항 각 호의 물건을 몰수할 수 없을 때에는 그 가액(價額)을 추징한다.
③문서, 도화(圖畵), 전자기록(電磁記錄) 등 특수매체기록 또는 유가증권의 일부가 몰수의 대상이 된 경우에는 그 부분을 폐기한다.
[전문개정 2020. 12. 8.]

第49조(몰수의 부가성) 몰수는 타형에 부가하여 과한다. 단, 행위자에게 유죄의 재판을 아니할 때에도 몰수의 요건이 있는 때에는 몰수만을 선고할 수 있다.

第50조(형의 경중) ①형의 경중은 제41조 각 호의 순서에 따른다. 다만, 무기금고와 유기징역은 무기금고를 무거운 것으로 하고 유기금고의 장기가 유기징역의 장기를 초과하는 때에는 유기금고를 무거운 것으로 한다.
②같은 종류의 형은 장기가 긴 것과 다액이 많은 것을 무거운 것으로 하고 장기 또는 다액이 같은 경우에는 단기가 긴 것과 소액이 많은 것을 무거운 것으로 한다.
③제1항 및 제2항을 제외하고는 죄질과 범정(犯情)을 고려하여 경중을 정한다.
[전문개정 2020. 12. 8.]

제2절 형의 양정

第51조(양형의 조건) 형을 정함에 있어서는 다음 사항을 참작하여야 한다.

1. 범인의 연령, 성행, 지능과 환경
2. 피해자에 대한 관계
3. 범행의 동기, 수단과 결과
4. 범행 후의 정황

제52조(자수, 자복) ①죄를 지은 후 수사기관에 자수한 경우에는 형을 감경하거나 면제할 수 있다.

②피해자의 의사에 반하여 처벌할 수 없는 범죄의 경우에는 피해자에게 죄를 자복(自服)하였을 때에도 형을 감경하거나 면제할 수 있다.

[전문개정 2020. 12. 8.]

제53조(정상참작감경) 범죄의 정상(情狀)에 참작할 만한 사유가 있는 경우에는 그 형을 감경할 수 있다.

[전문개정 2020. 12. 8.]

제54조(선택형과 정상참작감경) 한 개의 죄에 정한 형이 여러 종류인 때에는 먼저 적용할 형을 정하고 그 형을 감경한다.

[전문개정 2020. 12. 8.]

제55조(법률상의 감경) ①법률상의 감경은 다음과 같다. 〈개정 2010. 4. 15.〉

1. 사형을 감경할 때에는 무기 또는 20년 이상 50년 이하의 징역 또는 금고로 한다.
2. 무기징역 또는 무기금고를 감경할 때에는 10년 이상 50년 이하의 징역 또는 금고로 한다.
3. 유기징역 또는 유기금고를 감경할 때에는 그 형기의 2분의 1로 한다.
4. 자격상실을 감경할 때에는 7년 이상의 자격정지로 한다.
5. 자격정지를 감경할 때에는 그 형기의 2분의 1로 한다.
6. 벌금을 감경할 때에는 그 다액의 2분의 1로 한다.
7. 구류를 감경할 때에는 그 장기의 2분의 1로 한다.
8. 과료를 감경할 때에는 그 다액의 2분의 1로 한다.

②법률상 감경할 사유가 수개있는 때에는 거듭 감경할 수 있다.

제56조(가중·감경의 순서) 형을 가중·감경할 사유가 경합하는 경우에는 다음 각 호의 순서에 따른다.

1. 각칙 조문에 따른 가중
2. 제34조제2항에 따른 가중
3. 누범 가중
4. 법률상 감경
5. 경합범 가중

6. 정상참작감경
[전문개정 2020. 12. 8.]
第57조(판결선고전 구금일수의 통산) ①판결선고전의 구금일수는 그 전부를 유기징역, 유기금고, 벌금이나 과료에 관한 유치 또는 구류에 산입한다. 〈개정 2014. 12. 30.〉
②전항의 경우에는 구금일수의 1일은 징역, 금고, 벌금이나 과료에 관한 유치 또는 구류의 기간의 1일로 계산한다.
[2014. 12. 30. 법률 제12898호에 의하여 2009. 6. 25. 위헌 결정된 제57조제1항을 개정함]
第58조(판결의 공시) ①피해자의 이익을 위하여 필요하다고 인정할 때에는 피해자의 청구가 있는 경우에 한하여 피고인의 부담으로 판결공시의 취지를 선고할 수 있다.
② 피고사건에 대하여 무죄의 판결을 선고하는 경우에는 무죄판결공시의 취지를 선고하여야 한다. 다만, 무죄판결을 받은 피고인이 무죄판결공시 취지의 선고에 동의하지 아니하거나 피고인의 동의를 받을 수 없는 경우에는 그러하지 아니하다. 〈개정 2014. 12. 30.〉
③ 피고사건에 대하여 면소의 판결을 선고하는 경우에는 면소판결공시의 취지를 선고할 수 있다. 〈신설 2014. 12. 30.〉

제3절 형의 선고유예

第59조(선고유예의 요건) ①1년 이하의 징역이나 금고, 자격정지 또는 벌금의 형을 선고할 경우에 제51조의 사항을 고려하여 뉘우치는 정상이 뚜렷할 때에는 그 형의 선고를 유예할 수 있다. 다만, 자격정지 이상의 형을 받은 전과가 있는 사람에 대해서는 예외로 한다.
②형을 병과할 경우에도 형의 전부 또는 일부에 대하여 선고를 유예할 수 있다.
[전문개정 2020. 12. 8.]
第59조의2(보호관찰) ①형의 선고를 유예하는 경우에 재범방지를 위하여 지도 및 원호가 필요한 때에는 보호관찰을 받을 것을 명할 수 있다.
②제1항의 규정에 의한 보호관찰의 기간은 1년으로 한다.
[본조신설 1995. 12. 29.]
第60조(선고유예의 효과) 형의 선고유예를 받은 날로부터 2년을 경과한 때에는 면소된 것으로 간주한다.
第61조(선고유예의 실효) ①형의 선고유예를 받은 자가 유예기간 중 자격정지 이상의 형에 처한 판결이 확정되거나 자격정지 이상의 형에 처한 전과가 발견된

때에는 유예한 형을 선고한다. 〈개정 1995. 12. 29.〉
②제59조의2의 규정에 의하여 보호관찰을 명한 선고유예를 받은 자가 보호관찰기간중에 준수사항을 위반하고 그 정도가 무거운 때에는 유예한 형을 선고할 수 있다. 〈신설 1995. 12. 29.〉

제4절 형의 집행유예

제62조(집행유예의 요건) ①3년 이하의 징역이나 금고 또는 500만원 이하의 벌금의 형을 선고할 경우에 제51조의 사항을 참작하여 그 정상에 참작할 만한 사유가 있는 때에는 1년 이상 5년 이하의 기간 형의 집행을 유예할 수 있다. 다만, 금고 이상의 형을 선고한 판결이 확정된 때부터 그 집행을 종료하거나 면제된 후 3년까지의 기간에 범한 죄에 대하여 형을 선고하는 경우에는 그러하지 아니하다. 〈개정 2005. 7. 29., 2016. 1. 6.〉
②형을 병과할 경우에는 그 형의 일부에 대하여 집행을 유예할 수 있다.
제62조의2(보호관찰, 사회봉사·수강명령) ①형의 집행을 유예하는 경우에는 보호관찰을 받을 것을 명하거나 사회봉사 또는 수강을 명할 수 있다.
②제1항의 규정에 의한 보호관찰의 기간은 집행을 유예한 기간으로 한다. 다만, 법원은 유예기간의 범위내에서 보호관찰기간을 정할 수 있다.
③사회봉사명령 또는 수강명령은 집행유예기간내에 이를 집행한다.
[본조신설 1995. 12. 29.]
제63조(집행유예의 실효) 집행유예의 선고를 받은 자가 유예기간 중 고의로 범한 죄로 금고 이상의 실형을 선고받아 그 판결이 확정된 때에는 집행유예의 선고는 효력을 잃는다. 〈개정 2005. 7. 29.〉
제64조(집행유예의 취소) ①집행유예의 선고를 받은 후 제62조 단행의 사유가 발각된 때에는 집행유예의 선고를 취소한다. 〈개정 1995. 12. 29.〉
②제62조의2의 규정에 의하여 보호관찰이나 사회봉사 또는 수강을 명한 집행유예를 받은 자가 준수사항이나 명령을 위반하고 그 정도가 무거운 때에는 집행유예의 선고를 취소할 수 있다. 〈신설 1995. 12. 29.〉
제65조(집행유예의 효과) 집행유예의 선고를 받은 후 그 선고의 실효 또는 취소됨이 없이 유예기간을 경과한 때에는 형의 선고는 효력을 잃는다.

제5절 형의 집행

제66조(사형) 사형은 교정시설 안에서 교수(絞首)하여 집행한다.
[전문개정 2020. 12. 8.]
제67조(징역) 징역은 교정시설에 수용하여 집행하며, 정해진 노역(勞役)에 복무하

게 한다.
[전문개정 2020. 12. 8.]

제68조(금고와 구류) 금고와 구류는 교정시설에 수용하여 집행한다.
[전문개정 2020. 12. 8.]

제69조(벌금과 과료) ①벌금과 과료는 판결확정일로부터 30일내에 납입하여야 한다. 단, 벌금을 선고할 때에는 동시에 그 금액을 완납할 때까지 노역장에 유치할 것을 명할 수 있다.
②벌금을 납입하지 아니한 자는 1일 이상 3년 이하, 과료를 납입하지 아니한 자는 1일 이상 30일 미만의 기간 노역장에 유치하여 작업에 복무하게 한다.

제70조(노역장 유치) ①벌금이나 과료를 선고할 때에는 이를 납입하지 아니하는 경우의 노역장 유치기간을 정하여 동시에 선고하여야 한다. 〈개정 2020. 12. 8.〉
②선고하는 벌금이 1억원 이상 5억원 미만인 경우에는 300일 이상, 5억원 이상 50억원 미만인 경우에는 500일 이상, 50억원 이상인 경우에는 1천일 이상의 노역장 유치기간을 정하여야 한다. 〈신설 2014. 5. 14., 2020. 12. 8.〉
[제목개정 2020. 12. 8.]

제71조(유치일수의 공제) 벌금이나 과료의 선고를 받은 사람이 그 금액의 일부를 납입한 경우에는 벌금 또는 과료액과 노역장 유치기간의 일수(日數)에 비례하여 납입금액에 해당하는 일수를 뺀다.
[전문개정 2020. 12. 8.]

제6절 가석방

제72조(가석방의 요건) ①징역이나 금고의 집행 중에 있는 사람이 행상(行狀)이 양호하여 뉘우침이 뚜렷한 때에는 무기형은 20년, 유기형은 형기의 3분의 1이 지난 후 행정처분으로 가석방을 할 수 있다.
②제1항의 경우에 벌금이나 과료가 병과되어 있는 때에는 그 금액을 완납하여야 한다.
[전문개정 2020. 12. 8.]

제73조(판결선고전 구금과 가석방) ①형기에 산입된 판결선고전 구금의 일수는 가석방에 있어서 집행을 경과한 기간에 산입한다.
②제72조제2항의 경우에 벌금이나 과료에 관한 노역장 유치기간에 산입된 판결선고 전 구금일수는 그에 해당하는 금액이 납입된 것으로 본다.
[전문개정 2020. 12. 8.]

제73조의2(판결선고 전 구금과 가석방) ①가석방의 기간은 무기형에 있어서는 10년으로 하고, 유기형에 있어서는 남은 형기로 하되, 그 기간은 10년을 초과할 수

없다.

②가석방된 자는 가석방기간중 보호관찰을 받는다. 다만, 가석방을 허가한 행정관청이 필요가 없다고 인정한 때에는 그러하지 아니하다.

[본조신설 1995. 12. 29.]

제74조(가석방의 실효) 가석방 기간 중 고의로 지은 죄로 금고 이상의 형을 선고받아 그 판결이 확정된 경우에 가석방 처분은 효력을 잃는다.

[전문개정 2020. 12. 8.]

제75조(가석방의 취소) 가석방의 처분을 받은 자가 감시에 관한 규칙을 위배하거나, 보호관찰의 준수사항을 위반하고 그 정도가 무거운 때에는 가석방처분을 취소할 수 있다.

[전문개정 1995. 12. 29.]

제76조(가석방의 효과) ①가석방의 처분을 받은 후 그 처분이 실효 또는 취소되지 아니하고 가석방기간을 경과한 때에는 형의 집행을 종료한 것으로 본다. 〈개정 1995. 12. 29.〉

②전2조의 경우에는 가석방중의 일수는 형기에 산입하지 아니한다.

제7절 형의 시효

제77조(형의 시효의 효과) 형(사형은 제외한다)을 선고받은 자에 대해서는 시효가 완성되면 그 집행이 면제된다. 〈개정 2023. 8. 8.〉

[전문개정 2020. 12. 8.]

제78조(형의 시효의 기간) 시효는 형을 선고하는 재판이 확정된 후 그 집행을 받지 아니하고 다음 각 호의 구분에 따른 기간이 지나면 완성된다. 〈개정 2017. 12. 12., 2020. 12. 8., 2023. 8. 8.〉

1. 삭제 〈2023. 8. 8.〉
2. 무기의 징역 또는 금고: 20년
3. 10년 이상의 징역 또는 금고: 15년
4. 3년 이상의 징역이나 금고 또는 10년 이상의 자격정지: 10년
5. 3년 미만의 징역이나 금고 또는 5년 이상의 자격정지: 7년
6. 5년 미만의 자격정지, 벌금, 몰수 또는 추징: 5년
7. 구류 또는 과료: 1년

[제목개정 2020. 12. 8.]

제79조(형의 시효의 정지) ①시효는 형의 집행의 유예나 정지 또는 가석방 기타 집행할 수 없는 기간은 진행되지 아니한다. 〈개정 2014. 5. 14.〉

②시효는 형이 확정된 후 그 형의 집행을 받지 아니한 사람이 형의 집행을 면

할 목적으로 국외에 있는 기간 동안은 진행되지 아니한다. 〈신설 2014. 5. 14., 2023. 8. 8.〉
[제목개정 2023. 8. 8.]

제80조(형의 시효의 중단) 시효는 징역, 금고 및 구류의 경우에는 수형자를 체포한 때, 벌금, 과료, 몰수 및 추징의 경우에는 강제처분을 개시한 때에 중단된다.
[전문개정 2023. 8. 8.]

제8절 형의 소멸

제81조(형의 실효) 징역 또는 금고의 집행을 종료하거나 집행이 면제된 자가 피해자의 손해를 보상하고 자격정지 이상의 형을 받음이 없이 7년을 경과한 때에는 본인 또는 검사의 신청에 의하여 그 재판의 실효를 선고할 수 있다.

제82조(복권) 자격정지의 선고를 받은 자가 피해자의 손해를 보상하고 자격정지 이상의 형을 받음이 없이 정지기간의 2분의 1을 경과한 때에는 본인 또는 검사의 신청에 의하여 자격의 회복을 선고할 수 있다.

제4장 기간

제83조(기간의 계산) 연(年) 또는 월(月)로 정한 기간은 연 또는 월 단위로 계산한다.
[전문개정 2020. 12. 8.]

제84조(형기의 기산) ①형기는 판결이 확정된 날로부터 기산한다.

②징역, 금고, 구류와 유치에 있어서는 구속되지 아니한 일수는 형기에 산입하지 아니한다.

제85조(형의 집행과 시효기간의 초일) 형의 집행과 시효기간의 초일은 시간을 계산함이 없이 1일로 산정한다.

제86조(석방일) 석방은 형기종료일에 하여야 한다.

판 례 색 인

[국내 법원]

[외국 법원 및 국제재판소]

사항색인

ㅅ

■ 김민서

- 경북대학교 법학전문대학원 교수

■ 박지현

- 영산대학교 법과대학 교수
- 미국 뉴욕주 변호사/International Review of the Red Cross 편집위원
- 국가고시 출제위원

■ 이주윤

- 광운대학교 국제통상학부 교수

■ 정동원

- 법무법인(유한) 화우 파트너 변호사
- 연세대학교 법무대학원 겸임교수
- 변호사시험 출제위원

저자와의 협의하에 인지생략

법학입문(제2판)

2022년 2월 22일 제1판 1쇄 발행
2025년 2월 10일 제2판 1쇄 인쇄
2025년 2월 25일 제2판 2쇄 발행

저 자 김민서 · 박지현 · 이주윤 · 정동원
발행인 고 성 익

발행처 05027 서울특별시 광진구 아차산로 335 삼영빌딩
도서출판 三英社
등 록 1972년 4월 27일 제2013-21호
전 화 737-1052 · 734-8979 FAX 739-2386

정가 27,000원

ISBN 978-89-445-0560-7-93360